LA ROSE AUX TREIZE PÉTALES
Introduction à la Cabbale

suivie de

INTRODUCTION AU TALMUD

« La Bibliothèque spirituelle »

DU MÊME AUTEUR

Le Chandelier d'or : les fêtes juives dans l'enseignement de rabbi Chnéour Zalman de Lady, Verdier, 1988.

Hommes et femmes de la Bible, Albin Michel, 1980.

Le Maître de prière : six contes de rabbi Nahman de Braslav, Albin Michel, 1994.

Le Talmud. 1 : Le Guide ; 2 : Ketoubot, Lattès, 1995 ; tomes 3, 4, 5, 6, Ramsay, 1996.

ADIN STEINSALTZ

LA ROSE AUX TREIZE PÉTALES

Introduction à la Cabbale

suivie de

INTRODUCTION AU TALMUD

Préfaces de Josy Eisenberg

Traduction de Josy Eisenberg, Michel Allouche et Nelly Hansson

Albin Michel

Albin Michel
▪ *Spiritualités* ▪

Collections dirigées
par Jean Mouttapa et Marc de Smedt

Premières éditions :

Édition au format de poche :

22, rue Huyghens, 75014 Paris

ISBN : 2-226-08697-8
ISSN : 1264-0212

I.

LA ROSE AUX TREIZE PÉTALES

Introduction à la Cabbale

Avant-propos

Le présent ouvrage est la traduction d'un livre publié par le rabbin Adin Steinsaltz. Il s'agit d'une série d'essais consacrés à divers aspects de la mystique, de la philosophie et de l'existence juives.

La traduction que nous proposons aujourd'hui au lecteur est le fruit d'un double travail, effectué d'abord par Michel Allouche à partir du texte anglais, et que j'ai pu compléter par la suite en disposant du manuscrit hébraïque original, qui n'avait jamais été publié. Le lecteur qui comparera l'édition française avec l'édition anglaise ne doit donc pas s'étonner de trouver quelques variantes entre les deux textes.

Pour la bonne compréhension de ce livre, l'un des plus originaux qui aient jamais été écrits sur le judaïsme, j'ai cru bon d'y insérer diverses notes en bas de page.

Le titre de ce livre a été emprunté par son auteur au début du Zohar, où les rapports entre Dieu et Israël sont définis par les nuances changeantes de la rose aux treize pétales, thème classique de la Cabbale qui est au cœur de la première partie de cet ouvrage.

Les essais dont il est constitué traitent de sujets extrêmement divers; je crois souhaitable d'avertir le lecteur que le premier de ces essais consacré à la Cabbale peut présenter quelque difficulté. Que néanmoins il ne se décourage point : il est des cas où « persévérer » est le contraire de « diabolique »...

Ce livre doit beaucoup à la persévérance de Michel Allouche, qui a établi sa première version, et à la diligence de Pascale Kenigsberg-Cahen, qui en a assuré la transcription. Qu'ils veuillent bien trouver ici l'expression de ma gratitude qui, j'en suis certain, sera partagée par le lecteur.

Josy EISENBERG

I

LA ROSE AUX TREIZE PÉTALES

Comme la rose au milieu des ronces, telle est mon aimée parmi les jeunes filles.

Cant. 2:12

Ouverture de Rabbi Ezechias : Qu'est-ce que la Rose ? C'est la Communauté d'Israël. Telle la Rose parmi les ronces qui loge le rouge et le blanc, la Communauté d'Israël comporte ensemble Rigueur et Tendresse. Telle la Rose couronnée de ses treize pétales, la Communauté d'Israël comporte les treize mesures de tendresse qui la bordent de toutes parts. Ainsi, l'Elohim du verset initial de la Genèse émit treize mots pour ceindre la Communauté d'Israël et la protéger.

Zohar

Le monde physique dans lequel nous vivons, l'univers que nous pouvons observer objectivement autour de nous : tout cela n'est qu'une faible partie d'un système de mondes si vaste que l'esprit humain ne saurait le concevoir. La plupart de ces mondes sont d'essence spirituelle et ressortissent à une autre catégorie de l'être que celle que nous connaissons. Cela ne signifie pas nécessairement qu'ils *existent* quelque part ailleurs, mais plutôt qu'ils existent dans d'autres dimensions de l'être. De plus, il y a une telle interpénétration, une telle interaction entre ces différents mondes que chacun peut être considéré comme la contrepartie de l'autre. Chaque monde est ainsi le reflet ou la projection de celui situé en dessous ou au-dessus de lui, avec toutes les modifications, les altérations et même les distorsions qui résultent d'une telle interaction. C'est la somme de ces échanges, infiniment complexes, et d'influences réciproques entre différents domaines qui modèle la réalité spécifique que nous expérimentons dans notre vie quotidienne.

Parler de mondes *supérieurs* ou *inférieurs* n'implique pas une véritable hiérarchie physique; le domaine du spirituel n'autorise pas ce type de jugement. Les termes de « haut » et « bas » se rapportent seulement à la place qu'occupe chacun de ces mondes dans l'échelle de la causalité. Désigner un monde comme « supérieur », c'est simplement affirmer que c'est un monde premier, plus proche qu'un autre de sa source première; alors que ce que l'on appelle « monde inférieur », c'est un monde secondaire, une copie en quelque sorte. Cependant, cette copie est davantage qu'une simple imitation : elle constitue un système complet doté d'une vie spécifique plus ou moins indépendante et de son propre éventail d'expériences, de spécificités et de propriétés particulières.

Le monde dans lequel nous vivons habituellement, avec tout ce qu'il contient, est appelé le « monde de l'action [1] »; il comprend à la fois le monde de notre expérience sensorielle et celui de notre appréhension extrasensorielle. Mais, dans ce « monde de l'action », tout n'est pas de la même essence ni de la même qualité. Sa partie inférieure, c'est ce que l'on appelle le monde des actes matériels : c'est le monde physique, caractérisé par des processus plus ou moins mécaniques : un monde où prédominent les lois naturelles. Mais ce même monde, dans sa partie supérieure, possède une dimension que l'on pourrait appeler le « monde

1. Le premier – de bas en haut – des quatre « mondes » qui, selon la Cabbale, vont d'En-Sof, l'infini, jusqu'à la matière. Il s'appelle *action* – étymologiquement monde du *faire* – à la fois parce qu'il a été *fait* par Dieu et parce que c'est là que les hommes peuvent agir.

de l'action spirituelle ». Ce que ces deux composantes du « monde de l'action » ont en commun, c'est l'homme, la créature humaine, située de telle sorte qu'elle participe des deux à la fois. En tant qu'être appartenant au système physique de l'univers, l'homme est soumis aux lois physiques, chimiques et biologiques de la nature; alors que du point de vue de sa connaissance, l'homme appartient au monde supérieur, au monde des idées et cela, même lorsque sa connaissance s'applique à des domaines triviaux.

Certes, dans le monde de l'action, ces idées sont presque entièrement conditionnées par le monde matériel, dont elles sont issues et qu'elles dépassent sans cependant en être jamais complètement détachées; cela est vrai tant pour les concepts philosophiques les plus abstraits et les plus complexes que pour les processus de pensée les plus primaires : ceux de l'ignorant ou de l'enfant. Chaque aspect de l'existence humaine est donc constitué à la fois de matière et d'esprit. En même temps, dans le « monde de l'action », le spirituel est soumis au matériel, les lois de la nature déterminant l'aspect et la forme de toutes choses et servant de points de mire à tous les processus. C'est que, dans ce monde, l'esprit peut se manifester et agir seulement en se fondant sur les mécanismes stables de ce que nous appelons les « forces de la nature ». En d'autres termes, tout aussi abstraite soit-elle, tout aussi éloignée de ce qu'il est convenu d'appeler la réalité, la pensée n'en continue pas moins d'appartenir au « monde de l'action ».

L'autre espace et l'autre temps

Ce monde-là, cependant, n'est qu'une des quatre structures d'un système général qui comprend quatre dimensions fondamentales de l'être – quatre mondes différents – dont chacun constitue un univers particulier fait de diverses modalités d'être. Ces autres mondes sont classiquement appelés, de haut en bas : « émanation », « création », « formation » et « action » [1]. Ainsi, le monde situé immédiatement au-dessus du nôtre est le « monde de la formation ». Pour comprendre ce qui les différencie, il faut d'abord analyser trois données qui sont communes aux quatre mondes. Ces données sont traditionnellement désignées sous le nom de *monde, année* et *âme* [2]. On dirait aujourd'hui : l'« espace », le « temps » et le « moi », en entendant par ce dernier terme l'expérience de l'être propre à chacun. Ce qui différencie chacun de ces mondes des trois autres, c'est très précisément le jeu de ces trois facteurs. Prenons par exemple le problème de l'espace : dans notre monde, le lieu physique est un élément extérieur nécessaire à l'existence des choses; c'est le cadre dans lequel se meuvent tous les objets et opèrent toutes les créatures. Dans les mondes supérieurs, ainsi que dans le « monde de l'action » spirituel, ce qui correspond à l'espace

1. En hébreu, *Atsilout, Beria, Yetsira et Assya :* il s'agit là d'une division classique dans la Cabbale; Gershom Scholem en a retracé l'histoire.
2. En hébreu : *Olame, Chana, Néphèche.*

dans le monde matériel est appelé « palais ». C'est le cadre à l'intérieur duquel diverses formes et diverses existences convergent et se réunissent. Peut-être pourrait-on le comparer à ces systèmes indépendants, connus en mathématiques sous le nom de « groupes » ou de « corps », dans chacun desquels tous les éléments sont en relation, de façon définie, avec les autres parties et aussi avec l'ensemble. De tels systèmes peuvent être complètement habités ou entièrement remplis, comme ils peuvent être clairsemés ou vides. Quel que soit le cas, un tel système d'existences connexes constitue un lieu abstrait – un « palais » – dans les mondes supérieurs.

Le temps, lui aussi, a une signification différente dans les mondes supérieurs. Dans notre domaine d'expérience, le temps se mesure par l'intermédiaire du mouvement d'objets physiques dans l'espace. L'année, comme on l'appelle abstraitement, constitue le processus même du changement; elle est le passage d'une chose à une autre, d'une forme à une autre. Elle contient également ce concept de causalité qui maintient toute transition d'une forme à une autre, à l'intérieur des limites de la loi. En vérité, plus on s'élève dans l'ordre des mondes, plus ce système temporel devient abstrait et de moins en moins semblable au temps, tel que nous pouvons l'appréhender dans le monde matériel : il finit par ne représenter rien de plus que l'essence la plus pure du changement, voire de celle de la possibilité du changement.

Enfin, ce que nous appelons « âme » correspond, dans l'univers physique, à l'ensemble des créatures vivantes qui jouent un rôle dans les dimensions spatio-temporelles de notre monde. Bien qu'elles en constituent une partie essentielle, elles se distinguent du reste de la Création par la conscience qu'elles ont d'elles-mêmes et par la connaissance qu'elles ont de ce monde. De même, dans les mondes supérieurs, on appellera « âmes » les êtres conscients d'eux-mêmes, qui agissent dans le cadre du « palais » et de l'« année » de leur monde.

On peut dire du « monde de la formation » qu'il est essentiellement celui des sentiments. C'est un monde dont les diverses émotions que l'on peut éprouver constituent la principale substance. C'est là qu'elles sont expérimentées; elles constituent les éléments qui le dessinent. Les existences vivantes qu'on y trouve sont soit les manifestations conscientes d'élans particuliers – destinés à agir ou à réagir –, soit les manifestations de l'énergie nécessaire pour satisfaire, au travers d'une stimulation, telle inclination ou telle inspiration.

Dans ce « monde de la formation », les êtres dotés de vie, et qui y fonctionnent tout comme nous-mêmes fonctionnons dans le « monde de l'action », sont appelés les *Malakhim* (on traduit généralement par : les anges).

Des anges à sens unique

Ce que l'on appelle *Malakh,* c'est une réalité spirituelle pourvue d'un contenu et de qualités caractéristiques et uniques. Ce qui différencie un *Malakh* d'un autre ne relève pas de la séparation physique dans l'espace. Ce qui les distingue, c'est une différence de niveau – l'un étant « au-dessus » ou « en dessous » de l'autre – dans l'ordre d'une causalité fondamentale qui détermine la différenciation de leur essence. Du fait que les *Malakhim* appartiennent au « monde » qui est le domaine des émotions et des sentiments, l'essence d'un *Malakh* sera d'être un élan ou une pulsion – disons un penchant – vers l'amour, la crainte, la compassion ou leurs équivalents [1].

Lorsqu'on voudra définir un ensemble plus vaste, on parlera d'un « camp de *Malakhim* ». Si nous prenons le « camp » de l'amour, en général, il comporte plusieurs subdivisions : les nuances, où les divers degrés de la tendresse y sont pour ainsi dire innombrables. Il n'y a pas deux amours qui se ressemblent tout comme il n'y a pas deux idées qui soient semblables. Ainsi, tout penchant, tout élan, s'il est général, représente un camp entier, peut-être même un palais qui comportera donc « plusieurs étages ». Mais, alors que les émotions éprouvées par les êtres humains sont susceptibles de changer selon les circonstances, le temps et le lieu, un *Malakh,* lui, est exclusivement la manifestation d'une essence émotionnelle unique. L'essence d'un *Malakh,* par conséquent, est définie par les limites d'une émotion particulière, tout comme c'est la personnalité et l'intimité profonde qui définissent le moi de chaque être dans notre monde.

1. L'amour, à droite, la crainte (la rigueur) à gauche, et la compassion (synthèse de l'amour et de la rigueur), au milieu, constituent les trois *Sefirot* fondamentales du monde de la formation. Le prochain chapitre traitera des *Sefirot.*

Cependant, un *Malakh* n'est pas seulement un fragment d'existence qui ne ferait rien de plus que manifester une émotion; c'est un être complet, conscient de soi-même et de son environnement : il est capable d'agir, de créer et d'accomplir certaines choses dans le cadre du « monde de la formation ». A un certain degré, comme son nom hébreu l'indique, un *Malakh* est un messager et il constitue un lien permanent entre notre « monde de l'action » et les mondes supérieurs. Le *Malakh* est celui qui assure la transmission du flux vital entre les mondes. Ce rôle, il peut être appelé à le jouer dans les deux sens : de haut en bas, il peut être envoyé par Dieu vers d'autres *Malakhim* ou vers des mondes et des créatures situés en dessous du « monde de la formation »; de bas en haut, il est celui qui transmet les choses de notre bas monde vers les mondes supérieurs [1].

La véritable différence entre un homme et un *Malakh* ne réside pas dans le fait que l'homme a un corps, mais dans ce qui distingue l'« âme » humaine du *Malakh.* L'âme comprend un monde vaste et complexe d'éléments existentiels de toutes sortes. Le *Malakh,* lui, possède une essence unique : c'est, dans un certain sens, un être unidimensionnel.

De plus, du fait de sa complexité, de son aptitude à maîtriser ses contradictions, et grâce au don que constitue l'énergie profonde de son âme – cette étincelle divine qui en fait un homme –, l'être

1. Le mot *Malakh* – traduit en grec par *angelos* – signifie à la fois émissaire et ange. Il désigne l'un et l'autre dans la Bible.

humain est capable de discernement, tout particulièrement entre le bien et le mal. C'est cette capacité qui lui permet de s'élever vers les plus hauts sommets tout comme de tomber dans la faute et de récidiver. Aucune de ces deux possibilités ne se retrouve chez le *Malakh.* Du point de vue de son essence, le *Malakh* est éternellement le même : il est statique. C'est un être invariable, prisonnier des limites rigides qui lui ont été imposées lors de sa création. Seule varie la durée de son existence : il y a des *Malakhim* éphémères et d'autres éternels.

Parmi les myriades de *Malakhim* que l'on peut trouver dans les divers mondes, il y a ceux qui existent depuis l'origine du temps : ils sont une part inaltérable de l'Être éternel et de l'ordre fixé de l'univers. Ces *Malakhim,* dans un certain sens, constituent les canaux d'abondance par lesquels la grâce divine s'élève et descend dans les mondes.

Mais il y a aussi des *Malakhim* qui, dans tous les mondes, sont constamment recréés. C'est vrai tout particulièrement dans le « monde de l'action » où les pensées, les actes et les expériences donnent naissance à toutes sortes de *Malakhim.* En effet, chaque *Mitsvah* [1] que nous accomplissons n'est pas seulement un acte de transformation du monde matériel : c'est aussi un acte spirituel et intrinsèquement saint. Cet aspect de sainteté et de spiritualité, concentrées en la *Mitsvah,* c'est la composante fondamentale de ce qui va devenir un *Malakh.* En d'autres termes, l'émotion, l'intention et la

1. Chaque commandement.

sainteté, qui sont l'essence même de l'acte saint, vont s'unir et devenir l'essence de la *Mitsvah :* elle aura désormais son existence propre comportant une véritable réalité objective. Et cette existence séparée de la *Mitsvah,* – unique et sainte – crée le *Malakh,* nouvelle réalité spirituelle qui appartient au « monde de la formation ». Ainsi, l'accomplissement d'une *Mitsvah* se prolonge au-delà de son effet immédiat dans le monde matériel. Par la force de la sainteté spirituelle qu'il possède – sainteté qui communie directement avec les mondes supérieurs – cet acte provoque des transformations considérables et fondamentales.

Ainsi, toute personne qui accomplit une *Mitsvah,* prie ou dirige son esprit vers le divin, crée par là même un *Malakh* qui constitue comme une part de l'homme qui s'étendrait jusqu'aux mondes supérieurs. Un tel *Malakh* est relié, dans son essence, à l'homme qui l'a créé; il continue cependant de vivre, globalement, dans une autre dimension de l'existence, à savoir, dans le « monde de la formation ». C'est là que la *Mitsvah* prend substance. Le message spécifique ou l'offrande à Dieu, qui sont intrinsèques à la *Mitsvah,* introduisent, en s'élevant, divers changements dans le système des mondes supérieurs. Ce processus, c'est en tout premier lieu dans le « monde de formation » qu'il se produit. A partir de là, ces changements affecteront également les autres mondes supérieurs [1]. Voilà qui permet de mesurer toute l'importance

1. Situés au-dessus du « monde de la formation » : le second monde – *Beria* – et le premier, *Atsilout.*

d'un acte accompli ici-bas lorsqu'il se détache de son lieu, de son temps et de son auteur pour devenir un *Malakh.*

Voir l'invisible

Réciproquement, il arrive qu'un *Malakh* soit envoyé en bas, d'un monde supérieur vers un monde inférieur. Car ce que nous appelons la *mission* du *Malakh* peut se manifester de plusieurs façons. Le *Malakh* ne peut révéler sa véritable forme à l'homme, dont l'être, les sens et les instruments de perception n'appartiennent qu'au « monde de l'action » : dans ce monde-là, il n'existe aucun moyen d'appréhender le *Malakh.* Il continue d'appartenir à une dimension différente même lorsqu'il revêt telle forme particulière. On peut comparer cela aux fréquences d'un champ électromagnétique : elles se situent en dehors des fréquences que nos sens peuvent percevoir. Notre champ de vision n'assimile qu'un petit fragment du spectre : pour nos sens, le reste n'existe pas. L'invisible ne peut être « vu » qu'au moyen d'instruments appropriés de transformation ou d'interprétation : dans le langage de la Cabbale, ces instruments sont appelés *vêtements* ou *réceptacles.* Ce sont eux qui nous permettent d'appréhender l'invisible – tout comme, par exemple, les ondes de radio ou de télévision doivent nous être transmises par le canal de récepteurs appropriés pour que nous puissions les percevoir. De la même façon, le monde spirituel comporte de nombreux aspects dont nous ne sommes que très vaguement conscients. Dans certaines limites, les animaux peuvent être quelquefois sensibles à la présence d'une essence spirituelle. C'est le cas de l'ânesse de Bileam dont la Bible dit qu'elle a « vu » un *Malakh* [1]. Bien entendu, l'ânesse n'a pas « vu » l'ange; mais il est probable que l'animal a eu l'obscure sensation d'être confronté à quelque chose d'inconnu et s'est senti menacé.

Les *Malakhim* peuvent se révéler aux êtres humains de deux façons : par le canal de la vision du prophète – « celui qui voit [2] » – ou de l'homme saint. Il s'agit alors d'une expérience vécue soit par une personne du plus haut niveau, soit par le canal d'hommes simples, qui ont eu le privilège de se voir révéler les niveaux supérieurs. Pour les uns et les autres, il s'agit au demeurant d'une expérience solitaire. Mais même alors, lorsqu'une telle personne ou lorsqu'un prophète expérimente d'une certaine façon la réalité d'un *Malakh,* sa perception, limitée par ses sens, reste soumise à des structures matérielles. Les mots qui seront utilisés pour décrire cette expérience seront inévitablement empruntés à des formes physiques, réelles ou imaginaires. Ainsi, lorsqu'un prophète essaie de décrire ou d'expliquer à autrui son expérience de la « vision » d'un *Malakh,* la description qu'il en fait confine à l'irréel et au fantastique. Des termes tels que « créature ailée »

1. Nombres, chap. XXI.
2. C'est le premier nom que portaient jadis les prophètes; *roeh,* le voyant.

ou « les yeux du Char suprême [1] » ne peuvent être qu'une *pâle et inadéquate représentation* d'une expérience qui relève d'un autre cadre et d'une autre imagerie. Cette description tendra nécessairement à l'anthropomorphisme. Si l'on veut bien admettre que le *Malakh* décrit par le prophète avec la face d'un bœuf n'a absolument pas de face – et certainement pas celle d'un bœuf –, il nous faudra comprendre cette métaphore de la manière suivante : l'essence du *Malakh,* lorsqu'elle se reflète dans une forme matérielle, s'exprime en des termes qui suggèrent une certaine similitude, entre la face – l'intériorité – du *Malakh* et celle du bœuf [2] : c'est l'expression d'une qualité éthique et spirituelle.

Ainsi, toutes les visions prophétiques ne sont rien d'autre que des façons de représenter, dans le langage humain, une réalité spirituelle, abstraite et dépourvue de toute forme. Néanmoins, il arrive qu'un *Malakh,* pour se révéler, emprunte une forme tout à fait ordinaire; il apparaît alors comme un phénomène parfaitement naturel. La difficulté est que celui qui voit un *Malakh* de cette façon ne sait pas toujours qu'il s'agit d'une apparition et que la colonne de feu, ou l'image de l'homme, qu'il aperçoit ne provient pas exclusivement du monde de la causalité naturelle. C'est que le *Malakh* – c'est-à-dire cette force qui nous est envoyée depuis le monde supérieur – apparaît et, jusqu'à un certain

1. Ce sont les termes utilisés par le prophète Ézéchiel pour décrire sa vision du Char céleste (Ézéchiel I).
2. En hébreu, le mot « face » – *panim* – désigne également l'intériorité, *penimiout.*

degré, agit dans le monde matériel, en étant entièrement soumis à ses lois; mais simultanément, il opère dans une sorte de vide où la nature physique ne fait qu'habiller une essence supérieure. Dans la Bible, Manoah, le père de Samson, aperçoit le *Malakh* sous les traits d'un homme : en vérité, il pressent que ce n'est pas un homme qu'il voit, et qu'il est témoin d'un phénomène d'un ordre différent [1]. Mais c'est seulement lorsque le *Malakh* change de forme et devient une colonne de feu que Manoah reconnaît que cet être prodigieux qu'il a vu et avec qui il a conversé, n'était ni un homme ni un prophète, mais un être d'une autre dimension, c'est-à-dire un *Malakh.*

Que l'on puisse créer un *Malakh* ici-bas, et l'envoyer immédiatement dans un autre monde, n'est d'aucune façon un phénomène surnaturel; c'est, au contraire, une expérience que nous faisons couramment. Elle nous paraît naturelle, voire banale, puisqu'elle s'enracine dans le système traditionnel des *Mitsvot* et, plus généralement, dans l'ordre de la sainteté. Certes, lorsque, en accomplissant une *Mitsvah,* nous sommes engagés dans l'acte de création d'un *Malakh,* nous n'avons pas conscience du *Malakh* qui se crée. Cet acte semble se situer entièrement dans le monde de la matière, le « monde de l'action » dans lequel nous vivons. De même, le *Malakh* qui nous est envoyé, depuis un autre monde, n'agit pas toujours en dehors des lois ordinaires de la nature physique. En effet, souvent, le *Malakh* se révèle précisément dans la

1. Juges XIII.

nature, selon les lois habituelles de la causalité, au sens courant de ce terme. Dans ce cas, c'est seulement un discernement ou une inspiration véritablement prophétiques qui nous montreront qu'il s'agit bien de la mise en œuvre de forces supérieures, et où elles opèrent et jusqu'où. Car, de par son essence, l'être humain est relié au système des mondes supérieurs, même si ce système ne lui est habituellement pas révélé et s'il ne le connaît pas. Il en résulte que l'existence de mondes supérieurs lui paraît naturelle, tout comme la dualité fondamentale de son existence, qui comprend à la fois matière et esprit, lui semble aller de soi. C'est pourquoi nous ne sommes pas surpris de passer sans cesse, au sein du « monde de l'action », du domaine de l'existence matérielle à celui de l'existence spirituelle. Qui plus est, les autres mondes, qui pénètrent également notre monde, peuvent nous apparaître comme appartenant à un ordre qui est, lui aussi, tout à fait « naturel ». C'est que l'existence du *Malakh* et celle du « monde de la formation » constituent un système tout aussi « naturel » que celui qui régit le monde matériel où nous vivons. C'est pourquoi ni l'existence du *Malakh* ni sa « mission », qui l'amène de monde en monde, ne constituent une exception, une atteinte aux lois de la nature au sens le plus large de ce terme. C'est seulement lorsqu'un ange se manifeste dans le monde matériel que l'ordre « naturel » semble bouleversé.

Le domaine des *Malakhim* – le « monde de la formation » – c'est donc un système général d'essences immatérielles, dont la plupart possèdent une structure simple et homogène. Aussi bien, chaque *Malakh* a-t-il un caractère bien défini, qui va se manifester dans le rôle qu'il jouera dans notre monde. C'est pourquoi l'on dit qu'un *Malakh* « ne peut mener qu'une seule mission [1] » car la nature du *Malakh* n'a pas la complexité de celle de l'homme. Cela n'empêche pas un *Malakh* de se manifester dans une grande variété d'actions et de formes; mais, à l'instar des forces naturelles, il restera toujours semblable à lui-même. Car, même si le *Malakh* possède une conscience divine, son essence spécifique et sa fonction n'en sont pas altérées, tout comme les forces physiques, dans notre monde, ont un mode de fonctionnement spécifique, particulier et invariable. Ce monolithisme a pour conséquence que face aux *Malakhim* de sainteté, créés et formés au sein du sacré, il existe également des *Malakhim* destructeurs appelés « esprits du mal » ou « démons ». Ils sont le produit des relations que les hommes entretiennent avec les divers aspects de la réalité qui sont à l'opposé de la sainteté. Là aussi, les actions de l'homme et sa manière de vivre, dans leurs diverses formes, créent des *Malakhim,* mais des *Malakhim* d'une autre espèce, d'un autre niveau, et qui appartiennent à une réalité différente. Ce sont des *Malakhim* hostiles, et ils peuvent faire partie aussi bien d'un monde inférieur que d'un monde supérieur et plus spirituel. C'est que, dans ce dernier cas, même si ces anges n'appartiennent pas au domaine de la sainteté, il y a toujours interpéné-

1. *Midrach Rabbah,* Genèse 48.

tration, une influence mutuelle entre le sacré et le non-sacré, comme d'ailleurs dans tous les mondes et dans toutes les structures de l'être.

Le monde du Trône

Immédiatement au-dessus du « monde de la formation », on trouve le monde appelé « monde de la création ». Il comprend, tout comme les autres mondes, des domaines, des niveaux et des palais nombreux et variés. Et de même que le « monde de la formation » se compose d'existences spirituelles dont l'essence est pur sentiment et pure émotion, de même le « monde de la création » est un monde de pur esprit. Par « pur esprit », il ne faut pas entendre une essence exclusivement intellectuelle; ce monde représente davantage la capacité d'appréhender l'essence authentique et intime des choses; en d'autres termes, c'est l'esprit dans sa capacité créatrice autant que dans sa faculté de concevoir et d'intégrer la connaissance.

Le « monde de la création » est également appelé le « monde du Trône », expression tirée de la vision du « Trône de gloire » divin par le prophète Ézéchiel. En général, cependant, cet aspect du divin qui est révélé aux prophètes ne correspond pas au « monde de la création » mais à celui qui se situe directement au-dessus de lui et qui est connu sous le nom de « monde de l'émanation ». C'est la source à partir de laquelle Dieu se fait connaître à quelques rares élus, tandis que le « monde de la création » constitue Sa chaire ou Son trône, dont il est écrit :

« la terre est Son marchepied [1] ». En outre, le Trône divin ou le Char divin jouent le rôle de canal à travers lequel le flux divin descend vers les créatures et les éléments de notre monde et établit le contact avec les multiples et complexes systèmes de l'ensemble des mondes. Ainsi, le « monde de la création » se trouve être également au carrefour de l'existence. C'est le point central où le flux qui s'élève des mondes inférieurs rencontre celui qui descend des mondes supérieurs et où une sorte de relation peut s'établir entre eux. C'est pourquoi comprendre l'« œuvre du Char divin [2] » – c'est-à-dire comprendre la manière dont le « Trône divin de gloire » opère – correspond au secret le plus élevé de la doctrine ésotérique. Au-delà de ce secret, un être humain, qu'il soit un visionnaire ou qu'il ait une fois reçu une révélation, ne peut avoir, de ces essences, que de vagues intuitions tant elles sont, par nature, au-delà de la compréhension humaine. C'est que l'homme ne peut atteindre le « monde de la création » qu'en parvenant au plus haut de soi-même. Il manifeste alors qu'une partie de son âme appartient à cet univers très particulier. Aussi bien, dire de quelqu'un qu'il comprend le secret du Char divin signifie qu'il se trouve au cœur même de l'intersection des différents mondes. Là, il peut connaître

1. « Les cieux sont mon trône, et la terre mon marchepied » (Isaïe LXVI,1).

2. En hébreu, *Maasse Merkava;* c'est dans la mystique juive l'un des deux mystères fondamentaux de l'univers. Il concerne la divinité. Le second – *Maasse Berechit,* l'œuvre de création – concerne la Création du monde.

toutes les existences et toutes les transformations, passées, présentes et futures; là, il prend conscience de ce que le divin est la cause première et le moteur de toutes les forces agissant dans toutes les directions. Évidemment, il est impossible pour l'homme, en tant qu'homme, d'atteindre complètement un tel niveau de compréhension; néanmoins, même une vue partielle du Char divin lui fournit un aperçu de ce qui se passe dans tous les mondes.

Là aussi, dans ce « monde de la création », il y a des palais – c'est-à-dire des lieux dans le sens métaphysique du terme : sphères d'être à l'intérieur desquelles existe un certain rythme du temps, sous une forme ou une autre, une relation entre le passé, le présent et le futur, entre la cause et l'effet. On y trouve des âmes et des créatures qui appartiennent spécifiquement à ce monde-là. Ces créatures, les âmes vivantes qui s'y trouvent, ce sont les *Malakhim* supérieurs appelés *Seraphim*. Tout comme les *Malakhim* du « monde de la formation », les *Seraphim* sont des essences abstraites singulières, qui n'ont pas la possibilité de changer. Mais, alors que les *Malakhim* du « monde de la formation » sont constitués d'émotion pure, ceux du « monde de la création » sont des essences de pure intelligence. Les *Seraphim* sont des *Malakhim* qui manifestent les plus hauts niveaux de l'esprit. Ils reflètent aussi la diversité des niveaux de conscience et de compréhension, ce qui constitue, en soi, un aspect particulier de la vie de l'esprit. Enfin, chacune des créatures de ce « monde de la création » sert également de *Malakh*-messager. Il reçoit le flux des êtres « malakhiques » et des âmes du « monde de la formation », et les transmet jusqu'au « monde de la création » et, plus haut encore, vers des hauteurs infinies.

Si l'on dit que le « monde de la création » est situé plus haut que le « monde de la formation », ce n'est pas que l'esprit et la conscience soient supérieurs aux émotions : les différents mondes sont dits plus hauts ou plus bas en fonction de leur degré de transparence vis-à-vis de la lumière divine, qui constitue leur lumière et leur substance même. Au fur et à mesure que l'on « descend » dans le système des mondes, la matérialité devient de plus en plus grande. En d'autres termes, les êtres des mondes inférieurs ressentent leur indépendance plus intensivement que les êtres des mondes supérieurs; ils ont davantage conscience d'être des individualités séparées. Cette conscience qu'ils ont de leur séparation bloque le flux divin et, en même temps, obscurcit cette essence inaltérable qui se dissimule derrière la personnalité de chaque individu. Bref : plus le monde est bas, plus il est dominé par le sens du « moi » et, par conséquent, plus l'essence divine y est obscurcie. On peut dire, cependant, que chacun des mondes – et en fait, toute vie séparée – n'existe qu'en vertu du fait que Dieu lui-même se cache. Car, si le flux divin se manifestait dans sa plénitude totale, il n'y aurait aucune place pour l'existence d'autre chose. Aucun monde ne peut exister si son créateur ne se dissimule pas. Au fur et à mesure que l'on descend des mondes supérieurs vers les mondes inférieurs, à chaque nouveau palier, le sentiment de séparation et d'indépendance du monde s'accentue et le flux divin se cache de plus en plus. Voilà qui explique comment les créatures du « monde de l'action » peuvent arriver – comme souvent les hommes le font – à un état dans lequel elles sont non seulement inconscientes que c'est le flux divin qui leur donne vie, mais où elles peuvent aller jusqu'à répudier son existence. En revanche, au fur et à mesure qu'on gravit les degrés de l'échelle de l'être, le flux divin se fait de plus en plus transparent dans les mondes.

Ici-bas, il faut un discernement quasi prophétique et un épanouissement de la foi pour discerner le flux divin à travers la grande variété de ses formes et de ses niveaux. Dans les mondes supérieurs, en revanche, les choses sont plus claires et elles offrent moins de résistance au flux divin. Aussi bien, parce qu'il se situe au-dessus des deux autres mondes – celui de l'« action » et celui de la « formation » –, le « monde de la création » est aussi plus clair et plus translucide. Ses créatures sont plus pleinement conscientes de la manière dont leur monde est en état de constante création, au travers de l'une ou l'autre manifestation divine. En même temps, étant donné que le « monde de la création » reste un monde séparé, ses créatures et ses âmes conservent leur propre individualité. Elles peuvent, certes, percevoir la lumière divine et donc pleinement accepter son entière domination. Néanmoins, du fait qu'elles se sentent elles-mêmes séparées de cette lumière, elles s'identifient comme des existences indépendantes. Ce qui revient à dire que même si le *Seraph* aspire fortement à approcher le divin, et bien qu'il soit bien au-delà de tout ce que l'homme peut appréhender et doté d'une compréhension et d'une intelligence supérieures, il a néanmoins conscience d'être encore une réalité détachée du divin.

Quand tombent les barrières

En fait, c'est au-delà du « monde de la création », dans le « monde de l'émanation », le plus élevé des mondes – au point que, dans un certain sens, il n'est plus réellement un monde –, c'est là seulement que l'on peut parler d'une véritable clarté : une transparence si absolue qu'aucune essence ne peut plus être voilée et où, par conséquent, les essences ne montrent absolument aucun « ego » particulier et indépendant. C'est seulement dans ce « monde de l'émanation » qu'aucune barrière ni aucun écran de séparation ne sont là pour cacher la divinité révélée. Voilà pourquoi l'on peut dire que le « monde de l'émanation » n'est plus un monde, mais qu'il est lui-même la Source divine. Aussi pur et excellent qu'il soit, le « monde de la création » restait une existence indépendante, avec sa propre personnalité et son « moi », distincts de l'existence divine. Aussi bien y a-t-il davantage de différences entre le « monde de la création » et le « monde de l'émanation » qu'entre tous les autres mondes. Il constitue la frontière de l'ensemble des existences indépendantes, chacune étant séparée de l'autre par des « écrans ». Au-delà, se trouve la source de toute existence, où de tels écrans ont disparu.

Pour mieux comprendre ce que les cabbalistes appellent un « écran », il suffit de se reporter au plan du Temple de Jérusalem qui offre, dans une certaine mesure, une image symbolique de l'ensemble du système des mondes. En hébreu, le temple s'appelle *Beth Hamikdach,* la Maison du sacré. Or, dans le Temple, les divers parvis – lieux du sacré de l'homme – étaient séparés du Saint des Saints par un rideau, qui constitue comme une représentation archétypale de l'écran. Un écran, c'est donc une sorte de barrière qui a pour fonction d'empêcher le flux divin de s'épancher dans toute sa pureté; c'est cet écran qui provoque un certain obscurcissement et modifie la lumière drainée par ce flux. Car tant que la lumière divine transite par des degrés et des niveaux transparents, elle peut subir une altération de sa couleur, de sa forme, ou de la qualité de sa révélation : cependant, cette lumière reste essentiellement lumière. Mais que se passe-t-il lorsque cette lumière heurte un écran? Même si l'on peut discerner, sur le côté obscur de l'écran, un certain éclaircissement, il reste que, de l'autre côté, la lumière même ne pénètre pas.

L'écran n'est qu'une image pour expliquer la nature des différences. Dans le « monde de l'émanation » – dans la Source divine –, ces barrières n'existent pas : l'unité y est parfaite. Pour qu'un monde puisse exister distinctement de la Source divine, il faut que l'essence la plus élevée se contracte. Cette contraction de la sagesse infinie – ce retrait du flux divin – représente par conséquent le principe nécessaire à la création de l'univers. Figurant le voilement du divin, l'écran est le fondement qui permet aux mondes de se manifester comme séparés et distincts. Ce sont d'ailleurs là les premières images de la Genèse : au commencement était le voilement et le retrait – « les ténèbres couvraient la face de l'abîme [1] ». Et c'est à partir de ces ténèbres, qui résultent de l'existence de l'écran, que le moule du monde, qui deviendra le monde lui-même, va pouvoir être façonné.

Nous avons vu que notre monde – le « monde de l'action » renferme, outre le monde physique, un monde spirituel; en fait, il s'agit même d'un grand nombre de mondes spirituels. Ces mondes et leurs différents palais offrent une telle variété qu'il est extrêmement difficile de reconnaître une quelconque unité à cette vie de l'esprit. Certains de ces domaines sont, certes, aisément identifiables : ceux de l'esprit qui procèdent du savoir de l'homme ou de sa créativité : la philosophie, les mathématiques, l'art, la poésie ou autres disciplines similaires. Mais, de par la conception qu'ils se font de la vérité ou de la beauté, ils sont neutres du point de vue de la morale. En revanche, il est des domaines de l'esprit qui, poursuivant certains objectifs dans l'ordre de la connaissance, proposent un tout autre système de valeurs et ouvrent ainsi la porte à une spiritualité que l'on qualifiera de positive ou de négative selon qu'elle est orientée vers l'accomplissement du bien ou du mal. C'est cette polarité qui caractérise le « monde de l'ac-

1. Genèse I,2.

tion ». S'il est par essence le lieu où l'homme et le monde peuvent s'élever jusqu'aux niveaux supérieurs de la sainteté, il est simultanément le lieu où l'homme peut rencontrer les mondes dits inférieurs.

Ces mondes sont appelés les « royaumes du mal », les mondes de la *Klipah,* l'écorce externe. Les domaines de la *Klipah* constituent autant de palais. On y trouve également une véritable hiérarchie de mondes placés l'un au-dessus de l'autre (en vérité l'un au-dessous de l'autre) : le mal y devient plus affirmé et plus visible à chaque niveau. Comme on peut le présumer, il existe une forte corrélation entre le règne – les règnes – du mal et le « monde de l'action ». Car, bien qu'en soi le « monde de l'action » soit neutre, son implication gnostique le conduit à relever des mondes du mal et, plus précisément, de l'un des niveaux de l'écorce externe appelée *Klipat Noga.* On appelle ainsi un niveau de l'être qui a pour essence de n'être orienté ni vers ni contre la sainteté. Du point de vue de la sainteté, donc, ce niveau se tient dans une position de neutralité. Néanmoins, lorsque l'homme reste englué dans cette position neutre sans jamais s'en dépêtrer, il échoue dans la réalisation de sa destinée humaine spécifique et se trouve donc en état de manque vis-à-vis du noyau même de son être.

Des anges parasites

En dessous du domaine de *Klipat Noga,* on trouve les mondes du mal absolu. Chacun d'entre eux possède sa propre nature de mal. Comme c'est le cas avec les mondes de sainteté, chacun se trouve également relié aux autres dans un processus de transformation qui descend jusqu'aux profondeurs extrêmes du mal. Dans les domaines du mal, comme dans tous les mondes, on retrouve les trois structures fondamentales : les *mondes,* l'*année* et l'*âme.* En d'autres termes, il y a un arrière-plan général d'existence, qui agit en tant que lieu dans le sens spirituel : ce que l'on appelle un *monde.* Il y a ensuite un aspect lié au temps et à la causalité : l'*année;* enfin, les créatures spirituelles habitant les mondes du mal correspondent à l'*âme.* Ces êtres maléfiques sont aussi appelés *Malakhim,* mais ce sont plutôt des *Malakhim* subversifs : des anges destructeurs. Tout comme les *Malakhim* des mondes supérieurs, chacun de ces êtres spirituels est circonscrit à une essence bien définie : il a sa propre mission. Le même contraste qui caractérise le domaine de la sainteté – l'existence d'anges d'amour et d'anges de crainte – caractérise en effet les impulsions et émanations qui se manifestent, parallèlement, dans le monde des forces mauvaises : des *Malakhim* de destruction qui expriment soit l'amour, mais en termes de cruauté, soit la crainte, en termes de corruption.

Certains de ces *Malakhim* pernicieux sont des êtres qui se suffisent à eux-mêmes. Ils ont des caractères clairement définis et spécifiques. Leur existence est, dans un certain sens, éternelle – au moins jusqu'à l'époque où le mal disparaîtra de la face de la terre. Mais d'autres forces viennent s'y ajouter : des *Malakhim* subversifs, créés par les actions de l'homme, par la concrétisation de la malveillance, des mauvaises pensées, des désirs inspirés par la haine, et de la cruauté. Car, en plus de ses conséquences destructrices visibles, chacune de nos mauvaises actions crée un être abstrait – comme dans la gnose – qui est un mauvais *Malakh :* un *Malakh* qui appartient au niveau de mal correspondant à l'état d'esprit qui l'a créé. Par nature, cependant, les créatures des mondes du mal ne sont pas des entités indépendantes dotées de leur énergie propre; leur existence est contingente à notre monde, qui constitue la source de leur force vitale. Elles ne peuvent rien faire de plus que copier ce monde, de différentes façons et à des niveaux de plus en plus bas. Comme pour les mondes supérieurs, où l'homme – et seulement l'homme – est capable de choisir et de faire le bien, de même il est le seul à pouvoir faire le mal. Tout ce que l'homme fait crée en retour un flux vital; l'ensemble de son être spirituel est impliqué dans chacun de ses actes. Le *Malakh* que ces actes engendrent l'accompagne comme sa création propre, comme une partie de son existence qui l'accompagnerait sans cesse. Tout comme les *Malakhim* de sainteté, les *Malakhim* de destruction sont, à un certain degré, des canaux servant à transporter le flux qui, depuis notre monde, descend en se dégradant les étapes de corruption, jusqu'aux profondeurs extrêmes des mondes de l'abomination. Il s'ensuit que ces mondes du mal agissent en conjonction directe avec l'homme, autant sous des formes concrètes et naturelles que sous des formes spirituelles et abstraites.

Les *Malakhim* subversifs sont donc également des tentateurs et des incitateurs au mal : ce sont eux qui transportent la connaissance du mal depuis leur monde jusqu'au nôtre. Plus un être humain fait de mal, plus grande est la force vitale que ces *Malakhim* en tirent pour le plus grand bénéfice de leur monde.

Ces mêmes *Malakhim* subversifs ont une seconde fonction : ils servent de bras séculier pour punir celui qui tombe dans la faute. Le pécheur trouve en effet sa punition dans les conséquences inévitables de ses actes, tout comme le *Tsaddik* – ou le saint – reçoit sa récompense dans les conséquences de ses actes méritoires. Autrement dit, la punition de celui qui pèche, c'est le cercle vicieux dans lequel il s'enferme, du fait qu'il a été amené à entrer en contact avec le domaine du mal qu'il a lui-même créé.

Les *Malakhim* subversifs se manifestent sous des formes variables et par des voies tant matérielles que spirituelles. En se manifestant, ils punissent l'homme pour les fautes qu'il a commises dans notre monde, et lui font endurer, tant physiquement que spirituellement, martyre et douleur, échec et angoisse. Ils agissent, dans une certaine mesure, comme des manifestations et des messagers du mal; toutefois, dans une autre mesure, ils constituent une part nécessaire à l'ensemble de l'existence. Tout comme les mondes du mal en général, les *Malakhim* subversifs ne sont évidemment pas des modèles idéaux! Ils jouent néanmoins un rôle qui permet au monde de fonctionner comme il le fait. Certes, si le mal devait être complètement extirpé du monde, les *Malakhim* subversifs disparaîtraient tout naturellement, puisqu'ils existent seulement comme des parasites qui se nourrissent de l'homme. Mais aussi longtemps que l'homme choisit le mal, il soutient et alimente l'ensemble des mondes et des palais du mal, chacun d'entre eux tirant sa force de la maladie de l'âme. En fait, ces mondes et ces palais du mal stimulent ces maladies et font partie intégrante de la douleur et des souffrances qu'ils causent. Dans ce sens, l'origine même des démons est conditionnée par les facteurs sur lesquels ils agissent, à l'image d'une force de police dont l'existence n'est utile et nécessaire qu'en raison de l'existence du crime. L'implication spirituelle des *Malakhim* subversifs constitue ainsi, outre leur fonction négative, un cadre destiné, au contraire, à empêcher le monde de glisser dans le mal.

Il reste que ces *Malakhim* croissent en force et en puissance, constamment renforcés qu'ils sont par le mal qui augmente dans le monde. Leur existence est donc ambiguë et à double tranchant. D'un côté, ils ont été créés principalement pour servir de force de dissuasion et de limitation; c'est en ce sens qu'ils sont une partie nécessaire à l'ensemble du système des mondes. D'un autre côté, au fur et à mesure que le mal fleurit et s'étend dans le monde – à cause des actes de l'homme – ces *Malakhim* destructeurs deviennent des êtres de plus en plus indépendants : ils construisent un véritable règne qui se nourrit et s'engraisse du mal. De telle sorte que l'on finit par oublier la cause première de leur existence : le mal agit pour son propre compte et comme une fin en soi. Ce paradoxe en arrive à un point tel qu'il met en évidence le sens et la finalité de l'existence humaine dans toute sa grandeur, car l'homme peut se libérer de la tentation du mal et de ses effets cumulatifs par un acte qui contraint les mondes du mal à retourner à leur moule originel; qui plus est, l'homme est capable d'opérer une transformation complète de ces mondes de telle sorte qu'ils puissent alors s'intégrer au système des mondes du sacré; c'est ce qui arrive lorsque la partie de ces mondes qui s'était corrompue disparaît entièrement, et lorsque celle qui avait servi de support et de force de dissuasion assume un caractère radicalement différent.

Néanmoins, tant que le monde reste ce qu'il est, les *Malakhim* subversifs continuent d'exister au sein de la substance même du « monde de l'action » – et même dans les mondes situés au-dessus de lui – en se frayant une place partout où se manifeste un penchant vers le mal. C'est parce que eux-mêmes incitent et stimulent la production du mal. Ils tirent donc leur vie et leur force de ce qu'ils ont éveillé; et finalement, par leur existence même, ils constituent une punition pour les mauvaises actions qu'ils ont contribué à produire. Les mondes et les palais du mal appartiennent, dans ce sens, au cadre général du « monde de l'action » : une de leurs formes extrêmes, c'est le palais appelé *Guehinom* (l'« enfer »), sous toutes les formes qu'il peut revêtir.

C'est que, lorsque l'âme d'un homme quitte le corps et entre directement en relation avec les essences spirituelles, elle devient elle-même entièrement spirituelle. N'ayant plus alors qu'un souvenir fragmentaire d'avoir été un jour liée à un corps, tout ce que l'âme a fait pendant la vie se retrouve, sous sa forme exacte et au niveau qui lui revient, dans la vie après la mort. C'est pourquoi l'âme descend, selon l'expression symbolique, au *Guehinom*. En d'autres termes, l'âme se trouve maintenant entièrement dans le monde-domaine de ces *Malakhim* subversifs auxquels elle a, par ses fautes, donné vie.

Elle ne peut trouver aucun refuge lui permettant d'y échapper, car ces créatures entourent l'âme complètement et la punissent de les avoir créées d'un châtiment plein et juste. Aussi longtemps que la juste mesure d'angoisse ne sera pas achevée, cette âme restera dans le *Guehinom*. Cela revient à dire que l'âme est punie non pas par quelque chose qui lui serait étranger, mais par la manifestation du mal qu'elle a elle-même créé, en fonction de son niveau et de son essence. C'est seulement une fois que l'âme aura traversé la maladie, le tourment et la douleur que lui occasionne l'existence spirituelle de ce mal qu'elle a elle-même produit, c'est alors seulement qu'elle pourra atteindre son niveau d'existence le plus élevé, conformément à son état originel et aussi à l'essence du bien qu'elle a créé.

Ce domaine des mondes du mal étant fondamentalement intérieur et spirituel, il ne peut se révéler que sous la forme de visions de divers genres. C'est pourquoi les nombreuses descriptions anthropomorphiques des *Malakhim* subversifs ne sont pas sans ressembler aux descriptions des *Malakhim* de sainteté : elles recourent aux mêmes approximations sommaires et maladroites. C'est qu'il est impossible de communiquer ce qui ne se prête pas à une description matérielle : l'imagerie que l'on utilise est immanquablement inadéquate.

II

LA MANIFESTATION DU DIVIN

Le Saint-Béni-Soit-Il est désigné par quantité de noms, ou plus précisément, de surnoms. Ces surnoms, cependant, ne font que décrire les différents aspects de la manifestation de Dieu dans le monde, et particulièrement lorsqu'ils sont portés à la connaissance des êtres humains. Au-delà de cette variété de désignations, il y a l'essence divine elle-même qui n'a pas et ne saurait avoir de nom. Nous donnons à cette essence – Dieu En Soi – un nom qui est en lui-même paradoxal : « l'Infini, Béni-Soit-Il », en hébreu, *En-Sof, Baroukh Hou.*

Ce terme est destiné à désigner l'essence divine, en soi, qui ne peut être nommée autrement puisque le seul nom qui pourrait rendre compte de la véritable essence de Dieu devrait désigner à la fois le distant et le proche : en fait, la totalité. Cela dit, nous savons bien que, dans les domaines de la pensée abstraite, tels que les mathématiques ou la philosophie, l'infini est ce qui est au-delà de toute mesure et de toute perception, alors qu'en même temps, le terme d'*En-Sof* semblerait limité par sa définition même puisqu'il implique une notion de finitude! Il y a bien des choses dans notre monde – par exemple les nombres – qui ont l'infini parmi leurs attributs et qui, pourtant, sont limitées soit dans leur fonction, soit dans leur objectif ou encore dans leur nature même. Mais lorsque nous parlons de l'*Infini, Béni-Soit-Il,* nous entendons par là le summum de la perfection et de l'abstraction : ce qui contient tout et se trouve au-delà de toutes les limites imaginables.

Il s'ensuit que tout ce que nous pourrions affirmer de l'Infini serait lui dénier toute valeur ou qualité particulière! Néanmoins, l'Infini est tellement au-delà de tout ce que l'esprit humain peut appréhender et concevoir que ce qu'on lui dénie n'a pas plus de sens que ce que l'on pourrait en affirmer. Il est tout aussi impossible de dire qu'il est limité ou mauvais que d'affirmer qu'il est parfait ou bon : toutes ces qualités appartiennent en effet au monde fini. Le seul fait qu'elles définissent quelque chose de précis suffit à établir une distance infinie avec l'essence divine. Il y a davantage : pas plus que nous ne pouvons parler d'*En-Sof* comme étant matière, nous ne pouvons dire qu'il est esprit. Ce serait encore le définir, alors qu'il est au-delà de toute définition qui relève de l'entendement humain. Il ne s'agit d'ailleurs pas seulement ici des limites de notre entendement : le seul recours à un concept, qui est nécessairement de l'ordre d'une pensée et d'un savoir finis, crée d'emblée avec l'Infini un abîme infranchissable.

Il existe donc, entre l'essence infinie de Dieu, indéfinissable, et le monde un vide infranchissable.

Par monde il faut entendre ici non seulement le monde physique, dans ses structures de temps, d'espace et de pesanteur, mais encore, aussi élevés soient-ils, les mondes spirituels : du fait qu'ils sont « mondes », ils sont eux aussi finis et définis, et aussi éloignés de l'essence divine que le monde de la matière.

Aussi bien, la création et l'existence même du monde constituent-elles le premier paradoxe de la manifestation du divin. Seul l'Infini, échappant à toute limite, avait le pouvoir de jeter un pont sur l'abîme qui le sépare du fini. C'est pourquoi il faut essentiellement voir en l'acte créateur une révélation : la translation d'une partie de l'infinie lumière divine dans le monde fini. Le véritable mystère de la Création, c'est donc moins l'apparition d'une nouvelle forme d'existence que la transmutation de la réalité divine en cette chose définie et limitée qui s'appelle un monde. Cette transmutation devait être précédée par un processus particulier : le *Tsimtsoum,* le mystère de la contraction. Dieu se cache Lui-même, faisant abstraction de Son essence infinie et comprimant Sa lumière infinie dans l'exacte mesure nécessaire au monde pour exister. Au sein de la lumière totale et infinie, rien d'autre ne pourrait exister ; l'existence du monde ne devient possible que par l'acte spécial que constitue le retrait ou la contraction divine. Une telle abstraction divine, ou un tel voilement, est donc la condition élémentaire de l'existence du monde fini.

Les dix lumières

Néanmoins, même s'il se présente comme une entité en soi, le monde est formé et soutenu par la puissance divine qui se manifeste dans cette essence première. Cette manifestation prend la forme de dix *Sefirot*, qui sont des forces ou des conduits fondamentaux du flux divin. Et ces *Sefirot,* qui sont les moyens de la révélation divine, sont reliées à la lumière divine première, tout comme le corps est relié à l'âme. Elles sont un mode d'expression, un moyen de manifestation, à l'instar des modes de création utilisés dans les autres dimensions de l'existence. On peut également définir ces dix *Sefirot* comme une organisation, ou une configuration, semblable à une stature d'homme, dont chacun des principaux membres correspondrait à l'une des *Sefirot.* Les *Sefirot* ne sont plus Dieu; mais elles sont divines. Le monde, par conséquent, n'est pas directement relié à la Source divine cachée qui, dans cette représentation imagée, est comme l'âme en relation avec l'apparence humaine des *Sefirot.* Tout comme la véritable âme de l'homme – dont le moi ne peut être appréhendé –, n'est jamais révélée à autrui mais se manifeste à travers son esprit, ses émotions et son corps, le Moi de Dieu n'est révélé dans Son essence originelle que par le canal des dix *Sefirot* qui constituent les divers modes de Sa révélation.

Les dix *Sefirot* constituent ensemble une réalité fondamentale, globale et organique : chacune des

Sefirot a une fonction unique, elle est le complément de chacune des autres et elle est essentielle pour la réalisation ou l'accomplissement de chacune des autres tout comme de l'ensemble du système.

A cause de leurs multiples aspects, les dix *Sefirot* semblent enveloppées de mystère. En effet, chacune d'entre elles présente de nombreux niveaux et faces qui, de plus, semblent apparemment n'avoir aucun lien les uns avec les autres. Aussi bien, les énumérer ne suffit aucunement à définir clairement leur essence.

	KETER	
BINAH		'HOKHMAH
	(DAAT)	
GUEVOURAH		'HESSED
	TIFERET	
HOD		NETSA'H
	YESSOD	
	MALKHOUT	

Dire de la première *Sefirah, Keter* (« couronne »), qu'elle est la volonté divine originelle, et en même temps la source de tout délice et de tout plaisir, c'est encore rester à la surface des choses. C'est également vrai pour *'Hokhmah* (« sagesse ») qui est la connaissance intuitive et instantanée, alors que *Binah* (« compréhension ») tend plus vers l'analyse logique. Quant à *Daat* (« connaissance »), elle ne ressemble ni à l'une ni à l'autre des deux précédentes qui sont censées s'y unifier. Davantage que l'addition de *'Hokhmah* et *Binah,* elle est une sorte de onzième *Sefirah,* appartenant aux dix autres sans vraiment en faire partie [1]. C'est donc *'Hessed* (« bonté »), également appelée *Guedoulah* (« grandeur »), qui constitue la quatrième *Sefirah.* Elle représente l'élan du pur amour, une expansion qui s'étend irrésistiblement. A l'inverse, *Guevourah* (« puissance ») désigne d'une part la retenue et la concentration, et de l'autre la crainte et l'effroi mêlés de respect ou d'admiration.

Tiferet (« beauté »), c'est la combinaison de l'harmonie, de la vérité et de la compassion. *Netsa'h* (« éternité »), c'est à la fois la conquête et la capacité de surmonter les choses; *Hod* (« splendeur »), la persévérance et l'endurance : *Yessod* (« fondation »), entre autres choses, le véhicule, le vecteur qui assure le passage d'un stade ou d'une condition à une autre. Enfin *Malkhout* (« royauté »), la dixième et dernière *Sefirah,* incarne, outre la souveraineté ou l'autorité, le verbe et le réceptacle ultimes.

Toutes ces *Sefirot* sont infinies dans leur puissance, même si elles sont finies dans leur essence. Elles n'apparaissent jamais séparément, à l'état pur, mais toujours sous des formes diverses de combinaison avec les autres. Chacune de ces combinaisons, et même le moindre détail de chaque combinaison, exprime une nouvelle forme de révélation.

La somme de toutes ces *Sefirot,* dans leurs multiples interrelations, constitue le lien permanent qui unit Dieu à son monde. En réalité, il s'agit là

1. La première *Sefirah, Keter,* étant la plus cachée, elle est quelquefois remplacée par *Daat*; au contraire, lorsqu'on compte *Keter* au nombre des *Sefirot*, qui est limité à dix, c'est *Daat* qui disparaît.

d'une relation de réciprocité, car le monde, à son tour, peut réagir et même agir tout seul. Cette réciprocité crée un double processus ascendant et descendant. D'un côté, les dix *Sefirot* sont responsables de la loi et de l'ordre universels, ce que nous pourrions appeler les mécanismes naturels à l'œuvre dans les différents mondes. Elles se combinent, se contractent et changent de formes au fur et à mesure qu'elles passent d'un monde à un autre, jusqu'à ce qu'elles atteignent notre monde matériel qui est l'étape finale de la manifestation de la puissance divine. En fait, aussi bien les créatures qui peuplent les mondes que les lois qui les dirigent ne sont rien d'autre que diverses combinaisons des dix *Sefirot*.

D'un autre côté, et réciproquement, les divers types d'événements qui se produisent dans notre monde influencent continuellement les dix *Sefirot*. Ils affectent la nature et la qualité des relations qui unissent la lumière et la vie qu'elles déversent sur le monde et leurs récipiendaires.

Une mécanique à moteur humain

Une ancienne allégorie illustre cette influence. Elle représente le monde comme une petite île, située au cœur de la mer, et habitée par des oiseaux. Afin de leur fournir des moyens de subsistance, le roi a mis en place un système complexe de canaux par lesquels circulent la nourriture et l'eau qui leur sont nécessaires. Tant que les oiseaux se comportent selon les principes naturels qui les régissent, chantent et volent, ce flux d'abondance fonctionne sans interruption. Mais dès que les oiseaux commencent à se rouler dans la poussière et à picorer dans les canaux, ces derniers s'obstruent ou se brisent. Ils cessent de fonctionner correctement, et le flux venant d'en haut est interrompu. Ainsi, l'île – notre monde – dépend du bon fonctionnement des *Sefirot;* lorsqu'elles sont perturbées, le système est interrompu et ce sont les responsables de cette interruption qui en supportent les conséquences.

L'organisme des *Sefirot,* avec ce processus d'action et de réaction, fonctionne à bien des égards comme un système purement mécanique. L'homme, qui est la seule créature capable d'agir librement sur le système, peut cependant provoquer des altérations, de portée variable, dans leur mode de fonctionnement et dans leur programme. C'est que chaque acte de l'homme s'y répercute. Une mauvaise action provoquera généralement soit une interruption, soit une réaction négative dans l'immense système des *Sefirot :* alors qu'une bonne action réparera les choses et les élèvera à un plus haut niveau. Chacune de nos actions a son prolongement dans tous les mondes puis revient dans notre propre monde, sous une forme ou sous une autre, par un processus de « feedback ».

Dans ce vaste et sublime système, les *Mitsvot* – l'étude et la pratique de la Torah, la prière, l'amour, la *Techouvah* – ne constituent que des détails ou des directives. Les *Mitsvot* nous enseignent comment certains actes, certaines pensées et certaines manières de faire affectent les *Sefirot* et produisent la combinaison souhaitable de bénédiction et d'abondance qui rend le monde meilleur. Avant l'accomplissement de chaque *Mitsvah,* on doit dire certains mots à haute voix; ces mots ont pour but de faire descendre un grand flux depuis les mondes supérieurs afin que s'illuminent nos âmes. Cela signifie que chaque *Mitsvah* a une essence spécifique grâce à laquelle elle influence le système des mondes et crée un contact entre les mondes et l'homme. Ainsi, même si, à divers points de vue, notre monde semble petit, il peut aussi être perçu comme le point d'intersection de tous les autres mondes, grâce à la capacité qu'ont les êtres humains – créatures dotées du libre arbitre – de changer l'ordre fixé. C'est comme si notre monde était une tour de contrôle à partir de laquelle les dix *Sefirot,* dans leurs différentes combinaisons, peuvent devenir opérationnelles.

Une transgression, c'est-à-dire une perturbation de la loi du système, a deux conséquences. Premièrement, elle provoque une sorte de court-circuit dans la transmission du flux divin. Deuxièmement, elle provoque, par dérivation, le déversement de ce flux dans des « lieux » qui ne devraient pas en bénéficier; la décharge provoquée par ce court-circuit stimule le monde des *Klipot* – les écorces externes – et les amène en retour à introduire une charge négative dans le système particulier qui appartient à la vie du transgresseur [1].

C'est ce qu'on entend lorsqu'on parle de la

1. Les *Klipot* désignent les différentes couches du mal qui affectent le monde.

récompense ou du châtiment qui sont censés sanctionner chacune de nos actions. Ce ne sont d'ailleurs pas uniquement nos actes qui affectent ainsi le système des *Sefirot;* ce sont également nos pensées, nos intentions, ou n'importe quel mouvement de l'âme humaine. Par exemple, chaque fois qu'une personne prie – soit qu'elle prie selon toutes les intentions mystiques dirigées en esprit vers les mondes supérieurs, soit qu'elle énonce sa prière à voix haute, soit simplement qu'elle la dise dans son cœur –, cette personne est capable d'influencer le cours des événements. Il arrive d'ailleurs que les mouvements intérieurs et spontanés d'un homme, qui n'ont rien à voir ni avec ses actions visibles ni avec ses intentions conscientes, puissent s'élever bien plus haut que toutes ses actions. Lorsqu'un homme prie pour être guéri d'une maladie, par exemple, il demande une grâce. Il souhaite un changement dans un vaste complexe de systèmes, depuis le système fixe général qui répartit le bien et le mal jusqu'à ces systèmes secondaires et variables qui régissent le monde de la matière et son cortège de souffrances et de misères. En d'autres termes, cet homme qui prie requiert un réaménagement du vaste complexe d'interrelations qui sous-tend à la fois les mondes supérieurs et le monde de la nature.

Ce modèle de la manifestation divine et de sa relation à l'homme peut apparaître comme un déterminisme parfaitement mécanique; cependant, les sources bibliques le dépeignent avec des images bien plus personnelles et symboliques. On y trouve une grande variété de signes et figures allégoriques alors qu'il s'agit toujours de désigner la même chose. Ainsi nous lisons que « l'œil de Dieu scrute la face de la terre », que « les oreilles de Dieu entendent toutes les prières », que le Saint-Béni-Soit-Il, est heureux ou en colère, souriant ou pleurant. Tout cela, bien sûr, se rapporte au modèle des dix *Sefirot* à travers lesquelles Dieu se révèle. C'est que les *Sefirot* sont homologues, dans leur ensemble, à la personne humaine prise comme un tout, et, dans leur individualité, aux organes et aux membres du corps humain. Si l'on dit que l'homme est fait « à l'image de Dieu », cela concerne son corps aussi bien que son âme. Nous disposons ainsi d'un paradigme des relations fondamentales qui s'établissent dans l'univers, si ce n'est des essences elles-mêmes. En parlant de « la main droite de Dieu », nous décrivons simplement la force divine qui donne et déverse l'abondance, qui aide et qui aime; et « la main gauche de Dieu », c'est la force qui retient et qui protège, qui restreint et qui châtie. Cette apparente dualité ne doit cependant pas nous faire oublier que les *Sefirot* constituent un tout harmonieux et organique.

Image de Dieu, image de l'homme

Ainsi, lorsque les prophètes décrivent leurs visions célestes, leur vision de Dieu, il s'agit toujours de Sa propre révélation à travers les *Sefirot.* Mais pour se faire comprendre, ils doivent représenter cette vision sous des formes humaines afin d'éveiller la charge émotionnelle qu'elle contient pour les hommes. Leurs descriptions peuvent être considérées comme des cadres allégoriques, dans lesquels l'homme est la métaphore du Suprême, tant dans les détails empruntés à la vie de l'homme que dans l'exploitation de l'idée de l'homme comme entité complète : un microcosme. La main humaine devient alors analogue à *'Hessed* (« grâce »), qui, dans une autre métaphore sera représentée par l'eau, la lumière ou toutes sortes d'autres métaphores symboliques. Réciproquement, lorsque quelqu'un, en priant ou en accomplissant une *Mitsvah,* se met en relation avec le système supérieur, il peut à son tour imposer sa propre image à ce système, au point de considérer Dieu comme une figure à ressemblance humaine siégeant sur un trône : tout cela ne fait qu'exprimer la révélation de Dieu à travers les *Sefirot,* situées l'une au-dessus de l'autre dans les divers mondes.

Même si ce système de forces est presque infini dans son immensité et sa complexité, même si ce qui semble mécanique et automatique inclut non seulement la matière et les lois de la nature mais aussi les lois de ce qui est au-delà des lois naturelles – celles du bien et du mal, de l'intention et de la prière, de la pensée et de l'émotion –, tout cela fonctionne seulement par l'action et les réactions du flux vital divin. L'homme, tout en n'étant qu'un point infime face à l'Infini, peut cependant agir de manière efficace et sensible sur ce système. Le fait que l'homme ne soit qu'un tout petit détail, un point, moins qu'un point face à l'Infini, est compensé par le fait que c'est précisément lui, dans sa petitesse, qui peut donner un sens à chaque élément particulier du monde. Du fait qu'existe un système de causes et d'effets, une force motrice qui anime tous les mondes, chaque personne peut parvenir à toucher dans ses actions, ses pensées et ses aspirations chaque point particulier des degrés supérieurs de l'être. Non seulement l'homme est libre d'agir dans ce système, mais aussi chacun de ses actes, dans tous les mondes – l'espace, le temps, les mondes supérieurs ou la réalité ultime –, revêt une portée incommensurable. Contrairement à tous les modèles mécaniques des forces opérant dans le cosmos, seul l'homme se meut de manière indépendante à l'intérieur du système. Pour les diverses manifestations de ce système, lui seul importe; car lui seul peut les modifier et provoquer leur passage d'un niveau à un autre. En outre, l'homme, qui vit dans deux mondes différents et subit de profonds combats intérieurs possède seul une chance de s'élever au-dessus du niveau de son existence et de son propre lieu spirituel, et d'agir ainsi sans fin sur les mondes supérieurs.

C'est précisément parce que le divin est perçu comme une force infinie, et non finie, que chaque chose dans le cosmos, petite ou grande, n'est qu'une petite partie du modèle; il n'y a pas de différence de masse ou de poids entre une quelconque partie et une autre. Le mouvement du doigt d'un homme est tout aussi important, ou insignifiant, que la catastrophe la plus terrible, car face à l'Infini, les deux ont la même dimension. C'est précisément parce que l'Infini est au-delà de tout, qu'il peut tout aussi bien être proche de tout. C'est ici que se situe la possibilité, pour l'homme, d'une relation personnelle : en dépit de l'immensité de tous ces systèmes, les actes librement accomplis par l'homme – ses *Mitsvot* et ses transgressions – ne sauraient être présentées comme des actes mécaniques. On ne peut pas davantage les expliquer par la magie. En effet, quiconque essaierait d'agir sur les mondes en les retranchant de l'Infini, qui est leur vie, agirait dans le vide. C'est que nos actes et nos pensées n'opèrent pas, par eux-mêmes, indépendamment de l'Infini. Tous les systèmes des dix *Sefirot,* même s'ils régissent les lois naturelles et surnaturelles, n'ont par eux-mêmes aucune réalité par rapport à la Lumière infinie. Ils sont même moins qu'un néant habillé ou recouvert d'une apparence de réalité; ils ne sont que des noms, des surnoms, des points de départ pour établir une relation : ils n'ont aucune substance propre, de telle sorte que la prière, la *Techouvah*, le cri d'un homme vers Dieu, peut bien passer par un système fixé et déterminé *a priori* : ce n'est d'aucune façon à ce système qu'ils s'adressent ni sur lui qu'ils opèrent [1].

Lorsqu'un homme atteint certains sommets, il en sait certes plus sur Dieu, l'organisation des choses, les rapports entre une action et une autre ou la signification des lois. Néanmoins, en dernier ressort, le rapport au divin est strictement personnel. C'est une affaire purement privée où l'homme, avec sa pleine et unique personnalité, arrive à

1. Les cabbalistes ont toujours mis les Juifs en garde; quels que soient les passages obligés par l'échelle des *Sefirot,* c'est seulement à Dieu Lui-même que doivent s'adresser les prières; les *Sefirot* ne sont rien de plus qu'un relais.

oublier la distance infinie qui le sépare de Dieu. C'est que c'est Dieu Lui-même – *a priori* infiniment distant, au-delà de toute possibilité de contact – qui a créé les voies et les modes d'une relation, dans laquelle chaque pensée, chaque frémissement de l'attente et du désir de l'homme va son chemin jusqu'à atteindre le Saint-Béni-Soit-Il, *En-Sof Baroukh Hou.*

III

L'AME DE L'HOMME

Dans ses divers degrés – du plus vil au plus sublime – l'âme humaine est éminemment complexe. Elle constitue cependant une seule et unique entité, qui comporte de multiples facettes. Au tréfonds de l'être, l'âme de l'homme est un véritable « fragment du divin venu d'En Haut [1] »; aussi est-elle une des manifestations de la présence de Dieu dans le monde. Certes, le monde tout entier révèle le divin, mais il reste toujours « autre » face à Dieu; seule l'âme, dans son tréfonds, peut être considérée comme étant une « part de Dieu ». C'est que, même si la nature existe seulement par la volonté de Dieu, elle n'en a pas conscience; seul l'homme peut atteindre ce stade supérieur de la connaissance. Lui seul, en vertu de son âme divine, possède un peu du potentiel, et même du pouvoir réel qui n'appartient qu'à Dieu, car Dieu est dans son âme. Ce pouvoir, c'est une aptitude à dépasser les limites assignées à son existence, à se mouvoir librement

1. Job XXXI,2. Cette expression désigne classiquement dans la Cabbale la nature divine de l'âme.

et à choisir d'autres chemins. C'est ce qui rend l'homme capable d'atteindre les hauteurs suprêmes tout comme de tomber au plus profond des enfers. Cette capacité, souvent appelée « libre arbitre », n'est en fait rien d'autre que le dévoilement en l'homme de deux forces spécifiquement divines : celle de *vouloir* et celle de *créer.*

Ainsi, le libre arbitre de l'homme n'existe qu'en tant que fragment de la volonté divine, illimitée et sans restriction, qui l'alimente. La capacité créatrice de l'homme provient également de ce même pouvoir divin : créer ce qui n'avait jamais existé auparavant, détruire ce qui existe déjà et enfin façonner de nouvelles formes. C'est dans cette mesure que l'on peut dire que « l'homme a été créé à l'image de Dieu [1] ».

Bien entendu, le divin n'apparaît pas en l'homme dans toute l'infinité de son être. C'est pourquoi nous parlons de « partie de Dieu [2] », ou encore d'étincelle divine, pour désigner la quintessence de la vie intérieure de l'homme. L'espèce humaine, dans son ensemble, constitue une des manifestations de Dieu dans le monde. De même, tout être humain sans exception, pris individuellement, fait intrinsèquement partie de la source de lumière divine, de cette particule d'essence divine, que l'on appelle, à un certain niveau, la *Chekhinah :* la puissance qui confère l'être et donne vie au monde. A un autre niveau, on l'appelle *Knesset Israël,* c'est-à-dire le réservoir où toutes les âmes du monde

1. Genèse I,27.
2. Job XXXI,2.

ne constituent qu'une seule et même essence. Bien entendu, cette essence ne se révèle pas ici-bas dans son intégralité : seules quelques étincelles de cette lumière se manifestent chez certaines personnes. Chaque âme est donc un fragment de la lumière divine globale. N'étant qu'un fragment, elle ne peut parvenir à la perfection qu'au prix d'un travail qui la met en relation avec l'ensemble des âmes, qui se reflètent dans l'âme individuelle.

Quels que soient les liens qui l'unissent soit à la source suprême, soit aux autres âmes, chaque âme reste cependant unique, tant du point de vue de son essence et de ses possibilités que des fins qui sont exigées d'elle.

Aucune âme ne ressemble à une autre, qu'il s'agisse de ses actions, de ses devoirs ou de ses modes de fonctionnement.

C'est pourquoi aucune âme ne peut prendre la place d'une autre; même la plus grande parmi les grandes ne peut remplir le rôle spécifique, ni ne peut occuper la place particulière d'une autre, quand bien même s'agirait-il de la plus petite parmi les petites. C'est pourquoi le judaïsme manifeste un si profond respect pour la vie humaine : chaque personne est unique; aucune vie ne peut en remplacer une autre; rien ni personne ne peut prendre sa place.

L'âme, dans son état primordial – c'est-à-dire, avant de rejoindre le « monde de l'action », ou le monde physique –, constitue une entité spirituelle distincte, du fait qu'elle est une combinaison particulière de diverses *Sefirot* des différents mondes. Même si chaque âme est plus proche d'une *Sefirah* que des autres, elle ne dépend jamais d'une seule et unique *Sefirah.* Généralement, les âmes sont le produit de la combinaison des *Sefirot :* pour une seule âme, il existe des centaines et des milliers de combinaisons de formes diverses. On peut donc dire des âmes humaines qu'elles diffèrent en fonction des *Sefirot* qui ont déterminé leur combinaison, puis des modalités de cette combinaison, et enfin du niveau des mondes d'où chaque âme est issue.

Mais dans tout cela, nous sommes encore dans le domaine du spirituel et de l'abstrait.

Or, la principale action de l'âme, sa véritable valeur, ne réside ni dans son abstraction ni dans son éloignement du monde matériel, mais, au contraire, très précisément, dans son rapport à la matière et au monde créé. Car, c'est seulement au sein du système extrêmement complexe de relations qui unissent l'âme à la fois au monde extérieur et au corps qui l'héberge qu'elle est capable de s'élever à des niveaux bien supérieurs à ceux qu'elle pouvait atteindre en tant qu'essence abstraite, séparée, dans cet état incorporel que l'on appelle « le jardin d'Éden d'En Haut ». Ce processus d'union de l'âme avec le corps – « la descente de l'âme dans la matière » – constitue, dans une certaine perspective, la tragédie profonde de l'âme. Pourtant, mue par le besoin de descendre afin d'effectuer l'ascension désirée vers des sommets jusqu'ici inconnus, l'âme prend ce terrible risque. Elle se met ainsi en danger : la fusion de l'âme avec le corps et son rapport au monde matériel – elle y constitue le seul élément libre, non soumis au déterminisme des lois physiques – rendent

possible la chute de l'âme et, par là même, la destruction du monde. En vérité, c'est la Création elle-même, en général, et celle de l'homme en particulier, qui constituent ce risque : descendre pour mieux monter [1].

Les cinq étages de l'âme

Lorsqu'on parle d'union de l'âme avec le corps, il ne faut surtout pas voir en l'âme une essence particulière qui serait prisonnière de la matière. Elle reste, en soi, immatérielle, dépassant non seulement les limites de la matière mais aussi celles de ce que l'on considère comme l'esprit. Autrement dit, elle est au-delà de ce que tout intellect, si élevé soit-il, peut atteindre, comprendre ou élucider. L'âme ne doit donc pas être conçue comme mise en cage dans le corps, ni même comme un point ou une substance immatérielle, mais plutôt comme une ligne continue d'existence spirituelle, procédant de la source générale de toutes les âmes, au-delà du corps spécifique d'un être particulier. Le lien entre le corps et l'âme est comparable à l'extrémité d'un rayon lumineux qui éclairerait un corps opaque.

Et parce que l'âme n'est pas un point unique dans l'espace, elle ne doit pas être perçue comme monolithique – comme si elle n'avait qu'une seule

1. En hébreu, *Yerida Tsorekh Alya,* un des concepts fondamentaux de la mystique juive : l'âme descend dans ce bas monde parce que c'est le seul moyen pour elle de s'élever au-dessus de sa condition originelle.

qualité ou un seul caractère – mais comme une structure complexe : différents niveaux spirituels s'y côtoient ou s'y superposent. Dans un premier temps, l'âme donne simplement au corps sa vie et son existence, ce flux vital qui caractérise toute chose vivante et permet au règne animal et au règne végétal d'exister. Ensuite, elle détermine le caractère propre de chaque individu, l'âme de l'homme en tant qu'élément particulier au sein de la Création.

Autrement dit, une âme humaine, à son niveau le plus élémentaire et le plus fondamental – que l'on appelle *Néfèche* [1] –, c'est non seulement cette force vitale qui permet à l'homme d'exister, de se mouvoir et de procréer, mais c'est aussi ce qui permet à l'homme de penser, d'imaginer et de rêver. Cette étincelle divine qu'est l'âme anime donc le corps humain avec une vitalité qui ressemble à celle qui anime le reste du vivant, mais d'une manière infiniment plus complexe et puissante que dans les autres formes de vie. C'est qu'ici, à l'élan vital, viennent s'ajouter le spirituel et l'émotionnel. Et cependant, en dépit de cette complexité, ce premier niveau d'âme n'en est pas moins appelé *Néfèche Ḥabahamit,* l'âme animale. C'est que, tout en leur étant supérieure, elle présente un caractère commun aux « âmes » de toutes les créatures vivantes : elle fonctionne, pense et est consciente d'être concentrée dans un réci-

1. Ce mot désigne tantôt l'âme en général, tantôt le premier degré des trois ou quelquefois des cinq « âmes » que la mystique juive distingue au sein de l'âme et qui sont définies dans la suite de ce chapitre.

pient particulier : le corps. En même temps, comme nous l'avons vu, cette âme, cette âme primaire, naturelle et animale de l'homme ne se limite pas aux seuls besoins animaux ou matériels de chaque individu, mais s'étend à bien d'autres aspects de sa personnalité qui ne sont cependant pas encore de l'ordre du divin [1].

Au-dessus de cette âme primordiale, chaque être humain possède une âme divine appelée *Néfèche Elahite,* à savoir, la première étincelle en l'homme de ce qu'il est conscient d'être davantage qu'une espèce parmi les autres espèces zoologiques. Il ne s'agit pas là de la simple conscience d'être un animal supérieur ou plus évolué que les autres espèces, mais d'être, par essence, lié au divin et à ce qui dépasse l'existence physique. Il s'agit d'un lien vertical, qui part du *Néfèche* animal, et qui existe en tout JUIF; une étincelle, cachée et occultée, qui aspire à un monde supérieur qui est celui du *Roua'h :* l'esprit. Ce degré de l'âme correspond au niveau situé juste au-dessus du « monde de l'action » : le « monde de la formation », *Olam Hayetsira.* Le *Roua'h* de l'homme correspond d'ailleurs à l'essence du *Malakh* dans le « monde de la formation » [2].

1. Le *Néfèche,* l'âme animale, commande également le fonctionnement des activités mentales.

2. La gradation *Néfèche* animale et *Roua'h* correspond à celles du quatrième monde – celui de l'action – et du troisième, celui de la formation; l'essence de l'ange est de même nature que celle du « monde de la formation ». Le *Roua'h* n'est cependant encore que le degré inférieur de l'âme divine qui en comprend quatre en tout et qui sont présentés dans le prochain paragraphe.

Au-delà, on trouve un troisième niveau, appelé *Nechama* (l'« âme supérieure »). Il correspond à l'essence des êtres dans le « monde de la création », un monde supérieur, moins complexe et donc plus pur. Au plus haut de la *Nechama*, il existe un quatrième niveau appelé *'Haya :* il est parallèle à l'action des *Sefirot* dans le « monde de l'émanation ». Enfin, plus intérieur encore, on trouve le noyau le plus intime de l'étincelle divine, appelé *Ye'hida*, et qui peut être considéré comme le point de tangence entre l'âme et l'essence même du divin [1].

C'est la conjonction de l'âme et du corps qui permet au corps de vivre; mais, simultanément, l'âme se trouve désormais enfermée dans le corps et devient dépendante des capacités de son enveloppe charnelle. Cette conjonction n'est donc pas

1. On peut par conséquent établir le tableau de correspondance entre les mondes et les degrés de l'âme de la manière suivante :

ÂMES		MONDES
Néfèche Habahamit	Néfèche	Action
(âme animale)	Roua'h	Formation
Néfèche Elakite	Nechamah	Création
(âme divine)	'Haya	Émanation
(ou conscience divine)	Ye'hida	En-Sof

Il faut cependant observer qu'en règle générale, la mystique juive propose un tableau à trois degrés : *Néfèche, Roua'h* et *Nechamah*; les deux autres degrés sont en effet les degrés supérieurs de la *Nechamah.* Ces trois âmes correspondent par ailleurs aux trois grands domaines de la vie :

Néfèche	l'action
Roua'h	la parole
Nechamah	la pensée

à sens unique. L'âme donne au corps sa force vitale; en retour, le corps lui impose ses capacités, son mode de perception du monde matériel comme du monde immatériel. Ainsi, le corps limite et restreint l'âme; mais il lui donne en retour une nouvelle forme d'existence et un autre point de vue du fait qu'il la met en rapport avec le monde matériel.

C'est ce rapport, et les permanentes interactions du corps et de l'âme, qui créent cette entité nouvelle et originale qu'est le MOI : ni corps ni âme, mais état fusionnel du corps et de l'âme. L'homme est ainsi une créature amphibie, moitié matière, moitié esprit, et ce qui l'unifie, c'est la conscience : c'est dans la conscience de soi que se révèle l'unité de ses deux éléments constitutifs.

Néanmoins, le Moi n'est ni un point particulier, ni une intersection dans l'espace, ni une essence spécifique. Il n'est pas le même pour tous les hommes; il n'est même pas identique chez le même homme en fonction des différentes étapes de son développement. Lors des premiers stades de la vie, l'existence du Moi se réduit presque entièrement à la vie du corps, tandis que les plus hauts degrés de l'intelligence et de l'esprit ne se manifestent guère, sinon inconsciemment. En grandissant, et en fonction du développement de ses capacités physiques intellectuelles et spirituelles, chaque être humain – selon ses moyens – devient de plus en plus conscient de l'essence transcendante de son âme.

Cette élévation consiste, pour chacun, à gravir, degré après degré, l'échelle de vie de l'âme, passant du stade primitif – l'âme animale – par le biais de son évolution intellectuelle – le propre de l'homme – pour aboutir, s'il le désire, au domaine du divin qu'il porte en soi.

Il n'en subsistera pas moins, toujours, dans la conscience et dans la vie de l'homme, diverses forces qui procèdent de son corps, du rapport qu'a le corps avec la matière et avec les divers éléments physiques et spirituels qui emplissent le monde. D'aucuns existent dans le Moi à l'état conscient, d'autres dans l'inconscient. De même, subsistent dans l'inconscient les degrés supérieurs de l'âme humaine qui sont au-delà du Moi. Aussi bien, le cheminement de l'homme vers la perfection exige-t-il davantage que sa capacité à établir un lien entre la matière et l'esprit; il faut encore que son Moi progresse sur l'échelle de *Néfèche, Roua'h* et *Nechamah;* dans de rares cas, il pourrait même s'élever plus haut encore, jusqu'à la *'Haya* de son âme. C'est ce qui se passe dans la révélation prophétique, où le Moi s'ouvre soudain, reçoit directement le flux vital, et prend conscience des mondes supérieurs : le « monde de l'émanation », et même au-delà.

Plus de conscience, au fur et à mesure que l'on s'élève sur l'échelle de la vie de l'âme, c'est la véritable voie de l'ascension de l'homme vers Sa perfection. Plus on s'élève, et plus on approche de ce qui constitue l'objectif suprême de toute existence.

Certes, rares sont les privilégiés qui parviennent aussi haut. D'ailleurs, même lorsque c'est le cas, ce n'est pas pour y rester, mais plutôt pour avoir une perception fulgurante des degrés les plus hauts de l'existence. Seuls les plus grands parmi les hommes atteignent ce stade où le Moi vit, consciemment, dans le « monde de l'émanation ». Les autres hommes vivent au niveau du « monde de l'action » ou à peine au-dessus, et peuvent s'élever plus haut – si tant est, en fait, qu'ils y réussissent – seulement s'ils choisissent d'agir pour s'efforcer d'y parvenir.

Les Sefirot *de l'âme*

Émanant de l'intériorité de l'essence des *Sefirot,* l'âme doit nécessairement révéler, dans le monde, les structures des dix *Sefirot;* car les dix *Sefirot* de la « conduite suprême [1] » se révèlent à l'homme. Ainsi, lorsque l'homme vit en état de perfection, sans aucune distorsion de son être, son âme, grâce aux relations qu'elle entretient avec le corps, reflète le monde dans son intégralité ainsi que les dix *Sefirot* suprêmes. C'est pourquoi il peut dire : « Depuis ma chair, je verrai Dieu [2]. » En partant de soi, l'homme devrait être capable de percevoir l'ordre des relations entre Dieu et le monde ainsi que les interrelations des *Sefirot* telles qu'elles se reflètent dans le microcosme de son existence humaine. Tout comme elles existent dans le monde supérieur, les dix *Sefirot* existent également dans l'âme humaine : ce sont leurs diverses relations qui

1. La manière dont Dieu conduit et dirige l'univers; en hébreu, *Hanhagua :* le gouvernement du monde.
2. Job XIX, 26.

créent et révèlent le large éventail des pensées, des sentiments et des expériences de l'homme. Les trois premières *Sefirot* désignent ainsi les éléments fondamentaux de la connaissance. *'Hokhmah,* c'est la vision première, ce qui distingue et crée, et c'est la source de la compréhension intuitive; *Binah,* exprimant la faculté d'analyse et de synthèse de l'intelligence, c'est ce qui construit les formes et cherche à découvrir la signification de ce qui lui vient de la *Sefirah* de *'Hokhmah :* enfin *Daat* concrétise la prise de conscience en termes de conclusions et vérifie – dans l'abstrait – les faits. C'est elle qui permet à la conscience d'effectuer le passage d'une forme d'existence à une autre, tout en s'assurant par là même de sa propre continuité.

Viennent ensuite les trois *Sefirot* des émotions supérieures : *'Hessed, Guevourah* et *Tiferet. 'Hessed* – grâce et amour – c'est notre capacité d'être attiré par les choses et de les désirer. C'est un flux qui se donne tout entier en s'épanchant sur le monde – le don de soi, que ce soit en termes de volonté, d'affection ou de relation – et qui, en se donnant, s'ouvre sur la *Sefirah* de *Guevourah,* la puissance. *Guevourah,* c'est la capacité de contracter sa force et de l'intérioriser : une concentration de puissance qui fournit une source d'énergie alimentant la haine, la crainte et la terreur mais aussi la justice, la retenue et la maîtrise. Quant à *Tiferet,* fondamentalement, c'est la *Sefirah* de l'harmonie, source de la compassion d'une part, de la beauté de l'autre. Ce double aspect peut surprendre. Mais *Tiferet* étant la synthèse, ou l'équilibre, des forces supérieures d'attraction et de rejet, elle inclut tout naturellement l'éthique et l'esthétique, qui toutes deux se nourrissent du jeu dialectique de ces deux forces [1].

On arrive ensuite aux trois *Sefirot* constitutives de ces éléments de l'âme qui sont en prise directe avec la réalité : *Netsa'h, Hod* et *Yessod. Netsa'h,* c'est la volonté de surpasser ou d'imposer, qui informe le désir ardent que l'on peut avoir d'atteindre son but. En face [2], *Hod,* mue par cette volonté de réussir, c'est la capacité de ne pas se laisser arrêter par les obstacles : l'obstination et la persévérance. A nouveau, comme pour les deux triades précédentes, *Netsa'h* et *Hod* aboutissent à une *Sefirah* médiatrice : *Yessod,* la force qui permet de relier les choses, d'établir des passerelles entre elles, la communication avec autrui, la transmission : c'est notamment le type de rapport qui s'établit avec un maître, un père ou toute figure incarnant l'autorité.

Quant à la dixième *Sefirah, Malkhout,* c'est le lieu du passage à l'acte, lorsque les potentialités de l'âme s'expriment vers le dehors sous forme de *pensée, parole* et *action. Malkhout* permet à la conscience de retourner à *Keter,* la toute première et suprême *Sefirah,* – la Volonté suprême – qui est également la source de toute volonté et des

1. C'est-à-dire les deux *Sefirot* qui précèdent *Tiferet : 'Hessed,* l'attraction, et *Guevourah,* le rejet. L'éthique et l'esthétique sont, chacune dans son univers, deux manifestations de l'harmonie que connote *Tiferet.*

2. Dans la structure des *Sefirot, Netsa'h* est à droite et *Hod* à gauche.

diverses forces qui font agir l'âme sans qu'elle les identifie et puisse en être consciente [1].

La réparation

Ces diverses forces fondamentales agissent ensemble, par la combinaison de deux ou de plusieurs *Sefirot,* pour créer les pensées et les sentiments de l'homme dans leur prodigieuse et subtile complexité.

Chacune de nos pensées, de nos émotions ou de nos actions est ainsi le résultat d'une des innombrables combinaisons des *Sefirot,* chacune de ces combinaisons exprimant une existence, une essence ou une création particulière dans le microcosme humain.

Comme cela a été dit précédemment, l'âme agit par le canal de cet instrument – son « palais » – qu'est le corps. C'est par lui et avec lui qu'elle pense, connaît, sent et agit. C'est par son intermédiaire qu'elle doit réaliser sa double fonction dans le monde. Premièrement, dans les limites du monde qui lui a été assigné, et de ses capacités personnelles, accomplir sa tâche de parachèvement de la réalité physique et spirituelle. En second lieu, et ce faisant, s'élever et se réaliser elle-même, car le monde de la matière recèle des essences supérieures bien qu'elles y soient profondément occultées : des éléments du divin originel et informel [2].

1. L'essence de toute volonté est de l'ordre de l'inconscient.
2. L'informel ou le désordre : ce que les cabbalistes appellent le monde du *Tohou,* et que vient corriger le monde du *Tikkoun* qui est spécifiquement celui de l'action humaine.

C'est en s'unissant à ces forces que l'âme accomplit sa tâche de *Tikkoun* – correction, réparation – et en les élevant, elle s'élève elle-même. On peut comparer le rapport qui unit l'âme au corps – et, dans un certain sens, l'esprit des choses et leur matérialité – à un cavalier. Grâce à son coursier, il peut aller bien plus loin que s'il était à pied. Mais cela n'est possible que tant qu'il dirige sa monture et la domine. S'il lui lâche la bride, si c'est le cheval qui décide du voyage, non seulement l'homme ne parviendra pas au but recherché, mais il se perdra. Ce n'est pas pour rien que la Bible décrit le Messie comme « pauvre et monté sur un âne [1] ». C'est l'exacte image de la condition humaine : une étincelle divine, portée, transportée par la matérialité et tentant de la diriger et de l'orienter en utilisant sa force.

La voie du *Tikkoun* – le chemin tracé pour le séjour de l'âme dans le monde – se trouve généralement dans la Torah, qui est censée être son guide. La Torah est certes révélation d'En Haut, un guide pratique pour diriger l'homme sur la route; elle lui indique, d'une manière générale, quoi faire et comment faire pour réparer le monde. Mais à l'intérieur de cette ligne générale, de cette tâche qui consiste à élever le niveau de l'univers, chaque âme, sans exception, doit trouver sa propre voie particulière, sa propre place et sa manière personnelle d'agir. C'est pourquoi il est dit qu'à chacune des lettres de la Torah correspond une certaine âme : chaque âme est une lettre de la

1. Zaccarie IX,9.

Torah et elle doit y trouver sa place [1]. L'âme qui a rempli sa tâche de réparation de son monde à elle, de réalisation de sa propre essence, peut atteindre, après la mort, la perfection du monde dans son ensemble. Mais toutes les âmes n'y parviennent pas : beaucoup s'égarent, pour une raison ou pour une autre. Quelquefois, non seulement l'homme n'accomplit pas correctement ce qu'il a à faire, mais de plus, utilisant à mauvais escient les capacités qu'il a reçues, il en arrive à détruire sa part et même celle des autres. Dans ce cas, non seulement l'âme n'aura pas achevé sa tâche, mais elle sortira endommagée de son contact avec le monde. Elle n'aura donc pas réussi à parachever cette fraction de la réalité que seule cette âme particulière pouvait mener à sa perfection. C'est pourquoi, après la mort du corps, l'âme sera contrainte de revenir sur terre et de se réincarner dans le corps d'une autre personne. Elle devra, à nouveau, soit essayer d'achever ce qu'elle n'avait pas réussi à corriger, soit réparer ce qu'elle avait endommagé. Les fautes de l'homme ne sont pas effacées tant que cette âme n'achève pas sa tâche. On voit ainsi que la plupart des âmes ne sont pas vraiment neuves et ne se trouvent pas dans le monde pour la première fois. Presque tous les hommes assument donc l'héritage d'existences antérieures. Cependant, en général, personne ne réintègre vraiment son Moi précédent; l'âme vit dorénavant avec de toutes nouvelles données et

1. Si une lettre manque dans la Torah, c'est la Torah tout entière qui en est affectée. Un tel texte serait, par exemple, impropre à la lecture publique.

dans un contexte différent. Qui plus est, certaines âmes incluent plusieurs êtres antérieurs et divers éléments communs à bon nombre de personnes. Le plus souvent, une « grande âme » ne sera pas réincarnée dans un seul corps. Se ramifiant, elle s'intégrera à plusieurs personnes, chacune d'entre elles devant satisfaire les diverses exigences de cette âme. Néanmoins, toute âme est constituée des mêmes éléments permanents et elle devra compléter les tâches qu'elle avait laissé inachevées dans le cycle précédent. C'est pourquoi la destinée d'une personne dépend non seulement de ce qu'elle crée et fait par elle-même, mais aussi de ce qui est arrivé à l'âme lors de ses précédentes incarnations. Les rencontres, les événements de la vie, ses joies et ses peines sont ainsi influencés par notre existence précédente. Le présent d'un homme entre dans une continuité : la permanence d'une certaine essence fondamentale. C'est pourquoi il reçoit ou subit des choses qui semblent sans rapport avec son existence actuelle. C'est qu'elles font partie de son passé; aussi doit-il les parfaire ou les corriger, jusqu'à ce qu'il réussisse à réparer la part du monde qui lui a été assignée et à élever son âme jusqu'à sa juste place.

Ce combat des âmes, c'est également le combat que mène le monde pour atteindre sa rédemption. On arrive alors au stade ultime – les temps messianiques – temps où les âmes auront achevé leur lutte pour réparer le monde et se réparer elles-mêmes, où l'espèce humaine aura laissé derrière elle les plus grands obstacles. L'âme peut alors avancer vers sa perfection en étant délivrée des souffrances dues à ses fautes antérieures. C'est ainsi qu'elle parviendra au stade où toutes les âmes retrouvent leur Moi originel. Là, elles connaissent une vie nouvelle, par une fusion, enfin parfaite, avec les forces suprêmes, qu'il s'agisse des degrés supérieurs de l'âme ou de toutes les virtualités du corps. Ce niveau de perfection de l'espèce humaine, qui crée non seulement une nouvelle relation entre le corps et l'âme, mais aussi le parachèvement de l'univers, c'est ce que l'on appelle le *Olam Habba* : « le monde à venir » ou le Paradis. C'est le but auquel aspire l'âme, en s'acquittant de ses devoirs personnels, ainsi que de ceux de l'espèce humaine tout entière.

IV

LA SAINTETÉ

En hébreu, la signification fondamentale du concept de « saint » *(Kaddoch)* est *séparation :* ce qui est *éloigné* et séparé de toute autre chose. Ce qui est saint se situe en dehors des limites, est intouchable et, somme toute, est au-delà de ce qui peut être perçu; le sacré ne peut être compris ni même défini, tant il diffère de toute autre notion. Être saint, c'est donc, essentiellement, être catégoriquement *autre.*

Bien des choses, dans le monde, peuvent être dites grandes, bonnes ou belles sans ressortir pour autant à l'essence du sacré. Le sacré est inqualifiable; en fait, il ne peut être décrit autrement que par la plus haute de toutes les désignations – à savoir « saint ». Cette désignation elle-même constitue la négation de toute dénomination et de toute qualification.

Par conséquent, le seul qui puisse être appelé saint est Dieu. Le Saint-Béni-Soit-Il, l'Être suprême, le Saint par excellence, ne ressemble à rien d'autre, tant il est incommensurablement distant, sublime et transcendant. Néanmoins, et paradoxalement, on peut parler de propagation de la sainteté dans tous les mondes, en fonction de leurs divers niveaux, et même dans ce monde qui est le nôtre, dans tous ses constituants – le temps, le lieu et l'âme. Mais c'est seulement en s'unissant à la sainteté suprême que les mondes peuvent en recevoir la sainteté. Car aucun être ne possède de sainteté intrinsèque : elle est le fruit de sa réceptivité, qui peut aller croissant, à la sainteté divine.

Lieux saints

Une première forme de sainteté, c'est celle du lieu. Elle se manifeste par une série de cercles concentriques, au centre desquels se trouve le Saint des Saints dans le Temple de Jérusalem. En soi, le *Bet Hamikdach* [1] n'est qu'une sorte d'« instrument spirituel », construit selon les instructions de la Torah et les paroles des prophètes, afin d'enraciner la sainteté dans le monde matériel; c'est-à-dire, pour servir de point central de contact entre la sainteté suprême, inaccessible, et la réalité du lieu. La forme d'ensemble du Temple, ainsi que ses moindres détails – depuis ses parvis extérieurs jusqu'à ses objets et ustensiles rituels –, sont une sorte de projection du monde supérieur sur notre monde. D'un certain point de vue, on peut considérer chaque partie du Temple comme une partie homologue à tout le système des mondes situés au-dessus de nous. En fait, le Temple dans tous

1. Nom du Temple en hébreu. Il signifie littéralement non pas Temple, mais *Maison de la sainteté.*

ses détails est un modèle symbolique du Char divin; et le *Kodech Hakodachim* – le Saint des Saints – est le lieu où la gloire divine est révélée, le point de contact, ou d'intersection, entre les différents mondes et leurs divers niveaux d'être. Il est comme une fenêtre ouverte entre le monde physique et les mondes d'En Haut.

Le Saint des Saints est donc un lieu situé à la fois dans notre monde et dans les autres mondes. Étant soumis aux lois qui régissent tous les mondes, il échappe aux catégories et contraintes usuelles du temps et du lieu. C'est pourquoi aucun homme n'y avait accès, à l'exception du Grand Prêtre, une fois par an, le Jour de Kippour [1].

Afin que ce lieu soit pleinement saint, il faut respecter des règles rigoureuses : que le Temple soit édifié précisément à l'endroit qui lui a été assigné, et que chacun des détails de son agencement soit correctement réalisé. C'est alors seulement que la *Chekhinah* – la Présence divine – peut y résider.

Le site choisi pour le Temple, et révélé par les prophètes, c'est l'unique lieu dans l'espace où une véritable conjonction avec le divin peut se réaliser. Sa sainteté persiste par conséquent même lorsque le Temple n'existe plus. Elle ne se manifeste pas actuellement, mais elle existe potentiellement et sans limite de temps. Le site du Temple est le cœur d'une série de cercles d'une sainteté décroissante : au centre, il y a le point de la plus haute

1. Durant les cérémonies expiatoires du Jour du Pardon qui avaient lieu au Temple de Jérusalem.

sainteté, le Saint des Saints, à partir duquel la sainteté se propage vers le parvis du Temple, puis la ville de Jérusalem, la Terre Sainte et enfin le reste du monde. Chacun de ces espaces de sainteté est doté d'un statut particulier qui comporte un vaste éventail de privilèges et d'obligations. Plus un endroit est saint, plus il est soumis à des règles rigoureuses, sans compter les obligations particulières au groupe qui y joue un rôle spécifique : les prêtres.

Si son potentiel de sainteté est immuable, il peut cependant se manifester seulement lorsque tous les cercles de sainteté sont à leur juste place; aussi bien, lorsque le Temple est détruit, cette sainteté devient-elle vague et purement latente; elle est le noyau, le point de départ à partir duquel la sainteté pourrait reprendre effet. Il faut d'ailleurs observer que le principe de cette sainteté n'est aucunement lié aux actions des populations qui habitent la Terre Sainte; il s'agit là d'un choix divin qui dépasse la compréhension humaine. La sainteté d'un lieu – son lien avec la sainteté suprême – constitue donc une donnée objective. Encore faut-il que l'homme en prenne conscience! Car la sainteté se manifeste rarement d'une manière visible dans le monde matériel. Il faut donc que l'homme prépare le terrain et se purifie pour que cette rencontre avec la sainteté soit possible.

Au demeurant, la manifestation de la sainteté, en un lieu particulier, n'a pas toujours des effets exclusivement positifs. Être réceptif à la sainteté exige un haut degré de purification. En l'absence de cette prise de conscience et de cette purification, la perception de la sainteté peut être obscurcie ou n'exister que très faiblement. Elle risque alors de provoquer des effets qui seraient à l'opposé même de la sanctification. C'est que les impulsions totalement irrationnelles que peut déclencher un lieu saint sont fréquemment contrebalancées par des sentiments de rejet et de rébellion contre la sainteté. Partout où il y a de la sainteté, on trouve également des forces parasites, irrésistiblement attirées par la sainteté, qui cherchent à se nourrir d'elle tout en essayant de la détruire. C'est seulement lorsque la structure de la révélation de la sainteté fonctionne correctement qu'un lieu saint devient approprié à la perception de n'importe quel homme.

La sainteté d'un lieu exige, par conséquent, qu'une certaine révélation de la sainteté suprême se soit manifestée une fois pour toutes dans un point donné de l'espace physique choisi pour véhiculer l'abondance divine. Il existe bien sûr d'autres types d'endroits sacrés : des lieux qui n'ont pas accédé à la sainteté au plein sens du terme mais qui ont néanmoins gardé le souvenir d'événements, de personnes ou de choses ayant été en relation avec la sainteté. Les tombes des justes et des sages, par exemple, ou encore les endroits où ils ont accompli des actions mémorables peuvent ainsi acquérir une grande valeur spirituelle. De tels sites ne sont cependant pas du même niveau. Ce sont des foyers secondaires de la sainteté, qui ne pourraient être confondus avec son lieu authentique et premier de dévoilement : le Temple de Jérusalem, le *Bet Hamikdach.*

Les temps de la sainteté

Il existe une seconde forme de sainteté : elle se manifeste dans le temps, où il y a des jours *consacrés* – temps de sainteté – dans la semaine, le mois et l'année. Le concept de temps, dans le mode juif de pensée, n'est pas celui d'un flux à sens unique. Le temps est un processus dans lequel le passé, le présent et le futur sont liés entre eux non seulement par des liens de cause à effet mais aussi comme deux mouvements qui s'imbriquent, l'un vers l'avant, et l'autre vers l'arrière, dans une structure cyclique. Le temps ressemble ainsi à une spirale, ou une hélice, qui tourne sans cesse depuis la Création. Il y a toujours un retour au passé : le passé n'est jamais un état qui s'est évanoui et ne serait plus. Il revient continuellement, à des moments dont l'importance varie en fonction des circonstances. Il y a donc un éternel retour aux modèles fondamentaux du passé, encore qu'il ne soit jamais possible d'obtenir la répétition précise d'un moment quelconque du temps.

Ce retour au passé n'est pas univoque : il affecte de nombreux cycles qui s'entrecoupent et sont liés les uns aux autres. Le cycle fondamental, c'est celui du jour et de la nuit; viennent ensuite la semaine, le mois et l'année, les cycles cinquantenaires du jubilé, et enfin les grands cycles de mille ans et de sept mille ans.

Le cycle de la semaine est une sorte de retour aux sept jours de la Création. Chaque jour de la semaine n'est pas seulement l'anniversaire de l'œuvre particulière qui a été créée ce jour-là, il est aussi un cadre à l'intérieur duquel se manifeste le niveau d'être particulier qui correspond à l'une des *Sefirot.* En effet, les sept jours de la semaine constituent autant d'émanations, dans le temps, des *Sefirot* supérieures. C'est pourquoi certains jours de la semaine sont propices à telle action ou chose particulières et les autres à des manifestations différentes. Le mardi, par exemple (le « troisième jour » en hébreu), étant la manifestation de la *Sefirah* de *Tiferet* (« beauté » ou « harmonie »), il est considéré comme un jour propice au succès et à la chance. Tandis que le lundi (le « deuxième jour »), jour de la *Sefirah* de *Guevourah,* et le mercredi (le « quatrième jour ») sont considérés comme des jours de rigueur et de jugement.

De même, les diverses heures du jour ont des modèles rythmiques en fonction des influences subtiles des *Sefirot,* et que reflète l'inclinaison des rayons du soleil. Les heures du matin dépendent de la *Sefirah 'Hessed;* ce sont des moments de grâce. L'après-midi est sous l'influence de la *Sefirah de Guevourah,* dont la rigueur croît avec l'approche du soir; tandis que le temps s'écoulant de minuit à l'aube est celui de la manifestation de l'harmonie de *Tiferet.*

Quant au septième jour, le *Chabbat,* il n'est pas seulement un des jours de la semaine, ni même un jour particulier; c'est lui qui récapitule la semaine et lui donne sa signification. Les jours de la semaine sont consacrés aux actes créateurs, sans cesse répétés par la descente du flux divin dans le monde. Parallèlement à cette descente, la fonction de l'homme, pendant la semaine, d'une manière générale, c'est de faire le *Tikkoun* du monde, de le corriger, s'agissant du monde physique, par son travail et ses actions, et, au sens spirituel, de le perfectionner en accomplissant les *Mitsvot*. Dans le domaine de la vie de l'âme, le travail que l'homme effectue sur soi-même, pour corriger ses fautes et s'accomplir, constitue en fait un incessant effort de création.

A l'opposé, ce qui caractérise le *Chabbat*, c'est qu'il est précisément le jour où cesse tout labeur, tout effort en vue de créer. Cela concerne aussi bien le travail spirituel, l'effort que l'on doit faire pour agir sur soi-même que le travail physique destiné à agir sur le monde. Ce qui caractérise les six jours de la semaine, c'est l'activité et l'agitation, alors que le *Chabbat* est le monde du silence. L'homme apprend à faire abstraction de sa propre personnalité pour s'ouvrir au flux de la sainteté. Cet oubli de soi s'exprime précisément par la cessation de tout « travail », au sens physique – cesser de créer – et au sens spirituel : interrompre la fonction de *Tikkoun*, de réparation de l'âme et de réparation du monde. La quintessence du *Chabbat*, c'est donc la capacité qu'a l'homme de faire le vide en soi pour se laisser envahir par le flux de la sainteté suprême.

La ronde des jours de la semaine et des *Chabbatot* constitue un cycle sans fin. D'un côté, les jours de la semaine préparent matériellement le *Chabbat :* spirituellement, ils lui fournissent également une abondance supplémentaire. Ils rendent ainsi possible la cristallisation des choses et leur élévation à un niveau supérieur qui est le propre du *Chabbat.* D'un autre côté, le *Chabbat* est, à son tour, source d'abondance pour tous les jours de la semaine qui le suivent. Se rendre entièrement disponible pour le *Chabbat* ne consiste pas seulement à être inactif : c'est aussi s'ouvrir à l'influence des mondes supérieurs et y puiser de la force pour tous les jours de la semaine qui suit.

Tout comme la sainteté du lieu, la sainteté du temps lui est intrinsèque et ne peut être transférée à un autre jour. L'expérience de cette sainteté – si objective soit-elle – dépend néanmoins essentiellement de la volonté de chacun de s'y préparer. Plus intenses et sincères sont les préparatifs accomplis durant le cours profane de la vie d'une personne, plus saint est le *Chabbat.* Plus le niveau spirituel d'une personne est élevé, plus elle ressentira l'élévation de tous les mondes, qui se produit ce jour-là. Ainsi, bien que la ronde des jours de la semaine et des *Chabattot* soit indéfiniment répétée, elle n'est jamais la même. Le flux de sainteté connaît des variations subtiles, d'une semaine à l'autre, au même titre que celles que connaissent les hommes eux-mêmes. Chaque semaine, sans exception, reste cependant un archétype : une récapitulation du modèle primordial de la Genèse.

L'année sainte

Les cycles du mois et de l'année sont quelque peu différents. Ils sont liés soit à des phases de la nature, comme les cycles du soleil et de la lune, soit à des événements socio-nationaux porteurs d'une signification qui dépasse la simple dimension historique [1].

Le mois juif, par exemple, est un cycle lunaire, exclusivement relié aux diverses phases de la lune : le commencement de la « croissance » de la lune marque le début du mois, la pleine lune son milieu et la lune décroissante sa dernière partie. D'ailleurs, la plupart des fêtes juives tombent au moment ou aux alentours de la pleine lune, le premier jour du mois a également une place particulière dans le cycle de l'année [2].

Si le mois juif est lunaire, l'année juive, elle, est solaire. Elle constitue le cadre où se manifeste une autre forme de sainteté : celle des jours de fête. La fête, c'est le moment où un temps de révélation situé dans le passé et l'histoire, ainsi que le futur révélé par Dieu, sont reliés au présent par la vertu du rite.

Les jours de fête sont rattachés à des événements historiques particulièrement signifiants, tels que la Sortie d'Égypte à *Pessa'h,* la révélation de la Torah sur le mont Sinaï à *Chavouot* ou les pérégrinations des enfants d'Israël dans le désert à *Souccot.* Ces temps de sainteté n'ont pas seulement pour objectif d'être des commémorations destinées à garder vivante la mémoire de ces événements : ils sont surtout des temps fixés par Dieu pour le renou-

1. Sauf, bien entendu, le Nouvel An – *Roch Hachanah* – qui tombe le premier jour du mois de *Tichri.*

2. C'est une demi-fête – *Roch 'Hodeche* –, qui possède une liturgie et des usages particuliers.

vellement de la révélation qui s'est produite, une fois, ce même jour de l'année. Elles sont répétition et rétablissement des mêmes forces. De telle sorte que la sainteté des fêtes provient non seulement de ce que, ce jour-là, s'est manifestée une première relation divine, mais aussi de la resanctification continuelle de cette révélation par les Juifs, dans la mesure, bien entendu, où ils conservent à ces jours leur caractère sacré.

Tout comme il y a des fêtes qui commémorent la première manifestation d'une révélation dans l'histoire, il y a des jours saints qui ont pour fonction de sanctifier l'année elle-même. Ainsi le jour de *Roch Hachanah* – du Nouvel An – est, en quelque sorte, le premier jour vécu par l'homme sur terre. De la même façon, *Yom Kippour* – le Jour de l'Expiation – est le jour où se révèle la suprême sainteté, et où l'homme s'élève au-dessus des mondes. Cette élévation est possible grâce à la clémence divine. Le pardon des fautes l'emporte sur l'attraction vers le bas exercée par les forces nées des transgressions et des mauvaises pensées, et il suscite une vaste et nouvelle purification des liens qui unissent l'homme à Dieu.

Étant donné que la sainteté d'une fête ne provient pas de l'événement historique qu'elle célèbre mais de la révélation de la sainteté sous-tendue par cet événement, tous les événements historiques ne méritent pas d'être perpétués en tant que jours saints. Certains d'entre eux sont par conséquent commémorés seulement comme des jours de souvenir, tristes ou joyeux selon le cas, sans ressortir pour autant de l'ordre des jours sanctifiés à tout jamais.

Ainsi, les anniversaires de certains événements profondément tragiques, tels que la destruction du Temple de Jérusalem, ont été établis comme des jours de deuil pour toutes les générations. C'est seulement lorsque le monde aura atteint un certain degré de rédemption que le souvenir de tels anniversaires pourra être effacé. Jusque-là, certaines périodes, comme les premiers jours du mois d'*Av* [1], sont considérées comme particulièrement néfastes, pendant lesquelles les malheurs risquent d'apparaître ou de resurgir, ce qui renforce et intensifie le souvenir des événements pénibles qui s'y sont déroulés.

Enfin, outre les fêtes ou les jeûnes qui appartiennent à la mémoire collective de la nation, il existe toute une série de jours qui rappellent soit des événements importants survenus dans la vie de personnalités éminentes de l'histoire juive, soit des événements vécus par certaines familles ou certains individus. C'est ainsi, par exemple, que les anniversaires de la mort de grands hommes (et dans le judaïsme seuls les hommes saints sont grands) sont généralement considérés non pas comme des occasions de se lamenter sur la perte d'un chef spirituel, mais au contraire de se réjouir par l'évocation de la sainteté de cet homme, du fait que sa mort consacrait, au plan spirituel, sa victoire finale. Dans

1. Les deux Temples de Jérusalem ont été détruits le neuvième jour du mois d'*Av;* d'autres événements tragiques, telle l'expulsion des Juifs d'Espagne en 1492, ont été décidés ou ont eu lieu ce jour-là.

la vie de chacun, il y a enfin diverses dates anniversaires qui sont fréquemment intégrées au cycle individuel de l'année. Il reste que les seuls jours véritablement saints sont ceux qui tirent leur sainteté de Dieu : les moments privilégiés où, dans le cours du temps, le flux divin s'est révélé et revient se révéler chaque année.

Une vie de sainteté

L'espace, le temps, l'âme : le troisième aspect de la sainteté concerne l'âme humaine, à savoir la sainteté de l'homme. La source de cette sainteté, ce n'est jamais l'homme. Il peut être éminent, sage, manifester les plus excellentes vertus; il pourrait même être un *Tsaddik* ou un *'Hassid* [1]; il ne peut cependant atteindre l'état de sainteté que dans la mesure où il est relié au Saint-Béni-Soit-Il, source de la sainteté.

Ce lien peut s'établir de diverses façons. Il existe tout d'abord une sainteté que l'on pourrait appeler héréditaire. Elle est attribuée par Dieu à ceux qui le servent. C'est le cas, par exemple, de la sainteté d'Israël tout entier, ou de celle des fils du Grand Prêtre, Aaron, car la prêtrise se transmet de père en fils.

Il existe une seconde forme de sainteté, plus intérieure et plus riche de sens : celle qui provient de la communion de l'homme avec Dieu telle qu'il peut l'atteindre, par exemple, à travers les *Mitsvot.*

1. Un *Tsaddik :* un juste; un *'Hassid :* un homme particulièrement pieux, allant au-delà des exigences de la loi.

Car c'est en se conformant aux préceptes de sainteté et en s'abstenant du mal que l'homme communie sans cesse avec Dieu.

Plus haut encore, par le canal de l'étude et de la connaissance de la Torah, on peut parvenir à un troisième degré de sainteté : l'union intellectuelle avec la sainteté divine. Celui qui étudie la Torah se soumet à ses lois, y investit son âme et sa vie, celui-là s'unit à la sainteté de la Torah, qui constitue une des expressions de la sainteté de Dieu.

Enfin, la forme suprême de la sainteté, c'est la capacité qu'ont certains hommes de faire abstraction de leur Moi, de renoncer à leur volonté et à leurs désirs propres pour faire place exclusivement à la volonté divine. Cette abnégation pourra revêtir diverses formes en fonction des capacités intellectuelles et spirituelles de chacun. Là, il ne s'agit plus seulement de vivre la sainteté dans le cadre et les limites de l'étude de la Torah et de l'observance des *Mitsvot,* mais d'arriver à s'identifier à cette part de la sagesse suprême qui est cachée en chaque homme. A ce stade de perfection, l'homme peut se voir qualifié de ce flux divin qui s'appelle *Roua'h Hakodeche* (l'Esprit Saint) : à savoir, que son esprit et son langage deviennent, en eux-mêmes, des modes d'expression de la sainteté. Tout au long de l'histoire, bien des grands hommes ont réussi, par leur attachement à la Torah et leur mode de vie, à atteindre ce niveau.

Enfin, quelques rares privilégiés ont su capter un flux divin si abondant qu'ils en sont devenus prophètes. C'est parce qu'ils ont réussi à faire totalement abstraction de leur personnalité au moment de la révélation prophétique; et ils ne sont plus, à ce moment-là, qu'un simple instrument pour exprimer la parole divine qui parle à travers eux.

On doit cependant distinguer plusieurs degrés dans ce don prophétique. Pour certains prophètes, la révélation n'est qu'une vision passagère : une force supérieure s'est emparée d'eux et a fait naître en eux diverses idées et images. D'autres prophètes arrivent à une forme plus élevée de révélation : on dira d'eux que « la *Chekhinah* parle à travers leur gorge ». Il s'agit alors de prophètes qui vivent un rapport permanent avec la sainteté suprême.

Enfin, au plus haut niveau de sainteté, il y a des personnes qui ont atteint un état dans lequel leur personnalité tout entière et l'ensemble de leurs actions sont inséparablement unis à la sainteté divine. On dira d'elles qu'elles sont devenues un « Char divin » pour la *Chekhinah* [1]. Tout comme ce Char, elles sont totalement guidées par celui qui conduit le Char sur le Trône de gloire, et, tout en n'étant rien d'autre que des hommes – des êtres de chair et de sang – ces personnes constituent cependant une part de ce Trône.

La vie d'un homme saint devient, par la suite, un modèle à suivre pour tous les hommes. Le saint, c'est quelquefois un roi, un Tsaddik, un sage ou un chef politique. Mais il peut tout aussi bien être un de ces « saints cachés » ignorés des hommes.

1. Un véhicule terrestre de la divinité. Allusion au Char céleste décrit dans le premier chapitre d'Ézéchiel.

Cependant, quelle que soit la façon dont se manifeste la sainteté, ce qui la détermine, ce n'est pas la personnalité de l'homme, mais sa capacité de se relier au flux divin.

Lorsqu'un homme du commun approche une personne sainte, il se trouve, par là même, en contact avec la véritable sainteté. Plus cette personne sera sainte, plus elle ressemblera, somme toute, à un *Malakh.* A l'instar du *Malakh,* elle joue en effet le rôle de véhicule de la sainteté. Elle transmet le flux divin d'un monde à l'autre et le dirige, par ses bénédictions, ses prières et ses actions, vers la personne qu'elle a choisie. Quelquefois, elle peut même faire plus que ce qu'un *Malakh* pourrait faire.

Lorsqu'une personne s'unit à un tel saint, avec amour et dévotion, elle permet au flux divin de pénétrer dans le monde. Depuis toujours, la tradition juive a parlé de ce pouvoir particulier qu'ont certains hommes de rapprocher les autres de la sainteté, qu'il s'agisse de grands érudits ou tout simplement d'hommes qui sont saints par leur mode de vie.

Honorer, vénérer et aimer une personne sainte constitue d'ailleurs une *Mitsvah,* qui permet en outre de se relier directement à la sainteté. Le rapport à l'homme saint suscite le même sentiment de sanctification et d'élévation que la relation à l'espace sacré ou au temps de sainteté. Cependant, bien entendu, dans une relation profonde avec un homme saint, la conscience de la bénédiction que cet homme nous apporte en fait la plus riche et la plus profonde de toutes les relations humaines.

V

LA TORAH

La littérature sacrée du judaïsme comprend tout d'abord la Bible puis d'innombrables ouvrages d'exégèse et de commentaires, notamment le Talmud et la Cabbale. Tous ces écrits occupent une place si centrale et si particulière dans le judaïsme que le nom hébraïque qui désigne cette littérature sacrée – la Torah – ne peut être traduit, de manière adéquate, dans aucune langue. On a quelquefois défini cette situation de la manière suivante : les autres religions ont un concept d'Écriture sainte qui découle de la Providence; le judaïsme, lui, semble se fonder sur l'idée que les écrits de la Torah sont *eux-mêmes* Providence. En d'autres termes, la Torah est l'essence de la révélation divine; elle ne constitue pas seulement le guide de la vie sociale, politique et religieuse d'Israël, mais est, en soi, une valeur suprême.

Cette conception de la nature de la Torah provient de ce que la Torah, dans ses divers modes d'expression, est la manifestation fortement concentrée des divers avatars de la sagesse suprême. Ainsi, la Torah, telle que nous l'appréhendons, n'est-elle qu'un aspect particulier de l'essence divine, tout comme le monde est un mode particulier de la révélation de cette essence. Mieux : la Torah serait le mode le plus parfait de cette révélation, une manifestation bien plus claire que le monde lui-même! Selon les rabbins, « avant la Création, Dieu contemplait la Torah », et Il fit le monde en conséquence. Autrement dit, la Torah est le modèle originel, la structure interne du monde. La Torah et le monde constituent ainsi un couple indissociable.

La Torah exprime la volonté profonde du Créateur : la finalité du monde, les voies et les moyens d'y parvenir, les diverses relations qui unissent les mondes à Dieu : toutes choses qui se révèlent en prenant forme concrètement, tant physiquement que spirituellement, dans notre monde.

La Torah constitue donc le plan spirituel de l'univers. Elle n'est cependant pas une carte statique, mais plutôt un plan dynamique du monde. Ce plan ne se contente pas de situer les choses; il indique également la direction qu'elles doivent prendre pour parvenir à s'unir à Dieu. Cela signifie que, dans son essence première, la Torah est la manifestation de la sagesse divine. Mais, pour *exister,* il lui faut – à l'instar du monde lui-même – se revêtir de formes finies, tels les mots, et même de cette substance matérielle par laquelle le monde subsiste. C'est seulement ainsi qu'elle pourra faire descendre la révélation jusqu'au monde de l'action.

Se plonger intellectuellement et affectivement dans la Torah, c'est par conséquent une façon d'établir un rapport avec les divers degrés de l'essence des mondes : car, dans les mondes supérieurs, la Torah constitue la ligne continue de la volonté et de la sagesse divines. Cependant, dans chaque monde, cette volonté se heurte aux limites de ce monde, et ensuite, au fur et à mesure que l'on descend, à l'exercice de la liberté humaine, qui peut modifier les formes imposées par Dieu à la nature. Aussi bien le rapport de la Torah au monde est-il la relation qui existe entre une idée et sa réalisation, entre une vision et son accomplissement. De telle sorte qu'étudier la Torah et s'engager dans tout ce qu'elle implique est une manière de s'unir à la volonté divine, à ce que l'on pourrait appeler le rêve de Dieu : l'existence du monde et de l'homme. L'homme qui se « plonge » dans la Torah devient ainsi un partenaire de Dieu, au sens où l'homme d'un côté, et Dieu de l'autre participent à la réalisation de ce « rêve » qu'ils font ensemble.

L'une des fonctions de la Torah est donc d'établir un rapport intellectuel et affectif avec le monde, un rapport d'association avec le Créateur.

Mais la Torah comporte également un autre aspect : elle est la Loi, imposant aux hommes de se comporter suivant certaines normes. Car la Torah n'est pas seulement le plan mystique de l'univers. Elle constitue également, dans une large mesure, un plan d'action qui permet de savoir comment se comporter, rêver et désirer afin que le monde se réalise suivant la conception de la Torah. A cet égard, elle est un mode de vie qui régit, en pratique, tant l'éthique personnelle de chacun que la conduite à tenir avec autrui. C'est peut-être pour cela que le mot *Torah* a la même racine que le mot *Horaah* – instruction ou enseignement – car la Torah nous guide sur la voie de Dieu.

Théoriquement, l'homme pourrait atteindre par ses propres moyens – sans révélation – ce degré de compréhension de la Torah. Il suffirait qu'il se purifie de toutes ses déviations, de ses désirs égocentriques, lorsqu'il s'ouvre au flux divin, et devienne un simple instrument de la volonté divine. Le chemin qui aboutit à cela, c'est la Torah.

Cependant, un tel accomplissement, qui procède de la capacité de perfection de la nature humaine, est extrêmement rare. Il exige en effet une faculté d'union avec le divin qui dépasse les possibilités du commun des mortels. Seuls quelques élus – tels les Patriarches – y sont parvenus, et encore, dans les limites de leur personnalité et chacun selon son niveau propre. Aussi, en révélant la Torah à l'homme, Dieu fait-il davantage que de lui donner un manuel de bonne conduite ou même le plan du monde : Dieu *s'y donne Soi-même.* Il nous offre son propre rêve d'un homme susceptible de collaborer avec Lui, tant au niveau de la vie humaine qu'à celui de tous ces mondes que l'homme ne peut percevoir que très vaguement ou bien qui dépassent son entendement.

La Torah : un langage d'hommes

Il y a dans la Torah tous ces aspects-là : spéculation abstraite, logique et raison, engagement affectif, règles de conduite. Cependant, pour l'essentiel, les lois de la Torah traitent de questions tout à fait pratiques : ce qu'il faut ou ne faut pas faire. On peut être surpris de ce que la Torah, qui revêt une telle importance au plan métaphysique, se préoccupe tellement d'action concrète. A cette question, il existe toute une série de réponses – de motivations – qui se superposent et s'emboîtent à la fois.

Premièrement, la Torah s'adresse à des hommes qui vivent dans ce bas monde et doit donc traiter de leurs besoins les plus réels et les plus immédiats. Une Torah qui parlerait essentiellement de spiritualité serait totalement coupée de la vie et de sa dépendance du monde matériel. C'est précisément en reliant les actions accomplies par l'homme dans le monde de la matière au divin que la Torah lui permet d'établir avec lui le rapport le plus simple, le plus naturel et, par essence, le plus direct.

A cela s'ajoute une seconde raison, plus profonde, à savoir que la Torah n'est pas destinée à la vie contemplative, à permettre à l'individu de méditer sur les mondes supérieurs; ses commandements se situent dans le cadre de la vie matérielle qui constitue l'élément le plus simple de la vie interpersonnelle. Car tout comportement, lorsqu'il se traduit par un acte précis – ou bien la renonciation à cet acte – a une portée qui dépasse largement la vie de chacun et sa subjectivité. Cela est vrai non seulement pour des relations interpersonnelles, mais aussi pour les obligations que l'on a envers soi-même. C'est que toute action met en mouvement, au sein de la réalité matérielle, des processus qui impliquent tous ceux qui y ont part. Aucun acte n'est purement isolé. De telle sorte qu'agir dans le monde physique, c'est aller plus loin que lorsqu'on se livre à une action purement mentale ou spirituelle : c'est mettre en œuvre le *Tikkoun* du monde non seulement dans ses aspects spirituels, mais, du fait que l'on agit sur le monde spirituel, également dans le domaine des relations interpersonnelles. Or une action sainte, étant de nature purement spirituelle, ne peut exercer sur le monde qu'une influence indirecte, alors qu'un acte physique, lui, agit directement sur lui. Et n'oublions pas que la matérialité du monde est partie intégrante de l'ensemble des mondes et que chaque *Tikkoun* les affecte tous.

En troisième lieu, il faut se souvenir que, pour le judaïsme, la matière n'est pas considérée comme inférieure; dans une certaine mesure, elle constitue même, tout au contraire, le sommet de la Création. Elle est source d'émerveillement parce que, paradoxalement, son existence même semble occulter le divin; c'est donc nécessairement lui qui a voulu la créer. On peut la comparer à une onde née de la rencontre de la révélation et de l'occultation; c'est pourquoi, en dépit de sa finitude, la matière est le lieu de la plus grande concentration de la révélation de l'Infini dans le monde. Notre monde est le plus limité de tous les mondes. Cependant, pour subsister comme être séparé et indépendant, il faut nécessairement qu'une énergie infinie s'exerce sur chacune de ses particules. C'est bien pourquoi toute action qui oriente la matière en direction de la sainteté a une valeur bien plus grande qu'une action entreprise dans le monde de l'esprit. Du fait que tous les mondes se focalisent sur la matière, chaque geste, chaque mouvement qui s'y produit, si infime soit-il, a plus d'effet que les mouvements de la vie de l'esprit ou même des mondes supérieurs à l'esprit. C'est que la fonction de la *Mitsvah*, en s'efforçant d'informer le monde matériel, de le changer, de le tourner vers la sainteté, consiste à libérer d'immenses forces qui produisent des ondes de choc depuis notre monde jusqu'aux mondes supérieurs. Voilà pourquoi la signification d'une action sainte qui s'exerce sur le monde matériel dépasse largement tout ce qui serait accompli dans le strict domaine de la pensée ou de l'émotion. Ainsi s'explique que la Torah et les *Mitsvot* se réfèrent essentiellement au monde matériel : il est le véritable secret de la Création, la concrétisation de la quintessence de l'idée divine. Aussi bien, toute modification, ou toute correction, du monde de la matière entraîne-t-elle des mutations sans fin dans l'ensemble des mondes.

La danse de la vie

Outre son rapport à la matière, la Torah présente une caractéristique qui déconcerte souvent : elle ne se réduit pas à tel domaine particulier de la vie, comme la religion ou l'éthique, mais embrasse quasiment tous les domaines de l'existence humaine. La voie de la Torah n'est pas religieuse si l'on réduit ce terme aux relations qui unissent l'humain et le divin. La Torah ne constitue pas un cadre de sainteté restreint, où l'on pourrait entrer et sortir selon son gré cependant que le reste de notre existence quotidienne resterait comme un terrain neutre, sans interférence de Dieu et où il n'y aurait pas lieu de tenter d'établir avec Lui une quelconque relation. Étant le schéma directeur du monde, la Torah le régente tout entier et ne saurait être confinée à tel de ses recoins. Certes, dans la pratique, ses règles ne se situent pas toutes au même niveau; mais les instructions, les lignes directrices et les modes de relation qu'elle édicte concernent toutes les situations de la vie. Loin de constituer un modèle de vie monastique, – une règle de séparation d'avec le monde –, elle entend, au contraire, donner davantage de contenu et de signification à tous les aspects de la vie jusque dans leurs moindres détails.

Il ne faut donc pas s'étonner que la Torah s'intéresse à tous les domaines de l'existence, qu'il s'agisse de l'éthique, de la vie socio-économique – l'agriculture, le commerce, l'industrie –, des émotions, de la sexualité et même des détails apparemment les plus insignifiants de la vie quotidienne : comment nouer ses lacets de chaussure ou se préparer au sommeil. Et cependant, aussi nombreuses et minutieuses que soient les règles qu'elle impose, la Torah n'entrave en rien la liberté d'agir dans tous les domaines de la vie. Il n'en est aucun que la Torah rejette *a priori*; dans la théorie comme dans la pratique, elle ne fait qu'apporter des nuances, préciser des modes de comportement qui vont orienter la vie de chacun depuis son lever jusqu'à son coucher. On peut dire que se soumettre aux lois de la Torah laisse à l'homme une considérable liberté d'agir dans presque tous les domaines de la vie; le plus qu'elle apporte, c'est une sorte de stylisation, la qualité d'un rituel qui permet de relier l'homme à son Créateur. Ainsi, la manière de se tenir, de marcher ou de parler : tout devient significatif. C'est là, somme toute, l'art de vivre du judaïsme, un mouvement qui ressemble à une danse, un drame universel au sein duquel l'homme se meut dans une stylisation parfaite de son œuvre. On comprend mieux, par conséquent, que certaines formes purement extérieures d'art religieux aient été, sinon absolument interdites, en tout cas sévèrement limitées : c'est qu'elles ne peuvent être que lacunaires et inadéquates lorsqu'on les compare avec cette grande création artistique qu'est la vie selon la Torah.

Cette danse de la vie accompagne le Juif et devient de plus en plus achevée au fur et à mesure qu'il se rapproche de la sainteté. Elle est si fortement intériorisée qu'elle pourrait apparaître comme une danse solitaire. Il n'en est rien : la vie et l'action de chaque Juif constituent une simple note de la partition collective d'Israël. Même lorsque les individus sont séparés et dispersés, ils continuent d'agir ensemble grâce à des liens tantôt visibles, tantôt invisibles. Cet ensemble constitue une sorte de modèle de danse, de mouvement et d'action pour l'âme du monde. C'est ainsi qu'elle progresse et s'approche du divin. Dans cet ordre d'idées, on dira que *Knesset Israël* – la totalité du peuple juif dans son principe premier – est identique à la présence divine, la *Chekhinah.* Cela signifie que le peuple tout entier, au-delà de la diversité des individus qui le composent, de leurs problèmes et de leurs faiblesses, constitue dans son ensemble le fil conducteur de la volonté créatrice.

La définition juive de l'élection d'Israël – « vous serez pour Moi un royaume de prêtres et une nation sainte » – fait des Juifs, de par leur mode de vie, un peuple-prêtre pour l'humanité tout entière. La stylisation des aspects complexes de ce mode de vie, qui affecte les actes les plus personnels comme les actions collectives des diverses communautés ou centres d'études, sa terre, son Temple, tout concourt à l'accomplissement de cette fonction sacerdotale.

Dire cela, ce n'est pas dénier à l'ensemble du genre humain la possibilité de s'approcher du divin et d'accéder à la sainteté. Les Juifs ne font que porter un plus lourd fardeau. Pour avoir accepté la Torah, ils s'obligent à être prêtres non pas dans un lieu précis ni dans un temps déterminé, mais tout au long de la vie. Dans cette perspective, c'est le monde entier qui devient Temple, mais un Temple qui doit être constamment purifié et sanctifié. Vivant à l'unisson dans le domaine de la sainteté, ces prêtres sont comme les battements du cœur du monde et la respiration du genre humain. Leurs obligations et leur responsabilité en deviennent plus lourdes : lorsque cette nation de prêtres déroge et se désagrège, elle ne porte pas seulement atteinte à elle-même, mais, dans un certain sens, au monde entier, alors qu'en s'accomplissant, elle ramène le monde à sa source et à son cœur : la *Chekhinah.* Quand le cœur du peuple juif bat à l'unisson, cet art de vivre, à travers le modèle de la Torah, parachève le plan du monde et cette perfection à laquelle il aspire.

VI

L'ÉTHIQUE OU LA DIRECTION DU CHOIX

Tout comme la vie propose un contenu – des objectifs – à l'homme, dans sa vie quotidienne comme dans le service de Dieu, elle lui donne également les moyens qui peuvent lui permettre de les redresser. Le choix de ces moyens implique d'ailleurs, en soi, un contenu particulier, car il procède nécessairement d'une réflexion sur la finalité de l'existence et la manière la plus juste de vivre sa vie intérieure. De ce point de vue, la voie que le judaïsme propose n'est ni simple ni homogène. Non seulement elle laisse la porte ouverte à diverses alternatives, à des voies parallèles, mais même lorsque ces voies semblent converger, il reste encore plusieurs possibilités. C'est que la vie spirituelle est inévitablement faite de problèmes, de contradictions et de discontinuité : l'homme n'est pas unifié du fait de son appartenance au genre humain, avec ses dissemblances, d'une part, et de l'autre, en tant qu'individu. Le principe fondamental, c'est que tout être est unique non seulement de par son héritage génétique ou son éducation, mais parce que Dieu lui a assigné une tâche qui est unique et personnelle. Chaque être humain a une âme unique et une mission, spécifique à cette âme, qu'il doit réaliser ici-bas. Nul ne peut l'accomplir à sa place, même s'il existe des personnes plus sages, plus saintes et meilleures que lui. La structure complexe et unique de chaque personnalité fait qu'elle seule peut accomplir la tâche qui lui est dévolue.

Tout se passe comme si le service de Dieu avait été fractionné et réparti, à l'instar de la mission confiée au premier homme, Adam : travailler et garder une parcelle du jardin d'Éden; ce travail, lui seul peut l'accomplir. Tous les êtres humains se voient ainsi confier, dès l'origine, une tâche plus ou moins complexe qu'ils sont les seuls à pouvoir mener à son terme.

Selon la tradition juive, la Torah présente soixante-dix faces, qui sont les soixante-dix facettes de la Présence divine : la *Chekhinah.* Elles-mêmes contiennent six cent mille facettes qui correspondent au nombre fondamental des âmes d'Israël, de telle sorte qu'à chaque âme particulière est dévolue une parcelle particulière de la Torah. En d'autres termes, chaque âme possède sa manière personnelle d'agir [1].

Même si la configuration générale des mondes de la pensée et de l'action est commune à tous les hommes, chacun la réalise à sa manière. S'il appartient à chacun de s'instruire auprès d'autrui

1. Les rabbins considèrent qu'il y a, symboliquement, six cent mille lettres de la Torah : chaque âme est donc un élément particulier – et irremplaçable – de la « lecture » de la vie.

pour savoir comment agir correctement, il n'en reste pas moins qu'en dernier ressort, tout individu doit suivre son propre chemin, quelquefois sinueux, et détient seul la clé des secrets de son cœur. Aussi bien, n'existe-t-il aucune voie qui soit valable pour tous les hommes. Pour les uns, c'est l'émotion qui prime; pour les autres, c'est la pensée, ou la joie, ou encore le sentiment du devoir. Il est des hommes pour lesquels la pureté du cœur est la chose du monde la plus difficile à réaliser, alors que pour d'autres, elle semble innée. Qui plus est, non seulement les êtres humains ne sont pas égaux, mais il n'y a pas non plus d'unité dans la vie d'un homme. Il est d'abord sujet aux variations du temps, qu'il s'agisse des âges de la vie ou plus simplement des rythmes de l'année, des fêtes, du temps profane et du *Chabbat,* ou encore du jour et de la nuit : à chacun de ces temps correspond une approche différente.

De la même façon, on n'aborde pas les diverses tâches de la vie dans le même état d'esprit. Certains commandements exigent la joie, d'autres la gravité; certains sont accomplis presque mécaniquement, d'autres exigent réflexion et concentration. Bref, il n'existe pas de ligne de conduite unique pour tous les aspects de l'existence.

Ce n'est pas, pour autant, qu'il n'y ait pas de différences entre une bonne et une mauvaise conduite, entre la manière correcte de faire les choses et celle qui ne convient pas. Ces différences existent et elles sont même fortement tranchées; simplement, ce jugement de valeur n'affecte jamais, en soi, les choses de la vie. Les attitudes ou qualités qui peuvent se manifester ne sont pas bonnes ou mauvaises par nature. On ne peut dire d'aucune qualité qu'elle est toujours, et pour tout un chacun, bonne ou mauvaise. Ainsi, dans certaines cultures, on considère l'amour, la pitié ou la compassion comme des vertus; elles peuvent quelquefois s'avérer négatives ou impures. A l'opposé, ce que l'on tient généralement pour un péché – l'orgueil, la tristesse, l'esprit simplificateur et même la haine – n'est pas toujours un défaut. Les rabbins ne disaient-ils pas déjà qu'il n'y avait point de vertu qui ne soit entachée, quelque part, de négativité, tout comme de faute – y compris le scepticisme, voire l'hérésie – qui n'ait point, dans certains cas, quelque aspect de sainteté! Ce qui permet de qualifier une qualité ou une émotion, ce n'est pas leur nature intrinsèque; c'est l'usage qu'on en fait.

En hébreu, pour définir le bien ou le mal, on parle de « bonnes mesures » et de « mauvaises mesures ». On ne saurait dire plus éloquemment que c'est la proportion qui détermine le jugement de valeur : il faut que l'action soit « mesurée » aux circonstances. Toute action qui n'est pas à la mesure soit de l'homme qui l'accomplit, soit du but poursuivi est d'emblée proclamée mauvaise. Le bien, c'est ce qui est accompli à l'intérieur des limites appropriées et souhaitables; le mal, c'est ce qui les brise. Dans cet ordre d'idées, il revient au même que cette brisure se fasse par le refus de donner ou par un don excessif. En fait, ce besoin d'équilibre est semblable à celui qu'éprouve tout organisme vivant. Toute cellule est dotée d'une forme spécifique et d'un taux de croissance particulier. Que sa forme subisse une distorsion, que son taux de croissance diminue ou augmente en dehors de ces normes, et elle tombe malade. Le mal, c'est très précisément cela : une explosion, une rupture des limites qui ouvre la porte à tous les parasites de l'être, aux forces nocives, aux « écorces ».

On pourrait aisément prendre ce principe – se tenir à l'intérieur de limites convenables – pour l'apologie du juste milieu, voire de la médiocrité. Il n'en est rien. Il n'est nullement question, ici, d'une sorte de « voie dorée » qui exclurait toute attitude extrémiste; il s'agit seulement de savoir situer toutes choses – y compris les extrêmes – à leur juste place et en leur juste temps. C'est cela qu'entendent les rabbins lorsqu'ils parlent de voie médiane [1]. Est juste toute attitude qui tient compte des trois catégories fondamentales – les trois paramètres – que nous avons évoquées plus haut : le temps, le lieu et la personne. Il n'existe donc aucun « standard » rigide de comportement. S'il est une chose dont on peut affirmer clairement qu'elle n'est pas juste, c'est précisément la rigidité et l'incapacité de changer. Car le principe fondamental de la vie de l'âme, c'est le mouvement et le changement. Certes, tout homme a constamment besoin soit d'un maître, soit de leçons, pour trouver sa juste voie; mais ce choix implique des oscillations incessantes de l'âme, une sorte de mouvement pendulaire de grande amplitude. On aboutit finalement à une certaine synthèse, que l'on pourrait

1. Maïmonide utilise l'expression de « voie royale ».

qualifier de « juste milieu métaphysique », encore qu'elle ne soit jamais définitivement fixée puisqu'elle résulte du jeu permanent de forces contradictoires.

La vie : un aller-retour

Pour la pensée juive, la quintessence de la vie s'exprime par les mouvements du feu céleste tels que les a décrits, dans la crainte et le tremblement, le prophète Ézéchiel. Il s'agit d'un mouvement incessant d'aller et retour, qui constitue le mouvement même de la vie, et qui est exactement le même que le rythme de la respiration, de la circulation du sang, des battements du cœur. La vie, qu'il s'agisse de la vie biologique ou de celle de l'âme, c'est le mouvement perpétuel, et son arrêt signifie la mort.

Ce même principe d'oscillation permanente commande le rapport que l'homme peut établir entre le ciel et la terre : le jeu dialectique du désir de se libérer des entraves de la matière pour envahir le divin et du besoin de retourner aux réalités de l'existence. Rester dans l'une ou l'autre de ces situations – s'arrêter – serait synonyme de mal et de mort. La vraie vie, c'est cette course incessante de l'âme qui résulte de l'état de tension permanente du « ciel » et de la « terre ». Tantôt, l'aspiration vers le ciel fait oublier la terre; tantôt, c'est le lien avec la réalité terrestre et la nécessité d'agir qui l'emporte. Les fluctuations ne sont pas fonction des diverses périodes de la vie : elles se produisent à chaque moment; elles sont l'essence même de la vie. Il y a de la sainteté dans le retour comme dans l'aller, dans les « descentes » comme dans les « montées ». Aucun de ces deux mouvements ne se suffit à lui-même; c'est leur conjonction qui permet d'établir un véritable passage entre le ciel et la terre et d'aller à la rencontre du sacré.

Le conflit du ciel et de la terre, c'est aussi celui de la raison et du cœur, de la réflexion critique et de la foi, de la recherche intellectuelle et de la simplicité de l'âme. Le bon choix de vie, ce n'est pas de choisir entre ces diverses dimensions; pour le judaïsme, il faut, au contraire, apprendre à les concilier. Leur complémentarité se manifeste notamment dans une des bipolarités majeures du judaïsme : l'étude et la prière. Le monde de l'étude, c'est celui des questions permanentes et de la recherche; l'univers de la prière n'en constitue pas une alternative, mais bien le lieu où les mêmes hommes, à d'autres moments, oublient les questions, s'ouvrent aux émotions, au don de soi, redeviennent des enfants dans la plus extrême ferveur et simplicité. Aussi opposés que soient ces deux univers, le Juif est tenu d'y vivre successivement et de passer sans cesse de l'un à l'autre. Se vouer exclusivement à l'un ou à l'autre serait au demeurant considéré comme un grave manquement aux exigences de l'être. Voilà bien pourquoi on trouve dans le judaïsme ces deux dimensions qui apparaissent à d'aucuns comme totalement incompatibles : la minutie légaliste et l'envolée prophétique, l'adhésion inconditionnelle du croyant et le questionnement subtil du philosophe. Il n'y a là aucune contradiction : le Juif doit posséder l'un et l'autre, et c'est leur conjonction qui le mène à une vie de sainteté. La sainteté ne saurait se réduire soit à la vie de l'esprit, soit à la simplicité du cœur : elle les dépasse [1] au prix d'un combat permanent pour surmonter leurs contradictions. Car c'est la contradiction qui permet de passer d'un monde à l'autre, du monde de la prière – état fusionnel et extatique – à celui de l'étude de la Torah, où l'on peut atteindre des sommets de subtilité et de scepticisme. Le doute n'est pas foncièrement mauvais, et pas davantage la naïveté; ils deviennent vertus lorsqu'ils se conjuguent de manière constructive. C'est pourquoi tous les textes juifs présentent cette contradiction apparente entre les deux mondes : celui de la plus grande minutie dans l'établissement des règles et celui des perspectives les plus transcendantes; la capacité de poser toutes les questions et celle de faire comme si on ne pouvait en poser aucune. C'est là qu'apparaît le sacré, qui les dépasse l'une et l'autre, et irrigue la vie dans ses permanentes fluctuations. De la complexité du monde naît une multitude de situations et d'attitudes qui sont toutes susceptibles d'aller vers le bien ou le mal. La seule référence constante, le seul invariant, c'est la vie, qui ne comporte ni le « dessus » ni le « dessous » et ne privilégie ni la raison ni le cœur. Car c'est seulement dans l'aller et retour permanent que l'homme peut vivre au rythme d'une vie de sainteté.

1. Au sens hégélien du terme *Aufhebung*.

VII

IMAGE DE DIEU, IMAGE DE L'HOMME

Les formes extérieures du rituel juif ont pour fondement l'interdiction absolue de fabriquer une statue ou une image, telle qu'elle figure dans le second des Dix Commandements.

> « Tu n'auras pas d'autre Dieu que moi devant ma face. Tu ne te feras ni statue ni image de ce qui est dans les cieux en haut, sur la terre en bas, dans les eaux, en dessous de la terre, tu ne te prosterneras pas devant eux et ne les serviras point [1]... »

Il s'agit de prohiber la fabrication de statues ou d'images destinées au culte, en dehors de quelques rares exceptions liées au service dans le Temple [2]. Il faut préciser que cette interdiction concerne la production des images ou des formes dans la mesure où elles pourraient être utilisées à des fins rituelles. C'est dans cette perspective qu'est pro-

1. Exode XIX, 4-5.
2. Où existaient des représentations humaines – les chérubins – ou animales : les douze taureaux qui supportaient la mer.

hibée non seulement la fabrication d'idoles ou d'objets destinés à un culte idolâtrique, mais, avec la même rigueur, toute représentation plastique de Dieu, des anges et de toute forme divine que l'on risquerait d'adorer. Enfin, il est également interdit de sculpter – mais non de peindre – une forme humaine même en dehors de toute intention rituelle. Le sens premier de cet interdit est clair : il vise à répéter constamment l'opposition catégorique du judaïsme à l'idolâtrie, à rejeter catégoriquement toute représentation matérielle de la divinité. On en comprendra cependant mieux la signification si l'on analyse la terminologie des prophètes. Car les prophètes, et d'ailleurs la langue hébraïque en général, répugnent à faire usage de termes abstraits; ils préfèrent recourir à un style symbolique et figuratif. C'est pourquoi la Bible ainsi que l'ensemble de la littérature sacrée du judaïsme – la *Aggada* [1] et la Cabbale – abondent en anthropomorphismes de toutes sortes. Cette « hominisation » des choses qui existent dans le monde – inférieures ou supérieures à l'homme – est parfaitement logique si l'on tient compte du caractère spécifique de la langue hébraïque, tel que l'a défini un des sages d'Israël : toute représentation des choses, par l'âme humaine, est à l'image du « palais » qu'elle habite : le corps. Autrement dit, toute conceptualisation de l'univers et toute description des divers éléments qu'il comporte recourent nécessairement à des métaphores et à des symboles empruntés au corps humain. Ce

1. Le commentaire homélitique traditionnel.

faisant, le langage « élève ceux qui sont abaissés » et l'on parlera par exemple, de la « tête » – le sommet – ou bien des « pieds » de la montagne. Réciproquement, on « abaissera ce qui est élevé » en parlant des « mains », des « pieds », des « yeux », de Dieu, etc.

Le recours à des symboles figuratifs est si fortement caractéristique du langage hébraïque que l'on trouvera difficilement une phrase dans la littérature sacrée qui ne substitue la métaphore à l'abstraction. Aussi bien, toute cette littérature, qu'il s'agisse de textes de droit, de prose ou de poésie, abonde-t-elle en images, en particulier chaque fois qu'elle aborde des sujets liés à la sainteté.

C'est précisément parce que les métaphores et anthropomorphismes sont si nombreux dans le judaïsme qu'il est indispensable d'insister sur le fait qu'il ne s'agit là que de pures allégories et aucunement de descriptions réelles. Ces symboles sont seulement des modèles. Tenter de représenter sous une forme plastique les images qui apparaissent en grand nombre dans la Bible, et encore davantage dans la littérature cabbalistique, risquerait de conduire à une grossière matérialisation de l'essence divine et de ce qui existe au-dessus de nous. Aussi bien l'interdit de la représentation plastique de tout ce qui touche à la sainteté est-il seul de nature à permettre une meilleure compréhension de cet univers. Et d'ailleurs, même lorsqu'une telle représentation est exclue, on n'a pas totalement éliminé le risque, inhérent à la nature humaine, de figurer les choses de manière anthropomorphique.

Il existe une raison fondamentale à ce double mouvement : la tendance naturelle de l'homme à l'anthropomorphisme, et le rejet catégorique, par la Loi, de toute matérialisation du divin. C'est que notre monde matériel n'est qu'un élément d'un vaste système de mondes qui, du point de vue de la sainteté, peuvent lui être soit supérieurs, soit inférieurs. Il n'en constitue, somme toute, qu'une projection adaptée à ses limites et à son espace-temps physique. Autrement dit, chaque détail de l'existence matérielle n'est rien d'autre que la forme particulière d'une existence immatérielle qui se révèle sous cette forme particulière.

Une telle vision du monde présente une double distorsion. La première, c'est celle qui se produit lorsque l'immatériel se projette dans le matériel; ces deux essences n'obéissant pas aux mêmes lois, elles sont *a priori* incompatibles, et le matériel ne saurait donc être l'exacte réplique de l'immatériel. La seconde est due au fait que notre monde ne se trouve plus dans son « état de santé » originel. Les créatures y agissent, du mieux qu'elles peuvent, certes, mais en y produisant d'inévitables modifications, les plus conséquentes étant bien entendu celles qui procèdent des actions des hommes.

Du fait du libre arbitre de l'homme et du pouvoir qu'il peut exercer sur les autres créatures, son action n'est pas limitée, en principe, par les forces qui émanent des mondes supérieurs. Au contraire, c'est lui qui agit sur eux et sur les mondes inférieurs également. En conséquence, les actions des hommes, et notamment leurs fautes et leurs erreurs, sont susceptibles de modifier profondément tous les schémas directeurs et les modèles originels de la nature jusqu'à les dérégler. Depuis le péché d'Adam, tout au long de l'histoire, les fautes que l'homme commet, volontairement ou involontairement, modifient sans cesse l'être du monde. Aussi bien, n'est-il plus la réplique fidèle des autres mondes; ce n'est que dans son stade premier – le jardin d'Éden – qu'un parfait parallélisme existait entre les mondes supérieurs et les mondes inférieurs. Depuis lors, tous les mondes, et le nôtre en particulier, souffrent de distorsion : leur nature originelle a changé. Ceux qui connaissent les secrets de l'univers sont seuls à pouvoir savoir où subsiste encore le parallélisme, l'analogie essentielle du monde physique et des mondes spirituels. Eux seuls sont encore capables de discerner, au sein de la réalité matérielle, les voies cachées des mondes supérieurs. Ils savent lire, entre les lignes de la réalité, le modèle de mondes qui s'élèvent de plus en plus haut jusqu'à atteindre leur suprême source.

De même que, dans une certaine mesure, tous les mondes se reflètent dans le monde matériel où nous vivons, de même, leur « image interne » se reflète dans l'homme, et cela, jusqu'aux plus hauts sommets de révélation. Grandes ou petites, toutes les créatures sont des copies. Elles reproduisent les éléments constitutifs des mondes supérieurs, dont les divers modes de relations se retrouvent dans les divers degrés de l'existence humaine. D'un côté, l'homme est donc seulement un fragment de l'ensemble de la création; mais, de l'autre, il est bien davantage :

son libre arbitre en fait l'unique expression de l'existence divine au sein des mondes. Car tous les mondes sont soumis aux lois, physiques ou non physiques, de la causalité; seul l'homme est libre d'en modifier les processus. C'est pourquoi lui seul est l'expression de « l'image de Dieu » dans le monde [1]. Grâce à cette étincelle divine qu'est son âme, il exprime le flux divin qui traverse tous les mondes jusqu'à leurs plus sublimes sommets. C'est pourquoi c'est toute « l'image » de l'homme qui est, dans un certain sens à « l'image de Dieu ». Autrement dit, l'homme constitue, dans le monde physique, la projection du flux divin, qui se révèle dans tous les mondes, mais tel qu'il se manifeste dans le nôtre.

Bien entendu, cette projection n'est pas parfaite; ni le corps ni l'âme de l'homme ne sauraient constituer une parfaite réplique de l'essence. Et cependant, dans l'intégralité de sa dimension corporelle et spirituelle, l'homme doit être considéré comme une structure fondamentale à travers laquelle s'exerce la souveraineté divine dans l'univers : le système des dix *Sefirot* du « monde de l'émanation ».

L'homme-microcosme

Une des interprétations du nom de l'homme, c'est : « celui qui ressemble au Très-Haut [2] ». Rien d'éton-

1. « Dieu créa l'homme à son image... » (Genèse I, 27).
2. Le nom *Adam* est à la fois le nom propre du premier homme et le mot *homme,* selon l'étymologie biblique, celui qui vient de la terre : *Adam,* l'homme, *Adamah,* la terre. Mais dans la mystique juive, on trouve cette seconde explication, où le mot *Adam* est rapproché de l'expression biblique *Edame Laelyone,* « Je me ferai semblable au Très-Haut » (Isaïe XIV,14).

nant, par conséquent, à ce que l'homme, à l'instar de Dieu, crée à sa propre image, physiquement et spirituellement. C'est que le corps humain, dans son organisation, constitue comme le modèle de la structure interne de l'ensemble des mondes. L'homme constitue également la clé des commandements et du système de relations qui unit entre eux les mondes. Chacun des organes de l'homme correspond à l'existence d'une essence donnée dans les mondes supérieurs. Quant à la structure globale du corps humain, elle est homologue à celle des dix *Sefirot,* chaque organe correspondant à une *Sefirah* particulière.

Aussi bien, lorsque les prophètes utilisent des expressions comme la « main » ou les « yeux » de Dieu, il ne faut pas entendre par là des organes qui ressembleraient physiquement à des yeux ou à la main de l'homme! Il s'agit là d'un rapport au corps de l'homme purement analogique. La relation de la main droite et de la main gauche constitue, par exemple, une relation fondamentale : c'est celle qui existe entre la *Sefirah* dite « de la main droite » – *'Hessed,* l'amour – et celle dite « de la main gauche » : *Guevourah,* la rigueur. Et il en va de même pour les autres parties du corps humain.

L'homme constitue ainsi, dans un certain sens, un modèle de l'essence divine; sa structure, interne et externe, manifeste les divers aspects de cette essence et leurs relations internes.

Le sens secret des commandements dits actifs [1]

1. Le judaïsme distingue les préceptes où il faut accomplir quelque chose, qu'il appelle « commandements actifs » des commandements dits « négatifs » : les interdits.

consiste par conséquent dans le fait de mettre en action les membres du corps humain, en leur faisant effectuer des gestes précis, d'une manière précise, gestes qui sont homologues à des réalités et à des modes de relations supérieurs : ceux du monde d'En Haut. Bien plus : chacun des gestes, mouvements ou actions que l'homme accomplit avec son corps a pour effet d'établir, en parallèle, des rapports particuliers entre les structures qui existent dans d'autres dimensions.

Cela, le commun des mortels ne le sait manifestement pas. C'est seulement dans une faible mesure qu'il est réellement conscient des répercussions de ses actes dans le monde d'En Haut. Même parmi ceux qui en sont conscients, rares sont les élus qui arrivent au degré où, dans tous les actes de leur vie – qu'il s'agisse de l'accomplissement d'un commandement ou d'une danse –, ils savent faire usage des relations supérieures qu'expriment les gestes de leurs corps.

Voilà bien pourquoi l'on a interdit la représentation de la forme humaine, à des fins non rituelles comme à des fins de culte. Si l'homme est, comme l'a dit un sage, l'« effigie du roi », – du Roi Suprême – quiconque essaie d'édifier quelque chose à son image crée une idole. L'homme ne doit jamais oublier que son corps est non seulement l'habitation – le palais – de son âme, mais qu'il figure également les essences supérieures. Aussi bien, la relation de l'homme aux mouvements et aux actes de son corps exprime-t-elle toujours quelque chose qui est de l'ordre de ces essences.

Ainsi il s'explique que la Cabbale, dans son

langage symbolique, recourre constamment aux organes du corps pour décrire des situations et des modes de relations qui existent dans les mondes supérieurs. On peut même trouver, dans des manuels de Cabbale pratique, diverses techniques gestuelles qui peuvent apparaître contradictoires et même impossibles à réaliser : c'est qu'il s'agit de rejoindre par là les voies complexes de l'action du Char divin dans les divers mondes selon leurs degrés respectifs. Et comme cela a été dit précédemment, le vaste usage de symboles et de modèles empruntés aux formes extérieures du corps exige une grande vigilance pour ne pas tomber dans le piège de la corporéité. L'un des livres du Zohar qui traite longuement des mystères du Char céleste commence par une solennelle mise en garde : « Maudit soit l'homme qui se fait une statue [1]. »

On comprend mieux maintenant pourquoi il n'y a pas vraiment d'iconographie juive. Certes, il y avait bien quelques formes symboliques dans le Temple; cependant, tout d'abord, il ne s'agissait pas de représentations de la divinité, mais des chérubins qui portent le Char céleste. Surtout, ces représentations plastiques étaient dissimulées dans le lieu le plus secret du Temple – le Saint des Saints – et ne pouvaient donc faire l'objet d'un culte quelconque. En fait, il est arrivé quelquefois qu'un objet destiné à n'avoir qu'une valeur de symbole ou de souvenir soit devenu le support

1. Il s'agit là d'une citation de Deutéronome XXVII,15 qui concerne celui qui pratique l'idolâtrie *en secret* mais que le Zohar interprète ainsi : malheur à celui qui donnerait une forme aux *secrets* de l'univers.

d'un culte idolâtrique, ce qui explique pourquoi le judaïsme a si rigoureusement résisté à tout usage de l'iconographie au sens précis de ce terme.

En fait, les images, le judaïsme les utilise lui aussi, mais dans le cadre des *Mitsvot*, que l'on peut considérer comme la stylisation d'un système d'images et de symboles où le corps humain est substitué aux formes d'En Haut. Dans un certain sens, l'extrême minutie des *Mitsvot* constitue comme une série mouvante d'images révélatrices de la réalité suprême. Cette réalité agit ici-bas par le canal de ces signes objectifs que constitue l'action humaine dans le monde; comme cette action est également signifiante dans les autres mondes, elle s'y répercute simultanément. L'univers tout entier étant empli d'images, de formes et de signes, on comprend qu'il soit parfaitement inutile d'en inventer d'autres : l'ensemble de la réalité constitue en effet une image globale parfaitement organisée.

Cette manière de concevoir les symboles ne s'applique pas exclusivement au corps humain. Elle concerne l'ensemble de la réalité : chacun de ses aspects et détails est riche en significations. Si l'on comprend cela, toutes les choses et les relations qui les unissent deviennent plus claires. Tout a un sens : les couleurs et leurs interrelations – chaque couleur renvoie à une *Sefirah* particulière –, les arbres, les fruits, le vivant, le végétal, le minéral. Ils constituent tous un vaste système que l'ensemble de la réalité travaille et par lequel, simultanément, elle est travaillée : c'est cela, la véritable œuvre d'art, le « grand œuvre » que façonne l'homme.

Et puisque le problème de la représentation pose

celui de l'art, observons que, dans la pensée juive, le concept de beauté est lié à la *Sefirah Tiferet* qui occupe une place centrale dans l'échelle des *Sefirot*. Or *Tiferet* représente divers aspects fondamentaux de la vie, qui expriment la même idée mais sous des formes diverses : aussi bien *Tiferet* est-elle à la fois la *Sefirah* de la vérité, de la Torah, de la beauté et de la compassion. On l'a dit précédemment, ces valeurs ont comme dénominateur commun l'harmonie, qui implique une diversité telle qu'elle ne saurait se réduire au seul champ de l'esthétique. Même d'un point de vue purement sémantique, la langue hébraïque utilise le même terme – *Tov* – pour désigner à la fois le beau et le bien. Ces termes sont constamment interchangeables, parce qu'il existe une harmonie profonde entre les fondements du beau, du bien et du vrai. Le bien aspire à la beauté, et réciproquement; lorsqu'ils ne se recouvrent pas, et qu'un fossé les sépare, c'est que le monde est dans un état de manque. Ce manque peut être subjectif – l'observateur ne sait pas voir les choses en profondeur –, tout comme il peut exister objectivement : notre monde n'est pas parfait, et souffre de distorsion. Le rôle de la Torah et des *Mitsvot*, c'est de corriger, degré par degré, cette distorsion. Tant que cela n'est pas réalisé, le bien et la beauté ne sont pas identiques. C'est que le mal ne s'exprime pas seulement par la négation ou le manque; il est aussi torsion, perversion du bien et des valeurs. Or une chose ne peut être dite bonne tant que sa structure est composite et que des parties mauvaises y jouxtent les bons éléments. Aussi bien, toute l'action humaine peut-elle être considérée, dans un certain sens, comme esthétique. Fréquemment, les bonnes actions sont appelées « belles actions » et les fautes « actions laides ». On ne saurait mieux dire à quel point l'éthique et l'esthétique ont des fondements identiques dans le psychisme humain. Tout bien qui ne s'exprimerait pas dans une certaine forme de beauté ne serait pas un bien parfait. Le travail de l'homme consiste précisément à parvenir à la *Sefirah Tiferet*, à cette harmonie où le beau, le bien, la vérité et la Torah ne constituent plus qu'une seule et même expression de l'être.

VIII

LA TECHOUVAH

La *Techouvah* constitue l'un des principes spirituels fondamentaux du judaïsme. Sa portée dépasse largement le sens restreint des traductions usuelles de ce terme : contrition, pénitence, regret. En fait, elle est si riche en significations multiples qu'elle constitue une structure dont on peut affirmer qu'elle est essentielle pour l'existence même du monde.

Les rabbins ont compté la *Techouvah* au nombre des choses dont la création fut antérieure à celle du monde. Cela revient à dire que la *Techouvah* constitue le phénomène à la fois primordial et universel sur lequel se fonde l'existence même du monde. Dans cette perspective, la *Techouvah* revêt deux significations. En premier lieu, inscrite dans la structure de l'univers, elle manifeste qu'avant même d'avoir été créé, l'homme a été doté de la possibilité de changer le cours de sa vie. Elle constitue ainsi, dans un certain sens, la plus haute expression de la liberté humaine et comme une sorte de concrétisation humaine du divin. Au plan de la liberté, la *Techouvah* manifeste que l'homme peut se dégager à la fois de son passé et de la causalité quasi mécanique qui semble le conduire sur un chemin sans retour, où « une faute entraîne une autre faute [1] », où toute action provoque une réaction et toute intention des conséquences particulières. C'est en ce sens qu'elle marque la présence du divin en l'homme : car Dieu n'est pas soumis aux lois ni à la causalité; et la *Techouvah* permet, elle aussi, de briser l'immuabilité du déterminisme.

Le second aspect, lui aussi universel, de la *Techouvah,* c'est qu'elle donne à l'homme la maîtrise de ses mouvements dans toutes les dimensions de son existence, et tout particulièrement dans celle du temps. Sans elle, le temps serait linéaire et irréversible; apparemment, on ne peut faire « revenir en arrière » un événement qui a eu lieu, ni le corriger ou le changer : le passé est statique. Et cependant, la *Techouvah* implique la possibilité de changer le passé : en tout cas, son incidence sur le présent et le futur. C'est cette paradoxale capacité de maîtriser le temps qui explique pourquoi la *Techouvah* est antérieure au monde. Elle possède cette dimension exceptionnelle d'être au-delà du temps et de l'inexorable enchaînement des relations de cause à effet.

Revenir à soi

En hébreu, le mot *techouvah* présente trois sens différents, qui ont pour dénominateur commun

1. Traité des Pères IV, 2.

l'idée de retour. Tout d'abord, elle désigne le fait de *revenir* à Dieu ou à la foi juive. Ensuite, elle signifie « se retourner », faire demi-tour, se détourner d'une orientation de vie pour en choisir une autre; enfin, le mot *techouvah* signifie également « réponse ».

Le sens premier et fondamental, c'est celui d'un retour à Dieu qui se manifeste par le retour au judaïsme dans la plus large compréhension de ce terme : retour à la foi, à la pensée et à la pratique religieuses. Ici se pose un problème. On peut parler de retour pour quelqu'un qui possède des souvenirs, des souvenirs d'enfance ou toutes sortes d'autres réminiscences du monde juif. Mais comment parler de « retour » lorsqu'il s'agit d'une personne qui n'a jamais connu le monde juif, pour laquelle le judaïsme n'est rien d'autre qu'un héritage ancestral, un fait historique, quelquefois même un simple vocable sans le moindre contenu? Si l'on peut néanmoins parler de retour, c'est parce que la *Techouvah* ne signifie pas vraiment retour au passé, qu'il s'agisse du passé du peuple, de la famille ou de l'enfance. Elle constitue un retour, bien plus fondamental, à quelque chose qui dépasse ces diverses situations personnelles : le judaïsme non pas comme une structure formelle, comme un cadre comportant des formes d'expression ou des rites, mais comme l'essence intrinsèque de la personne, le prototype de l'homme juif.

Ce paradigme essentiel, l'homme peut le connaître soit à travers ses souvenirs personnels, soit par le biais de sa conscience historique; cependant, fondamentalement, il s'agit de bien plus que cela : de la mémoire de l'essence première, qui constitue la structure même de l'âme juive. Un Juif a beau disposer d'un vaste choix de formes d'aliénation et s'investir dans toutes sortes de cultures étrangères, il conserve néanmoins, au plan métaphysique et presque génétique, une sorte de noyau dur de son être juif. Il en va du judaïsme comme de la botanique : l'environnement, les conditions climatiques ou géographiques peuvent modifier la forme d'une plante, et même donner quelquefois naissance à des formes étranges, par mimétisme avec le milieu ambiant : mais elles ne peuvent jamais modifier la nature de cette plante.

C'est que le judaïsme ne se réduit pas à un credo ni à des obligations particulières. Les croyances comme les actions ne font qu'exprimer l'archétype de l'homme juif. Lorsqu'il se libère des multiples influences qu'il a subies, et qu'il éprouve le désir de revenir à l'état idéal de son être, il corrige petit à petit les déformations que le temps et l'espace lui ont imposées, redresse ses « branches tordues » et retrouve sa véritable image première. Ce que l'on appelle « revenir en *Techouvah* [1] », c'est donc essentiellement le retour du Juif à soi-même, le fait de briser toutes les chaînes et limites dictées par son environnement, son éducation et les diverses influences qu'il a subies. Cette quête, si elle n'était pas orientée, pourrait se révéler épuisante et stérile; c'est donc à juste titre que la Torah peut être considérée comme un système

1. C'est l'expression classique qui désigne le retour au judaïsme : en hébreu, être *'hozer biTechouvah.*

permettant au Juif de parvenir à la véritable connaissance de soi. Il existe une sorte de relation mutuelle entre le Juif et le judaïsme, entre le Juif et son Dieu, qui fait du judaïsme davantage qu'une Loi, un système religieux : le cadre de vie de son être authentique, le seul qui lui permette, dans sa quête solitaire, de parvenir à sa véritable identité et de l'exprimer. Potentiellement, tout homme est toujours capable de singer n'importe quelle façon d'être ; il n'en reste pas moins que, profondément, il n'existe qu'une seule voie qui le relie à son être véritable, à sa famille, à sa maison. Aussi bien, même s'il l'a oubliée, même s'il en est totalement inconscient, lorsqu'il revient au judaïsme, il ne fait somme toute que revenir à son être véritable.

La *Techouvah* est un processus complexe. Quelquefois, toute une vie d'homme n'est rien d'autre qu'un acte continu de *Techouvah.* On pourrait dire que le développement spirituel de l'homme, qu'il ait commis des fautes ou qu'il n'en ait jamais commis, c'est toujours un certain mode de *Techouvah :* un effort pour quitter le passé et une aspiration à plus d'élévation. Cela dit, aussi complexe et difficile que soit cette opération, le facteur fondamental et déterminant de toute *Techouvah,* c'est la capacité du retournement.

Qu'est-ce qu'être éloigné de Dieu ? Ce n'est évidemment pas un problème de distance physique, mais une question, purement spirituelle, de nature de la relation. L'homme qui ne suit pas le bon chemin n'en devient pas objectivement plus *éloigné* de Dieu ; il est tout simplement quelqu'un qui n'est pas *tourné vers Lui,* qui a d'autres orientations et poursuit d'autres objectifs à l'aide d'autres moyens. C'est précisément pourquoi faire *Techouvah* consiste essentiellement à se réorienter : à se retourner. Le moment où l'on décide de faire volte-face, de changer le sens de sa vie, sa relation intime aux choses, de renoncer aux objectifs que l'on a poursuivis pour s'orienter vers le désir de s'approcher de Dieu : c'est cela, la véritable *Techouvah.* On pourrait dire, au sens étymologique du terme, une *con-version.*

Cela ne se fait pas toujours en pleine conscience. Quelquefois, on s'aperçoit que l'on a fait *Techouvah* bien après qu'elle s'est produite. Il est rare en effet qu'elle se manifeste sous la forme d'une conversion soudaine et spectaculaire. Généralement, elle se présente plutôt comme une série de petits changements successifs. Néanmoins, et même si l'on n'en prend conscience que tardivement, c'est le moment de cette prise de conscience qui est déterminant.

La réponse était dans la question

Le premier stade de la *Techouvah,* c'est toujours une rupture. Dans un certain sens, l'homme qui fait *Techouvah* rompt avec son passé, comme s'il disait : « Tout ce qui s'est passé jusqu'aujourd'hui m'est étranger. Chronologiquement ou historiquement, cela fait certes partie de moi, mais je récuse ce rapport. » Ce faisant, cet homme rejette son ancienne identité et en assume une nouvelle. C'est que toute personnalité s'exprime si fortement dans ses objectifs et ses aspirations qu'en changer, c'est devenir un autre homme. La conversion est donc davantage qu'un simple changement d'attitude : elle se traduit par une métamorphose de la personne. Au terme de ce processus, on aura d'une part abandonné, rejeté, regretté le passé et, de l'autre, résolu et pris sur soi d'agir autrement dans l'avenir. La coupure avec le passé et le désir de progresser dans l'avenir seront d'autant plus forts que sera radicale la conscience de la conversion. Par ce mot, il faut entendre le passage de certaines valeurs – ou d'une absence de valeurs – à la valorisation de la relation avec Dieu et à sa manifestation dans le style de vie qui en résulte.

Enfin – rappelons que c'est là le troisième sens de ce terme – la *Techouvah* implique également l'espoir d'une *réponse :* on attend de Dieu qu'il confirme que cette voie est vraiment la bonne. Cependant, l'essence de la *Techouvah* réside davantage dans le retournement que dans la réponse. Si cette réponse était immédiate et directe, il n'y aurait, dans un certain sens, plus de *Techouvah!* Ayant atteint son objectif, elle serait achevée, alors que son but est tout autre : il s'agit d'accroître la tension qui mène à la conscience, à la nostalgie et au désir. Tant que l'acte de la *Techouvah* persiste, persiste également la quête, l'effort de l'âme pour obtenir de l'Autre cette réponse qui tient en un seul mot : « *J'ai pardonné* [1] »; mot clé qui lui confirme que c'est bien ainsi qu'elle doit agir.

1. L'auteur se réfère ici à la réponse que Dieu fit à Moïse intercédant en faveur d'Israël : « J'ai pardonné, comme tu me l'as demandé » (Nombres XIV,20). Cette expression revient en leitmotiv dans la liturgie du *Yom Kippour* et sert d'argument à de célèbres anecdotes hassidiques.

Même lorsque cette réponse est donnée, elle n'est pas semblable pour tous. Au demeurant, l'essence de la *Techouvah,* ce n'est pas tel acte précis, isolé, mais le processus qui mène des velléités à l'action; une action stimulée d'une part par l'attente, la nostalgie et la déception, et de l'autre, par l'espérance. A tout cela, il n'est point de réponse permanente ni définitive; la *Techouvah* est un processus graduel, une réponse est donnée à l'homme sous forme de rétroactivité : l'homme ne l'entend pas nécessairement ni au moment où il pose la question, ni lorsqu'il est en proie au doute, mais plutôt lorsqu'il se retourne et se penche sur son passé.

Dans la *Weltanschauung* du judaïsme, la sérénité ou le sentiment de perfection ne sont guère perçus comme un idéal. C'est que dire « je suis arrivé », ce serait déjà, en soi, nier toute possibilité d'aller plus loin. Une telle attitude reposerait sur l'étrange hypothèse selon laquelle on pourrait atteindre l'Infini au moyen d'un nombre fini d'étages! Or, le fait même de concevoir le divin comme Infini – *En-Sof* – implique précisément un processus sans limites ni fin. De telle sorte que l'homme qui est en train d'accomplir sa *Techouvah* perçoit, bien au contraire, au fur et à mesure qu'il s'approche de Dieu, combien il en est réellement éloigné! Ce n'est qu'en regardant derrière lui qu'il peut mesurer le chemin parcouru et les progrès accomplis.

Ainsi, la réponse que la *Techouvah* apporte, ce n'est pas un sentiment de sérénité, de perfection ou d'accomplissement : elle ne fait que nous tendre la main pour nous aider à poursuivre notre effort.

La véritable réponse qu'elle nous adresse consiste précisément dans le fait de nous persuader que nous en sommes capables, et de nous en faire prendre de plus en plus conscience. La *Techouvah* n'est donc pas un acte ponctuel, mais un processus permanent.

Ce qui différencie l'homme qui fait *Techouvah* de celui qui continue de s'égarer, c'est le but qu'ils poursuivent : le cheminement, lui, reste le même. C'est que, pour le judaïsme, celui qui se sent pleinement serein, satisfait et croit avoir trouvé la lumière n'est en fait qu'un homme égaré. Seul l'homme qui reçoit plus de lumière au fur et à mesure qu'il avance, tout en sachant que *la* lumière est encore loin, seul un tel homme peut être considéré comme ayant trouvé la réponse. Lorsqu'il méditera et analysera le chemin qu'il a suivi, alors il saura rétrospectivement qu'il est sur la bonne voie. C'est en fait cela qui constitue sa récompense, sa véritable *Techouvah,* sa « réponse », et qui subsiste tant qu'il persiste dans cette voie.

On a souvent dit que l'essence de la *Techouvah* pourrait être définie par cette expression hautement poétique que l'on trouve dans le Cantique des Cantiques : « Le roi m'a amenée dans ses appartements [1]. » Ce verset signifie que l'homme qui fait retour, qui cherche, a le sentiment d'être entré dans le palais du roi et d'aller à sa recherche de pièce en pièce. Cependant, ce palais est constitué d'une infinité d'univers, et l'homme ne tient qu'une des extrémités du « fil d'Ariane » qui conduit au

1. Cantique des Cantiques I,4.

terme : la quête est sans fin, qui mène vers Dieu, jour après jour, d'année en année.

La révolution permanente

La *Techouvah* est davantage qu'un simple processus psychologique ou une révolution spirituelle, sorte de tempête dans la tasse de thé du Moi humain. Elle constitue une tentative de changer le monde et tous les mondes, par le biais, notamment, de la transmutation du passé. Si elle entend briser l'enchaînement de la causalité, où toute action provoque sa propre réaction, où toute transgression mène à une autre transgression, elle consiste, bien plus, à essayer de faire que le passé soit nul et non avenu. Une telle entreprise, qui vise à changer les choses *objectivement*, n'est possible qu'au prix d'un bouleversement de nature *subjective :* il faut que l'homme sorte des limites ordinaires de son Moi. La *Techouvah* ne peut par conséquent jamais devenir routine, tout en étant cependant effort permanent : elle exige sans cesse la capacité de rompre avec toutes les limites imposées par l'habitude. Parce qu'il est libre, l'homme peut y parvenir. Il ne suffit cependant pas qu'il ressente tout ce qu'il y avait de faux, de vain ou de mauvais dans son existence passée, et qu'il soit empli de nostalgie de Dieu pour que la *Techouvah* soit pleinement réalisée. Celle-ci exige davantage qu'une aspiration ou un désir; dans un certain sens, elle passe par un certain sentiment de désespoir [1]. C'est seulement ce sentiment – et paradoxalement la faute qu'il a engendrée – qui peut permettre à l'homme de dépasser ses limites. Car l'homme qui fait *Techouvah* est, d'une certaine manière, appelé à exiger de soi-même l'impossible; c'est cette sorte d'énergie du désespoir qu'il lui faut mettre en œuvre pour rompre avec son passé, qui seule lui permettra de briser son mode de vie habituel. Il parvient ainsi à cette situation qui peut paraître impossible et paradoxale, et où le passé n'engendre – ne conditionne – aucun avenir.

Il ne s'agit cependant encore là que du début du processus de la *Techouvah*, et non encore de son achèvement, que l'on appellera *Tikkoun :* la réparation pleine et entière du passé. Car même si psychologiquement l'homme s'en est totalement détaché, le passé n'est pas pour autant objectivement aboli : les fautes qu'il a commises, et leurs diverses conséquences, continuent d'agir dans la réalité. La *Techouvah* sera parfaite – le *Tikkoun* pleinement réalisé – seulement lorsque la signification des actes accomplis jadis aura été radicalement modifiée.

La technique de la *Techouvah* met en œuvre des moyens extrêmement variés; tel se mortifiera, tel autre luttera sans cesse avec ses souvenirs et son passé. Mais le *Tikkoun* ne sera pas pour autant réalisé. Pour y parvenir, il faut d'abord procéder à un rééquilibrage fondamental. Pour réparer tel secteur de son passé, il faut que l'homme qui fait

1. Au sens particulier que le hassidisme donne à ce terme : être désespéré de ce que l'on a été jusqu'à présent...

Techouvah en fasse plus, dans ce domaine, que les autres hommes. Il ne peut rééquilibrer ce qu'il y a de destructeur et de négatif dans son passé – la possibilité qu'il a donnée aux *Klipot* de se nourrir de sa vie – qu'au prix d'actions qui dépassent les normes ordinairement exigées de l'homme. Ainsi, il pourra changer les rapports du bien et du mal non seulement au sens où sa vie présente deviendra plus droite, mais dans une mesure telle que l'ensemble de sa vie aura été corrigée et réparée.

Mais le sommet de la *Techouvah* – son véritable accomplissement – ce n'est pas de contrebalancer le mal par le bien, de sécréter des façons de vivre nouvelles et indépendantes face aux blessures du passé, et ainsi de les colmater. C'est bien davantage : c'est corriger et réparer l'essence même de la faute jusqu'à parvenir à ce point où selon les rabbins « les fautes deviennent des mérites [1] ». Ce niveau suprême du *Tikkoun*, l'homme l'atteint lorsqu'il puise dans ses erreurs passées non seulement la force de faire le bien, mais encore celle d'opérer dans sa vie des changements de plus en plus importants; lorsque la conscience de la faute devient l'élément moteur d'une incomparable soif d'absolu. Alors, cette conscience, qui n'était au départ que le levier de la quête du bien pour le présent et pour l'avenir, va transformer le système ordinaire de la causalité, où *du mal ne naîtra que le mal*, pour aboutir à ce paradoxe qui est l'essence même de la *Techouvah : du mal, va naître le bien*. Plus l'homme était enfoncé dans le mal, plus grands

1. Talmud Babli, Yoma 86 b.

seront désormais sa soif et son désir de bien. Ce stade, où la conscience du manque cesse de détruire son image de soi et d'amoindrir son énergie, mais où elle stimule l'homme et le pousse à s'élever, c'est cela le véritable *Tikkoun.* Car on ne peut réparer le mal en se contentant de méditer le passé et de l'avoir présent à l'esprit. Au contraire : il arrive souvent qu'à trop se retourner sur son passé, à le ruminer sans cesse, on ravive les liens qui unissaient à lui, créant une sorte de cercle vicieux pour finir par retomber dans les mêmes erreurs. Il n'y a de véritable *Tikkoun* que dans la mesure où les fautes passées ne sont plus source de mépris pour soi-même, mais deviennent un facteur de stimulation. A ce stade, les actions passées et, davantage encore, les capacités que l'homme a investies dans l'accomplissement du mal sont véritablement sublimées. Elles reçoivent, grâce à la *Techouvah,* une tout autre direction, une orientation radicalement nouvelle. Elles changent de nature. Non seulement les forces du mal qui se nourrissaient de l'homme ne peuvent plus le faire – et réciproquement son être, lui, ne se nourrit plus de la substance de ses fautes passées – mais, bien plus, c'est comme s'il les contraignait à agir dans le sens du bien! Toutes les virtualités, qui restaient ignorées de l'homme qui n'a pas dévié, sont précisément, pour celui qui fait *Techouvah,* celles qui lui permettent de faire de nouvelles choses. C'est ainsi qu'elles changent la nature même du mal pour aboutir au stade ultime de la *Techouvah :* la réparation cosmique. Là, ce n'est plus seulement l'homme qui « fait retour »; il restaure en même temps les étincelles de sainteté captives du mal, les transforme, les élève avec lui et change ainsi l'état du monde. Voilà pourquoi les rabbins ont dit que « là où se situe l'homme qui a fait *Techouvah*, même un Juste parfait ne saurait se situer [1] »; c'est que non seulement un tel homme sait intégralement utiliser les forces du bien qui existent en soi-même et dans le monde, mais il a également réussi à changer le sens des forces du mal et à en faire des vecteurs du bien et de la sainteté.

1. Talmud Babli, Bera'hot 34 b.

IX

LA QUÊTE DE SOI

Il est une question que, sous des formes diverses, l'on se pose toute sa vie : « Qui suis-je ? » Cette quête de soi, on la commence avec le premier éclair de la conscience – à la naissance – et on la poursuit jusqu'à sa dernière heure. Elle peut être conduite aussi bien en dehors de toute catégorie intellectuelle qu'à l'aide des plus subtiles spéculations de la pensée. Elle peut se faire de manière totalement subconsciente tout comme elle peut constituer le sujet central d'une réflexion active. Quoi qu'il en soit, personne ne peut vraiment échapper totalement à cette question : « Qui suis-je ? D'où est-ce que je viens ? Où est-ce que je vais ? Pourquoi me faut-il emprunter précisément un tel cheminement ? »

Tout se passe comme si les premières heures de réflexion de la prime enfance portaient exclusivement sur la différenciation du Moi et du reste du monde, ses causes et ses fins. Cette question, l'homme continue de se la poser toute sa vie de diverses manières. Tantôt il croira, en toute simplicité, qu'il détient la réponse ; tantôt, la question même ne lui paraîtra pas digne d'intérêt. Pourtant, même lorsque l'homme ne se la pose pas explicitement, cette question continue d'exister et d'agir sur lui.

En fait, l'essentiel de notre vie intérieure comme de notre action sur le monde extérieur n'est rien d'autre qu'une tentative de réponse à cette question fondamentale de l'identité personnelle et du sens de la vie.

Cette recherche de son Moi véritable ne prend pas toujours une forme très tranchée. Dans la plupart des cas, il faut beaucoup de temps et d'introspection pour que l'on dépasse les autres questions – qui sont en fait des fragments de la question –, pour que cette question puisse se poser en ces termes précis. Quelquefois, il semblera à l'homme qu'il peut se contenter de réponses partielles et pragmatiques. Il feindra de croire qu'il a seulement à débattre avec soi-même des nécessités du quotidien, alors qu'en réalité, tout est suspendu à cette question fondamentale, qui seule peut donner un sens à tout ce que l'homme entreprend. C'est que cette question fait peser une grave menace sur la vie de tout un chacun : non seulement elle offre un vaste éventail de réponses, mais surtout, elle ouvre des abîmes insondables de problèmes sans réponse. Il y a là de quoi effrayer! Et l'on comprend pourquoi, si souvent, les hommes font de leur vie une course frénétique pour réaliser leurs divers désirs : cette course n'est qu'une fuite permettant d'éluder la question de savoir par qui et pour quoi ces désirs sont poursuivis avec tant d'acharnement.

A cette question du Moi, il existe autant de réponses qu'il y a d'individus : chacun la pose avec son style propre et sa propre approche. C'est pourquoi, bien qu'elle ait été traitée avec acuité par les plus grands esprits, elle ne constitue pas réellement un problème philosophique. Afin de fournir à la question ontologique un cadre et une terminologie adéquats, la philosophie, la psychologie et la science doivent nécessairement décomposer cette question générale en une multitude de questions partielles. Certes, prises une par une, elles ne sont pas dépourvues d'intérêt, mais, même une fois réunies, elles ne sauraient apporter de réponse à la question fondamentale de l'identité et du rôle de chacun. C'est qu'une telle réponse ne peut venir que de l'intérieur et ne saurait être fournie par référence à des cadres, des structures ou des symboles extérieurs au Moi profond.

Où es-tu?

En fait, cette question du Moi apparaît déjà, quoique sous une forme différente et quelque peu surprenante, dans l'histoire du premier homme. Après avoir commis la transgression, Adam et Ève prennent peur et se cachent au milieu des arbres du jardin d'Éden. Ils entendent alors la voix de Dieu demandant à Adam : « Où es-tu ? » Cette question, comme ce récit tout entier, constitue l'une des structures fondamentales de toute vie individuelle ou collective. Si seulement chaque homme, en particulier, et l'espèce humaine tout entière, pouvaient éviter la transgression de l'arbre de la connaissance – chercher à savoir ce qui ne correspond à aucun besoin de l'âme –, ils éviteraient la faute, qui consiste à répondre à une question qui n'a pas été posée, à en savoir plus qu'il n'en faut, à se livrer à des études, à accumuler des informations fragmentaires et banales qui finissent par devenir une barrière à la connaissance lucide de la nature de son être. Sans toutes ces occultations, l'homme pourrait aller, comme instinctivement, dans la simplicité native de son être, à la rencontre de son Moi authentique et comprendre quelle est sa place dans le monde. Mais, depuis la faute d'Adam, l'homme a perdu la lumineuse simplicité de la voie qu'il devrait suivre, le sens instinctif qu'il en avait : il est devenu la proie du doute. Aussi bien, n'ose-t-il pas de prime abord se poser cette question : « Où suis-je ? Où vais-je ? Que fais-je ? »; il l'entend comme une voix extérieure : la voix de Dieu demandant à Adam ce qu'Adam n'ose pas se demander à soi-même. Et tout ce que l'homme peut répondre, c'est qu'il s'est égaré et qu'il se cache [1]. Le point capital, ici, c'est le résultat de la transgression : qu'elle soit objective, ou qu'elle découle d'un sentiment, conscient ou refoulé, de culpabilité, sa conséquence immédiate, c'est que l'homme se cache de Dieu! Au lieu d'avoir foi en lui, de le rechercher, il est contraint, parce qu'il se sent coupable, de s'enfermer dans une situation dont il ne peut sortir qu'en prêtant oreille à la question : « Où es-tu ? »

1. Adam, entendant la voix de Dieu, prend peur et se cache : « Dieu appela Adam et lui dit : " Où es-tu ? " Il répondit : " J'ai entendu ta voix... et je me suis caché " » (Genèse III, 9).

La voix qui retentissait dans le Jardin résonne encore dans le monde. L'homme n'en a pas toujours conscience, mais d'une manière ou d'une autre, il l'entend dans son âme. Quelquefois, il ignore qu'il s'agit de la voix de Dieu, mais la question elle-même, il est toujours capable de l'entendre. Cette écoute peut aussi bien résulter d'une quête consciente que du fait que non seulement il se cache de Dieu, mais qu'il ne sait même pas qu'il se cache de Dieu! Elle peut surgir pour celui qui vit une existence dépourvue de tout but et cherche désespérément, comme pour celui qui s'imagine que tout est clair et intelligible : elle peut surgir à tout instant.

L'homme solitaire

Il y a davantage. Le simple fait d'être conscient de ce que cette question se pose peut revêtir une signification si profonde, si intime que tout le monde n'est pas toujours capable de la discerner. Quiconque entend la question, ou simplement l'écho de son écho – ce qui peut arriver dans les situations les plus diverses –, n'entend pas seulement la question; il entend aussi la voix de *celui* qui la pose. Autrement dit, la question « Où suis-je? », il peut sembler que ce soit l'homme qui se la pose; mais, profondément, c'est la voix de Dieu qui s'adresse à l'homme égaré, à l'homme qui, quelque part, se cache. Aussi douloureuse que soit cette interpellation, aussi effrayante que soit toute nouvelle rencontre avec Dieu, elle ouvre à l'homme qui arrive à l'entendre de grandioses perspectives.

C'est que cette question « Où suis-je? » exprime la solitude fondamentale de l'homme – au sein de la famille, de la société, de son peuple, du monde entier – et elle reçoit une réponse fondamentale dès lors que l'on comprend qu'il s'agit là de l'autre face de la question posée par Dieu : « Où es-tu? »

Autrement dit, lorsque l'homme se cherche en posant une question qui procède de son absolue solitude, une autre question se manifeste qui constitue déjà en soi une réponse : Dieu cherche l'homme, et lui demande également : « Où es-tu? » Le désespoir de l'homme privé de réponse, du fils égaré en quête de la maison de son père : « Où suis-je? » trouve sa réponse à l'instant où l'on entend la voix de l'Autre posant apparemment la même question.

Il semble donc que la quête du Moi – la recherche de la nature et de l'intériorité de l'âme – procède du sentiment de solitude de l'homme dans un monde dont il devient soudain le centre. Soudain, il lui semble que tout se rapporte à lui-même, que tout est défi, que se pose constamment la question de son attitude envers telle chose ou telle personne, et qu'il ne peut résoudre tous ces problèmes qu'en se plaçant à son propre point de vue. Et ce défi devient de plus en plus angoissant au fur et à mesure que s'élargissent l'horizon intellectuel de l'homme et l'emprise du genre humain sur la nature.

Ce processus de quête de soi, le recours à la physique, à la psychologie ou à la philosophie ne fait que l'amplifier. Si prendre conscience de sa solitude, de ce que son âme constitue une sorte de vase clos, une essence unique peut être douloureux, cette conscience confère à l'homme toutes sortes de possibilités nouvelles, un accroissement de son champ de vision et de ses facultés intellectuelles, quelquefois même une grande élévation d'esprit; néanmoins, tout cela peut n'avoir aucun rapport avec la question fondamentale. Il y a davantage : non seulement le fait d'avancer dans la vie ne rend pas cette question moins envahissante, mais bien au contraire, elle l'enrichit et lui apporte davantage de profondeur et de complexité.

Même lorsque l'homme découvre en soi des trésors inconnus de forces spirituelles qui, un certain temps, peuvent l'attacher et occuper son esprit, il s'avérera que toutes ces choses qu'il a tenté de fixer comme des références stables pour sa vie intérieure ne sont finalement qu'illusion. Elles existent, certes, dans la réalité, mais on ne peut rien bâtir sur elles parce qu'elles n'affectent pas le Moi profond et qu'il ne peut y jeter l'ancre.

Au cœur de l'homme

La quête de soi aboutit à une sorte de paradoxe. Plus on recherche sa propre identité – dans son rapport aux choses extérieures comme avec l'intériorité de l'âme – et plus on risque d'arriver à une conclusion inattendue : ce n'est pas en soi-même que l'on trouvera la réponse! Autrement dit, le noyau dur de l'âme, son centre de gravité, n'est pas dans l'âme, mais en dehors d'elle. Dans la quête de soi, l'homme se heurte souvent à un mur; mais une porte s'y ouvre, une lueur d'espoir clignote lorsqu'il constate que somme toute, le noyau de son être, c'est le noyau même de l'être du monde! Le verset des Psaumes qui dit : « Ma chair et mon cœur s'épuisent; Dieu est à jamais le rocher de mon cœur et de mon partage [1] » exprime précisément ce sentiment d'union avec le divin : Dieu est le *cœur* – au cœur des choses –, il est non seulement le point central du cosmos, il est également celui de l'âme : son noyau dur, impérissable, même lorsque « la chair et le cœur de l'homme s'épuisent... »

Autrement dit, lorsque s'éveille en l'homme cette question « Où suis-je ? », il doit être capable d'y entendre l'écho de cette autre question, qui lui est parallèle : « Où es-tu ? » Cette question, aussi angoissante soit-elle, constitue à la fois une réponse et une consolation : je ne puis répondre à la question fondamentale de mon identité qu'en me reliant à la question fondamentale posée par Dieu. Ce n'est pas dans l'âme que se trouve la réponse à la nature de l'âme et à la signification de son existence; l'âme ne peut jamais rien faire, sinon renvoyer la question. L'*eurêka* se trouve ailleurs, au-delà des dimensions du Moi, et seule la référence à l'absolu peut fournir une réponse à cette question qui, au départ, peut paraître tellement simple et éloignée de toute recherche de l'absolu.

On peut donc être aussi éloigné que possible de l'Infini divin et, cependant, c'est en lui que l'on trouvera la source de son Moi et le sens véritable de la vie de l'âme. S'il sait alors s'orienter différemment

1. Psaumes LXXIII, 26.

sur la carte de son monde personnel et accepter cette stupéfiante et douloureuse idée – il n'est pas le centre de l'univers –, l'homme pourra dorénavant y trouver sa vraie place. Certes, cessant de se prendre pour le centre du monde, n'étant plus qu'un point du cercle, il peut lui sembler qu'il a perdu son indépendance. En réalité, il n'en est rien. Ce qui pouvait lui faire croire jusqu'alors qu'il était tout-puissant, roi, Dieu était davantage qu'une illusion creuse, c'était une coquille : il était dans la *kelipah* [1]. C'est que vivre avec pour seules références des objets, ou des objectifs, secondaires ou triviaux transforme notre être en une série de coquilles vides, dépourvues de toute signification, et qui nous définissent toujours par rapport à un autre sujet : je suis l'ami, le père, le fils d'Untel, celui qui pense comme ceci et qui agit comme cela : toutes définitions qui renvoient à l'extériorité et ne sont que des habillages illusoires du vide. C'est seulement lorsque l'homme est capable de relier son intériorité à Dieu comme réalité première, unique et primordiale que son Moi, perdant sa relativité aux choses, découvre son contenu authentique.

Ici se situe le second paradoxe de la quête de soi : c'est seulement en cessant de se considérer comme le centre des choses, en acceptant d'être la projection d'une essence suprême et infinie que l'on peut dire en toute sincérité : « C'est là que je suis. » C'est uniquement grâce à une telle démarche que l'on peut fonder solidement son existence, découvrir le

1. La *kelipah,* qui désigne le mal comme vu précédemment, signifie à la fois « écorce » et « coquille ».

grand cercle de l'être dont tout homme est un point particulier, ce grand cheminement qui a pour origine la transcendance divine et nous mène de la question : « D'où viens-tu ? » à la question « Où vastu ? » Sur ce grand cercle de l'être dont tout homme est un point particulier, chacun peut découvrir les lignes propres à son orientation, qui ne sont pas des directions générales ni anonymes, mais l'expression de sa personnalité véritable définissant son âme. Car, même si toutes les âmes coulent de la même source et aspirent également à y revenir, chacune a sa voie personnelle qui constitue précisément la justification de son existence particulière. C'est à travers des myriades d'étincelles que se reflète la lumière originelle, et chacune d'entre elles est dotée de ce statut spécifique que constitue la nature de chaque existence individuelle.

Découvrir que, tout comme il s'interroge sur soi-même, Dieu le recherche et le désire, ce n'est pas encore être parvenu au sommet de son être; c'est simplement le début d'un nouvel état de conscience qui va permettre à l'homme de s'approcher très près de son propre centre. C'est qu'il ne s'agit point, dans la quête de soi, d'une question posée séparément par les deux partenaires : la rencontre de la quête de Dieu par l'homme et de la recherche de l'homme par Dieu constitue le début de la réponse à l'homme en quête de Dieu. Et au cours de ce cheminement, l'homme peut à la fois se renouveler et renouveler la manière dont il définit son existence particulière.

X

LES MITSVOT :
LES COMMANDEMENTS

Le mode de vie du Juif – du Juif qui vit conformément à la Torah – passe pour être extrêmement complexe et difficile. Selon la tradition rabbinique, les commandements de la Torah sont au nombre de six cent treize [1]. Mais ce nombre, qui paraît extrêmement élevé, est à bien des égards trompeur : il ne concerne pas la vie quotidienne de chaque individu mais plutôt l'ensemble du peuple juif. On n'attend d'aucun Juif qu'il observe ces six cent treize commandements, et, en fait, il y en a peu qu'il ait à mettre en pratique tous les jours [2], même si, lorsqu'on tient compte des détails minutieux imposés pour l'observance de chaque commandement, on peut dénombrer non point des centaines, mais des milliers de choses à observer à des

1. Deux cent quarante-huit préceptes et trois cent soixante-cinq interdits.

2. D'une part, il y a des commandements liés à la terre d'Israël; de l'autre, des lois qui concernent seulement des situations particulières, qui ne se présentent pas toujours au cours d'une vie d'homme; enfin, d'autres préceptes sont spécifiques à certaines catégories de Juifs – les prêtres, les lévites – et ne concernent donc pas l'ensemble du peuple.

moments précis, dans certains lieux et sous des formes spécifiques. Si l'on considère chacun de ces innombrables détails comme un commandement distinct des autres, et l'ensemble comme autant d'obligations et de contraintes, tout cela peut certes apparaître comme un absurde amas d'éléments plus encombrants les uns que les autres. Mais en vérité, si l'on veut bien regarder l'ensemble, on s'aperçoit qu'il présente une unité foncière. C'est comme si, examinant les feuilles et les fleurs d'un arbre, on restait stupéfait par la variété et la complexité de leur structure, alors qu'il suffit de bien réaliser qu'il ne s'agit que d'une seule et même ramification de la vie de l'arbre pour en être, au contraire, émerveillé.

Nous avons déjà insisté sur le fait que ce qui est fondamental dans le judaïsme, c'est qu'il n'y a pas de domaine réservé pour la sainteté. La relation à Dieu n'est pas confinée à tel recoin particulier du temps et de l'espace, alors que tous les autres aspects de la vie seraient, de ce point de vue, neutres. Au contraire, c'est la vie tout entière qui, d'une façon ou d'une autre, peut être reliée à la sainteté. Cette attitude s'exprime en partie par l'accomplissement d'actes conscients, la récitation de bénédictions et de prières, et en partie par le respect d'interdits précis.

Le monde ne doit pas constituer pour l'homme un univers dépourvu de couleur, de sens et d'appel à la transcendance, mais une réalité où chaque détail compte une signification précise. Notre monde n'est en effet qu'un élément d'un vaste système de mondes qui dépendent, dans une certaine mesure, de l'homme. C'est lui, avec toutes ses capacités physiques et spirituelles, qui en est le principal moteur. Il est bien plus qu'un simple acteur sur la scène du monde : c'est lui qui les actionne du fait qu'il en est – à l'image de Dieu – la force motrice. Chacun de ses actes crée et produit des effets non seulement dans les mondes qu'il peut voir mais aussi dans ceux qui lui sont cachés. Chaque partie du corps de l'homme, chacune des formes d'expression de sa pensée et de son âme est reliée par des millions de fils à autant de forces, de moteurs et de mondes supérieurs; aussi bien, toute action humaine a-t-elle une portée universelle et cosmique. Être juif, c'est essentiellement être conscient de cet énorme pouvoir et vouloir en user de la manière la plus parfaite.

Le système des *Mitsvot* constitue une sorte de symphonie; chacune d'entre elles est un instrument de l'orchestre et doit y jouer sa partition, créant une harmonie aux dimensions de l'univers tout entier. C'est là la conception que le judaïsme se fait des commandements, et elle explique à la fois l'importance de chaque détail et le fait que tous les aspects de la vie soient concernés, depuis l'instant où l'homme ouvre les yeux jusqu'à celui où il va dormir, et de la naissance jusqu'à l'instant suprême.

Prier au pluriel

Aussi nombreux que soient les commandements, et innombrables les séries d'obligations qui en découlent, ils s'articulent cependant autour de quelques grands thèmes : les prières et les bénédictions, le comportement quotidien et lors des fêtes, les lois alimentaires, les relations sexuelles et les rapports avec autrui.

La vie quotidienne est rythmée par trois prières principales qui ont à la fois des traits communs et des nuances spécifiques : la prière du matin – *Cha'harit* –, qui doit précéder le début de toute activité; la prière de l'après-midi – *Min'ha* –, qui doit être récitée avant le coucher du soleil; et enfin, à la nuit, *Maariv* (également appelée *Arbit*), la prière du soir. Ces divers temps de prières ne correspondent pas seulement aux évidentes variations du temps, depuis la naissance du jour jusqu'à l'obscurité de la nuit en passant par le déclin de la lumière; elles tiennent également compte des changements qui interviennent dans les rythmes de l'activité humaine. La prière du matin, c'est le moment où l'homme se prépare spirituellement aux tâches qui l'attendent tout au long de la journée; celle de l'après-midi, au moment où il est sur le point d'achever sa tâche, lui rappelle qu'il lui faut renouveler son rapport à la sainteté; quant à la prière du soir, qui se récite généralement après le travail, elle prépare l'homme au repos et au bilan spirituel – à l'examen de conscience – de sa journée. Ces prières sont au demeurant d'inégale longueur, celle du matin – où l'on revêt le châle de prière (le *talith*) et les phylactères (les *tefiline*) étant la plus longue : elle est constituée de textes d'origines diverses, structure qui caractérise toute la liturgie juive.

En effet, cette liturgie reflète le développement historique du judaïsme; chaque époque y a apporté sa contribution propre. Aussi bien, les prières contiennent-elles d'abondants extraits de la Bible auxquels sont venus s'ajouter des textes datant de l'époque du Second Temple, puis de l'époque talmudique et enfin du Moyen Age.

Toutes ces prières ont fondamentalement une double portée, personnelle et nationale. Elles ont moins pour fonction d'exprimer les sentiments de l'individu, qui se tourne vers Dieu avec angoisse au temps de sa détresse ou avec reconnaissance lorsqu'il se sent bien, que de le faire participer à la liturgie collective du peuple juif tout entier. C'est pourquoi les prières ont une formulation fixe et sont, en général, énoncées à la première personne du pluriel. Autrement dit, en priant, chacun participe aux préoccupations de la collectivité tout entière tout en pouvant y trouver, au détour de telle phrase particulière, le reflet de ses propres besoins. La prière devient ainsi un lieu où les âmes peuvent communier, devenir attentives chacune aux problèmes de l'autre tout en exprimant leurs désirs personnels. Elle n'est pas destinée à permettre l'explosion de sentiments spontanés : pour ceux-là, qui peuvent apparaître en tout lieu et à toute heure, il ne saurait y avoir de place ni de formule fixes, et chacun est libre de les exprimer quand et comment il le désire. La prière juive est plutôt une discipline, un exercice spirituel, répétitif, destiné à frayer pour l'âme le chemin tracé par la conscience collective d'Israël à travers les âges. Elle comprend également différents exercices de méditation – avant et pendant – et ne consiste donc pas seulement à prononcer certains mots : elle est une clé, une sorte d'échelle, qui permet à l'homme de s'élever consciemment de degré en degré selon sa personnalité propre.

Outre ces prières, au contenu quasiment immuable, on récite, en diverses circonstances, de très nombreuses bénédictions. Leur formulation est généralement très brève [1]; elles constituent essentiellement des sortes de rappels par lesquels l'homme se remémore que ce qu'il fait a une signification précise et un contenu.

On récite une bénédiction avant d'accomplir la plupart des commandements; on le fait également chaque fois, ou presque, que l'on va tirer une jouissance sensuelle des choses de ce monde : manger, boire, sentir ou voir. En fait, comme on l'a dit précédemment, la bénédiction est avant tout un aide-mémoire, qui permet de rompre les habitudes et la routine qui risqueraient de faire de la vie une suite d'actions machinales, stéréotypées et vides de sens. Il s'agit d'introduire la bénédiction chaque fois qu'un changement, aussi infime soit-il, s'opère dans la vie quotidienne. En récitant une bénédiction avant de jouir, on proclame que l'on ne consomme pas seulement pour son propre plaisir, mais que l'on se relie également, à travers lui, à un monde supérieur. Ainsi, ces multiples bénédictions disséminées tout au long de la journée permettent-elles d'intégrer les éléments ordinaires

1. Par exemple, avant de manger un fruit de l'arbre : « Loué sois-tu, Éternel notre Dieu, roi de l'Univers, créateur du fruit de l'arbre. »

et triviaux du quotidien au cadre supérieur de la sainteté.

La ronde des fêtes

Outre le cycle régulier des jours de la semaine et leur éventail de prières, le temps est scandé par la semaine, le mois et l'année et structuré par le *Chabbat,* les fêtes et les jours de commémoration. Ces derniers évoquent soit des événements historiques heureux, miraculeux, vécus par le peuple juif, soit – sous forme de jeûnes – des moments tragiques de son histoire. Ils ont généralement été institués par les rabbins. Mais l'épine dorsale du sacré est constituée par le *Chabbat* et les jours de fête explicitement promulgués dans la Torah. Leur caractère commun le plus important et le plus original, c'est qu'il s'agit de temps de « cessation [1] » : on s'y abstient de tout travail ou activité créatrice.

Le jour du *Chabbat* est celui où cesser toute activité et se reposer constitue l'obligation la plus impérative assortie des interdits les plus rigoureux. Il s'agit, dans son principe, d'une identification au processus de création du monde. Tout comme le monde a traversé six étapes – les six jours de la Création – avant de connaître le *Chabbat,* toutes les activités créatrices de l'homme dans le monde physique doivent être accomplies, s'élever de phase en phase durant les six jours de la semaine pour s'achever lorsqu'elles parviennent à leur suprême

1. Le mot *Chabbat* signifie étymologiquement « cesser ». En hébreu moderne, une grève se dit *chevita.*

degré : le *Chabbat,* le jour du repos. Il s'agit de revenir en soi-même en cessant de construire le monde physique caractérisé par le changement incessant et l'exigence d'actions permanentes afin de retrouver, à l'instar du Créateur, les mondes supérieurs, spirituels et non soumis, eux, au changement. Créé à l'image de Dieu, le Juif imite ainsi son Créateur – *imitatio dei* – et traverse le même cycle d'action sur le monde physique, puis de retrait qui caractérise la Création, pour retrouver son intériorité, s'élever et parvenir à la sainteté.

La Loi juive – la *Hala'hah* –, qui définit très formellement l'organisation des *Mitsvot,* a précisé avec force détails les nombreux interdits du *Chabbat.* Ils découlent tous de la même idée fondamentale : le *Chabbat* est le jour où l'on doit cesser d'agir sur le monde extérieur pour intérioriser son action sous les espèces de la sainteté. Aussi bien le *Chabbat* comporte-t-il une double idée : s'abstenir de créer dans le monde physique, d'une part, et de l'autre, achever sa propre création spirituelle. Ces deux exigences s'impliquent mutuellement. C'est pourquoi toute idée de *Tikkoun* – réparer le monde ou réparer son âme – est exclue.

Ce jour-là, le *Chabbat,* on doit être seulement disponible pour la récapitulation de toutes les choses que l'on a acquises durant la semaine et tenter de les élever spirituellement, consciemment ou non, vers l'harmonie et la plénitude. Le *Chabbat* est donc le couronnement de la semaine; lorsque l'homme fait le bilan de ses réalisations matérielles et spirituelles, il n'a plus qu'à s'en réjouir et à les porter plus haut pour se préparer à vivre la nouvelle semaine de la même façon mais à un degré plus élevé.

On retrouve la même exigence de repos et de cessation de l'activité quotidienne pour les fêtes, quoiqu'elles ne proposent que très partiellement la même idée d'imitation de Dieu que le *Chabbat.* Elles commémorent des événements survenus dans l'histoire du peuple; comme cette histoire fait partie de l'histoire universelle, on a en partie conservé l'idée du *Chabbat,* avec un certain nombre d'assouplissements, mais avec toujours la même finalité : l'intériorisation.

Chaque fête a sa couleur propre et sa signification spirituelle particulière. Aussi bien, chacune d'entre elles possède-t-elle ses modes de célébration et de préparation spirituelle spécifiques, depuis *Pessa'h,* la Pâque juive, qui rappelle la naissance de l'âme et du peuple, en passant par *Chavouot* – la Pentecôte –, temps du renforcement, de l'acceptation du Décalogue et de la rencontre avec la transcendance, jusqu'à *Souccot* – fête des cabanes – temps de la maturité et de la rétribution.

Parmi les fêtes, il faut faire une place particulière à *Yom Kippour,* le Jour du Pardon. C'est certes un jour de jeûne, mais c'est aussi une fête et elle est appelée « le *Chabbat* des *Chabbat* ». C'est qu'il s'agit d'une forme de *Chabbat* qui dépasse le *Chabbat* ordinaire : le jour où l'homme s'élève non seulement au-dessus des contraintes de la vie matérielle, mais même, dans un certain sens, où il dépasse les structures fondamentales de son existence. En effet, non seulement, ce jour-là, on ne crée rien, mais on ne mange ni ne boit. Tout se passe par conséquent comme si l'on quittait ce monde-ci pour retourner dans un autre monde. En se retirant totalement de ce qu'il doit faire depuis qu'il est descendu sur terre, l'homme entre en contact avec l'au-delà, le divin, l'Absolu, grâce à quoi il est susceptible de dépasser les limites du passé – de ce qu'il y a fait – pour atteindre le degré suprême du pardon.

Chacune des diverses fêtes ou solennités juives comporte l'exécution d'innombrables détails qui sont comme autant de développements de leur essence fondamentale. On ne peut les vivre pleinement qu'en s'imprégnant totalement de cette idée. On s'apercevra alors que cette foule de détails, qui peuvent apparaître comme des contraintes pesantes, constitue en réalité des formes extérieures destinées à exprimer la valeur fondamentale de la fête.

Régime du corps, régime de l'âme

Les lois et les règles qui concernent ce que le Juif peut ou ne peut pas manger portent le nom général de *Kachrout.* Leur principe, c'est que l'âme ne saurait vivre une vie d'élévation spirituelle sans une préparation appropriée du corps. On pourrait considérer les lois alimentaires comme une sorte de « régime de sainteté », une discipline permettant à l'homme de tirer le plus grand bénéfice de l'influence que le corps et l'âme exercent l'un sur l'autre. Dans l'ordre de la sainteté, pour le judaïsme, manger un aliment interdit ne constitue pas seulement une transgression et, partant, une fusion avec le monde du mal; c'est également une atteinte au réseau de relations qui unissent le corps et l'âme. Il ne s'agit pas ici de rapports physiques ou intellectuels, mais des possibilités spécifiques qu'a l'âme de s'élever.

Le principe, ici, à travers les innombrables et minutieux détails des lois alimentaires, reste le même, à savoir qu'il existe en toute chose une transcendance qui dépasse les formes d'expression de cette chose. C'est pourquoi, plus on s'élève dans l'échelle de la nature, depuis le minéral jusqu'à l'animal, et plus augmentent les restrictions qui concernent la préparation et la consommation des aliments. Ainsi, il n'existe pas d'interdit pour les aliments d'origine minérale, domaine qui n'est pas sensible à la distinction du profane et du sacré. Pour ce qui est du règne végétal, on trouve une intéressante distinction entre les productions des autres pays, qui ne sont sujettes à aucune restriction, et celles de la terre d'Israël, soumises à tout un réseau de lois. Le principe en est le suivant : tout lieu saint confère à ce qui s'y trouve un degré plus élevé de sainteté et de sensibilité au sacré.

Les choses se compliquent lorsqu'on arrive au règne animal, en raison des nombreuses variétés qu'il comprend. Tous les invertébrés sont interdits; parmi les vertébrés, des classifications sont établies. La plupart des poissons, qui répondent aux critères exigés par la Torah – avoir des nageoires et des écailles –, peuvent être consommés sans aucun acte rituel préalable. Pour ce qui est des volatiles, la Torah fournit une liste relativement nombreuse de ceux qui sont comestibles; encore faut-il qu'ils aient été tués selon le rite. L'abattage rituel n'est pas seulement un mode particulier de mise à mort de l'animal; il comporte tout un rituel, une bénédiction, l'obligation d'éviter le plus possible de faire souffrir l'animal et enfin, le devoir de le vider de son sang. Ces règles ont pour but de permettre à la chair de l'animal de se mélanger avec celle de l'homme et de lui être intégrée. Les mêmes rites sont exigés pour la consommation des animaux supérieurs, dont la liste est très limitative; de nombreuses règles régissent leur abattage et la préparation de la viande avant cuisson. Enfin, le mélange de certaines sortes de nourritures, tels les produits carnés et les produits lactés, est interdit, parce qu'ils appartiennent à deux catégories différentes.

C'est là un principe qui dépasse le cadre des lois alimentaires et caractérise la Loi juive dans tous les domaines : on ne mélange pas deux catégories différentes. Certes, nous ne possédons pas les critères permettant de classer tous les domaines de la vie par catégories et par conséquent de les distinguer; mais pour nombre d'entre eux, la Torah a précisé quelles étaient les catégories qu'il ne fallait pas mélanger les unes aux autres sous peine de leur porter atteinte. C'est que dans certains domaines, la pureté, qui consiste à savoir séparer les choses, est la seule voie permettant leur *Tikkoun,* alors qu'en opérant un mélange inadéquat, on enfreint leurs lois fondamentales.

Car manger, dans la pensée juive, c'est davantage qu'une nécessité vitale ou la manifestation de l'instinct de conservation; c'est un processus qui consiste à élever les manifestations primaires de la vie – minérale, végétale et animale – jusqu'au niveau de l'homme; et un tel processus doit obéir à de multiples exigences pour réussir. Les respecter permet de réaliser un *Tikkoun* correct de la matière; alors qu'en consommant des aliments impurs ou improprement mélangés, non seulement on manque le *Tikkoun* des choses, mais en les abaissant, l'homme, lui aussi, tombe plus bas.

Voilà qui explique pourquoi manger et boire les jours de *Chabbat* et de fête représente davantage que la satisfaction des besoins humains : cela devient un commandement en soi. Car c'est précisément en ces temps du sacré, où il s'élève, que le peuple juif peut élever les choses avec lui. De même, tout événement dans l'ordre de la sainteté donne lieu à un repas rituel – repas de sainteté – qui devient un rite d'unification avec le Créateur. A l'époque du Temple, c'était le sacrifice qui jouait ce rôle de repas convivial pris par l'homme avec – si l'on peut s'exprimer ainsi – la Force suprême. Depuis la destruction du Temple, les rabbins ont affirmé que « la table de l'homme ressemble à l'autel [1] »; autrement dit, le seul fait de manger ressemble, encore qu'imparfaitement, au rituel du Temple : élever les énergies du monde matériel vers le monde de la sainteté. La minutie des lois alimentaires a pour ultime fondement cette conception : manger est davantage qu'un acte utilitaire, c'est un rituel.

1. Talmud Babli, Berahot 15 a.

La même conception prévaut en ce qui concerne la conception juive de la vie sexuelle. Dans le judaïsme, la sexualité n'a jamais été considérée comme méprisable ou dégradante pour l'homme. Au contraire, elle est perçue comme un acte de très haut niveau permettant non seulement d'aller extrêmement loin dans le registre des sensations humaines, mais aussi, de par l'énergie qu'elle met en œuvre, d'accéder au monde de la sainteté. C'est précisément parce que le judaïsme connaît parfaitement le grand pouvoir de la sexualité et sait à quel point il peut influencer la vie de l'âme qu'il est tellement attentif à ce que l'on n'en fasse pas un vil usage.

En fait, tout le système des relations qui unissent les différents mondes est précisément représenté sous forme de rapports intimes; comme si ces mondes, et leurs divers degrés, avaient entre eux des relations sexuelles. Du fait que ces relations sont, par nature, fusionnelles, et qu'elles ont le pouvoir de créer un nouvel être humain, il importe de veiller particulièrement à ce qu'elles soient placées sous le signe de la sainteté.

En principe, le judaïsme ne considère pas la famille simplement comme l'instrument de la procréation et de la perpétuation du genre humain, mais, d'une certaine façon, comme une entité autonome. Cette entité, où deux êtres qui se conviennent s'unissent, va produire la cellule fondamentale de la vie sociale : la famille. Mais cette cellule est bien plus qu'une des constituantes du corps social : en profondeur, elle est le lieu où s'accomplit l'être humain. En d'autres termes, l'homme seul n'est pas considéré comme un être accompli ou entier : le véritable être humain, c'est le couple homme-femme. Même si chacun d'entre eux a sa propre tâche physique et spirituelle à remplir, c'est seulement par leur association et leur union qu'ils acquièrent la pleine identité humaine.

C'est pourquoi il ne peut y avoir de vie sexuelle qu'entre un homme et une femme, qui, ensemble, créent l'unité familiale. Toutes les autres formes de relations sexuelles sont interdites, parce qu'elles ne peuvent, par nature, conduire à la plénitude exigée de chacun. Bien que le commandement de « fructifier et se multiplier [1] » ne constitue qu'un aspect – au demeurant non contraignant – des intentions et des significations qui président à la vie sexuelle, il faut au moins, dans son principe, que la procréation reste possible. Cette exigence a pour fondement l'idée que ce qui caractérise la sainteté, c'est son potentiel de croissance, de développement, de fécondité : elle doit porter ses fruits. Inversement, tout mode de relation où une telle croissance est, par nature, impossible n'est que l'émanation des forces de dépérissement, du mal et de la mort.

C'est pourquoi la vie sexuelle est soumise à tout un réseau de lois qui ont pour objet de la limiter au cadre de la vie familiale, pour y créer l'état d'union de l'homme et de la femme – du masculin et du féminin – qui peuvent, de par leur plénitude, procréer à leur tour à leur image et à leur ressemblance. Si l'érotisme est condamné lorsqu'il

1. Dieu les bénit en disant : « Fructifiez et multipliez-vous, emplissez la terre... » (Genèse I,22).

se vit ailleurs, c'est bien parce que l'on a voulu mettre l'accent sur le caractère particulier du cadre qui a été prévu pour cela. Lorsque les relations sexuelles explosent et se dispersent, que la force vitale est disséminée n'importe où, sans lien essentiel, sans valeur interne, on tombe dans le monde de la destruction : on aura gaspillé des forces supérieures en les utilisant à des fins mesquines ou insignifiantes. Le sens des diverses lois de la sexualité, qui réglementent d'une part les unions interdites, et de l'autre, le rythme des rapports entre époux, est précisément de mettre en phase des cycles de vie avec les cycles supérieurs de l'existence et de permettre ainsi l'élévation de ceux qui y sont associés.

Le prochain de l'homme

Améliorer, redresser la société – faire son *Tikkoun* – afin que chacun de ses membres puisse y tenir harmonieusement sa place et aussi afin qu'ils se soutiennent mutuellement : c'est là un aspect fondamental de la foi juive, qui a donné à toutes les lois qui régissent la vie sociale comme nom générique « obligations de l'homme envers son prochain ». Car la Torah ne se préoccupe pas seulement de dresser la liste des transgressions ou obligations individuelles; elle a pour fin le *Tikkoun* collectif du monde, auquel chaque individu est tenu de participer. Ainsi la Torah condamne-t-elle tout acte asocial, comme de détruire quoi que ce soit qui pourrait encore servir, et recommandet-elle fortement de se livrer à des activités productives et utiles pour la société. De même, s'agissant des relations interpersonnelles, le judaïsme condamne tout acte destructeur, qu'il ait été formellement prohibé par la Torah – voler, mentir – ou non. On exige de chacun qu'il se montre, aux yeux d'autrui, meilleur qu'il ne l'est à ses propres yeux et qu'il voie l'autre comme le reflet de l'image divine. Ainsi, attenter à autrui, c'est bien plus qu'agresser un des rouages du corps social : c'est porter atteinte à l'image divine qui se manifeste dans la personne du prochain. C'est pourquoi la Torah considère comme des fautes majeures non seulement les dommages corporels ou matériels que l'on peut causer à autrui – le vol, le rapt, l'abus de confiance – mais aussi des comportements particulièrement répréhensibles comme d'humilier son prochain, de médire de lui ou de le calomnier. Ces fautes-là sont jugées comme infiniment plus graves que les transgressions des interdits rituels [1]. C'est pourquoi les rabbins ont affirmé qu'à *Yom Kippour,* Dieu ne pouvait pardonner que les transgressions commises envers Lui ; les fautes commises envers le prochain ne peuvent être pardonnées que si elles ont été réparées. C'est que ces dernières sont à double tranchant, portant atteinte à la fois à l'homme et à la société, d'une part, à Dieu et à la sainteté, de l'autre. Cette attention à autrui comporte, au demeurant, des règles de comportement particulières au sein de la cellule familiale,

1. « Celui qui fait rougir son prochain en public, c'est comme s'il le tuait » (Talmud Babli, Baba Metsia 59 a).

où parents et enfants ont divers devoirs à accomplir les uns envers les autres.

L'exigence générale, c'est de faire du bien à autrui en répondant à ses besoins de toutes sortes. Le judaïsme désigne cela par le concept intraduisible de *Guemilout 'Hassadim,* littéralement « gratifier autrui d'actes d'amour ». Tant que l'un de ses membres est en état de manque, la société est tenue de pourvoir à ses besoins, matériels et moraux, d'où l'importance attachée au respect de la « dignité des créatures ». Ce concept est très large : il va des actes de charité les plus élémentaires jusqu'à l'obligation de tout faire pour préserver le rang social d'autrui. Le respect de la dignité d'autrui dépasse même les limites de l'existence physique : il est interdit d'offenser la mémoire d'un défunt tout comme de porter atteinte à son corps. Cette dernière interdiction procède de l'idée que le respect dû à l'homme, porteur de l'image divine, est également dû à sa dépouille, où persiste cette image.

L'ensemble de la vie sociale est ainsi marqué par une double exigence : s'abstenir de tout acte qui pourrait porter préjudice à autrui, et agir pour améliorer la vie sous toutes ses formes. Par exemple, tout Juif est tenu de consacrer le dixième de ses revenus – la « dîme » – à aider les autres. Il s'agit de contribuer au mieux-être général, mais aussi d'assister chaque individu, qui est considéré comme un monde en soi [1], en lui apportant amour et respect tout comme on doit le faire pour Dieu.

1. « Celui qui sauve une personne, c'est comme s'il sauvait un monde entier » (Talmud Babli, Sanhédrin 37 a).

Cette même approche est valable pour le peuple juif considéré dans son ensemble. Celui-ci constitue une seule et même famille et non une addition d'individus isolés. En s'élevant, une par une et de degré en degré, les âmes juives finissent par constituer une seule âme collective identique à la révélation de Dieu dans le monde. Aussi bien, toutes les âmes sont-elles considérées comme les éléments constitutifs d'un même corps. Plus un homme s'élève, plus il est apte à voir en autrui un autre élément de l'ensemble, un membre de ce grand corps qui contient finalement une seule âme : l'âme du monde.

ÉPILOGUE
LA COUPE D'ABONDANCE

Le *Chabbat* se décompose en trois temps : la veillée de *Chabbat* [1], le *Chabbat* matin et le *Chabbat* après-midi. Chacun de ces temps a sa couleur propre et dévoile un aspect particulier de la nature du *Chabbat.*

La particularité de la veillée de *Chabbat,* c'est que, constituant le moment du passage du temps profane, elle révèle l'un des aspects fondamentaux du *Chabbat.* D'un côté, le *Chabbat* récapitule et englobe les six jours de la semaine qui vient de s'écouler; de l'autre, il est davantage qu'une seule synthèse : il constitue en soi un sommet, dont l'essence est supérieure à celle des six jours du temps profane.

La nuit du *Chabbat,* Dieu se révèle à travers la *Sefirah* de la royauté, *Mal'hout.* Comme on l'a dit précédemment, cette *Sefirah* a diverses significations : elle représente la *Chekhinah* – la Présence divine –, la plénitude, le récipient – le lieu – où

1. En hébreu, *leyl Chabbat,* littéralement la soirée ou la nuit. Il faut entendre par cette expression le début de la célébration du *Chabbat* le vendredi soir.

tout se passe. Tout en étant la dixième et donc la dernière *Sefirah,* elle est intimement et profondément liée à la première, *Keter,* la couronne. C'est pourquoi c'est elle qui se manifeste durant la soirée du *Chabbat,* puisqu'on y trouve réunies les deux dimensions du début du *Chabbat :* conclusion de la semaine et manifestation de la spécificité du *Chabbat* comme révélation de *Keter.*

La *Sefirah Mal'hout,* qui désigne les diverses modalités du dévoilement de la puissance divine au sein de la réalité, porte soixante-dix noms dont chacun exprime un des aspects de cette *Sefirah.* Chacune des dix *Sefirot* a en effet sept aspects, et, en tant que dernière des sept *Sefirot* inférieures, *Mal'hout* les englobe toutes : d'où ses soixante-dix aspects. C'est ce qui fera du nombre soixante-dix le nombre clé de la soirée de *Chabbat,* tout entière consacrée à la révélation de *Mal'hout,* la *Chekhinah.*

La *Chekhinah* se manifeste sous des formes très diverses qui ont en commun le symbolisme de la féminité [1]. C'est pourquoi les divers symboles et formes de la veille du *Chabbat* revêtent toujours un aspect féminin. La femme y est valorisée, tant comme figure symbolique de l'ensemble des mondes que, plus concrètement, dans sa place et sa fonction au sein de la famille juive.

Dès que l'on entre dans un foyer juif la veille du *Chabbat,* on découvre combien, plus encore que les autres jours, il est un véritable sanctuaire. Sur la table, on aperçoit les pains du *Chabbat* et

1. Dans la mystique juive, la *Chekhinah* – la Présence divine – est fréquemment représentée par une femme.

des bougies; d'une certaine manière, ils évoquent les pains de proposition et le chandelier du Temple de Jérusalem. Quant à la table, elle a toujours rappelé l'autel du Temple, dans la mesure où la nourriture peut – devrait – atteindre le degré de sainteté des sacrifices [1]. Autrement dit, il existe une grande similitude entre le rapport de l'homme à la nourriture – son intentionnalité lorsqu'il mange – et le lien que jadis le sacrifice établissait entre le matériel et le spirituel. A cet égard, le repas du *Chabbat* apparaît tout particulièrement comme un acte saint, convivial, une sorte de communion où s'unissent le corps, l'âme et la sainteté suprême. C'est pourquoi il y a d'ailleurs toujours du sel sur une table juive, de même qu'il y en avait toujours sur l'autel du Temple, en signe d'alliance. Les bougies, qui sont généralement allumées par la maîtresse de maison, mettent en évidence la lumière du *Chabbat,* sa sanctification, ainsi que le rôle spécifique de la femme en tant que représentante de la *Chekhinah,* en tant que figure de *Mal'hout.* Sur la table, on trouve également deux pains nattés, les *'halot,* qui rappellent la double portion de manne que les Hébreux recevaient le vendredi dans le désert. Ces deux pains sont recouverts d'une nappe particulière, figurant, elle, la rosée de part et d'autre de la manne. Dans certaines familles, on met d'ailleurs douze pains, pour évoquer les douze pains de propositions qui étaient offerts chaque semaine au Temple de Jérusalem.

1. Selon la tradition juive, depuis la destruction du Temple de Jérusalem, la table remplace l'autel : « La table ressemble à l'autel » (Talmud Babli, Bere'hot 55 a).

Ainsi sont mis en place les différents éléments matériels nécessaires à la cérémonie introductrice au *Chabbat,* le *Kiddouch :* la sanctification de la fête. En prélude au *Kiddouch,* les convives récitent en chantant un hymne [1] qui glorifie aussi bien la maîtresse de maison comme pilier du foyer que la *Chekhinah – Mal'hout –*, considérée comme le pilier de la « maison » du monde. Puis on récite [2] le Psaume 23, qui exprime la confiance tranquille en Dieu, et on peut alors procéder au *Kiddouch.*

La coupe d'abondance

Au strict sens de la *Hala'hah* – la Loi juive –, la récitation du *Kiddouch* constitue l'accomplissement concret du quatrième commandement : « Souviens-toi du jour du *Chabbat* pour le sanctifier. »

Ce commandement exige en effet que l'on accomplisse, au début du *Chabbat,* un acte de consécration. Celui-ci marque la séparation entre la semaine et le *Chabbat,* le passage de la bruyante activité de la semaine à la sérénité et à la sainteté du *Chabbat.* Certes, on prononce également des formules de consécration durant la prière du soir et en d'autres circonstances : mais il existe dans le judaïsme un principe général, selon lequel, autant que possible, on doit toujours chercher à exprimer une idée abstraite en accomplissant un rituel précis

1. Le chapitre 31 du Livre des Proverbes, du verset 10 au verset 31.
2. Dans certaines familles seulement.

et organisé. C'est pourquoi la cérémonie du *Kiddouch* s'articule autour de la consommation du vin, qui rappelle par ailleurs les libations de vin effectuées le *Chabbat* au Temple de Jérusalem.

La coupe du *Kiddouch* est un récipient qui symbolise l'instrument par lequel et dans lequel se déverse la bénédiction. La valeur numérique du mot *koss* – coupe – est d'ailleurs équivalente à celle du nom *Élohim,* le nom divin qui connote le dévoilement de la divinité par le biais de la nature et de la Loi [1]. Dans cette coupe, on verse en abondance du vin pour exprimer la surabondance de la bénédiction. Or la valeur numérique du mot *Yayine* – vin – est de soixante-dix, nombre dont nous avons indiqué qu'il était associé au temps spécifique de la veillée du *Chabbat.*

Mais le vin, et particulièrement le vin rouge, est aussi le symbole de la *Sefirah Guevourah,* qui désigne la force mais implique également la rigueur et le jugement. C'est pourquoi, une fois que l'on a versé du vin dans la plus grande partie de la coupe, on y ajoute un peu d'eau, l'eau étant le symbole de la *Sefirah 'Hessed,* la *Sefirah* de l'amour et de la grâce. On réalise par ce mélange la nécessaire harmonie de l'amour et de la rigueur. Une fois remplie cette coupe qui représente le récipient de la sainteté ainsi que son flux, on la place sur la paume de la main droite de telle façon

1. Dans l'exégèse rabbinique, chaque lettre a une valeur numérique : a = 1, b = 2, etc. L'addition des valeurs des lettres d'un mot donne à ce mot une valeur chiffrée et crée des équivalences entre les mots de la même valeur. *Kos* et *Élohim* font, l'un et l'autre, 86.

que, soutenue par les cinq doigts, elle figure une rose à cinq pétales. La rose est en effet l'un des symboles de la *Sefirah Mal'hout,* la *Chekhinah,* et la coupe qui la figure est ainsi comme tenue par les pétales de la rose. Et l'on récite alors le texte du *Kiddouch.*

Ce texte est constitué de deux éléments. Le premier, c'est la conclusion du récit de la création, qui commence par les mots « et furent achevés les cieux, la terre et toutes leurs armées [1]... »; l'autre, c'est un texte rédigé par les rabbins et qui met brièvement mais parfaitement en relief divers aspects du *Chabbat.* Entre ces deux parties, on trouve la bénédiction sur le vin, où l'on rend grâce à Dieu d'avoir « créé le fruit de la vigne ». Il est significatif que chacune des deux parties du *Kiddouch* comporte très précisément trente-cinq mots, et l'on retrouve ainsi le nombre clé de la veille du *Chabbat :* soixante-dix...

La première partie du *Kiddouch* comporte un détail remarquable : le texte qui décrit l'achèvement de la Création (début du chapitre II) est précédé par les deux derniers mots du dernier verset du chapitre I : « Et ce fut le soir, et ce fut le matin, sixième jour. » Or, lorsqu'on prend les initiales de ces deux derniers mots – *sixième jour, Yom Hachichi* – et qu'on y ajoute celles des deux premiers mots du chapitre II – *et furent achevés les cieux... Vaye'houlou Hachamayim* –, ces quatre initiales forment YHVH, le Tétragramme.

Cette première partie du texte du *Kiddouch*

1. Genèse II,1-3.

extraite de la Bible décrit le *Chabbat* du point de vue de Dieu : elle raconte en effet comment Dieu a cessé ce jour-là son action créatrice et s'est « reposé ». Le second paragraphe, rédigé par les rabbins, exprime, quant à lui, le point de vue de l'homme : comment Israël doit « imiter » le Créateur. Entre ces deux parties, et avant la bénédiction, on ajoute deux mots en araméen *(Savri Maranane)* qui sont une invitation adressée aux convives de se tenir prêts pour la bénédiction.

Les diverses phrases de la seconde partie du *Kiddouch* expriment successivement les divers éléments fondamentaux du *Chabbat* et le lien particulier qui l'unit au peuple d'Israël. On commence par proclamer « Béni sois-tu... qui nous a sanctifiés par Tes commandements », affirmant ainsi que la *Mitsvah* est le moyen qui permet de parvenir à la sainteté, la voie pour atteindre le Saint-Béni-Soit-Il. On parle ensuite de l'élection d'Israël : « car Tu nous as choisis et sanctifiés parmi tous les peuples »; c'est une manière de rappeler que la tâche de hausser la création au niveau de la sainteté et de « repos » du Créateur incombe à Israël davantage qu'aux autres peuples. C'est pourquoi le texte du *Kiddouch* établit également un rapport entre le *Chabbat* et la Sortie d'Égypte : « C'est la première des fêtes, souvenir de la sortie d'Égypte », comme le fait d'ailleurs explicitement la version des Dix Commandements dans le Livre du Deutéronome [1]. L'association du jour du repos avec l'évocation de l'esclavage d'Égypte rappelle qu'Israël a été délivré

1. Deutéronome v,5.

de l'asservissement et que le *Chabbat,* qui libère de l'esclavage de la semaine, est en soi une commémoration de la libération d'Égypte et un signe du salut universel : le *Chabbat* du monde.

Ayant mis l'accent sur l'amour de Dieu, sur l'élection d'Israël, sur la nécessité pour l'homme de comprendre ce que Dieu exige de lui : continuer d'une part d'œuvrer et de parfaire la Création, et, de l'autre, être capable de transcender par le repos du *Chabbat,* le *Kiddouch* s'achève par l'affirmation du lien qui relie Israël au *Chabbat,* le cercle de ce qui relie Dieu et l'homme. Enfin, la personne qui a récité le *Kiddouch* boit du vin, prenant ainsi part à l'union du matériel et du spirituel, qui est l'essence de la sanctification, puis il fait passer la coupe à tous les convives qui en boivent. Ainsi, tous participent à l'acte significatif de l'entrée du *Chabbat,* à l'éclosion de cette rose qu'est la coupe, coupe du salut pour l'individu, pour le peuple juif et pour le monde tout entier.

II.

INTRODUCTION AU TALMUD

PRÉFACE

Le Talmud, c'est une monumentale et encyclopédique compilation du savoir, du vécu et de la tradition d'Israël. Il a été achevé à la fin du Vᵉ siècle, dans un processus historico-littéraire dont le livre du rabbin Adin Steinsaltz rend parfaitement compte. Depuis quinze siècles par conséquent, il a été, en fait, la véritable Bible du peuple juif, passage obligé de toute exégèse des Écritures, autorité décisive en ce qui concerne les règles de vie, référence incontournable pour l'intelligence de la Révélation.

Le judaïsme repose sur la conjugaison de deux lois : la Torah écrite — la Bible, mais essentiellement ses cinq premiers livres, le Pentateuque, la Torah de Moïse — et la Loi orale, *Torah Chébeal Pé*, littéralement la loi de la bouche. C'est qu'en principe, la Loi orale devait se transmettre exclusivement de bouche à oreille ; paradoxalement, elle fut mise par écrit sous la forme du Talmud, et c'est cette loi « orale-écrite » qui est devenue le Livre par excellence du judaïsme. Il n'est pas excessif d'affirmer que les dizaines de millions de juifs qui ont étudié le Talmud tout au long de l'histoire n'ont généralement connu la plupart des textes de la Bible, notamment les Prophètes et les Hagiographes, qu'à travers les citations et les commentaires qu'en faisait le Talmud ! Au demeurant, lorsque les rabbins parlent d'étudier la Torah — sans doute le commandement le plus important des 613 commandements de la Loi, et certainement le plus spécifique de la foi juive — c'est au Talmud bien plus qu'à la Torah écrite qu'ils pensent...

On peut considérer qu'il y eut quatre révolutions dans l'histoire du Talmud, qui se confond presque avec celle des juifs. *Première révolution* au IIe siècle, lorsque les rabbins de Palestine, craignant un génocide culturel — lors de la seconde guerre des Juifs contre Rome, leur élite intellectuelle fut massacrée par les Romains —, décidèrent de consigner la Loi orale par écrit afin d'éviter qu'elle ne disparaisse avec eux. Ainsi naquit le corpus des lois juives, la Michnah, qui, amplifiée des commentaires enseignés et discutés dans les académies de Palestine et de Babylone — la Guemara — allait constituer le Talmud.

La seconde révolution eut lieu en France, au XIe siècle, lorsqu'un rabbin génial, Rachi, assortit le Talmud d'un commentaire d'une exceptionnelle limpidité, grâce auquel le Talmud put connaître une véritable vulgarisation. Sa diffusion resta cependant freinée par la cherté des manuscrits d'une part, et de l'autre, par l'instabilité de la situation des juifs en Europe et les persécutions qui s'abattaient non seulement sur les juifs, mais aussi sur les lieux saints ; en 1240, des charrettées entières de manuscrits furent brûlées en place de Grève. C'est pourquoi l'invention de l'imprimerie donna aux études talmudiques une impulsion considérable ; et ce fut là la *troisième révolution* dans l'histoire du Talmud, et ce n'est pas par hasard que le développement prodigieux des études talmudiques dans l'Europe de l'Est, depuis la fin du XVIe siècle, coïncida avec les premières impressions du Talmud.

Le rabbin Adin Steinsaltz, dont la modestie égale l'extraordinaire érudition, me pardonnera sans doute difficilement de considérer son œuvre comme le *quatrième* grand moment de l'histoire du Talmud. Mais le pardon des offenses constituant une obligation fondamentale de l'éthique juive, je me fie à sa profonde piété pour obtenir son absolution. Le fait est qu'il a entrepris une œuvre prodigieuse, dont le présent ouvrage ne constitue qu'un simple jalon : il a en effet entrepris de traduire en hébreu moderne le Talmud — rédigé dans un mélange d'hébreu ancien et d'araméen qui déconcerte quelquefois le lecteur contemporain —, assorti d'un commentaire extrêmement limpide, et d'un vaste et éclectique apparat scientifique. A ce jour, vingt tomes du Talmud ont paru, certains sont en cours de traduction en anglais, et simultanément a été entreprise la traduction du Talmud de Jérusalem ! Aujourd'hui, dans le monde juif, ainsi que parmi les nombreux chrétiens que cette œuvre aide à découvrir le Talmud, on parle couramment du « Talmud de Steinsaltz »...

C'est dire que, s'il est un rabbin au XXe siècle qui s'imposait pour expliquer à un vaste public l'essence et l'essentiel du Talmud — c'est le titre de l'édition anglaise : *The essential Talmud* —, c'est bien le rabbin Adin Steinsaltz. Aux capacités d'analyse et de dialectique que confère l'étude approfondie du Talmud, cet éminent savant, l'un des plus grands esprits de ce siècle, joint un admirable esprit de synthèse : le talmudiste est aussi un universitaire. Sa double formation de biologiste et de mathématicien confère à toute son œuvre une rigueur scientifique où l'ampleur de l'érudition et l'esprit critique ne stérilisent jamais l'ardeur de la foi ni la quête passionnée de la vérité. C'est ainsi que, cabbaliste éminent, exégète inspiré, l'auteur n'a jamais tenté de proposer une lecture du Talmud qui s'éloignerait de son sens premier ni de projeter sur les textes qu'il présente les libres variations et réinterprétations qui foisonnent aujourd'hui, et contribuent d'ailleurs à donner au Talmud une dimension existentielle autant qu'essentielle. Mais cela est une autre histoire, et le rabbin Adin Steinsaltz, en historien, nous propose ici une « biographie » et une radioscopie objectives du Talmud qui font de son livre un manuel aussi précieux qu'incontestable. Puisse-t-il remplir son but : introduire au Talmud, c'est-à-dire donner au lecteur le goût et l'envie d'aller vers un texte sans la connaissance duquel on n'est pas vraiment juif.

Josy EISENBERG

PREMIÈRE PARTIE

INTRODUCTION HISTORIQUE

I

QU'EST-CE QUE LE TALMUD ?

La Bible est la clé de voûte du judaïsme, mais le Talmud en est le pilier central qui, s'élançant des fondations, en soutient l'édifice intellectuel et spirituel. Pivot de la créativité et de la vie nationales, le Talmud est, à bien des égards, l'ouvrage le plus important de la culture juive. Aucun autre texte n'a jamais exercé une influence comparable, théorique aussi bien que pratique, sur la vie juive, modelant son contenu spirituel et offrant un guide de conduite. Les juifs ont toujours eu profondément conscience de ce que leur perpétuation et leur survie à long terme reposaient sur l'étude du Talmud ; leurs ennemis aussi, d'ailleurs. Au Moyen Age, c'est à maintes et maintes reprises que l'on a insulté, calomnié le Talmud, qu'on l'a livré au bûcher. Des phénomènes que l'on a vus se reproduire plus récemment dans l'histoire. Périodiquement, c'est son étude que l'on a prohibée, tant il était évident qu'une société juive qui n'aurait plus accès à elle était pratiquement condamnée.

Formellement parlant, le Talmud est une récapitulation de la loi orale élaborée à l'issue d'un travail d'érudition mené sur plusieurs siècles par des sages qui vécurent en Palestine et en Babylonie jusqu'à l'aube du Moyen Age. Il se divise en deux parties : la Michnah, traité de *halakhah* (loi) rédigé en hébreu ; et le commentaire de la Michnah, le Talmud au sens strict ou Guemarah, compendium de discussions et d'explications de la Michnah, rédigé en un dialecte d'hébreu et d'araméen mêlés.

Mais cette définition, pour exacte qu'elle soit dans la forme, est en fait imprécise et trompeuse. Car le Talmud est le réceptacle de millénaires de sagesse juive et c'est en lui que s'exprime la loi orale, aussi ancienne et aussi importante que la Torah, la loi écrite. Agrégat de textes juridiques, légendaires ou philosophiques, c'est un mélange d'incomparable logique et de pragmatisme habile, d'histoire et de science, d'anecdotes et d'humour. Et c'est un ouvrage constamment paradoxal : certes, le Talmud respecte, dans sa structure, méthode et logique ; chacun de ses mots, chacun de ses termes a été scrupuleusement pesé, parfois des siècles après la première formulation du texte ; mais il ne s'en fonde pas moins sur de libres associations d'idées, liant ensemble des domaines différents sur un mode qui n'est pas sans rappeler certaines techniques de la littérature contemporaine. Interprétation et commentaire, dans sa finalité première, d'un corpus juridique, le Talmud est, dans le même temps, une œuvre d'art qui pénètre très au-delà des limites du droit et de ses applications pratiques. Et même si, de nos jours encore, le Talmud est la source principale du droit juif, il ne peut faire autorité législative.

Le Talmud aborde avec le même soin des questions abstraites et totalement détachées du réel et les problèmes les plus prosaïques de la vie quotidienne ; et pourtant, il réussit à se garder de toute terminologie abstraite. Fondé sur les principes de la tradition et de la transmission d'une génération à l'autre de ce qui fait autorité, il n'en est pas moins d'une originalité totale dans son ardeur à remettre en question, à réviser conventions et idées reçues, à débusquer les causes profondes des problèmes. La technique talmudique de discussion et de démonstration veut approcher de la précision mathématique mais sans le secours de symboles logiques ou mathématiques.

Si l'on veut comprendre le Talmud, il faut commencer par dégager les objectifs premiers de ses auteurs et de ses compilateurs. Que cherchaient donc ces milliers de sages qui, dans des centaines de centres d'études, plus ou moins grands, ont consacré leur existence à débattre et à disputer ? Le nom de l'œuvre, Talmud, littéralement enseignement, étude, nous fournit déjà la réponse. Le Talmud est la concrétisation de la notion fondamentale de *mitsvat talmud Torah*, l'obligation religieuse positive d'étudier la Torah, d'acquérir connaissance et sagesse, action qui contient en elle-même sa fin et sa récompense. Un sage du Talmud, qui ne nous a légué que son nom et cette seule maxime, disait à ce propos : « Tourne-la et retourne-la, car tout se trouve dans la Torah. Considère-la, vieillis en elle et ne l'abandonne jamais, car il n'est pas de vertu plus haute. »

L'étude de la Torah répond, certes, à de multiples buts pratiques ; mais là n'est pas sa vocation initiale. L'étude n'est pas tributaire du degré d'importance ou de l'applicabilité potentielle des questions posées. Fondamentalement, la finalité de l'étude est l'étude en soi. De même que la connaissance de la Torah n'est pas un auxiliaire de l'observance ; c'est une fin en soi. Il ne faudrait pas en conclure que le Talmud néglige les valeurs véhiculées par la matière étudiée. Bien au contraire : il pose formellement que celui qui étudie la Torah sans l'observer aurait mieux fait de ne pas venir au monde. Par son mode de vie et son comportement, le véritable sage [1] doit donner l'exemple. Cela

1. La langue française ne nous offre pas de traduction satisfaisante de la locution hébraïque *talmidei 'hakhamim*, « disciples des sages », comme s'appelaient modestement les maîtres du Talmud. Rendu en anglais par le terme *scholar*, *talmid 'hakham* est fréquemment traduit par « savant », un mot qui, s'il rend bien la notion d'érudition acquise, élude par contre celle d'apprentissage perpétuel qui est la vocation même du *talmid 'hakham*, savant en permanent devenir. Faute de mieux, et après consultations, les *talmidei 'hakhamim* seront ici des « sages ». (*N.d.T.*)

relève de la conception générale du Talmud; mais pour l'étudiant qui se penche sur le texte, l'étude n'a d'autre finalité que la connaissance. Tout sujet en rapport avec la Torah, ou avec la vie dans sa relation à la Torah, mérite attention et analyse; et l'on tentera toujours d'aller jusqu'au fond des choses. La question de savoir si ces analyses sont d'un quelconque intérêt pratique n'est jamais posée en cours d'étude. Nous trouvons plus d'une fois dans le Talmud des comptes rendus de débats prolongés et houleux dans lesquels on tente d'examiner structurellement la technique d'analyse du texte et d'éclaircir les conclusions qu'elle implique. Les savants se pliaient à cet effort alors même qu'éventuellement ils savaient que la source sur laquelle ils travaillaient avait perdu sa validité et était dépourvue de toute portée juridique. Et c'est pourquoi ils ont pu discuter de questions qui avaient eu leur raison d'être dans un passé lointain mais ne risquaient guère de se poser à nouveau.

Il arrive bien sûr que des problèmes ou des débats, tenus, à un moment donné, pour détachés du réel ou dénués de pertinence, acquièrent ultérieurement une portée pratique imprévue. C'est un phénomène courant en recherche pure. Mais cela importe peu à l'étudiant talmudiste : dès le départ, son objectif unique est de résoudre des problèmes théoriques et de chercher la vérité.

Extérieurement, le Talmud se présente sous l'aspect d'un traité juridique; il n'en faudrait pas conclure, comme beaucoup le font, trompés par les apparences, qu'il est juridique dans son essence. Il aborde les sujets dont il traite, *halakhah*, versets bibliques ou traditions transmises par les sages, comme des phénomènes naturels, part de la réalité objective. Face au monde de la nature, nul ne saurait arguer que tel sujet est déplaisant ou qu'il ne vaut pas examen. Et s'il est vrai que tous les problèmes ne sont pas égaux en importance, ils n'en partagent pas moins tous un trait commun : ils sont, ils existent, ils doivent retenir l'attention. Examinant une tradition ancienne, le sage du Talmud la percevait, avant tout, comme une réalité en soi ; qu'elle ait force de loi pour lui ou pas, elle faisait partie de son monde et ne pouvait être écartée. Discutant d'une idée ou d'un texte ne faisant plus autorité, les sages adoptaient une démarche semblable à celle du scientifique qui étudie un organisme disparu parce que inapte à s'adapter à la transformation de son milieu. Cet organisme a, en quelque sorte, « échoué » et s'est éteint ; ce qui n'ôte rien à son intérêt en tant qu'objet d'étude scientifique.

Une controverse historique majeure a opposé pendant plus d'un siècle les écoles (en hébreu, les « maisons ») de Chammaï et de Hillel. Elle a été formellement réglée par la maxime fameuse : « Les unes et les autres sont les paroles du Dieu vivant, mais l'opinion qu'il faut suivre est celle de la Maison de Hillel. » Le fait qu'un système ait pris le pas sur un autre n'implique pas que ce dernier soit fondamentalement erroné. Tous deux expriment une créativité et relèvent des « paroles du Dieu vivant ». Un sage qui se permettait d'affirmer qu'une théorie n'était pas à son goût se voyait tancé par ses pairs qui lui rappelaient que l'on ne peut dire de la Torah : « Ceci est bon et cela ne l'est pas. » Là encore, il s'agit d'une vision voisine de l'approche scientifique qui interdit au savant de dire qu'un certain animal ne lui « plaît pas ». Cela ne signifie pas que tout jugement (y compris en fonction de critères de séduction) soit exclu ; mais en émettant une opinion, chacun doit avoir conscience que personne n'est en droit de juger ou de décider qu'une chose est objectivement dénuée de beauté.

L'analogie entre monde de la nature et monde de la Torah s'est faite très tôt et les sages l'ont abondamment développée. Une de ses expressions les plus anciennes est la théorie selon laquelle de même qu'un architecte construit une maison selon un plan, de même le Saint, Béni soit-Il, s'est penché sur Sa Torah tandis qu'Il créait le monde. Cette conception implique une nécessaire corrélation entre le monde et la Torah, celle-ci étant part de l'essence du monde naturel et non simplement regard spéculatif porté sur lui de l'extérieur. En outre, dans un tel système, aucun sujet ne peut être si étrange, si lointain ou si bizarre qu'il ne doive être étudié.

Si le Talmud reflète un éventail d'intérêts aussi large, c'est parce qu'il n'est pas une œuvre homogène composée par un auteur unique. Lorsque plusieurs écrivains s'associent pour faire un livre, ils ont en tête un but précis qui détermine l'orientation et le caractère de l'ouvrage. Mais le Talmud, lui, est le produit de la mise en forme des pensées et des paroles de sages nombreux, vivant à des époques très différentes, et dont aucun n'avait envisagé en son temps de texte écrit définitif. Leurs remarques, suscitées par les problèmes qui leur étaient soumis et par les échanges de vues entre maîtres et disciples, naissaient de la vie même. C'est pourquoi nous ne pouvons dégager une orientation claire ou un objectif spécifique dans le Talmud. Chaque débat est, dans une large mesure, indépendant des autres et original ; et chaque sujet est central au moment où il est discuté. Cela n'empêche nullement le Talmud d'avoir son caractère propre, indéniable et saisissant ; mais il ne porte pas le sceau d'un individu, ou de ses divers rédacteurs ; c'est un caractère collectif, reflet de l'état du peuple juif sur une période donnée. Les différences individuelles sont gommées au profit d'un esprit général, non seulement dans les milliers d'opinions anonymes, mais aussi lorsque l'identité du rédacteur ou de l'auteur d'une proposition nous est connue. Quelle qu'ait été l'âpreté de leurs divergences, ce que les sages avaient en commun, traits et tournures d'esprit, ne saurait, au bout du compte, échapper aux yeux du lecteur dès lors apte à percevoir une unité d'ensemble qui transcende toutes les différences.

Pour rendre compte des problèmes soulevés, des débats et des opinions émises, on prit progressivement l'habitude de citer les différents avis au présent : « Abbayé dit, Rabbadit. » Cet usage stylistique exprime la conviction que le texte n'est pas un simple rappel des opinions des savants passés et qu'il ne doit pas être compris en fonction de critères historiques. Les sages ne se dispensaient pas de situer personnalités et époques : ces précisions sont en fait partie intégrante de l'étude ; mais mises en valeur uniquement si elles sont absolument indispensables, elles n'interviennent pas dans la réflexion et la discussion. Pour les maîtres du Talmud, le temps n'est pas un flot infini dans lequel le présent efface le passé ; il est perçu organiquement comme une essence vivante et en perpétuelle évolution, le présent et l'avenir s'enracinant dans un passé vivant. Dans ce mode de pensée, certains éléments prennent une forme stable, tandis que d'autres, relatifs au présent, sont flexibles et bien plus susceptibles de changement ; mais la pensée elle-même se fonde sur la croyance en la vitalité de tous les éléments, si anciens soient-ils, et en l'importance de leur rôle dans une œuvre de création infinie et sans cesse renouvelée.

C'est de là que découle directement la centralité du doute dans le débat talmudique. On peut, avec un certain degré de raison, soutenir que le Talmud tout entier est construit sur un système de questions et de réponses et que, même non explicitement formulées, les questions constituent le fond de tous les énoncés et de toutes les interprétations. Selon une des techniques les plus anciennes d'étude du Talmud, on s'efforçait de reconstituer une question en partant de la réponse énoncée. Ce n'est pas fortuitement que le Talmud est si riche en vocabulaire interrogatif et couvre tous les ordres du questionnement, de la simple curiosité à la tentative de contester la pertinence même du problème débattu. Il sait distinguer doute fondamental et interrogation superficielle, question de principe et incertitude mineure. Douter, dans le Talmud, n'est pas seulement légitime ; c'est une démarche essentielle à l'avancée de l'étude. On peut, jusqu'à un certain point, dire que la règle permet, voire souhaite toute espèce de doute ; abondance de biens ne saurait nuire. Aucune interrogation n'est perçue comme malhonnête ou déplacée aussi longtemps qu'elle se rapporte au sujet ou qu'elle peut en éclairer un des aspects. Ceci s'applique au texte talmudique, mais aussi à son étude et à son examen. Une fois acquises les connaissances de base, on attend de l'étudiant qu'il se pose des questions, qu'il en pose aux autres et qu'il exprime doutes et réserves. A cet égard, le Talmud est peut-être le seul texte sacré de toute l'histoire de la culture qui autorise, et même encourage sa propre remise en cause.

Ce trait caractéristique nous amène à évoquer un dernier aspect de la composition et de l'étude du Talmud. Ce n'est pas un ouvrage que l'on peut percer de l'extérieur. Son originalité profonde rend superficielle toute approche descriptive de son contenu ou de ses méthodes. L'accès à la connaissance véritable est commandé par la communion spirituelle ; et l'étudiant doit participer intellectuellement et émotionnellement au débat talmudique en devenant lui-même, jusqu'à un certain point, créateur.

II

LA LOI ORALE : LES ORIGINES

Le droit mosaïque a régi la vie juive depuis les temps les plus reculés. Il est vrai que ces lois n'ont pas toujours été strictement observées, notamment à l'époque des Juges et à celle du Premier Temple (950-586 environ avant J.-C.). Mais la transgression n'a jamais été si totale qu'elle conduise au rejet du code mosaïque et à l'adoption d'un autre système législatif. Certes, les individus déviaient parfois du droit chemin et les prophètes dénonçaient leurs écarts et leurs péchés ; pourtant, ils se considéraient toujours comme soumis par des liens indéfectibles à la loi que leur avait octroyée la révélation divine. Ainsi, y compris dans les périodes les plus tragiques et les plus troublées de l'histoire juive, on a étudié la Torah et observé ses règles. Enfin, pratiquement dès l'origine, la loi orale, *Torah che-be-al-peh*, accompagnait la loi écrite, *Torah che-bi-khtav*.

Nous savons peu de choses des origines et des développements initiaux de la loi orale, notamment parce que nous ne possédons que peu d'informations sur la vie culturelle et spirituelle au temps du Premier Temple. Diverses allusions du texte biblique nous permettent cependant d'imaginer comment la loi orale s'est imposée en tant que complément et interprétation de la loi écrite. Il est, en principe, évident que tout code juridique écrit doit être flanqué d'une tradition orale. La tradition orale se trouve en premier lieu tout naturellement incluse dans la simple transmission du sens des mots, action primaire de sauvegarde et d'étude d'une langue. Chaque idée, chaque mot contenu dans la loi écrite doit être répercuté d'une génération à l'autre et expliqué aux jeunes. Pour le vocabulaire courant et d'usage quotidien, c'est là part normale du processus d'héritage d'une langue vivante ; mais il reste toujours des termes plus rares qui appellent une explication complémentaire. En outre, le langage connaît, même dans les sociétés les plus conservatrices, des évolutions et des modifications qui rendent les documents rédigés à une certaine époque obscurs pour la génération suivante. Tant que le peuple juif a parlé et écrit l'hébreu biblique, il n'y a pas eu de problème majeur ; mais même dans ces conditions favorables, on avait besoin, pour sauvegarder le sens des mots, d'une tradition, d'une « loi orale ». Le simple vocabulaire de base a pu traverser les siècles sans susciter de controverses ni prêter à contresens. Mais d'autres termes moins courants, tels les noms d'objets, de plantes, d'animaux, ne pouvaient être déchiffrés sans l'aide d'une tradition orale.

Assez tôt, les sages ont dû reconnaître que certains mots — ainsi les noms des animaux — utilisés dans la Torah (Pentateuque) leur étaient inconnus et qu'ils ne savaient pas les définir. Lorsque l'on ne pouvait plus avoir recours à un vieillard encore susceptible de désigner leur objet et de le nommer, leur signification était à brève échéance perdue. La finalité initiale de la loi orale fut donc de transmettre le sens des mots. Les textes prêtaient parfois à confusion. Lorsque, par exemple, la Torah évoque « les rameaux d'arbres épais » (Lévitique 23:40), cette dénomination peut, linguistiquement, recouvrir diverses espèces végétales. C'était donc au parent ou à l'enseignant d'indiquer à l'étudiant qu'il s'agissait du myrte. De même, lorsque le texte fait allusion aux *totafot* (phylactères), fallait-il expliquer que c'étaient là les objets désignés ultérieurement sous le vocable de *tefilin*. Ces éclaircissements, transmis de génération en génération, ont constitué, à l'intérieur de la loi orale, une étape fondamentale de la compréhension et, partant, de la pérennité du texte.

A partir de là, d'autres besoins n'allaient pas tarder à se faire sentir. En particulier la définition de mots et de notions décrits dans la Torah. Valeurs et coutumes n'étaient évidemment pas figées ; des problèmes nouveaux se posaient, qui rendaient indispensable la définition précise de certains termes. Dans les Dix Commandements, par exemple, il est dit : « Le septième jour est la trêve de l'Éternel ; tu n'y feras aucun travail. » (Exode 20:10.) Ce commandement a, de tout temps, posé immédiatement une question très concrète : qu'est-ce que le concept de travail ? Que recouvre-t-il ? Qu'exclut-il ? La Torah fournit une liste de tâches qui sont interdites durant le Chabbath : labourer et récolter, allumer un feu, cuisiner et cuire au four. Mais chaque génération s'est trouvée confrontée à des activités inconnues de la génération précédente. Ou encore, lorsque le texte dit : « Vous demeurerez dans des tentes durant sept jours » (Lévitique 23:42), l'étudiant doit immédiatement se demander ce que l'on entend par le terme « tente ». En période de stabilité et de continuité entre les générations, il y a un large consensus sur le sens des mots ; mais il n'empêche que les interrogations sur les cas d'espèces et les innovations sont un phénomène de toutes les époques. Une définition précise ne crée pas obligatoirement une législation explicite mais elle découle de la manière dont on apprend ce que l'on doit faire et quel comportement il convient d'adopter dans telle ou telle circonstance. Les sages ont tenté de présenter ces traditions à leurs contemporains par le biais d'une formalisation modérément générale et abstraite.

La loi orale accompagnant la loi écrite répondait également au besoin pressant d'expliciter les règles fondées sur des coutumes populaires ou sur des faits de notoriété publique, dont le texte biblique ne donne pas le détail et qui ne peuvent être étudiées qu'au travers de la tradition orale.

Ainsi, quand la Torah évoque l'abattage des animaux, le texte est le suivant : « Tu pourras tuer... de la manière que je t'ai prescrite » (Deutéronome 12:21) ; et la prescription à laquelle il est fait allusion se trouve justement dans la tradition orale. Si le texte indique qu'un homme divorçant d'avec sa femme doit lui écrire un *sefer kritout* (acte de divorce), cela suppose implicitement qu'il existe des manières diverses de rédiger un acte de divorce et que c'est là une procédure courante. Tout cela relève de la « loi orale » qu'il faut transmettre et mémoriser pour permettre à la communauté de respecter les préceptes de la loi écrite.

Cette nécessité ne pouvait que se renforcer avec le temps. Dans les décennies immédiatement postérieures à la révélation du Sinaï, la communauté tout entière connaissait le sens et la finalité de chacune des spécifications ; il aurait donc été superflu de s'engager délibérément dans un travail de diffusion de ce savoir. Mais, à la longue, l'enseignement naturellement transmis de parents à enfants allait se révéler insuffisant ; l'éducation devint matière à étude formelle et réfléchie. Les jeunes se mirent à apprendre auprès de leurs aînés et de leurs professeurs non plus seulement les faits essentiels, leurs interprétations et leurs détails, mais aussi la manière de passer de la théorie à la pratique.

Nous constatons donc que le code mosaïque, comme tout corpus juridique, exigeait l'élaboration de structures dans lesquelles les problèmes puissent être abordés et une tradition vivante que les sages, instruits dans la loi écrite comme dans la loi orale, connaissent et soient autorisés à transmettre à autrui. La Torah elle-même souligne que des problèmes pourraient bien se poser, impossibles à résoudre par le simple examen du texte et requérant un savoir plus spécialisé : « ... Si tu es impuissant à prononcer sur un cas judiciaire, sur une question de meurtre ou de droit civil, ou de blessure corporelle, sur un litige quelconque porté devant tes tribunaux, tu te rendras à l'endroit qu'aura choisi l'Éternel ton Dieu ; tu iras trouver les pontifes, descendants de Lévi, ou le juge qui siégera à cette époque ; tu les consulteras, et ils t'éclaireront sur le jugement à prononcer. » (Deutéronome 17:8-9.)

Dès l'époque du Second Temple, il est question des *tofsei Torah* (ceux qui sont savants en Torah), c'est-à-dire des personnes versées dans l'étude et dans l'interprétation de la loi. Lorsque, au début de cette période (445 avant J.-C.), Ezra le Scribe lisait à haute voix la Torah devant le peuple, un groupe de lévites se tenait à ses côtés pour expliquer le sens plein du texte. La communauté juive de Judée était à ce moment formée d'exilés revenus de Babylone et des restes de la population indigène.

Scribe et prêtre, Ezra est le premier sage nommément connu à avoir étudié, interprété et enseigné la Torah à la masse. On dit de lui qu'il était « un scribe versé dans la loi de Moïse, qu'avait donnée l'Éternel, Dieu d'Israël » (Ezra 7:6) et la tâche qu'il entreprit devint la mission de tous les enseignants qui lui succédèrent. « Car Ezra avait disposé son cœur à étudier la doctrine de l'Éternel et à la pratiquer, de même qu'à enseigner dans Israël la loi et le droit. » (Ezra 7:10.) Il fut donc le précurseur de cet âge des scribes anonymes désignés dans l'histoire juive sous le nom de *Knesset Guedolah* (la Grande Assemblée).

Nous n'avons guère de documents écrits sur cette période à peu près contemporaine de la domination perse sur la Palestine (539-332 avant J.-C. environ). On ne sait pas très bien ce qu'était exactement la Grande Assemblée. Peut-être une institution permanente exerçant un pouvoir législatif et exécutif. Ou peut-être simplement un terme générique utilisé pour désigner tous les sages de ce temps. En fait, à quelques rares exceptions près, les sages et les personnalités importantes de la *Knesset Guedolah* sont demeurés anonymes. Les activités des membres de la Grande Assemblée baignent dans une même obscurité, et nous ne savons rien de leur comportement ou de leurs méthodes. Et pourtant, culturellement et spirituellement, ce fut une période décisive. C'est là que le judaïsme a acquis cette charpente spirituelle bien définie et totalement originale qui, à travers les siècles, a survécu, malgré les changements et les altérations qui l'ont affectée, en Terre Sainte et en Diaspora. L'œuvre de la Grande Assemblée a été celle des sages de ce temps connus sous le vocable indifférencié de *sofrim* (scribes), appelés ainsi, nous dit le Talmud, « parce qu'ils comptaient toutes les lettres de la Torah » (le terme *sofer* signifie en hébreu aussi bien « celui qui écrit » que « celui qui compte »). Il ne faut pas prendre cette formule au pied de la lettre. Les membres de la Grande Assemblée ont en fait rassemblé les textes sacrés, déterminé quels livres seraient inclus dans la Bible, quels chapitres en seraient sélectionnés, et ont donné à la Bible son style et sa forme définitifs. Avec l'achèvement de la Bible, une des entreprises les plus marquantes de la Grande Assemblée, allait commencer le règne de la loi orale.

Une fois terminée l'ultime mise au point de la Bible (et il était acquis que la Bible constituait l'autorité centrale sur laquelle devait se fonder la vie juive), les scribes allaient affronter la tâche de mettre de l'ordre dans la loi orale. Le corpus impressionnant, multiforme et diversifié, accumulé au long des siècles, n'était pas toujours agencé d'une manière qui en rendait l'étude aisée. Les scribes commencèrent par reprendre les traditions orales, apportant interprétations, coutumes et précédents juridiques ; leur réalisation la plus importante fut d'établir les corrélations entre ces traditions et la loi écrite. Ce sont ces scribes qui ont élaboré les techniques de base du *midrach halakhah* (l'exégèse halakhique), c'est-à-dire les moyens d'étudier et de déduire la *halakhah* à partir des textes bibliques, de lever les contradictions textuelles apparentes, de donner un sens aux formules obscures, d'analyser et de résoudre les problèmes par l'examen minutieux des textes. Ils essayèrent aussi de trouver un moyen d'ordonner quelque peu la masse du matériau oral afin d'en faciliter une transmission systématique.

La Grande Assemblée se consacra également à l'élaboration de nombreuses décisions dont on avait grand besoin. Il faut se souvenir que la communauté juive de Judée au début du Second Temple ne ressemble guère, dans sa composition et dans sa structure, à celle de la période du Premier Temple. Les vestiges subsistants des antiques divisions en tribus n'avaient plus guère de sens. Les terres n'étaient plus réparties comme par le passé et les prêtres et lévites ne pouvaient plus s'installer dans toutes les villes qui avaient autrefois été leur propriété. Le Temple lui-même n'avait pas été construit selon le plan du Premier Temple et il lui manquait un certain nombre de choses (en particulier l'Arche d'Alliance). Le système politique dans son ensemble avait lui aussi changé : si, au temps du Premier Temple, le régime avait été essentiellement monarchique, le pouvoir, à l'ère du Second Temple, était en train de passer progressivement des mains des nobles de lignée royale à celles du Grand Prêtre et du Conseil des Sages, ce qui allait plus tard devenir le Sanhédrin. Compte tenu de ces modifications, il fallait, pour régler la vie culturelle et religieuse, émettre des centaines d'ordonnances et de décrets nouveaux.

Le nouveau mode de vie qui se mettait en place demeurait conforme à la loi mosaïque tout en prenant en compte évolutions et progrès. La Grande Alliance (cf. Néhémie 9-10) — que l'on peut considérer comme la première constitution moderne dans l'histoire de l'humanité — n'était pas seulement une proclamation solennelle de l'obligation pour le peuple d'observer toutes les lois de la Torah ; elle reflétait aussi l'acceptation de nombreuses autres règles et coutumes. Les membres de la Grande Assemblée devaient désormais s'atteler à la tâche de fournir des modèles précis de comportement dans divers domaines qui avaient jusqu'alors relevé du libre arbitre des individus. Ainsi, ils formalisèrent la liturgie ; la prière de *chemoneh esreh* (les dix-huit bénédictions), qui tient encore de nos jours une place centrale dans la liturgie juive, a été pour l'essentiel formulée par la

Grande Assemblée, de même que d'autres bénédictions et coutumes diverses.

Les scribes abordèrent aussi des questions de doctrine religieuse. On peut supposer que, dans les temps anciens, et même à la période du Premier Temple, ces questions n'avaient pas été formulées avec précision et qu'elles étaient transmises de génération en génération comme part d'une tradition d'ensemble sans qu'un accent particulier soit mis sur elles. Pourtant, les prophètes et les écoles prophétiques (« les fils des prophètes », pour reprendre la formule biblique) avaient, selon toutes apparences, constitué des centres d'étude et de réflexion sur ces thèmes. Mais la prophétie devait s'éteindre avec la Grande Assemblée ; celle-ci dut donc également assumer la tâche de communiquer à la jeune génération l'héritage spirituel des prophètes. Les scribes en inclurent une partie dans la liturgie et les bénédictions qu'ils instituèrent. On en retrouve quelques traits dans les commentaires de la loi écrite. D'autres, de nature mystique, furent enseignés en tant qu'unités séparées et dans un certain secret ; ils seront ultérieurement intégrés au *Ma'asseh Berechit* (Acte de Création) et au *Ma'asseh Merkavah* (le Char divin), bases de la Kabbale.

Ainsi, c'est à l'époque du Second Temple que furent posées les fondations de la loi juive et que fut modelée la spiritualité du peuple juif pour les siècles à venir. L'anonymat des sages de ce temps montre qu'ils ont en général travaillé collectivement, dans la perspective de tracer des conclusions consensuelles approuvées par l'autorité spirituelle supérieure (la Grande Assemblée elle-même, ou le Sanhédrin, connu aussi sous le nom de Conseil des Soixante-dix Sages). Si cet âge n'a pas été exempt de tensions, il n'en a pas moins été une période généralement calme, propice à une évolution progressive construite sur des bases solides qui permettrait au peuple juif d'affronter les tourmentes dont l'avenir était gros.

III

LA LOI ORALE : L'ÉPOQUE DES *ZOUGOT* (PAIRES)

L'époque des *zougot* correspond en gros à celle de la domination grecque sur la Palestine (332-140 avant J.-C.) et au royaume hasmonéen qui lui fait suite (140-37). C'est un temps de vives confrontations culturelles (avec les Grecs séleucides, dont les décrets s'attaquent à la religion juive, avec les influences hellénistiques, avec les diverses sectes hérétiques qui voient le jour), dominé, à ses débuts, par l'imposante figure légendaire du Grand Prêtre Simeon Ha-Tsadik (le Juste). En fait, peut-être parce que deux personnages (grand-père et petit-fils) ont porté le même nom, nous ne savons pas grand-chose de son rôle historique non plus que des dates exactes de sa biographie. Il est possible également que l'on ait signé de ce nom les œuvres collectives de plusieurs Grands Prêtres en charge pendant la période de transition qui va de la domination perse au début de l'oppression séleucide.

Particulièrement satisfaits de s'être libérés de la tutelle perse, les Juifs vécurent pendant quelque temps en harmonie avec leurs nouveaux maîtres hellénistiques, notamment la dynastie des Ptolémées d'Égypte. Le chapitre de conclusion du *Livre de Ben Sira*, écrit à ce moment, déborde d'éloges pour Simeon : il y apparaît, dans toute la splendeur de sa prêtrise, comme un dirigeant populaire et comme un saint. Pour les sources talmudiques, il est un des « survivants de la Grande Assemblée ». De nombreuses légendes se sont tissées autour de lui, qui toutes indiquent qu'il sentait qu'une ère de l'histoire juive arrivait à son terme. Mais Simeon Ha-Tsadik inaugurait aussi un âge nouveau où les sages nous sont nommément connus et identifiés par leurs maximes et leurs décisions. Au scribe anonyme succède un petit groupe de dirigeants dont quelques paroles de sagesse et certaines innovations ont traversé le temps et sont parvenues jusqu'à nous.

L'influence grecque était perceptible en Orient bien avant la conquête de l'empire perse par Alexandre le Grand ; mais elle ne s'était pas profondément enracinée dans la vie et dans la culture palestiniennes. Même lorsque Alexandrie fut devenue un centre puissant de culture hellénistique, seuls les juifs d'Égypte subirent son ascendant. Les juifs palestiniens devaient, pour leur part, se mesurer à une autre forme de la culture grecque : l'hellénisme non grec, variante antique du levantinisme, combinaison des signes extérieurs de la culture grecque et d'éléments divers issus de la culture proche-orientale. Cet hellénisme s'était mêlé sans difficulté aux cultures et aux religions perses et syriennes ; mais, de par la nature de la foi des membres de la Grande Assemblée, il ne pouvait parvenir à une synthèse avec la religion juive. Ce caractère inconciliable ne fut pas immédiatement perçu comme un affrontement entre la philosophie grecque et l'esprit du judaïsme. Le contact entre ces deux mondes, si différents dans leur conception, engendrait, lorsqu'il se produisait, une large mesure d'admiration mutuelle. Les manifestations extérieures de la civilisation grecque ne laissaient pas d'attirer de nombreux juifs tandis que les autorités politiques tentaient de forcer les populations de Judée à s'intégrer à l'ensemble constitué par le royaume hellénistique. Et des Judéens, notamment dans les couches les plus riches, étaient même tentés par un syncrétisme religieux.

A ce courant répondit l'émergence de sectes religieuses appelées, dans les sources judéo-grecques, les 'Hassidim (au sens littéral, les pieux). Les dirigeants spirituels de cette minorité étaient les disciples et héritiers intellectuels des membres de la Grande Assemblée. Les souverains séleucides exercèrent une pression croissante qui allait culminer avec la promulgation de décrets coercitifs qui furent les premiers, dans l'histoire du judaïsme, à être dirigés contre l'existence même de la religion juive. Ces mesures allaient susciter chez les juifs une double réaction. A la persécution brutale répondit le refus inflexible de transgresser la Torah, un refus rendu par l'expression *yehareg ve-al ya'avor* (il vaut mieux mourir que pécher). Cette acceptation de la souffrance, voire de la mort, plutôt que de trahir la vraie foi se retrouve dans les sources talmudiques et dans le livre des Maccabées. Parallèlement, les autorités juives produisaient leurs propres lois visant à décourager la fraternisation entre juifs et non-juifs. Ces règles rigoureuses ne furent pas toujours acceptées de gaieté de cœur par la population, mais, à la longue, elles devinrent part intégrante de la *halakhah* et de la tradition culturelle du judaïsme.

Ces temps difficiles exigèrent également une créativité et un effort législatif destinés à ramener dans les limites du raisonnable l'ardeur des croyants prêts à sacrifier leur vie pour leur religion. L'ordonnance autorisant la guerre défensive le Chabbath, est attribuée, par le livre des Maccabées du moins, à Mattathias, père de la dynastie hasmonéenne et premier des révoltés contre les Séleucides. De fait, les dispositions juridiques en vigueur, issues du texte biblique, admettaient la transgression du Chabbath en temps de guerre et de crise. Des définitions et des décisions du même ordre s'y ajoutèrent au fil des siècles, en fonction des besoins, pendant les périodes de troubles.

La victoire de la révolte hasmonéenne, qui avait débuté comme un soulèvement religieux populaire dirigé par les 'Hassidim, permit de libérer de fait la Judée et la Palestine du joug de l'étranger. Pendant un temps, il sembla que les dirigeants hasmonéens (lesquels, parce que membres d'une famille sacerdotale, devinrent automatiquement Grands Prêtres) exerceraient le pouvoir exécutif et politique tandis que les sages et leur cour de justice (le *bet din*, qui est peut-être le *'Hever ha-Yehoudim* inscrit sur les monnaies hasmonéennes) contrôleraient les affaires intérieures conformément aux modèles établis. Mais cette situation devait évoluer très vite, car les Hasmonéens se mirent, entre autres pour des raisons politiques, à favoriser les *Tsedokim* (Sadducéens). Et le pays se trouva de nouveau en proie aux dissensions.

Les origines du mouvement sadducéen sont assez mal connues. Ils étaient très peu nombreux mais, comptant dans leurs rangs bon nombre de prêtres et d'individus fortunés, ils exerçaient une influence étendue sur la société. Au plan formel, les Sadducéens défendaient le conservatisme religieux, rejetant la loi orale, ses traditions et ses décisions, et appelaient à un retour à l'observance de la loi écrite seule. En fait, comme les Karaïtes beaucoup plus tard, ils n'échappèrent pas à la nécessité de constituer leur propre tradition orale afin de pouvoir observer la loi écrite de façon satisfaisante. Quoi qu'il en soit, leur souci principal était de limiter l'autorité du code mosaïque au domaine de l'action pratique au sens le plus strict du terme, pour pouvoir se mesurer à la civilisation grecque. Enfin, les Sadducéens rejetaient certains principes de doctrine communément acceptés par les juifs de cette époque : croyance en l'immortalité de l'âme, en la récompense dans l'au-delà et en la résurrection des morts.

En dépit de leur conviction proclamée de la nécessité de revenir aux vieilles croyances et aux anciens modèles de comportement, les Sadducéens étaient en fait une secte novatrice. La majorité de la population, quant à elle, y compris ceux qui ne nourrissaient pas de sympathie particulière pour les 'Hassidim, continuait de suivre la voie familière, sous la houlette des Pharisiens (*Perouchim*, au sens propre séparatistes, bien qu'apparemment ils n'aient été désignés ainsi que par les autres partis). Les souverains hasmonéens, qui s'étaient proclamés rois nonobstant l'irritation des dirigeants pharisiens du Sanhédrin, et qui s'impliquaient de façon croissante dans la vie partisane, éprouvaient une indéniable attirance pour le mode de pensée sadducéen. Ce qui ne pouvait qu'entraîner une détérioration des rapports entre le roi et les chefs du Sanhédrin ; sous le règne d'Alexandre Yannaï, la situation avait dégénéré en état de guerre ouverte entre les 'Hassidim et les mercenaires du roi, avec intervention d'éléments étrangers au pays.

L'information sur les guides intellectuels de cette époque est rare. L'institution spirituelle suprême, le Sanhédrin, était dirigée par des *zougot* (couples de sages), dont l'un était le *nassi* (président) tandis que l'autre, son second, était le *av bet din* (président du tribunal). Il est impossible de définir avec certitude la signification exacte de ces couples qui, selon toute apparence, représentaient deux écoles différentes de pensée juridique ; mais les méthodes qu'ils prônaient étaient si proches que, quelques maximes et décisions générales mises à part, nous ne savons presque rien des individus. La seule personnalité de cette période qui nous soit connue est le *nassi* Simeon Ben Cheta'h qui vécut sous le règne d'Alexandre Yannaï.

Simeon était le frère de l'épouse d'Alexandre et jouissait donc d'une position éminente et d'une relative immunité face au roi. Opposant aux Sadducéens parmi les plus véhéments, il entretenait avec le souverain des rapports particulièrement orageux. Il essuya un échec dans son audacieuse tentative d'obliger celui-ci à se soumettre à l'autorité du Sanhédrin, entreprise qui ne fut pas étrangère à la montée des tensions au sein de la population. A la mort d'Alexandre, cependant, la veuve du roi, Salomé (Shlomzion), accéda au trône ; son règne, nous dit le Talmud, fut un bref « âge d'or ». Salomé rétablit les structures en vigueur au début de la période hasmonéenne, lorsque les questions religieuses internes étaient du ressort du Sanhédrin, tandis que son frère, Simeon, mit à profit l'autorité dont il jouissait pour introduire des changements d'une importance majeure. Il réussit, par des moyens divers, notamment des discours idéologiques enflammés, à expulser du Sanhédrin les Sadducéens et leurs sympathisants; par la suite, cette institution devait demeurer purement pharisienne. Il éradiqua, par des mesures particulièrement sévères, les derniers vestiges d'idolâtrie et de sorcellerie, et parvint à faire accepter le principe de « l'autorité de la Torah », c'est-à-dire le principe selon lequel la loi de la Torah et la volonté de Dieu doivent déterminer le comportement de la nation tout entière. Son insistance sur le respect absolu de la loi devait l'entraîner dans une situation tragique : il dut accepter l'exécution de son propre fils, condamné sur une accusation montée de toutes pièces, afin de sauvegarder les principes d'une juridiction formelle; son attitude créa un précédent pour les siècles à venir. Simeon Ben Cheta'h fit également adopter de nombreuses ordonnances; les plus connues sont celles qui ont modifié le texte de la *ketoubah* (le contrat type de mariage) dans un sens favorable aux droits des femmes et visant à assurer une plus grande stabilité de la vie familiale.

Les activités des *zougot* et la diffusion systématique de la loi orale placèrent les sages les plus importants à la tête de la population, même lorsque, en réalité, l'autorité politique et la Grande Prêtrise se trouvaient entre d'autres mains. Chemaya et Avtalyon, qui présidèrent le Sanhédrin après Simeon Ben Cheta'h, venaient d'une famille de prosélytes; on peut donc supposer qu'ils étaient d'humble origine sociale. La population ne les en considéra pas moins comme ses véritables chefs, au détriment du Grand Prêtre, même lorsque celui-ci fut au faîte de sa popularité. La maxime talmudique qui dit que la sagesse de la Torah est « plus précieuse que les perles », plus précieuse que le Grand Prêtre lui-même qui a accès aux lieux les plus saints, avait pénétré la nation tout entière.

IV

LES *TANNAÏM*

La période des *Tannaïm* commence très précisément au début du règne d'Hérode avec Hillel et Chammaï. Le *tanna* est celui qui étudie, répétant et transmettant ce qu'il a appris de la bouche de ses maîtres. A cette époque, la tradition générale de la loi orale s'élargit pour former un réseau de lois formulées avec précision et classées soit par sujet, soit selon un mode d'associations mnémotechniques. En s'intitulant *tannaïm*, les sages manifestaient une modestie extrême, car ce fut un âge de créativité indépendante essentielle dans de nombreux domaines et d'innovation dans la forme comme dans le contenu. Ce fut aussi un temps de tensions et de crises intérieures et extérieures : après la destruction du Temple par les Romains en 70 après J.-C., il fallait absolument reconstituer le tissu de la vie religieuse alors même que les *minim* (hérétiques, mouvements gnostiques en particulier) et les sectes chrétiennes faisaient peser une grave menace sur l'unité religieuse du judaïsme et que la population devait faire face à la persécution des oppresseurs étrangers. Or, c'est dans cette tourmente que la culture juive allait s'épanouir.

De nouveaux modes d'étude allaient apparaître et, pour le chercheur contemporain, c'est à ce moment que se situe la transition avec une ère où les sources sont plus complètes. Tandis que la science pré-tannaïque était collective et anonyme, quelques noms seulement émergeant de l'ensemble, nous faisons désormais connaissance avec des individus différenciés. Leurs personnalités complexes sont retracées de façon très vivante. Nous pouvons dès lors les distinguer, à travers leurs méthodes d'étude et d'enseignement, mais aussi par leurs traits de caractère, voire par leur aspect physique. Yo'hanan Ben Zakkaï, une des plus grandes figures de cette époque, a tenté de croquer ses disciples les plus importants : « Rabbi Éliézer Ben Hyrcanus : une citerne de ciment qui ne perd jamais une goutte ; Rabbi Yéhochoua Ben 'Hananiah : bénie celle qui l'a porté en son sein ; Rabbi Yossé Ha-Cohen : un *'hassid* (un homme pieux) ; Rabbi Simeon Ben Nathanael : il craint le péché ; Rabbi Éliézer Ben Arokh : une source intarissable. » Des récits et des anecdotes viennent illustrer d'abondance les qualités et les caractéristiques respectives des *tannaïm* et les font revivre à nos yeux. Dans cette période où émergent les individus, on crée le titre de rabbin pour les sages dotés d'un poste officiel ; ceux qui n'ont pas reçu la *semikhah* (ordination) continuent d'être désignés sous leur seul patronyme. Cette innovation allait conduire à une augmentation du nombre des sages et à une amélioration de leur statut social.

Hillel et Chammaï furent à l'origine d'un phénomène nouveau dans la vie juive : la mise en place de deux écoles qui prirent les noms de leurs fondateurs : *Bet Hillel* et *Bet Chammaï*. Violemment opposées sur bien des points, toutes deux ont cependant trouvé leur place dans l'enseignement juif traditionnel. Leurs débats halakhiques devaient se poursuivre sur plusieurs décennies jusqu'au moment où l'approche de l'école de Hillel prit finalement le dessus. Ces deux écoles reflétaient dans une certaine mesure les personnalités de leurs fondateurs. Hillel, *nassi* du Sanhédrin, était issu d'une famille babylonienne aisée, mais c'est dans des conditions d'extrême dénuement qu'il était venu étudier à Jérusalem, car il refusait toute aide financière de ses proches. Devenu *nassi* à la suite d'un imprévisible concours de circonstances, il ne perdit jamais, en dépit de sa position élevée, sa bonhomie et ses manières simples et modestes. Ses maximes, brèves et concises, disent sa générosité, sa piété et son amour de l'humanité. Chammaï, lui, était un technicien, connu pour sa probité et pour la cohérence qu'il manifestait en allant systématiquement jusqu'au bout de ses entreprises. Contrairement au doux Hillel, Chammaï était irascible et portait sur lui-même et sur autrui des jugements particulièrement rigoureux. Ses élèves tendaient à lui ressembler, spirituels et acerbes dans leurs reparties, penchant vers la sévérité dans leurs jugements. Bien que minoritaires, ils étaient de taille à se mesurer à l'école plus libérale de Hillel, et les heurts entre les deux groupes étaient souvent très véhéments voire parfois violents. Une légende bien connue rapporte qu'un païen se rendit auprès de Hillel et exigea d'apprendre la Torah tout entière tandis qu'il se tiendrait debout sur une seule jambe. C'est alors que Hillel, pour résumer la loi juive en une seule phrase, énonça sa maxime la plus célèbre : « Ne fais pas à autrui ce que tu ne voudrais pas qu'il te fît. C'est là la Torah tout entière ; tout le reste est commentaire. Maintenant va et étudie. »

Les disciples de Hillel, pourtant « indulgents et modestes », gagnèrent la sympathie des sages et la fonction de *nassi* devait être occupée pendant plus de 400 ans, jusqu'à la disparition du Sanhédrin, par des descendants de la famille de Hillel. A quelques brèves interruptions près, ceux-ci, qui jouissaient du titre honorifique de *rabban* (notre maître), guidèrent les sages et furent souvent les véritables dirigeants de la nation, reconnus tant par la population que par les autorités civiles.

Un très grand *tanna*, Rabban Yo'hanan Ben Zakkaï, qui fut peut-être aussi l'un des plus grands sages auquel le peuple juif ait donné naissance, allait ainsi s'intercaler au milieu des descendants de Hillel. Entré très jeune à l'école de Hillel, il devait vivre jusqu'à un âge très avancé (120 ans, dit la tradition) et c'est à lui qu'échut la tâche difficile de reconstituer le tissu de la vie juive après la destruction du Second

Temple. Rabban Yo'hanan s'était opposé à la révolte contre les Romains. Il avait pressenti qu'elle était vouée à l'échec et que ses conséquences seraient terribles. Il parvint à s'échapper de Jérusalem avant la chute de la ville et obtint du futur empereur Vespasien l'autorisation de fonder un centre spirituel à Yavneh et d'assumer la poursuite de l'œuvre de Hillel. Le Temple détruit, il releva le défi de créer un nouveau centre pour la population et de l'aider à s'adapter à une situation où il fallait bien orienter la ferveur religieuse vers un nouveau pôle d'attraction. Yo'hanan Ben Zakkaï est l'auteur de dix ordonnances importantes qui répondaient à l'urgente nécessité d'adapter la vie juive et la *halakhah* aux réalités de l'heure et d'assurer la perpétuation du souvenir du Temple jusqu'au moment où celui-ci pourrait être reconstruit. Que les juifs soient parvenus à nourrir et à développer leur vie nationale et culturelle au fil des deux millénaires qui ont suivi témoigne éloquemment du succès de son entreprise.

La génération suivante allait être marquée par trois sages, remarquables chacun à sa manière. A la tête du Sanhédrin se trouvait Rabban Gamaliel (connu sous le nom de Rabban Gamaliel de Yavneh pour le distinguer de son grand-père), qui réorganisa vigoureusement cette institution afin d'en faire l'autorité législative et judiciaire suprême du peuple juif. Son érudition était reconnue, mais, en dépit de la grandeur et de l'importance de la cause qu'il défendait, il irritait ses collègues par sa sévérité et son caractère abrupt ; il fut même temporairement déposé de ses fonctions. Rabbi Éliézer Ben Hyrcanus, son beau-frère, fut surnommé Rabbi Éliézer le Grand. Issu d'une famille très prospère, il vint à l'étude sur le tard ; mais ses capacités exceptionnelles, sa mémoire phénoménale et sa personnalité charismatique le placèrent très vite au premier rang des sages. Son maître disait de lui que si l'on mettait tous les sages d'Israël sur le plateau d'une balance et Rabbi Éliézer seul sur l'autre, c'est encore de son côté que pencherait le fléau. Bien qu'officiellement élève de Rabban Yo'hanan Ben Zakkaï, Rabbi Éliézer sympathisait plutôt avec l'école de Chammaï et se montrait assez conservateur dans ses décisions halakhiques. Parce qu'il refusait de se plier à la décision majoritaire, ses collègues durent une fois l'excommunier à l'issue d'un affrontement dramatique au cours duquel le Talmud nous le montre invoquant à sa rescousse les forces de la Nature et le Tout-Puissant. Son ami et rival Rabbi Yéhochoua prononça alors cette phrase fameuse selon laquelle la Torah ne se trouvait plus désormais dans les Cieux mais avait été confiée au jugement de la majorité des sages sur cette terre. Ces controverses n'empêchèrent pas Rabbi Éliézer de jouir d'un respect profond auprès de ses contemporains ; ses décisions constituent autant de pierres angulaires de la Michnah.

Tout autre était Rabbi Yéhochoua Ben 'Hananiah. C'était un pauvre qui tirait sa provende de son travail de forgeron ; il n'en fut pas moins, sans l'ombre d'un doute, le plus grand sage de son temps. On le décrit comme un homme laid qui charmait par sa sagesse tous ceux qui l'approchaient, sages et profanes, juifs et membres des plus nobles familles de Rome, qu'il rencontrait à l'occasion de ses séjours dans cette ville quand il devait y représenter son peuple. Plein d'esprit et de commerce agréable, il fut universellement aimé et admiré.

Ces trois maîtres présidaient l'important groupe de sages réuni dans « la vigne de Yavneh ». Leurs résultats scientifiques et les débats halakhiques menés dans leurs *yechivot* (académies) constituent l'une des bases de la littérature michnique. Les témoignages cités par divers sages et les comptes rendus des décisions qu'ils adoptèrent à l'issue d'une réunion spéciale qui dura une journée entière ou plus ont été reproduits presque textuellement dans un traité spécifique de la Michnah : *Edouyot* (témoignages). Le groupe comprenait quelques vieillards qui avaient été actifs avant la destruction du Temple et des hommes plus jeunes qui ne tarderaient pas à exercer leur influence. Parmi les élèves les plus jeunes, on relève les noms de plusieurs personnalités appelées à jouer un rôle majeur dans la période d'achèvement de la Michnah. S'y détachent tout particulièrement Rabbi Dossa Ben Harkinas, le vénérable ; Rabbi Élazar Ben Azaria, exceptionnellement brillant, qui fut, comme candidat de compromis, nommé *nassi* à l'âge de dix-huit ans ; Rabbi Ichmael Ben Élicha, modéré et raisonnable ; et Rabbi Tarfon, original, généreux et modeste, doué d'un humour particulier dirigé d'ordinaire contre lui-même. Dans ce groupe également, Rabbi Akiba, qui commençait à gravir les degrés qui le conduiront à la tête de la communauté, une génération plus tard.

Rabbi Akiba Ben Yossef, « dont le nom retentit jusqu'aux confins de la terre », fut une figure admirable et romantique qui rejette dans l'ombre tous ses contemporains. Il vit le jour dans une famille modeste et son père (ou son grand-père) était un prosélyte. Akiba lui-même était berger, très pieux mais totalement ignorant, un de ceux que l'on appelait *ammei ha-aretz* (personnes dépourvues d'instruction). Rachel, la fille d'un des hommes les plus riches de Jérusalem, s'éprit de lui et décida de l'épouser nonobstant sa pauvreté et son manque d'éducation ; elle avait pressenti en lui des qualités exceptionnelles. Privé du soutien du père de Rachel, le jeune couple vécut dans le dénuement et ce n'est qu'à l'âge de quarante ans qu'Akiba put commencer à apprendre à lire. Déjà mûr lorsqu'il vint à l'étude, Akiba voyait les choses avec un mélange de profondeur et d'originalité ; il abordait tous les problèmes sous un angle neuf. Conseillé et appuyé par son épouse, il demeura de longues années loin de son foyer et étudia auprès des plus grands : Rabbi Yéhochoua et Rabbi Éliézer. Pendant ce temps, sa femme était si démunie qu'elle dut sacrifier sa chevelure pour acheter de la nourriture. Lorsque Rabbi Akiba rentra chez lui, entouré de ses nombreux disciples, Rachel, pauvrement vêtue et marquée par l'épreuve, vint timidement lui souhaiter la bienvenue. Il se tourna alors vers ses disciples et leur dit : « Ce qui est à moi et ce qui est à vous est à elle. » Il leur dit également que riche est celui « qui a une femme méritante ».

Akiba avait débuté comme disciple des sages de Yavneh ; mais ceux-ci reconnurent bientôt son érudition et le charisme de sa personne et l'invitèrent à les rejoindre en toute égalité et à prendre part aux délégations envoyées à Rome. Akiba vécut très vieux (120 ans, dit la tradition) ; on le retrouve donc à la tête de la communauté une génération plus tard. Lorsque commença, en 132, la révolte de Bar-Kokhba contre Rome, Rabbi Akiba, contrairement à la plupart des sages de son époque, soutint activement la rébellion et proclama même Bar-Kokhba messie. C'est apparemment lui qui donna son nom au chef rebelle (Bar-Kokhba signifie « fils de l'étoile », réminiscence du verset « Un astre s'élance de la maison de Jacob », Nombres 24:17). Avant le soulèvement, il semble que Rabbi Akiba ait accompli un périple dans le monde juif, qui le conduisit en Babylonie et en Égypte, en Afrique du Nord et en Gaule, pour collecter des fonds et susciter des soutiens politiques, peut-être même pour coordonner une révolte analogue à Rome même. A son retour en Palestine, il mit ses disciples à la disposition de Bar-Kokhba.

Les légions romaines eurent grand mal à mater le soulèvement et une guerre très dure, où l'on eut recours à la tactique de la terre brûlée, dévasta la Judée. Cette guerre aurait fait un million de victimes, dont une génération entière de disciples d'Akiba. Lorsque les Romains furent venus à bout de la révolte, l'empereur Hadrien promulgua une série de décrets d'oppression interdisant, entre autres, l'étude de la Torah. Akiba, convaincu que l'étude était la source même d'un judaïsme vivant, prit le risque de continuer d'enseigner publiquement. A un ami qui le mettait en garde, il répondit par sa célèbre parabole : « Le renard vit le poisson fuyant les filets dans l'eau et lui proposa de le transporter sur la terre ferme. Le poisson lui répondit :

“Renard, tu n’es pas le plus sage des animaux, mais un sot. Si déjà nous vivons dans la peur dans l’eau qui est notre élément, combien plus vivrons-nous dans la peur sur la terre ferme où nous trouverons la mort.” » Avant d’être arrêté par les autorités romaines, Rabbi Akiba parvint à former un nouveau groupe de disciples qui prirent la tête de la nouvelle génération. Il connut le martyre après la torture et expira, le *Chema Israel* sur les lèvres. Ses méthodes didactiques et son système halakhique, transmis par ses divers disciples, furent la base de la perpétuation de la loi orale ; de même, son approche du mysticisme constitua le fondement de l’étude mystique aux siècles suivants.

Nous en savons plus sur les disciples d’Akiba que sur toute autre génération de *tannaïm*. Citons, entre autres, Rabbi Yéhouda Ben Ilaï, un modéré, partisan d’un compromis avec les Romains, et un disciple fidèle qui édita un commentaire du Lévitique, *Torat Kohanim*, fondé sur la méthode de son maître. Rabbi Meïr, lui, un homme doué dont les brusques éclairs de génie étonnaient ses contemporains « qui ne pouvaient saisir ce qu’il voulait dire », venait d’une famille de prosélytes alliée aux empereurs romains. Il était employé aux écritures et sa vie avec sa célèbre épouse, Berourya, fut marquée par une série de tragédies personnelles. Interprète fascinant et écrivain exceptionnellement doué, il posa les fondations de la rédaction de la Michnah. Son contemporain, Rabbi Simeon Bar Yo’haï, un personnage charismatique, sombre et mystérieux, suivit Akiba dans son opposition obstinée à la domination romaine et dut en conséquence se cacher plusieurs années dans une grotte en compagnie de son fils, Rabbi Élazar. De même qu’Akiba, il suivit sa propre voie dans le commentaire biblique. C’est de son académie que sont sortis les *midrachim* sur le livre de l’Exode (*Mekhilta*), sur les Nombres et le Deutéronome (*Sifrei*). On lui a également attribué la rédaction de l’ouvrage fondamental de la Kabbale, le *Livre du Zohar*, dont il est la figure centrale. Rabbi

Yossi Ben Halafta était un homme modéré et taciturne, universellement aimé, dont la méthode halakhique est, en raison de sa solide logique, considérée comme la plus fiable. Le *nassi* héréditaire du Sanhédrin fut Rabban Simeon Ben Gamaliel le deuxième, qui se considérait comme inférieur à ses collègues, « un renard parmi les lions », mais entreprit néanmoins de reconstruire un mode et une règle de vie pour la population. La postérité devait plus l'apprécier pour ses qualités de législateur et entériner ses décisions dans presque tous les cas.

A Rabban Simeon Ben Gamaliel allait succéder au poste de *nassi* son fils, Rabbi Yéhouda Ha-Nassi, le plus grand sage de son époque, révéré par ses disciples et par la postérité. De son vivant, on l'appela *rabbenou ha-kadoch* (notre saint rabbi) et, à la longue, tout simplement Rabbi. Rabbi Yéhouda était doué de deux qualités qui vont rarement de pair, « Torah et pouvoir dans un même écrin ». Sage d'un exceptionnel niveau, il fut aussi l'homme politique le plus important de son temps. Porté vers l'ascétisme par ses goûts personnels, il adopta pourtant une apparence extérieure de grand apparat et vécut, lui qui était frugal et de santé fragile, dans un riche palais. Sa position particulière était étayée par sa grande fortune personnelle et par ses liens étroits avec les dirigeants romains. Plusieurs récits évoquent son amitié avec l'empereur Antonin (mais il pourrait s'agir en fait de Marc Aurèle ou d'Alexandre Sévère).

Vivant dans une ère de paix et entretenant d'excellents rapports avec les autorités, Rabbi Yéhouda n'en pressentait pas moins que ce calme était précaire et devait être mis à profit pour réaliser un projet qui assurerait la pérennité de l'étude de la Torah. C'est sa crainte de voir la Torah oubliée au fil des ans par le peuple qui le détermina à violer l'interdiction d'écrire la loi orale, jusque-là respectée, et à rédiger un ouvrage embrassant ses points essentiels. Ce projet a été mené à bien et a donné naissance à une œuvre qui ne le cède en importance et en sainteté qu'à la Torah elle-même : la Michnah.

V

LA COMPILATION DE LA MICHNAH

Tandis que, de siècle en siècle, la connaissance de la loi orale se transmettait de maître à élève par un enseignement parlé, le besoin de mettre son contenu en ordre et en forme, d'une manière ou d'une autre, apparaissait de plus en plus clairement. Et cela pour des raisons essentiellement mnémoniques : l'immense quantité de matériau oral ne pouvait plus être retenue par cœur par la répétition et l'étude intensive seules. Au début, lorsque la loi orale suivait la loi écrite de très près, celle-ci permettait, entre autres, à l'étudiant de se souvenir de la *halakhah* relative à chaque verset. La littérature talmudique et la littérature juive en général devaient reprendre ce double usage du texte biblique, non seulement base juridique et logique de la loi orale mais aussi auxiliaire mnémotechnique. C'est lui qui a donné naissance à la notion de *asmakhta* (soutien), qui consiste à citer un texte biblique qui n'est pas la source directe de la *halakhah* mais se trouve associé, par une certaine technique exégétique, avec une halakhah connue, pour servir d'aide-mémoire. Le recours à cette méthode était si courant qu'il est parfois presque impossible de distinguer ce qui est véritablement commentaire de ce qui sert simplement de *asmakhta*. Mais cette utilisation du texte n'était applicable qu'aux sujets sur lesquels les textes abondaient tandis que les commentaires et *halakhot* étaient moins nombreux.

Dans bien des domaines, cependant, la loi orale se développa très au-delà des versets isolés d'où elle tirait son origine. On jugea alors nécessaire de classer les nombreux détails en fonction de catégories plus générales. Au départ on avait eu, semble-t-il, recours à des méthodes simples, l'objectif se limitant à faciliter la mémorisation et l'étude. Certains thèmes étaient classés et ordonnés par séries numériques ; c'est ainsi que nous pouvons trouver des listes des « quatre causes principales de blessures », des « trente-neuf principaux travaux interdits le Chabbath », etc. On construisait ensuite, autour de ces définitions, de grandes superstructures halakhiques plus détaillées. Dans le même temps, les sages devaient rechercher des règles et des généralisations autorisant à la fois compréhension et inclusion de détails nombreux. Ces règles de base ne sont pas des théories ou des concepts légaux mais plutôt des résumés, c'est-à-dire des tentatives d'organiser le matériel et de trouver le dénominateur commun à plusieurs *halakhot* isolées. En fait, beaucoup de lois, pour certaines très anciennes, avaient été énoncées en fonction de ce système. On indiquait parfois explicitement que telle avait été l'approche ; ainsi « l'importante règle du Chabbath », ou « l'importante règle de la dîme », tentatives de fournir un énoncé général de lois détaillées. D'autres généralisations ne sont pas signalées en tant que telles ; par exemple : « les femmes sont dispensées de tous les commandements positifs liés au temps ». Parfois encore, plutôt que de le faire apparaître sous forme de règle, on formule le principe comme un exemple de départ ouvrant sur d'autres déductions.

Ces systèmes, et d'autres analogues, n'étaient rien d'autre, semble-t-il, que des auxiliaires de l'étude, valables uniquement dans les périodes où vie et culture étaient largement statiques. Mais avec le temps, bien des choses allaient changer et de nouveaux sujets émerger qui exigeaient analyse, augmentant d'autant le matériau de base de l'étude. Il était parfois indispensable de reformuler ou de modifier des décisions. Les sages pharisiens furent conduits, par leurs débats avec les Sadducéens, à mettre l'accent sur certains aspects de la *halakhah*. La part croissante prise par des étrangers dans différents domaines de la vie juive fit également naître le besoin de mesures nouvelles. Ou, pour donner un dernier exemple, l'instabilité des relations politiques et religieuses avec les Samaritains amena une modification de la position halakhique relative à cette secte.

La grande quantité de matériel accumulée sur plusieurs générations commença à faire problème au moment même où les institutions religieuses et judiciaires du judaïsme sauvegardaient une certaine hiérarchie et faisaient appel à des systèmes uniformes de décision juridique, toute contestation étant soumise au Grand Sanhédrin dans l'enceinte du Temple pour jugement sans équivoque. Mais dès l'époque hasmonéenne, le rempart de l'uniformité s'était lézardé ; et la controverse apparut au grand jour avec Hillel et Chammaï lorsque fut officiellement reconnue l'existence de deux écoles de pensée différentes.

Le développement de l'enseignement élémentaire et sa réorganisation sur une base nationale par le Grand Prêtre Yéhochoua Ben Gamala, en même temps que l'ouverture par Hillel des académies à un public plus large, provoquèrent un afflux d'étudiants et une augmentation correspondante du nombre des enseignants qui créèrent leurs propres académies, petites ou grandes. Ce mouvement allait gagner en ampleur lorsque la destruction du Temple ébranla fortement l'autorité centrale. Tant que tous les sages avaient été rassemblés et que l'essentiel de l'enseignement avait été le fait d'un seul groupe, on avait pu préserver l'uniformité de la tradition. Par contre, la prolifération des enseignants et la mise en place d'écoles séparées menaient, bon gré mal gré, à une pléthore de formes et de modes d'expression. Chaque enseignant avait sa méthode particulière et formulait ses décisions selon son style. Ces différences étaient parfois de pure forme, mais il y avait aussi des divergences, volontaires ou inconscientes, quant au fond. Dès lors, quand les sages se rencontraient, ils ne pouvaient plus faire référence à une tradition unique, limitée et uniforme. Ils étaient tenus de comparer plusieurs traditions, celles de leurs propres maîtres et celles d'autres sages. Il n'était plus possible de s'instruire uniquement auprès de l'enseignant que l'on s'était choisi ; l'étudiant devait désormais prendre connaissance des travaux d'autres maîtres ou d'autres traditions portant sur le même thème. Cette « explosion du savoir » obligeait donc les étudiants à mémoriser des quantités de textes considérables.

Ce sont ces évolutions, manifestes sur plusieurs générations à l'époque du Second Temple, qui, selon toute apparence, ont incité les sages à créer les cadres en fonction desquels le Talmud allait être compilé. Les lois furent classées et exposées en phrases courtes faciles à retenir. Cette extrême concision nuisait parfois à la clarté, car la formulation laissait forcément certains détails de côté. Mais elle permettait de regrouper divers sujets et problèmes sur lesquels il avait été clairement statué. On sait que de telles lois, datant peut-être des Hasmonéens, existaient dès le Second Temple. Quelques règles isolées remontent sans nul doute à une période encore plus lointaine. Certaines *halakhot* sont attribuées par le Talmud lui-même à l'époque de Néhémie, c'est-à-dire au début du Second Temple.

L'organisation systématique du corps de la *halakhah* en unités clairement définies a été lancée, semble-t-il, par Rabbi Akiba. Selon ses contemporains, son activité ressemblait au travail du paysan qui va au champ, emplit au hasard son panier de tout ce qu'il trouve, puis rentre chez lui pour trier les différentes espèces. Akiba avait étudié de nombreux sujets dans le désordre et les répartit en catégories distinctes. Ses disciples semblent avoir continué ce travail en suivant les lignes directrices établies par Akiba. Rabbi Meïr se révéla être le plus doué pour cette tâche et son système servit de base à l'œuvre de codification entreprise par Rabbi Yéhouda Ha-Nassi.

Rabbi Yéhouda commença par classer la plupart des thèmes de la *halakhah* (au sens le plus large) en six catégories, « les six ordres de la Michnah », chacune traitant également d'une série de sujets annexes. Plusieurs de ces *sedarim* (ordres) sont très homogènes dans leur contenu ; d'autres, afin de recouvrir tout l'éventail des questions relevant de près ou de loin du thème traité, incluent un matériau plus diversifié. Les ordres étaient divisés en courts livres abordant des sujets précis : « Bénédictions », « Chabbath », etc. Chacun de ces livres est appelé *masekhet* (traité), terme apparemment dérivé de *masekha* (métier à tisser). Les traités sont divisés en chapitres et les chapitres en unités encore plus petites appelées *michnayot* (au singulier, *michnah*) relatives à une *halakhah* spécifique ou à plusieurs *halakhot* liées entre elles par une même problématique.

L'œuvre générale de classification semble s'être poursuivie pendant un certain temps et le mérite principal de Rabbi Yéhouda fut de résumer la loi orale et de l'intégrer à un cadre formulé avec plus de précision et plus restreint que par le passé. Il tira parti de ce que son académie était fréquentée par la plupart des savants éminents de son temps et par des élèves venus de tous les autres centres d'études. Pour commencer, il collationna le matériel admis par tout le monde sans exception et clarifia sa formulation. S'agissant de mettre au point un ouvrage apte à servir de texte de base pour les générations futures, il lui fallait obligatoirement porter l'effort sur une formulation précise, car chaque énoncé devait inclure tout un univers. Le texte devait être concis à l'extrême, car Rabbi Yéhouda pensait, à juste titre, qu'il n'y aurait pas de révolution immédiate dans les techniques d'étude et que la Michnah elle-même serait étudiée oralement en tant que fondement de tout examen plus approfondi. Chaque phrase et chaque formule étaient donc un résumé auquel on était parvenu après discussion et débat dans son académie.

De nombreuses *halakhot* et *michnayot* anciennes furent

insérées sous leur forme originelle dans la nouvelle compilation, parfois accompagnées d'une explication plus récente et parfois telles quelles, en respectant la langue ancienne. (A l'époque du Talmud, on observait que certaines *michnayot* ne reflétaient pas seulement la méthode mais aussi le mode d'expression spécifique des habitants de Jérusalem ou de la Judée.) Les *halakhot* communément acceptées étaient rédigées de manière à préserver leur essence, mais il fallait aussi résumer les méthodes et les discussions de nombreuses générations de sages. Rabbi Yéhouda, nous l'avons dit, fondait son travail sur les compilations de Rabbi Meïr, mais celles-ci furent soumises à des modifications de forme, tels des amendements, un résumé, la citation de méthodes différentes ou le rejet des conclusions d'une école en faveur de celles d'une autre. De nombreuses sources se trouvaient donc éliminées, en particulier les controverses anciennes résolues par les générations suivantes. Cependant, la Michnah retint certaines méthodes sujettes à débats et qui n'avaient pas été acceptées comme *halakhah*, pour leur importance dans la compréhension du problème et pour leur valeur en tant que sources comparatives.

Rabbi Yéhouda tenta, dans toute la mesure du possible, de trouver, pour la plupart des problèmes, des formules exprimant un consensus général. Là où il pensait exprimer l'intention essentielle de la *halakhah*, il ne citait pas sa source, l'indiquant comme *stam michnah* (simple *michnah*) sans nommer son auteur ou celui qui l'avait formulée. C'est le cas de la plupart des *michnayot* ; mais lorsque les savants n'avaient pas abouti à une conclusion définitive quant à l'intention, Rabbi Yéhouda prenait généralement le parti d'identifier les principales méthodes utilisées pour explorer cette *michnah* en donnant les noms de leurs auteurs les plus importants. Il donne parfois la liste des opinions en présence ; quelquefois, il privilégie une méthode comme fondamentale sans en indiquer l'auteur et ajoute les titres et opinions d'autres sages. Il va sans dire que, s'il y a souvent consensus sur les controverses anciennes, les divergences sont de plus en plus nombreuses au fur et à mesure que l'on approche de l'époque de Rabbi Yéhouda lui-même. La Michnah est un vaste corpus de textes rapportant les opinions des sages de la génération précédant immédiatement celle de Rabbi Yéhouda, mais on y trouve aussi un compte rendu détaillé des débats du temps de Rabbi Yéhouda lui-même et ses vues personnelles sont parfois indiquées en tant qu'opinion isolée ne rejoignant pas le consensus général.

Selon les sources, Rabbi Yéhouda ne se borna pas à mettre en forme la Michnah ; il fit aussi appel à elle dans les études qu'il mena avec ses contemporains. Il lui arriva de changer d'avis sur certaines questions et il amenda les *michnayot* en conséquence. Quelquefois, il lui fut impossible d'introduire dans l'ouvrage certaines de ses formulations ou théories nouvelles, une décision antérieure ayant déjà été adoptée ; à d'autres occasions, il opère des ajouts contredisant ses propres décisions antérieures. De même, il pouvait arriver qu'une nouvelle formulation rendît caduques des *michnayot* précédentes, mais puisque la règle voulait qu'« une *michnah* garde toujours sa place », les deux maximes étaient retenues.

Ces faits attestent de l'uniformité et de la stabilité de la Michnah du vivant de Rabbi Yéhouda. Après sa mort, on ne devait pratiquer que des modifications mineures ou de brefs ajouts qui n'altéraient pas fondamentalement l'ensemble. Rabbi Yéhouda avait réussi à achever la Michnah et à lui donner sa forme et ses caractéristiques permanentes, mettant ainsi fin à la période des *tannaïm*. La postérité était délivrée du fardeau de devoir, pour apprendre la loi orale, se plonger dans un nombre considérable de *halakhot* puisées à des centaines de sources différentes. Un ouvrage construit avec clarté et pouvant alimenter toute étude nouvelle était désormais disponible. On ne sait pas encore très bien si la Michnah fut immédiatement rédigée et largement diffusée (comme le soutient une certaine école) ou bien si elle fut formulée oralement (comme le croient beaucoup d'autres) ; quoi qu'il en soit, c'était un ouvrage complet et sacré, ne le cédant en sainteté qu'à la Bible elle-même.

La Michnah est rédigée en un hébreu clair et précis caractérisé par une terminologie juridique-halakhique spécifique et particulièrement laconique. Cette langue se distingue de l'hébreu biblique par son style, son vocabulaire et sa syntaxe. Bien que l'« hébreu michnique » ait été dans une faible mesure influencé par l'araméen, une langue parente de l'hébreu dont l'usage était très répandu, il représente une étape fondamentale dans l'évolution de la langue hébraïque. Certains chercheurs ont, dans le passé, considéré l'hébreu michnique comme une langue littéraire, un jargon technique utilisé seulement par les sages ; mais des documents et des lettres découverts récemment prouvent la fausseté de ces assertions. L'hébreu michnique a bien été une langue vivante et parlée.

VI

LES *AMORAÏM* DE BABYLONIE

Avec la codification de la Michnah et la mort de Rabbi Yéhouda commence une ère nouvelle, celle des *amoraïm* (du verbe *amar*, parler ou interpréter), interprètes de la Michnah. La transition entre *amoraïm* et *tannaïm* fut assurée par de jeunes collègues ou disciples de Rabbi Yéhouda, qui se donnèrent pour mission non seulement d'étudier et d'interpréter la Michnah mais encore de poursuivre l'œuvre du maître ; celui-ci n'avait en effet réuni qu'une toute petite partie du véritable trésor de sagesse enseigné dans les différentes académies. Et bien que l'on considérât que son œuvre de codification couvrait l'essentiel, on pensa qu'il serait utile de préserver le matériau accessoire en tant qu'auxiliaire de l'étude et à des fins comparatives.

Les meilleurs élèves de Rabbi Yéhouda, Rav 'Hiya et Rav Ochaya, se livrèrent à leurs propres compilations de la loi orale ; on les trouve, partiellement réunies, dans l'ouvrage intitulé *Tossefta* (littéralement ajout) qui a survécu en tant que traité autonome. La *Tossefta* est aussi une version résumée de la loi orale, mais fondée sur la méthode de l'académie de Rabbi Né'hémiah, un des disciples d'Akiva. C'est également à cette époque que l'on rédigea les *midrachei halakhah* (exégèses halakhiques), qui éclairaient et soulignaient les liens entre lois écrite et orale. D'autres sages poursuivirent l'œuvre de compilation du matériel tannaïque mais seules quelques traces de ce travail sont arrivées jusqu'à nous. L'abondance de ce matériel est illustrée par une interprétation allégorique d'un verset du Cantique des Cantiques : « Soixante reines — ce sont les soixante traités (de la Michnah) ; quatre-vingts concubines, les *tosseftot* ; les innombrables vierges, les *halakhot.* » Les *halakhot* isolées et les compilations de textes tannaïques non incluses dans la Michnah sont appelées *baraïtot* (enseignement extérieur), c'est-à-dire matériau annexe.

L'œuvre de préservation et de codification de l'immense corpus de la loi orale se poursuivit pendant plusieurs générations, mais son importance devait décroître lorsque l'étude de la Torah se porta vers d'autres horizons. Les sages qui se consacraient à la mémorisation des très nombreuses *baraïtot* continuaient d'être désignés sous le vocable de *tannaïm*, mais celui-ci avait pris une acception différente. Les *tannaïm* n'étaient plus les créateurs de la loi orale mais des individus doués d'une mémoire exceptionnelle, qui ne comprenaient pas toujours pleinement le sens de ce qu'ils mémorisaient. On les trouva longtemps dans les plus grandes académies, archives vivantes auxquelles les sages faisaient appel pour clarifier et éclairer les questions surgissant au cours de l'étude de la Michnah.

De l'an 300 à l'an 500 environ, les sages sont appelés *amoraïm.* Ce mot correspondait à l'origine à un travail entamé sous les *tannaïm.* Les sages éminents avaient coutume de traiter devant le grand public des questions de *halakhah* ou de *aggadah* (légende) ; traditionnellement, le maître s'exprimait à la tribune en hébreu, tandis que ses disciples traduisaient ses observations en araméen (la langue vernaculaire de l'époque) pour ceux qui ne comprenaient pas l'hébreu. Ces traducteurs intervenaient également lors des lectures publiques de la Torah, rendant immédiatement chaque verset en langue araméenne de sorte que son contenu fût accessible à tous. Au départ, les *amoraïm* étaient donc essentiellement des traducteurs et parfois des vulgarisateurs des enseignements halakhiques fondamentaux des sages. Après la période michnique, les sages se considérèrent comme des *amoraïm* de la Michnah. Plutôt que de créer leur propre *halakhah*, ils s'étaient fixé pour tâche d'expliquer et de diffuser le texte vers le peuple. A la longue, ils devinrent les guides du peuple juif et présentèrent leurs propres innovations halakhiques ; mais, par souci d'humilité, ils ne changèrent pas d'appellation.

La période où la Michnah fut achevée est historiquement importante à plus d'un titre : elle fut également marquée par l'émergence d'un important centre d'étude indépendant en Babylonie. Il est vrai que, de tout temps, il y avait eu des sages dans ce pays, et que certains des plus grands *tannaïm*, tel Hillel, étaient d'origine babylonienne ; mais la vie juive dans cette contrée avait toujours été considérée comme une extension de la culture palestinienne ne suffisant pas à ses propres besoins spirituels. Pourtant, quand il apparut qu'il n'y avait pas de personnalité d'envergure susceptible d'assumer la succession politique et spirituelle de Rabbi Yéhouda, l'autorité du centre palestinien se mit à décliner. De plus, les conditions politiques et économiques de la Palestine se détérioraient, et le mouvement d'émigration qui s'ensuivit renforça les académies situées en Diaspora.

Tandis que le centre palestinien perdait de son importance, le grand *amora* Rav Abba Ben Ibo (connu aussi sous le surnom de Abba Arikha, le grand Abba) relevait le défi de mettre en place un centre spirituel en Babylonie, qui allait en fait éclipser celui de Palestine. Dans sa jeunesse, Rav Abba avait accompagné dans ce pays son oncle et maître, Rav 'Hiyah, disciple et collègue de Rabbi Yéhouda. Il fit pratiquement toutes ses études sous la direction de Rabbi Yéhouda et devint membre du Sanhédrin. Il vécut longtemps en Palestine, retournant, semble-t-il, de temps en temps en Babylonie, et regagna finalement sa terre d'origine pour des raisons personnelles. Il y trouva un certain nombre de grands sages mais se rendit compte que les études étaient mal organisées et que leur niveau n'égalait pas celui des études palestiniennes. Rav Abba était connu comme un des sages palestiniens les plus éminents, ordonné par Rabbi Yéhouda en personne, compilateur de *michnayot* et spécialiste des traditions tant palestiniennes que babyloniennes. Afin de ne pas porter ombrage aux dirigeants communautaires en place en Babylonie, il s'installa dans la petite ville de Soura plutôt que dans un des grands centres d'études et y ouvrit son académie. Les sages babyloniens ne tardèrent pas à être attirés par ce nouveau centre et des milliers de disciples s'y rassemblèrent. Rav Abba exerçait une telle influence sur la communauté babylonienne que l'on se mit à l'appeler tout simplement Rav[1], le nom sous lequel il est encore connu de nos jours. L'autorité du centre de Soura fut reconnue par presque tout le judaïsme babylonien et l'académie fonctionna sous des formes diverses pendant soixante-dix ans.

Renommé pour sa piété et sa noblesse d'âme, Rav parvint, par son exemple personnel, son aide et son encouragement, à relever le niveau des études en Babylonie. Un de ses jeunes contemporains, le sage babylonien Samuel, créa un second centre dans la ville de Nehardea. Cette académie, qui devait ultérieurement s'établir ailleurs, restera l'associée et l'amicale concurrente de Soura aussi longtemps que la Babylonie demeurera un centre florissant d'étude de la Torah.

Première génération d'*amoraïm* babyloniens, Rav et Samuel ont modelé pour des siècles l'étude de la Torah dans ce pays. Bien que très différents de caractères, ils étaient des amis proches. La famille de Rav faisait remonter son lignage jusqu'à la maison de David et était alliée au *rech galout* (l'exilarque, chef héréditaire du judaïsme babylonien). Rav connaissait bien la tradition d'études palestiniennes et est l'auteur de plusieurs recueils de *michnayot*. C'est dans

1. *Rav* = « le maître ». (*N.d.T.*)

son académie que l'on composa le commentaire définitif du Lévitique (connu sous le titre de *Sifra Debei Rav*) ; certaines des prières du Nouvel An les plus importantes lui sont également attribuées. Tout autre était Samuel, dans son aspect extérieur comme dans son activité professionnelle. Rav faisait du commerce, à échelle internationale, tandis que Samuel fut un des grands médecins de son temps, un astronome renommé et le chef du protocole de la cour de l'exilarque.

La technique d'étude qui se dégagea dans ces deux académies se concentrait sur la clarification de la Michnah par la citation de sources correspondantes extraites de *michnayot* annexes dans une tentative de parvenir à analyser la Michnah à partir de tous les angles d'attaque possibles. Parce que, selon la *halakhah*, il était absolument impossible de donner l'ordination hors de Palestine, les sages babyloniens ne pouvaient recevoir le titre de rabbin et furent donc appelés *rav*, un titre attestant de leur savoir sans leur accorder pour autant de statut halakhique officiel. Pour la même raison, il ne pouvait y avoir en Babylonie d'institution analogue au Sanhédrin ; l'objectif de l'étude, dans de nombreux cas, n'était donc pas nécessairement d'aboutir à des décisions halakhiques claires. Ce qui accentua encore une tendance naturelle, que l'on trouve chez tous les *amoraïm*, y compris ceux de Palestine, à se concentrer sur les aspects théoriques et essentiels de l'étude.

Les deux académies divergeaient profondément dans leur approche de l'analyse et de l'étude de la Michnah. C'est pourquoi, pendant les siècles qui suivirent, l'étude partit des controverses ayant opposé Rav et Samuel. On décida plus tard que, en matière de droit civil, préférence serait donnée aux décisions de Samuel, tandis que, dans les autres domaines, celles de Rav feraient autorité. Ce qui, bien entendu, n'empêcha pas leurs disciples respectifs de persister dans l'usage des deux méthodes.

De nombreux sages babyloniens des générations suivantes s'installèrent en Palestine et y prirent une place notable ; mais les académies babyloniennes étaient si grandes et si importantes qu'elles développèrent leurs propres techniques d'étude et leurs écoles de pensée. A Soura, Rav 'Huna, disciple de Rav, assuma la succession, tandis que l'héritier de Samuel, Rav Yéhouda, également ancien élève de Rav, déplaça l'académie de Nehardea à Poumbedita où elle s'enracina. Parmi les savants de cette époque, citons : Rav 'Hisda, qui vécut très vieux ; Rav Chechet, qui était aveugle, un des plus grands érudits de son époque, « un homme plus dur que l'acier », à la langue acérée et aux opinions très tranchées ; et Rav Na'hman, gendre de l'exilarque, qui fut un juge brillant dans la tradition de Samuel.

La troisième génération des *amoraïm* babyloniens put se glorifier de deux personnalités exceptionnelles : Rabba (contraction de Rav Abba), personnalité brillante (« un homme qui soulève les montagnes », selon ses contemporains), responsable très jeune d'une académie ; et Rav Yossef, grand spécialiste de la Torah. Rav Yossef perdit la vue avec l'âge mais ne se départit pas pour autant de sa bonté et de sa chaleur pour ses disciples, remplaçant en fait son ami Rabba à la tête de l'académie. Les débats entre ces deux hommes furent intégrés au programme normal d'étude des académies. Certains sages rapportaient en Babylonie des résumés des études palestiniennes et ce contact renouvelé inspira deux maîtres qui sont considérés comme les piliers de l'étude babylonienne, Abbayé et Rava. Abbayé était le surnom donné par Rabba à son neveu, Na'hmani Ben Kaylil (un surnom qui signifiait, semble-t-il, « petit père », car il portait le nom du père d'Abba, Na'hmani). Orphelin, il avait été élevé par son oncle et vécut, comme lui, dans le dénuement, travaillant la terre pour subsister et étudiant la nuit ou à la morte saison. Il fut un des élèves préférés mais aussi un des critiques les plus acerbes de Rav Yossef ; il étudia auprès des deux maîtres et prit la direction de l'académie après Rav Yossef. Rava, dont le véritable nom était

Abba Ben Rav 'Hamma, fut, pour sa part, disciple d'une autre école, celle de Rav Na'hman et de Rav 'Hisda. Riche marchand, il était très proche de la maison royale de Perse et vécut dans la ville de Me'hoza, un centre commercial important et prospère. Rava était apparemment plus jeune que Abbayé mais ils furent amis d'enfance en dépit de leurs divergences. Le Talmud de Babylone rend compte de centaines de débats les opposant et les discussions qu'eux-mêmes ou leurs disciples menèrent sont des illustrations classiques des méthodes du Talmud de Babylone. Tous deux étaient d'esprit vif, mais Abbayé était tenté par un certain formalisme alors que son collègue avait une approche plus réaliste. Abbayé était plus modéré dans ses conclusions et privilégiait les solutions simples ; mais les décisions de Rava étaient plus claires en dépit de son recours à une technique plus complexe. Ils étaient d'accord dans bien des domaines et de nombreux éléments halakhiques importants sont le fruit de leurs efforts conjoints.

Leur production intellectuelle fut si grande en quantité et si bonne en qualité que les sages de la génération suivante, Rav Pappa, Rav Na'hman Bar Isaac et Rav 'Huna Ben Yéhochoua, consacrèrent une bonne part de leur énergie à l'élaboration des théories exposées par ces sages et entreprirent de tirer des conclusions de leurs travaux. On s'est rendu compte ultérieurement que la période d'Abbayé et de Rava a constitué un tournant dans l'étude de la Torah. Jusqu'à eux, les traditions transmises de maître à élève avaient joué un rôle central dans l'étude ; après eux, l'analyse critique, la recherche personnelle et la mise au point de techniques nouvelles devinrent de plus en plus importantes. C'est pourquoi les conclusions auxquelles, après examen et élimination, devaient parvenir les générations suivantes, furent si significatives d'un point de vue halakhique.

La sixième génération des *amoraïm* babyloniens devait donner naissance à une autre personnalité hors pair, Rav

Achi, directeur de l'académie de Soura, qui créa un grand centre d'étude de la Torah. Mais si prépondérante qu'ait été son influence, nous ne possédons que peu d'éléments d'information sur ses origines et son milieu familial ; nous savons seulement qu'il était extrêmement riche, qu'il entretenait des rapports très suivis avec les autorités persanes et que, exerçant une autorité plus grande encore que celle de l'exilarque lui-même, il était en fait le chef politique de la communauté juive de Babylone. De plus, Rav Achi fut universellement reconnu comme le plus grand sage de son temps. Il avait reçu en partage ce mélange de « Torah et de pouvoir » dont avait été doué Rabbi Yéhouda Ha-Nassi. Si Rav Achi se lança dans la rédaction du Talmud de Babylone, c'est qu'il craignait que, dans son état de désordre, l'énorme masse constituée par le matériel oral ne sombre dans l'oubli avec le temps. Pendant les nombreuses années (près de soixante) où il dirigea l'académie, il se consacra à la mise au point d'une structure pour le Talmud de Babylone. C'était là un travail gigantesque, plus vaste encore que la compilation de la Michnah et exigeant des modes d'organisation et d'édition entièrement nouveaux. Le Talmud ne mentionne pas Rav Achi aussi souvent que d'autres sages, mais une immense quantité de matériel anonyme porte sa marque.

Il fallait plus d'une génération pour mener cette œuvre à terme ; après que Rav Achi en eut posé les fondations, le flambeau fut repris par son successeur, disciple et collègue, Ravina. Rav Achi et Ravina sont considérés comme « les derniers des maîtres » et marquent la fin de la période des *amoraïm*. Les disciples de Rav Achi et, après eux, leurs élèves poursuivirent l'œuvre de rédaction du Talmud de Babylone ; la version finale comporte les noms de certains sages qui ont vécu un siècle après Rav Achi. Mais, plus que de création, leur apport fut de complément et de mise au point définitive ; la création avait été le fait des deux grands maîtres.

Dans les deux siècles qui suivirent, les sages étudièrent le Talmud, y insérant des modifications mineures ou quelques ajouts. Leur groupe, celui des *savoraïm* (commentateurs), donna à l'œuvre sa forme définitive. Dans la plupart des cas, seuls leurs noms apparaissent sans que l'on sache grand-chose de leurs personnalités ou de leurs réalisations. Contrairement à ce qui s'était passé avec la Michnah, on n'attribue à aucun sage en particulier le mérite d'avoir terminé la rédaction et la mise au point du Talmud ; d'où le dicton significatif : « Le Talmud n'a jamais été achevé. » Jamais l'activité intellectuelle fondée sur le Talmud ne s'est interrompue, et elle allait revêtir, dans les siècles futurs, plus d'une forme nouvelle.

VII

LES *AMORAÏM* DE PALESTINE

Si la mort de Yéhouda Ha-Nassi marqua la fin de la période de la Michnah, l'étude michnique se poursuivit encore pendant une génération, comblant, tant historiquement qu'intellectuellement, la brèche entre *tannaïm* et *amoraïm*. Les sages de ce temps, versés dans l'étude et l'interprétation de la Michnah, furent également éditeurs de compilations de *michnayot* annexes. Il faut très probablement attribuer cette orientation à l'absence d'un maître apte à assumer la suite de Rabbi Yéhouda.

Ce dernier avait désigné comme successeur son fils aîné, Rabban Gamaliel Ben Rabbi, très connu pour ses hautes qualités morales mais qui ne passait certainement pas pour le sage le plus éminent de son époque. On plaça à la tête de l'académie un des disciples favoris de Rabbi Yéhouda, Rabbi 'Haninah. A partir de là, la présidence du Sanhédrin, fonction prestigieuse et d'une grande importance politique, fut généralement jugée insignifiante du point de vue académique. Dans le même temps, les directeurs d'académie cessèrent de détenir l'autorité politique et sociale qui avait caractérisé la fonction de *nassi* sous les descendants de Hillel. La situation était rendue encore plus complexe du fait que les disciples de Rabbi Yéhouda comptaient dans leurs rangs des savants aussi importants que Rav 'Hiya et Rav Ochaya, Rabbi Yannaï et Rabbi Levi, qui durent fonder leurs propres académies et compiler leurs propres *baraïtot*.

C'est seulement à la seconde génération qu'une activité amoraïque devait réellement commencer, même si certains des disciples de Rabbi Yéhouda étaient encore vivants, tels les deux fils de Rav 'Hiya, Yéhouda et Hezekiah, ou bien Rabbi Yéhochoua Ben Levi, renommé pour sa sainteté. Tibériade, désignée à cette époque comme *Beit Vaad Gadol* (le lieu de la Grande Assemblée), résidence du *nassi* et emplacement du Sanhédrin, n'était pas l'unique centre important. Des sages continuèrent à créer leurs propres écoles dans d'autres villes : Lydda en Judée, Césarée sur la côte méditerranéenne et Tsipori, rivale traditionnelle de Tibériade, en Galilée.

La période féconde du Talmud en Palestine est liée au nom d'un homme qui incarne l'étude dans ce pays : Rabbi Yo'hanan (aussi connu sous l'appellation de Bar-Naphka, fils du forgeron). Rabbi Yo'hanan, qui vécut très vieux, avait pu fréquenter Rabbi Yéhouda Ha-Nassi dont il avait été un des disciples les plus jeunes, mais il avait fait l'essentiel de ses études auprès de Rabbi Yannaï et de Rabbi Hezekiah. Marqué dans sa vie privée par la tragédie, il révéla un immense esprit de sacrifice et une grande persévérance dans l'étude. Issu d'une famille fortunée, il dut, pour se consacrer à la Torah, se défaire petit à petit de tous ses biens. Il devait survivre à ses dix fils (encore que la légende veuille pourtant qu'un lui ait survécu, qui partit en Babylonie et y devint un des plus grands sages de la quatrième génération). L'époque glorieuse des études palestiniennes commença avec la nomination de Rabbi Yo'hanan à la tête de l'académie de Tibériade. Le *nassi* en exercice était alors Rabbi Yéhouda, petit-fils de Rabbi Yéhouda Ha-Nassi, connu sous le nom de *nessia* (président, en araméen) pour le distinguer de son grand-père. Certains textes le nomment simplement Rabbi car il était également un grand sage. Admirateur et partisan de Rabbi Yo'hanan, il servit de longues années comme directeur d'une académie et mit au point des techniques d'étude palestiniennes originales.

Bien que Rabbi Yo'hanan lui-même ait étudié auprès de sages babyloniens et ait eu le plus grand respect pour Rav et pour Samuel (dans sa correspondance avec eux, il use de la formule « nos maîtres en Babylonie »), il élabora sa propre méthode. Pour clarifier les problèmes, les savants palestiniens usaient d'une technique généralement plus simple que celle ayant cours à Babylone. Ils avaient pleine conscience du fait qu'ils avaient autorité pour définir la *halakhah* de base sans avoir à se lancer dans des interprétations compliquées et casuistes de la Michnah. Les principes fondamentaux de Rabbi Yo'hanan dans ses décisions halakhiques étaient dénués d'ambiguïté et il tenta d'aboutir à une technique unique d'interprétation des diverses *michnayot*. Extrêmement érudit en littérature michnique et en traditions, il était doué d'une exceptionnelle capacité d'analyse. Sa forte personnalité alliée à ses méthodes d'étude lui donna autorité sur les savants babyloniens qui virent en lui le guide de leur génération. Nombre d'*amoraïm* babyloniens importants décidèrent de s'installer en Palestine afin d'étudier auprès de lui. Une lettre adressée à l'éminent *amora* babylonien Rabba par ses frères dit : « Tu as un maître en Palestine, c'est Rabbi Yo'hanan », impliquant par là que Rabba lui-même aurait pu apprendre de ce sage. De fait, bien des meilleurs disciples de Rabbi Yo'hanan étaient des savants babyloniens venus vivre en Palestine et devenus de fervents admirateurs des techniques d'étude élaborées dans ce pays.

Parmi eux, on trouvait le brillant élève de Rav, Rav Kahana, à la fois son disciple et son ami. Et aussi Rav Élazar Ben Pedat, disciple de Rav et de Samuel, qui devint l'étudiant préféré de Rabbi Yo'hanan ; Rav Assi, un prêtre important ; Rav Zira, l'enthousiaste, célèbre non seulement par son érudition mais aussi parce qu'il fut l'homme le plus juste et le plus pieux de son temps ; et Rav Abba, le *dayan*[1] ; et encore Rav 'Hiya Bar Abba, le fidèle qui connaissait si bien les enseignements

1. *Dayan* = juge. (*N.d.T.*)

de Rabbi Yo'hanan qu'il fit autorité en la matière ; et bien d'autres encore. Les sages palestiniens dans leur ensemble se considéraient tout naturellement comme des élèves de Rabbi Yo'hanan. Le plus remarquable d'entre eux fut l'aristocratique Rabbi Yossi Bar 'Haninah de Césarée, instruit et plein d'humour, dont on pense qu'il inspira la formule talmudique : « On en a ri en Palestine. » Il y avait aussi Rabbi Abahou, un lettré d'une grande noblesse, célèbre pour sa belle prestance. Négociant international extrêmement prospère, il était très lié aux autorités de Césarée et très actif parmi les non-juifs et les sectes hérétiques.

Le plus proche de Rabbi Yo'hanan fut son beau-frère, Rech Lakish, Rabbi Simeon Ben Lakish, son collègue et compagnon de débat. Il avait étudié dans sa jeunesse puis avait dû, par pauvreté, se vendre comme gladiateur, une épreuve à laquelle il avait survécu grâce à son exceptionnelle force physique. Une rencontre dramatique avec Rabbi Yo'hanan allait modifier le cours de son existence. On raconte que, se baignant dans le Jourdain, Rabbi Yo'hanan vit Rech Lakish plonger dans l'eau et s'exclama avec admiration : « Ta force devrait être consacrée à la Torah. » Rech Lakish, qui, pour sa part, avait été impressionné par la belle allure de Rabbi Yo'hanan, lui rétorqua sur le même ton : « Ta beauté devrait être consacrée aux femmes. » Rabbi Yo'hanan lui promit alors que s'il changeait de vie et revenait à l'étude, il lui donnerait en mariage sa sœur qui était encore plus belle que lui-même. De fait, Rech Lakish revint à l'étude et fut un des plus grands sages de son temps, suscitant l'admiration de son beau-frère en personne. Dans cette dernière partie de sa vie, Rech Lakish devint un ascète qui ne riait jamais et refusait de s'adresser en public à des individus un tant soit peu douteux (on disait que ceux auxquels Rech Lakish adressait la parole au marché n'avaient pas besoin de caution pour obtenir un prêt). Les textes rapportent des centaines d'échanges intellectuels entre Rabbi Yo'hanan et Rech Lakish. Rabbi Yo'hanan tenait ces discussions pour un excellent moyen d'approfondir ses connaissances et disait qu'en l'absence de Rech Lakish, il se sentait comme un manchot qui essayerait d'applaudir. Rech Lakish précéda Rabbi Yo'hanan dans la tombe ; celui-ci, qui se faisait grief de la mort de son beau-frère, demeura inconsolable et le suivit de près.

L'académie de Tibériade devint, du vivant de Rabbi Yo'hanan, le plus grand centre mondial d'étude de la loi orale, et son directeur, autorité en *halakhah* comme en *aggadah* (légende), jouissait d'un respect universel. Bien que sujet à des accès de colère, Rabbi Yo'hanan traitait ses disciples comme ses propres enfants. De lui, le Talmud dit : « Si l'on prend une coupe d'argent pur, que l'on y verse les graines de la rouge grenade, que l'on décore cette coupe avec des roses et qu'on la place entre ombre et soleil, sa beauté sera semblable à celle de Rabbi Yo'hanan. » Avec lui, le centre palestinien acquit un prestige redoublé et de nombreuses controverses babyloniennes furent résolues par « une lettre de Palestine ». L'enseignement de Rabbi Yo'hanan était tenu en une telle estime que ses décisions étaient souvent acceptées même lorsqu'elles contredisaient les opinions de Rav et de Samuel réunis.

On créa la fonction des *ne'houtei* (ceux qui descendent) afin de stabiliser et de formaliser les contacts entre l'école palestinienne et la Babylonie. Les *ne'houtei* étaient des sages qui se rendaient de Palestine en Babylonie pour transmettre les innovations de l'académie de Tibériade. Certains étaient des commerçants faisant de toute façon le voyage pour leurs affaires, mais la plupart étaient envoyés à cette seule fin par l'académie palestinienne ou bien, parfois, pour obtenir un soutien financier en faveur d'une institution d'études que la communauté palestinienne ne pouvait prendre en charge. Les plus importants de ces émissaires furent le sage Oulla (connu en Palestine sous le nom de Oulla Bar Ichmael) et Raba Bar Bar 'Hanna (un voyageur fameux connu pour ses récits débordant d'imagination, qui étaient souvent des allégories politiques et religieuses), tous deux contemporains de la troisième génération des sages babyloniens ; puis vinrent Rav Dimi et Rabin, émissaires auprès de la quatrième génération. Le Talmud de Babylone comporte une grande quantité de matériel venu de Palestine, illustration de la réalité de la transmission de l'enseignement palestinien aux académies de Babylone où il était analysé et développé.

Rabbi Yo'hanan vécut jusqu'à un âge avancé et bénéficia d'un tel prestige et d'une si forte position que, des générations plus tard, on disait qu'il avait à lui seul créé et élaboré l'enseignement palestinien. Ce qui, bien sûr, aurait été impossible ; il n'en reste pas moins vrai que le gros de l'ouvrage a été réalisé par lui-même, aidé de ses disciples.

L'académie de Tibériade demeura florissante à la génération suivante. Les disciples de Rabbi Yo'hanan étaient tous des sages éminents et avaient été encouragés à s'engager dans une activité créatrice personnelle ; la mort de Rabbi Yo'hanan ne déclencha donc pas de crise majeure. Ils poursuivirent leur travail d'étude et, même si l'académie de Tibériade ne constituait plus le point de référence unique des sages, les étudiants babyloniens continuèrent d'affluer. Le plus célèbre fut Rav Yermiyah, dont la façon particulière d'émettre des doutes pour clarifier les problèmes soulevait parfois la colère de ses maîtres palestiniens peu accoutumés à ce style. Pourtant, Rav Yermiyah se considérait comme palestinien et persifla à l'occasion les sages de Babylone, les traitant de « sots Babyloniens qui, parce qu'ils habitent dans un pays obscur, prononcent des formules obscures ». Les Babyloniens ne s'en formalisèrent pas et convinrent que « l'un d'eux (les Palestiniens) vaut deux des nôtres (les Babyloniens) ».

Au quatrième siècle, le judaïsme palestinien commença à ressentir les effets dramatiques d'évolutions politiques graves qui allaient entraîner dans leur sillage appauvrissement matériel et spirituel. Après la chute du dernier empereur de la famille des Sévère, l'autorité centrale de Rome s'affaiblit; les guerres entre les prétendants au trône engendrèrent une tension considérable, alourdirent la charge des impôts et minèrent en conséquence les fondements économiques de l'empire tout entier. La communauté juive de Palestine, qui avait déjà souffert des diverses révoltes, était particulièrement vulnérable : les juifs étaient pour la plupart des agriculteurs incapables de cacher leurs revenus aux autorités. Le christianisme, jusqu'alors foi minoritaire et persécutée, se renforçait de son côté et, au début du quatrième siècle, était en train de devenir religion d'État officielle. La persécution antijuive qui s'ensuivit toucha la communauté palestinienne et suscita une vague d'émigration. Certains s'installèrent à Rome, dans d'autres contrées européennes ou en Babylonie; les académies palestiniennes durent réduire leur taille et le nombre de leurs étudiants décrut. Par ailleurs, à la quatrième génération des *amoraïm*, il était manifeste que, las des persécutions et des difficultés économiques, le public était moins attiré par l'étude de la *halakhah* et préférait se tourner vers la *aggadah*, plus immédiatement accessible et porteuse d'un message de consolation pour les opprimés.

La situation se dégrada au point que les savants palestiniens furent contraints de bâcler leur œuvre de mise au point et de codification de la loi orale. Ils produisirent un ouvrage, parallèle au Talmud de Babylone, connu sous le nom de Talmud de Jérusalem. Lequel ne fut d'ailleurs pas rédigé à Jérusalem, à cette époque cité païenne nommée Aelia Capitolina et interdite aux juifs; mais, avec le temps, Jérusalem était devenue synonyme de toute la Palestine. Le Talmud de Jérusalem a vraisemblablement été réalisé à Tibériade et, pour une part, à Césarée.

Les deux Talmuds présentent des différences considérables, bien que, pour l'un comme pour l'autre, la source de base ait été la Michnah et que leurs techniques d'investigation aient été pour l'essentiel identiques. Le Talmud de

Jérusalem traite longuement de questions presque complètement ignorées par le Talmud de Babylone, notamment la *halakhah* sur la Palestine et son agriculture. Par contre, il comporte très peu de légende. C'est là le résultat paradoxal de l'intense intérêt pour la *aggadah* manifesté en Palestine. Accordant une grande attention à la *aggadah* et, notamment pour les dernières générations, à la composition de prières et à la poésie liturgique, les sages de Palestine n'estimèrent pas utile de mettre en forme une littérature aggadique ; celle-ci devait être collationnée beaucoup plus tard dans les ouvrages intitulés *midrachei aggadah* (exégèses aggadiques).

Dissemblables dans l'organisation du matériau et dans leurs méthodes intellectuelles et académiques, les ouvrages diffèrent aussi par la qualité de leur style. La rédaction du Talmud de Babylone se fit avec beaucoup de retenue et à grand scrupule ; génération après génération, on corrigea le détail ; le Talmud de Jérusalem, lui, ne devait jamais être correctement mis en forme. On compila les matériaux dans la hâte et sans grande précision. C'est pourquoi on a longtemps considéré le Talmud de Jérusalem comme une sorte d'appendice, de frère bâtard de celui de Babylone. De plus, ce dernier a été définitivement élaboré à une date plus récente ; il pouvait donc être tenu pour un résumé plus fiable des problèmes de la loi orale. Enfin, les techniques d'étude du Talmud de Babylone, avec son vaste spectre d'intérêts et sa très fine analyse intellectuelle, s'ouvraient plus largement à l'évolution des esprits. Pendant longtemps, c'est l'ouvrage babylonien qui retint toute l'attention. Et malgré un renouveau d'intérêt plus récent pour le Talmud de Jérusalem, celui-ci est toujours tenu pour une source d'importance secondaire. Le corpus d'enseignement palestinien fut étudié principalement à travers ce qu'en reflète le Talmud de Babylone ou bien dans les divers *midrachei aggadah*.

VIII

LA RÉDACTION DU TALMUD DE BABYLONE

Le mode de rédaction du Talmud est révélateur de la nature particulière de l'ouvrage et fait ressortir en quoi il est différent de la Michnah. Fondamentalement, celle-ci est un traité juridique constitué pour l'essentiel de décisions touchant à tous les domaines de la législation orale. Les divergences d'opinion entre les sages n'y sont que brièvement mentionnées ; on n'y trouve que très rarement des citations des discussions originales ou des incursions dans des domaines différents, tel le *midrach* halakhique ou aggadique. Le Talmud, par contre, n'est pas en soi un ouvrage achevé ; il doit être regardé comme une sorte d'aperçu résumé des débats entre sages. Son sens réside essentiellement, non pas dans les conclusions halakhiques, mais dans les techniques de recherche et d'analyse qui ont permis d'aboutir à ces conclusions. Au-delà de la mise en forme et du résumé, le Talmud de Babylone reflète les méthodes d'étude des académies babyloniennes et doit être perçu comme une tranche de vie, comme l'essence de l'expérience intellectuelle de plusieurs générations.

L'œuvre de rédaction entreprise par Rav Achi n'a pas consisté à rendre compte des discussions de chaque génération ; Rav Achi a mis au point une structure plus complexe débouchant en fin de compte sur une sorte de rencontre des opinions exprimées à différentes époques sur des questions halakhiques. Une bonne part du charme du Talmud, mais aussi ses obscurités et ses énigmes, réside dans le caractère totalement original de sa forme, dans le fait qu'il enregistre entretiens et débats et qu'il livre, non seulement les conclusions définitives, mais aussi les propositions alternatives repoussées.

Il aurait été évidemment impossible et superflu d'insérer toutes les paroles de sagesse prononcées au fil des siècles dans des centres d'étude qui se comptaient par dizaines. Les éditeurs ont cherché à extraire les décisions les plus importantes et les plus représentatives parmi les centaines de milliers qui avaient été conservées et ont tenté de les lier entre elles pour constituer un véritable tissu.

Bien que la structure des académies babyloniennes ait quelque peu évolué avec les années, le schéma de base demeura à peu près inchangé. C'est pourquoi nous pouvons nous fonder sur des descriptions plus tardives pour reconstituer leurs techniques de rédaction et d'enseignement. L'étude et l'enseignement de la loi orale ne s'effectuaient pas dans un cadre unique ; elles revêtaient des formes diverses. Le Talmud reflète principalement les modes d'instruction de l'académie à son apogée, mais il rend également compte d'autres méthodes. La forme d'enseignement la plus courante était l'exposé public au cours de la *pirka* (prêche des jours de fête) où les maîtres dissertaient de thèmes halakhiques devant un public non exclusivement composé d'étudiants. Sous la surveillance et la direction des sages les plus éminents (les directeurs d'académie), ces sermons publics étaient quelquefois prononcés par des personnalités très proches de l'exilarque ou liées à celui-ci par des liens familiaux. Plus importants en portée et en nombre étaient les prêches prononcés dans les synagogues, généralement le Chabbath. Là, le sage traitait d'un problème halakhique spécifique et d'actualité et, afin de retenir l'attention de son public (qui, soit dit en passant, comptait de nombreuses femmes), introduisait dans son exposé des éléments aggadiques. Cette méthode consistant à mêler *aggadah* et *halakhah* dans les prêches sabbatiques a été conservée dans une partie du Talmud. Les *midrachei aggadah* comportent un grand nombre de ces sermons (traités *Tan'huma* et *Psikta*) et des travaux halakhiques de la période des *gueonim* [1] ont également été écrits sur ce mode. Notons que celui-ci est encore en usage de nos jours dans les synagogues des communautés irakiennes. L'assistance ne demeurait pas passive : on posait des questions et les sages présents dans la salle débattaient avec l'exposant. Mais la coutume voulait que de tels débats restent modérés ; l'expression d'une critique acerbe était réservée aux discussions privées tenues à huis clos.

Même si de nombreuses innovations halakhiques ont été proposées pour la première fois dans ces exposés publics, l'étude en soi était confinée à l'académie. Si l'on se réfère à ce que disent les maîtres, les modes d'étude avaient été fixés très vite, au plus tard à l'époque des prophètes. La nécessité d'une norme en ce domaine tenait à l'absence d'une véritable classe sociale étudiante et au fait que les sages devaient s'adonner aux affaires ou au commerce pour assurer leur subsistance, n'étudiant qu'à leurs moments de liberté. Seuls le *nassi* ou les directeurs des grandes académies qui consacraient tout leur temps à l'étude étaient rémunérés sur fonds publics, mais il arrivait aussi qu'ils exercent des activités annexes. La plupart des sages, comme la grande majorité de leurs contemporains, étaient, semble-t-il, des paysans. Quelques-uns exerçaient un artisanat (maçons, forgerons, cordonniers, tanneurs), d'autres étaient bureaucrates ou médecins, d'autres encore commerçants ou marchands ambulants. Mais le noyau étudiant des académies était constitué de jeunes gens soutenus financièrement par leurs familles, et qui pouvaient étudier pendant plusieurs années,

1. Sur les *gueonim*, dirigeants spirituels du judaïsme babylonien dont la sphère d'influence déborda largement les frontières de leur pays, voir *infra*, chapitre IX. (*N.d.T.*)

ou de gens aisés vivant du revenu de leurs propriétés, qui suivaient tous les cours donnés par le directeur de l'académie. Il arrivait que celui-ci fût lui-même fortuné ou qu'il reçût des dotations publiques importantes ; dans ce cas, il subventionnait les étudiants. Les grandes académies permanentes possédaient aussi des immeubles qu'on leur avait offerts ou des terrains sur lesquels des bâtiments étaient construits. Les étudiants vivaient généralement dans des garnis ou dans de petites auberges pendant tout le temps de leurs études. Mais même dans les périodes les plus florissantes, les étudiants à temps plein ne constituèrent jamais qu'une faible proportion de ceux qui fréquentaient les académies. Pour les autres existaient les *yar'hei kalla*, les deux mois de l'année (en Babylonie, c'étaient les mois d'Adar et d'Elloul [1], morte saison agricole) où les étudiants se rendaient dans les académies pour y étudier. Chacun de ces mois était consacré à un traité de la Michnah ; le traité que l'on se proposait d'étudier au cours de la session suivante était annoncé à l'avance et expliqué dans ses grandes lignes. Les étudiants pouvaient ainsi le parcourir chez eux, clarifier les questions pour eux-mêmes, réunir du matériel relevant du sujet et venir ainsi à la session suivante avec des questions et des réponses déjà prêtes.

Le directeur de l'académie présidait, assis sur un fauteuil ou sur des nattes spéciales. Face à lui, au premier rang, se tenaient les sages importants ainsi que ses collègues ou ses élèves les plus brillants ; et derrière, tous les autres sages. A l'époque où les académies étaient assez grandes, en Palestine en particulier, chacun s'asseyait selon un ordre hiérarchique très précis. Au premier rang, les maîtres, au second, les sages d'importance moindre, et ainsi de suite. Un étudiant qui faisait montre de grandes qualités ou d'un savoir exceptionnel avançait d'un rang tandis que ceux dont

---

1. Elloul correspond, selon les années, à août-septembre, Adar à février-mars. (*N.d.T.*)

les résultats étaient médiocres rétrogradaient. Cet usage remonte au Sanhédrin où ceux qui étaient assis au premier rang étaient candidats au *bet din* (cour de justice), au cas où l'on aurait besoin d'un juge supplémentaire ou si un poste tombait en vacance.

Le directeur de l'académie ouvrait la discussion et indiquait les innovations ou commentaires de la *michnah* dont on allait discuter. Cette tâche était parfois confiée aux sages du premier rang. Il arrivait aussi qu'on lise des extraits de cette *michnah* et que l'on fasse appel à un *tanna* (un de ces savants doués d'une mémoire exceptionnelle que l'on utilisait comme archives vivantes) pour qu'il récite une des *baraïtot* s'appliquant au sujet ; puis l'on discutait de la *baraïta* et de ses connexions avec la *michnah*.

Pour chaque *michnah*, certaines questions immuables devaient être préalablement éclaircies. Quel est le *tanna* dont la méthode ressort de cette *michnah* (*man tanna*) ? Quelle est la source textuelle (*mnalan*) et la situation exacte à laquelle se réfère cette *michnah* (*hikhi dami*) ? Il y avait également de nombreuses questions d'ordre exégétique et textuel destinées à déterminer la version définitive de la *michnah* : noms des sages, ordre ou orthographe exacte des mots ; détermination du sens de certains termes ou de phrases incomplètes ; mise au jour des principes de base sous-tendant la *halakhah* ; explication des anomalies et contradictions entre la *michnah* étudiée et d'autres sources michniques ; enfin, on tirait les conclusions théoriques et halakhiques plus larges découlant du problème particulier abordé dans la *michnah*.

Le directeur de l'académie ou le maître chargé de l'exposé donnait sa propre interprétation des questions. Les sages présents au sein du public l'assaillaient alors souvent de questions fondées sur d'autres sources, sur les opinions d'autres commentateurs ou sur leurs propres conclusions logiques. Il arrivait que le débat fût très bref et limité à une réponse définitive et sans équivoque à une question donnée. Mais il arrivait aussi que d'autres sages avancent leurs solutions et que s'instaure un large débat, présidé par le directeur de l'académie, qui le résumait ou mettait son poids dans la balance en faveur d'un point de vue déterminé. Les questions élucidées au cours d'une telle séance étaient alors transmises aux autres académies (il y eut la plupart du temps deux académies principales en Babylonie) et examinées par les sages dans tout le pays. Ils étudiaient le matériel pendant l'année et, lorsque le problème était repris, le nouveau matériel — propositions, commentaires ou réserves — venait s'ajouter aux décisions existantes.

La discussion dans les académies était libre et ouverte, glissant souvent d'un sujet à un autre. Souvent aussi, les débats sur des points particuliers étaient élargis à l'étude de fond de questions diverses ou bien déviés de leur thème initial vers une thématique entièrement différente. Le directeur de l'académie lui-même mêlait quelquefois diverses maximes au gré des associations d'idées suggérées par chacune d'elles. De temps à autre, en particulier au cours de discussions éthiques ou sociales, le débat pouvait déborder vers la légende ou le mysticisme.

L'étude étant extrêmement intensive et consistant essentiellement en échanges de vues entre sages importants, les étudiants ne pouvaient généralement pas suivre et mémoriser tout ce qui s'était dit. C'est pourquoi les séances d'études étaient suivies de séances de répétition. Celles-ci n'étaient pas menées par le directeur de l'académie en personne mais par un maître spécial (ou, dans les grandes académies, par plusieurs maîtres) connu sous le nom de *rech kalla* ou *roch bnei kalla*, qui expliquait et exposait la matière et étudiait sa signification avec les étudiants. Les *rachei kalla* ne le cédaient en importance qu'aux directeurs d'académie (une fonction à laquelle plusieurs d'entre eux accédèrent) mais ils avaient en fait un contact plus étroit avec les étudiants que leurs supérieurs et étaient particulièrement appréciés. Une théorie veut qu'une bénédiction en araméen (*yakoum pourkan*) figurant au rituel achkénaze trouve sa source dans la bénédiction d'adieu que prononçaient les étudiants pour le *rech kalla*.

La mise en forme du Talmud entreprise par Rav Achi se basait sur les comptes rendus des discussions menées dans son académie qui, institution d'étude centrale et dominante, attirait les sages ayant fréquenté diverses autres académies et étudié auprès des plus grands maîtres de la génération précédente. Son académie était familiarisée avec un important corpus enseigné ailleurs, pour partie connu de tous les étudiants et cité sans indication de son auteur. De nombreux autres sujets indiqués anonymement dans le Talmud de Babylone sont en fait des citations des discussions menées dans l'académie de Rav Achi ou dans des institutions dirigées par les disciples poursuivant son œuvre. Il ne faudrait certes pas prendre les textes talmudiques pour des procès-verbaux de séances d'études ; mais il est vrai qu'ils constituent une sorte de résumé des débats caractéristiques des sages du Talmud.

Dans les générations suivantes, l'œuvre de rédaction et de compilation ne s'éloigna pas fondamentalement de ces règles de base, et le modèle du débat comme la classification par associations d'idées furent maintenus. De plus, comme il était nécessaire de couvrir une immense quantité de matériel, et de le mettre en forme en suivant l'ordre de la Michnah, il arriva souvent qu'une certaine *michnah* fût utilisée comme point de départ d'une longue série de discussions sur des sujets divers et très éloignés. C'est pourquoi le Talmud est ordonné selon la classification très générale et très vague utilisée pour la Michnah ; les associations d'idées font que bien des questions qui, logiquement, devraient apparaître dans un traité abordant un certain sujet, surgissent en fait ailleurs. Cela est particulièrement frappant dans le cas de problèmes auxquels aucun traité spécifique n'est consacré dans le Talmud et qui sont ajoutés à certains traités en raison d'un lien logique ou d'un concours de circonstances. Ainsi les lois sur le deuil se trouvent-elles au traité *Moed Katan* qui examine essentiellement la *halakhah* des jours de fêtes intermédiaires ; les règles concernant l'écriture des rouleaux de la Torah, des *tefilin*, *mezouzot*, etc., apparaissent au traité évoquant les sacrifices au Temple ; et ce ne sont là que quelques exemples.

Le matériel aggadique est souvent agrégé à certains traités par associations d'idées, parfois par sujets, parfois parce qu'une discussion s'était éloignée de son thème initial pour aborder d'autres questions.

Que le Talmud soit une sorte d'enregistrement des discussions dans les académies est prouvé par le fait que, dans les traités comportant un grand nombre de chapitres, la plus large part du matériel étudié apparaît aux cinq premiers chapitres. Cela à la fois parce qu'il y avait plus de temps à consacrer à ces chapitres et parce que les étudiants étaient plus attentifs en début de séance. Dans les derniers chapitres, les discussions sont plus courtes, reflétant le mode de travail des académies.

Si l'index et la classification sont imparfaits, ce n'est pas négligence éditoriale mais plutôt conséquence d'une approche particulière. La littérature juive en général comporte très peu d'ouvrages au plan schématique clair, car l'on part de l'idée que la Torah, miroir de la vie, ne peut être artificiellement compartimentée mais doit courir naturellement de sujet en sujet.

D'un autre côté, le Talmud respecte scrupuleusement le détail et prend grand soin de rapporter les déclarations avec exactitude. Les sources sont soigneusement indiquées et le moindre doute quant à l'authenticité ou aux traditions est fidèlement noté. Mieux, la rédaction talmudique a inventé une terminologie spécifique pour la classification des citations et des débats. Des annotations spéciales distinguent les *michnayot*, les *baraïtot* ou les maximes de chaque *amora*. Il y a aussi des classifications en fonction des différents types de questions et une différenciation est opérée entre nuances et doutes. Le Talmud distingue, par exemple, entre suppositions et hypothèses réfutées à l'issue de la discussion et celles qui sont acceptées ; ou encore entre contradictions qui sont inconciliables et problèmes pour lesquels on a pu trouver une solution. L'ordre dans lequel les différents thèmes sont présentés est également porteur de sens et indique l'importance relative attribuée aux solutions. C'est en raison de cette précision, résultat de générations d'effort, que le Talmud, à première vue contradictoire et désorganisé, se révèle être, en fait, un ouvrage parfaitement cohérent doté de ses modes d'analyse propres et définis. Par la qualité de cette mise en forme, il est une source de compréhension de la Halakhah d'une importance exceptionnelle, même si telle n'était pas sa vocation première. Enfin, la profonde stabilité de sa méthode et de ses formes de pensée, de son mode d'expression et d'écriture, a rendu possible la poursuite de la création talmudique sur de nombreux siècles.

IX

L'EXÉGÈSE TALMUDIQUE

Avant même que sa rédaction ne fût terminée, il était évident que le Talmud allait devenir le texte de base et la source principale du droit juif. De fait, il est le dernier ouvrage de la littérature juive qui serve de source documentaire : les textes ultérieurs se sont largement fondés sur lui, tirant de lui leur autorité et se référant à lui pour éclaircir questions théoriques ou pratiques.

Des exemplaires complets du Talmud ou des copies de traités isolés arrivèrent à toutes les communautés juives, y compris les plus reculées, en Afrique, en Asie ou en Europe. Mais dès le départ, il allait constituer un texte d'accès difficile, même pour les sages de grand talent. Parce que la mise en forme du Talmud n'avait pas été systématique, l'étude d'un quelconque de ses chapitres exigeait un minimum de savoir préalable ; le contexte ou le fondement des concepts n'était pas toujours clairement expliqué. A cet égard, le texte, reflet du mode de vie spécifique du judaïsme babylonien et du contenu des discussions menées dans les académies de ce pays, pouvait sembler décousu ou incomplet à des gens l'abordant à d'autres époques et sous d'autres cieux. La langue faisait elle aussi problème : si la communauté juive de Babylone continua pendant un certain temps d'user du dialecte hébraïco-araméen dans lequel le Talmud avait été rédigé, les Juifs d'autres pays parlaient, eux, leurs langues locales. Et en Babylonie même, l'araméen allait finalement céder la place à la langue arabe importée par les conquérants musulmans vers le milieu du VIIe siècle.

Les sages des diverses diasporas se heurtèrent donc à des difficultés dans leur étude et durent se reporter aux commentaires du Talmud. Les directeurs des grandes académies babyloniennes de Soura et de Poumbedita étaient tout naturellement les mieux placés pour répondre aux questions qui se posaient. Ces sages, qui portaient le titre de *gaon* (un mot qui, à l'origine, désignait le directeur d'une grande académie mais qui allait prendre une signification nouvelle après plusieurs siècles d'usage très imprécis), étaient les héritiers des *amoraïm* et donc une source d'explication fondamentale du texte talmudique. Les *gueonim* poursuivaient l'enseignement du Talmud selon la tradition amoraïque. Au faîte de leur prestige, les étudiants venus de toutes les diasporas se pressaient dans leurs académies pour recueillir leur enseignement. Mais pour le monde juif dans son ensemble, leur influence s'incarna dans des *responsa* dont seuls quelques vestiges nous sont parvenus. Les communautés posaient des questions, relevant en général de la *halakhah* pratique, mais parfois aussi d'ordre théorique. Dans leurs lettres de réponse, les *gueonim* donnaient l'explication des termes ou expressions faisant difficulté et clarifiaient des sujets entiers (*souguiyot*). Ce sont ces lettres qui ont formé le premier corps de commentaires du Talmud ; elles n'étaient pas systématiques et ne suivaient aucun ordre particulier ; elles répondaient à des besoins précis. Seuls les derniers *gueonim* se mirent à rédiger les commentaires de traités complets ; mais là encore, il s'agissait surtout d'expliquer des mots ou des passages obscurs. Les textes des *gueonim* portent essentiellement sur des décisions halakhiques ou sur des conclusions pratiques découlant de la lettre du Talmud.

Le besoin d'une interprétation plus complète du Talmud se fit encore plus pressant lorsque, pour diverses raisons politiques, les liens des diasporas avec les *gueonim* commencèrent à se distendre. Le grand empire musulman s'était disloqué pour donner naissance à une multitude de royaumes rivaux entre lesquels les communications étaient difficiles. Bagdad, capitale du califat, qui abritait les académies les plus importantes, était sur le déclin et divers bouleversements provoquèrent même la fermeture de ces institutions, marquant la fin de la période des *gueonim*. Certaines communautés juives, telles celles d'Europe, n'avaient de toute façon jamais pu entretenir de contacts réguliers avec les *gueonim* et avaient dû acquérir indépendance spirituelle et culturelle.

Tandis que la Babylonie perdait de son importance, dans le courant du IXe siècle, le judaïsme se voyait doté de deux centres nouveaux : dans le Maghreb [1] (Afrique du Nord et Espagne) d'une part, en Europe (Italie, France, Allemagne) d'autre part. Ce furent là les débuts des deux grandes traditions, séfarade et achkénaze, qui, dès le départ, divergèrent sur de nombreux points. Le centre ibéro-africain allait perpétuer la tradition du judaïsme babylonien : situé dans la sphère de l'empire musulman, il était arabophone, subissait les mêmes influences culturelles que les *gueonim* et entretenait avec eux des liens étroits et suivis. Des milliers de *responsa*, de lettres et de livres partirent de Babylonie vers l'Afrique du Nord pour orienter ces communautés. Le judaïsme d'Europe occidentale, en revanche, était surtout en relation avec la Palestine, par l'intermédiaire de l'Italie et de la Grèce ; ses principes doctrinaux et une bonne part de sa liturgie émanaient donc de ce pays. Les juifs du monde arabe étaient fortement influencés par la philosophie, la science, la poésie et la langue arabes, alors à leur apogée. L'Europe, par contre, se trouvait encore plongée dans l'ignorance et les ténèbres ; les juifs européens n'avaient rien à apprendre des pays dans lesquels ils

1. Entendu ici au sens étymologique, région de « l'Ouest ». (*N.d.T.*)

vivaient. Ils n'avaient d'autre choix que de générer leur vie spirituelle propre, et ce pratiquement sans l'aide, compte tenu de la distance, d'une quelconque des grandes institutions juives d'étude existantes. Il était donc normal que vissent le jour deux écoles parallèles d'exégèse talmudique, l'école séfarade et l'école achkénaze.

A l'exemple des *gueonim*, les savants espagnols et nord-africains penchaient pour une approche systématique des études juives. Leurs principales réalisations sont du domaine de la *halakhah* et des décisions halakhiques, au travers d'une vision globale des problèmes qui déborde rarement vers le détail. Le premier commentaire important du Talmud produit par cette école fut celui de Rabbenou 'Hananel Ben 'Houchiel de Kairouan, en Tunisie. On est frappé par sa concision, sa répugnance à se perdre dans le détail et sa volonté de résumer chaque *souguiya* pour n'en livrer que l'essentiel ; les explications de mots ou d'expressions n'apparaissent qu'en cas d'absolue nécessité. Rabbenou 'Hananel fait parfois l'impasse sur un chapitre entier et se contente d'indiquer : « cela est simple », c'est-à-dire, cela n'appelle pas explication. Son contemporain et compatriote, Rabbi Nissim Gaon, use du même procédé dans son *Maftea'h Manoulei Ha-Talmud* (« clef des verrous du Talmud »), un ouvrage moins rigoureusement construit que celui de Rabbi 'Hananel, et qui s'attache seulement à la clarification de certaines *souguiyot* choisies. Ces deux œuvres reprennent enseignements et commentaires des *gueonim*. C'est dans cette voie que l'exégèse séfarade allait poursuivre. Même si elle essaya d'une certaine manière d'imiter la littérature ashkénaze et si ses commentaires se firent à la fois plus détaillés et plus faciles à étudier, elle tendit toujours vers la recherche de conclusions halakhiques, la clarification de *souguiyot* en tant qu'unités de sens, et la construction d'une synthèse du matériau talmudique. Ce sont là les traits caractéristiques des commentaires (*chitot*) des sages espagnols, qu'il s'agisse du commentaire de la Michnah composé par

Maïmonide au XIIe siècle, des travaux de Rabbi Meïr Aboulafia et de Rabbenou Moché Ben Na'hman (le Ramban) au XIIIe, ou de ceux de Rabbi Chlomo Ben Adret (le Rachba) au XIVe.

Dans les communautés européennes, l'exégèse talmudique allait connaître une évolution toute différente. A partir de l'époque des *gueonim* apparaissent des savants éminents. Le plus connu est Rabbenou Gerchom de Mayence, auteur d'un bref commentaire de divers traités du Talmud, et surtout célèbre pour l'influence qu'il exerça et les importantes décisions qu'il prit en tant que *Maor Ha-Golah* (Lumière de la Diaspora). Mais le plus grand de ces commentateurs est sans conteste Rabbenou Chlomo Yitz'haki de Troyes, plus connu sous le nom de Rachi, élève des disciples de Rabbenou Gerchom. Rachi, qui vécut au XIe siècle, avait étudié dans différentes académies en Allemagne et en France ; actif dans de nombreux domaines, il rédigea plusieurs travaux d'importance sur les décisions halakhiques. Auteur de *responsa* sur des questions de halakhah, il composa aussi des poèmes liturgiques dont certains figurent aux rituels de prières de notre temps. Mais il doit surtout sa place particulière à son grand commentaire de la Bible et à l'ouvrage monumental qu'il a consacré au Talmud de Babylone, ouvrage dans lequel il inaugure des méthodes exégétiques originales encore en usage aujourd'hui. Son commentaire du Talmud est un véritable modèle : rédigé en hébreu, il frappe par sa clarté. Lorsqu'un mot hébraïque lui manque, Rachi ne s'embarrasse pas de longues explications : il fait appel à sa propre langue, le français. Le texte est extrêmement concis ; ce qui devait donner naissance au dicton : « Au temps de Rachi, une goutte d'encre valait une pièce d'or. » Et pourtant, Rachi s'attache au Talmud presque phrase par phrase, expliquant les difficultés terminologiques et clarifiant chaque sujet en le replaçant dans son contexte et en ajoutant dès que nécessaire les mots qui compléteront une idée ou l'information qui restituera les choses dans leur contexte. Il évite de récapituler les problèmes et d'entrer dans des questions de droit halakhique ; en général aussi, il n'essaye pas de démontrer longuement la justesse de ses théories personnelles.

Pendant des siècles, des savants nourris du commentaire de Rachi ont pu déchiffrer ses expressions originales et montrer comment il avait découvert la solution implicitement indiquée par le texte en ajoutant quelques mots ou en changeant l'ordre des termes dans une phrase. Son commentaire a la rare qualité d'être à la portée du tout-venant comme de l'érudit. Rachi a réussi à interpréter la majeure partie du Talmud de Babylone et il a, par la même occasion, mené à bien l'établissement d'un texte de base et d'une version définitive à usage des étudiants, version admise encore aujourd'hui. Ses travaux exégétiques sur certains traités ont connu plusieurs versions successives, remises à jour tandis qu'il avançait dans sa réflexion avec ses nombreux étudiants. Même si, par la suite, certains sages devaient émettre des critiques sur des points de détail et proposer leurs propres interprétations, l'œuvre de Rachi est universellement reconnue comme étant le commentaire capital et fondamental du Talmud.

Du vivant même de Rachi, son ouvrage allait être largement diffusé, parfois sous forme de *kountressim* (opuscules) plutôt que de livre complet ; c'est pourquoi son commentaire du Talmud est souvent appelé *perouch ha-kountras*, commentaire opusculaire. A sa mort, il laissait en chantier l'étude de certains chapitres du Talmud ; le relais sera pris par ses disciples. Rachi n'a pas eu de fils ; mais ses trois gendres, ses petits-enfants et ses arrière-petits-enfants n'en allaient pas moins constituer une des lignées les plus impressionnantes de toute l'histoire juive. Tous prirent part au travail de complément de son exégèse talmudique. Celui-ci est passé à la postérité sous l'appellation de *tossafot* (ajouts), car leurs auteurs, les *baalei tossafot*, avaient le sentiment qu'ils ne faisaient qu'ajouter à une œuvre déjà achevée.

La méthode des *baalei tossafot*, leur immense érudition et l'effort intellectuel considérable qu'ils ont investi dans leur travail trouvent leur illustration dans une anecdote qui n'est guère fondée historiquement mais n'en est pas moins évocatrice. On raconte que soixante des plus grands sages de l'époque décidèrent d'étudier chacun de son côté un traité du Talmud jusqu'à parvenir à sa connaissance dans le moindre détail. Une fois cette tâche accomplie, ils se réunirent pour étudier de concert le Talmud à partir de sa première ligne et, lorsqu'ils touchaient un point relevant de l'un ou l'autre des autres traités, le spécialiste du traité en question donnait son commentaire sur le problème ou indiquait une source complémentaire. Puis, tous les sages discutaient le sujet et mettaient leur savoir en commun. Ainsi, un projet d'envergure modeste au départ, entamé sur la base de notes sur le commentaire de Rachi, acquit une dimension inattendue. Les *tossafot* relèvent, dans une certaine mesure, du commentaire talmudique et recèlent de nombreux textes exégétiques, des citations des premiers commentateurs, des discussions de formulations et versions diverses, etc. Mais elles constituent aussi une avancée, une suite du Talmud utilisant ses méthodes intellectuelles. De même que les sages du Talmud étudiaient la Michnah et clarifiaient ses divers aspects, de même les tossafistes se lancèrent dans l'examen du Talmud ; on peut considérer leur travail comme l'écriture d'un « Talmud du Talmud ».

Dans leur forme actuelle, les *tossafot* ne se présentent pas comme les travaux isolés d'auteurs individuels mais comme une œuvre collective émanant des savants français et allemands des XIIe et XIIIe siècles. Certains commentaires, certaines questions et élucidations sont attribués à leurs auteurs ; d'autres, produits ou résumés de discussions dans diverses académies, sont anonymes. Il existe au moins deux versions de base des *tossafot* : l'une porte le nom de la ville

— française — dans laquelle elle fut mise au point, ce sont les *Tossafot Sens* ; et la version principale, insérée dans la plupart des éditions imprimées du Talmud, les *Tossafot Touques*. D'autres sont demeurées manuscrites jusqu'à une date très récente ou nous sont parvenues sous forme de citations ou d'inclusions dans les travaux d'autres auteurs.

Un des *baalei tossafot* est un petit-fils de Rachi, Rabbi Samuel Ben Meïr, connu également sous le nom de Rachbam. Comme son grand-père, il est l'auteur d'un commentaire de la Torah, mais d'inspiration beaucoup plus rationaliste. Célèbre pour sa grande piété et pour son observance fanatique des prescriptions religieuses, le Rachbam a terminé plusieurs chapitres inachevés du commentaire de Rachi sur le Talmud. Plus célèbre encore fut son frère cadet, Jacob Ben Meïr, Rabbenou Tam. Ce négociant, qui s'intéressait aussi à l'occasion à la grammaire hébraïque ou à la poésie achkénaze et séfarade, rédigea d'importants ouvrages de droit halakhique. Mais il fut surtout le plus grand des *baalei tossafot*. Il n'est quasiment pas de page du Talmud qui ne comporte un commentaire de Rabbenou Tam. Sa connaissance du texte talmudique était si stupéfiante que ses contemporains le considéraient comme le meilleur connaisseur du Talmud de tous les temps, surpassant même Maïmonide. Il était si brillant qu'un savant justifiait en ces termes son hésitation à rendre un jugement fondé sur l'avis de Rabbenou Tam : « Comme il avait le cœur d'un lion, l'on ne peut savoir s'il avait réellement l'intention de donner cette interprétation ou s'il l'a fait seulement pour prouver son talent. Aussi bien ne pouvons-nous réfuter ses dires. » Rabbenou Tam devait rencontrer un critique à sa mesure en la personne de son propre neveu, Rabbi Isaac Ben Samuel, le Rey, qui, à l'occasion, défendait Rachi ou d'autres travaux d'exégèse communément admis contre les doutes de Rabbenou Tam ; et cela bien qu'il eût lui-même élaboré ses propres méthodes critiques. Il faut citer enfin, parmi les derniers tossafistes, Rabbi Meïr de Rothenburg, qui fut un grand codificateur et peut être considéré comme l'un de ceux qui ont marqué la fin de l'ère des tossafistes ; il manifestait un goût particulier pour la récapitulation des problèmes halakhiques.

Certes, les *baalei tossafot* ne se cantonnaient pas exclusivement dans l'exégèse talmudique ; mais il est impossible d'étudier le Talmud sans prendre leurs commentaires en considération. A travers leur œuvre composite d'analyse, qui révèle un extraordinaire sens critique, ils ont ouvert la voie à de nouvelles méthodes d'interprétation talmudique. La recherche la plus moderne sur le Talmud, avec son approche systématique et scientifique, n'est elle-même qu'une simple extension des idées lancées par les tossafistes.

Le sud de la France abritait également un centre juif important. Un système intermédiaire, à mi-chemin des méthodes d'exégèse achkénaze et séfarade, devait s'y développer. Sa localisation géographique et spirituelle particulière, à la lisière de ces deux mondes, se reflète dans sa production intellectuelle. Son œuvre maîtresse est le *Bet Ha-Be'hira* de Rabbi Chlomo Ben Mena'hem (Ha-Meïri), qui allia l'exégèse textuelle et linguistique des Achkénazes et les résumés halakhiques des Séfarades. L'expulsion des juifs de France au XIIe siècle allait mettre un terme à cette expérience qui ne devait pas connaître d'équivalent.

Pendant plusieurs siècles, on ne composa aucun commentaire nouveau même si de nouvelles méthodes d'étude et de recherche étaient mises au point. Ce n'est qu'au XVIe siècle que l'on renoua avec l'exégèse détaillée, et cette fois dans le grand centre de vie juive qu'était devenue la Pologne. Rabbi Meïr de Lublin nous offre un exemple caractéristique des commentaires rédigés par les directeurs d'académie de ce pays. Il s'agit, dans une large mesure, de la clarification de sujets difficiles abordés dans le Talmud et plus encore dans les *tossafot*. La méthode est simple et le commentaire aisé d'accès bien que, résultat du travail dans une académie, il reflète les fluctuations des périodes d'étude et le degré variable d'intérêt manifesté par les sages selon les moments.

Tout autre fut la méthode élaborée par Rabbi Chlomo Luria, le Maharchal. Ses commentaires sont généralement très brefs ; il aborde différents types de problèmes et propose des décisions catégoriques. Attaché au premier chef à établir la version exacte du texte talmudique, il propose dans son œuvre des milliers de suggestions d'amendements, dont beaucoup ont été reprises sans commentaire dans des éditions plus récentes du Talmud. Ses corrections et annotations ont été longtemps étudiées et commentées.

Le *'Hidouchei Aggadot ve-Halakhot* (« Nouveaux commentaires sur la Aggadah et la Halakhah ») de Rabbi Samuel Éliezer Edels, le Maharcha, est le plus important des commentaires modernes du Talmud et celui qui a connu l'influence la plus profonde. A l'inverse de nombreux commentateurs qui n'ont pas pris en compte l'élément aggadique contenu dans le Talmud, le Maharcha renoue avec la tradition des premiers commentateurs, donnant un sens plus large à l'exégèse talmudique et une interprétation plus ample, à travers une synthèse, de la légende talmudique. Il allie élucidation par le biais du mode littéral (*pechat*) d'exposé, allusions philosophiques dans le style des sages du Moyen Age et commentaires fondés, dans une certaine mesure, sur la Kabbale. Son explication de la partie halakhique du Talmud est consacrée au texte talmudique lui-même mais déborde aussi largement vers Rachi et les *tossafot*. Il fait appel à des techniques diverses mais préfère une approche simple et rejette souvent comme insuffisamment fondées les propositions d'amendement du texte émanant du Maharchal. Mais il apporte aussi de nouveaux modes d'analyse et de discours. Typiquement, il termine plusieurs de ses commentaires sur l'injonction *vadok* (vérifie), qui implique qu'il y a place pour un développement ultérieur du thème traité afin de parvenir à une preuve plus convaincante. Le commentaire du Maharcha fut particulièrement bien accueilli et, pendant longtemps, l'étude du Talmud comporta l'examen du texte talmudique lui-même, celle de Rachi et des *tossafot* et celle du commentaire de Rabbi Samuel.

Avec l'invention de l'imprimerie, l'exégèse talmudique allait connaître une fabuleuse croissance. Des milliers d'ouvrages furent rédigés, qui clarifiaient différents traités, des questions spécifiques ou certains types de problèmes. Mais il ne devait plus y avoir, jusqu'à ce jour, de commentaire s'attaquant au Talmud dans son ensemble. L'étude fait aujourd'hui habituellement appel aux grands travaux exégétiques classiques, aux commentaires qu'ils ont suscités et à l'exégèse de ces commentaires.

X

LE TALMUD IMPRIMÉ

Une fois le Talmud entièrement rédigé, le besoin se fit sentir de disposer d'exemplaires en nombre suffisant pour répondre aux exigences de l'étude. A cette époque, les livres étaient reproduits par des copistes ; plus long était l'ouvrage, plus chère et difficile la tâche de reproduction. Les quelques précieux exemplaires existants étaient jalousement gardés par leurs propriétaires qui n'acceptaient pas toujours volontiers de les prêter même à des fins de copie. Certains volumes médiévaux comportent des expressions de gratitude adressées à ceux qui avaient accepté de prêter leurs manuscrits ou à ceux qui les avaient recopiés, actes tenus tous deux comme part importante de l'étude. Il faut savoir que le Talmud ne compte pas moins de deux millions et demi de mots ; on comprend dès lors que les copies aient été peu nombreuses et espacées dans le temps, même aux époques où la diffusion du Talmud était libre et où la situation économique permettait de financer le travail des copistes. Le Talmud a, semble-t-il, souvent été recopié par ceux-là mêmes qui l'étudiaient, à partir des volumes disponibles dans les académies ; ces copies n'étaient pas destinées au public et étaient souvent truffées de commentaires marginaux. Au temps des *gueonim*, les académies babyloniennes furent fréquemment sollicitées pour fournir des exemplaires du Talmud, et les premières copies espagnoles pourraient avoir été faites à partir d'un texte dicté de mémoire par un *gaon* de passage. Les sages étaient entraînés à apprendre par cœur de longs passages de la loi orale. Certains traités étaient largement diffusés parce que d'un contenu pratique ou considérés comme faisant partie du cursus de base ; mais les éditions complètes du Talmud étaient rares. Ainsi, le maître de Rachi n'avait jamais étudié le traité *Avodah Zarah* tout simplement parce qu'il n'avait jamais réussi à se le procurer. De nombreuses autres communautés se trouvaient vraisemblablement dans ce cas.

La rareté des exemplaires n'était pas seulement due à des difficultés techniques ; celles-ci étaient très aggravées par la persécution. Le Talmud a été interdit à plusieurs reprises au cours du Moyen Age, un sort qu'il a connu aussi à des périodes plus récentes de l'histoire. De nombreux volumes ont été détruits ou égarés au cours des pérégrinations imposées par les décrets d'expulsion ; d'autres furent confisqués sur ordre des autorités. Particulièrement lourde de conséquences fut l'interdiction d'emporter des livres au moment de l'expulsion des juifs d'Espagne ; de nombreux volumes furent alors enterrés.

On comprendra dès lors que les juifs aient accordé une attention soutenue et immédiate à l'invention de l'imprimerie. Ils durent apprendre les techniques d'impression et fabriquer eux-mêmes leurs caractères, du dessin aux moules de plomb. Les premiers livres juifs imprimés datent apparemment des années 1470. Ces premiers essais ayant été couronnés de succès, on entama l'impression du Talmud en son entier. Les problèmes techniques ne manquaient pas et l'entreprise représentait un travail considérable, de la préparation des manuscrits à l'impression elle-même. La première édition connue du Talmud fut réalisée à Guadalajara, en Espagne, en 1482. Seuls des fragments nous en sont parvenus ; nous ne pouvons donc être sûrs qu'il s'agissait d'une version complète. Dix ans plus tard, avec l'expulsion des juifs d'Espagne, puis avec celle, quelques années plus tard, des juifs du Portugal, tous les livres juifs furent confisqués. L'édition de Guadalajara n'a été découverte que très récemment. On connaît mieux l'édition, inachevée semble-t-il, faite à Soncino et à Pisarro ; d'autres impressions furent effectuées ailleurs.

En butte à l'hostilité de l'Église catholique, les juifs hésitaient à se lancer dans l'impression du Talmud. En 1520, cependant, le pape Léon X autorisa sa publication, et l'impression de la première édition complète du Talmud commença à Venise. Ce travail fut confié à Daniel Bomberg, un imprimeur non juif d'origine anversoise. Celui-ci tient une place centrale dans l'histoire de l'imprimerie hébraïque. C'est chez lui que de nombreux livres de référence furent imprimés et reçurent la forme qu'ils devaient conserver plus tard ; c'est à lui que l'on doit l'édition définitive du Talmud de Babylone. Cette première édition détermina le format normal des pages, leur nombre, la place attribuée sur le feuillet aux commentaires principaux ; presque toutes les éditions qui suivirent se conformèrent aux normes définies par les presses de Bomberg. Il est vrai que l'on rencontre, ici et là, quelques libertés prises avec cette règle, mais même dans ce cas il est généralement fait référence (par des marques spéciales ou des divisions) à l'édition originale. Le texte talmudique figure au milieu de la page, flanqué des commentaires de Rachi d'un côté et des *tossafot* de l'autre. Pour le distinguer des commentaires, le texte est imprimé en caractères carrés, forme simplifiée des lettres utilisées pour l'écriture des rouleaux de la Torah, tandis que les commentaires sont en cursive. Celle-ci a été appelée « caractères Rachi » (c'est-à-dire caractères dans lesquels le texte de Rachi est imprimé) par les juifs d'Europe occidentale peu familiers de cette graphie, d'origine séfarade. L'imprimerie Bomberg n'inaugurait pas leur usage, mais elle contribua à en renforcer la tradition ; on a, pendant des siècles, utilisé ces caractères pour la littérature exégétique et rabbinique. L'ordre des pages et des feuillets était d'une grande importance pratique. Cette édition rendit possible l'introduction d'une méthode appropriée de marquage des citations par le nom du traité et le numéro de la page et du feuillet (le feuillet étant une page double, numérotée de chaque côté). L'impression des *tossafot* dans les marges était d'une importance plus théorique. Le Maharal de Prague devait dénoncer, au XVIIe siècle, ce système qui, mettant texte talmudique et *tossafot* côte à côte, encourageait la tendance à considérer comme acquises des formules spécifiques fondées seulement sur les opinions des *baalei tossafot*.

Cette première édition était loin d'être parfaite ; coquilles, erreurs ou omissions abondaient, mais elle allait être corrigée ultérieurement. Les éditions nouvelles, notamment celle réalisée par un autre imprimeur non juif, Justinien de Venise, et qui servit aussi de modèle, tentaient le plus souvent de rectifier les erreurs des éditions précédentes. Les éditions suivantes furent relues avec grand soin et comportèrent des indications plus détaillées des versets bibliques, des décisions halakhiques et des commentaires ajoutés par les savants contemporains. Il en va de même de nos jours.

Les travaux d'impression en Italie allaient être rapidement interrompus par l'intervention du pape Jules III qui, en 1553-1554, interdit la publication du Talmud et donna l'ordre d'en brûler les exemplaires existants. Impossible désormais en Italie, l'impression devint aussi plus difficile dans d'autres pays d'Europe. Fréquemment, il fallait obtenir une autorisation officielle, laquelle n'était, le plus souvent, accordée qu'à des imprimeurs chrétiens. La censure exercée sur toutes les publications religieuses juives, et sur le Talmud en particulier, se fit plus sévère. L'édition de Bâle (1578 et *sq*) était en fait une version gravement tronquée qui omettait tout le traité *Avodah Zarah* ; or, malheureusement, d'autres éditions ont été effectuées à partir de ce texte. Des éditions ont pu être faites en Pologne, avant le développement de l'influence des jésuites dans ce pays, et quelques-unes à Amsterdam (où, dans l'atmosphère générale de tolérance régnant aux Pays-Bas, pratiquement toute publication de livres hébraïques était autorisée) et dans les régions protestantes d'Allemagne.

Deux éditions, qui n'ont pas perdu de leur importance de nos jours, sont parues à Slavuta et à Vilna. Pour des raisons qui leur étaient propres, les autorités russes avaient décidé de limiter la publication de livres juifs à un aussi petit nombre de villes que possible et les demandes de permis d'imprimer se heurtaient à des obstacles considérables. Les impressions de Slavuta et de Vilna avaient reçu la précieuse autorisation et furent suivies de plusieurs éditions.

A partir du milieu du XVIIIe siècle, il devint d'usage d'inclure, dans les éditions du Talmud, des mises en garde rabbiniques contre toute nouvelle édition avant l'écoulement d'un certain laps de temps. La demande de livres était apparemment limitée ; et comme les frais d'impression étaient particulièrement élevés, les éditeurs craignaient une nouvelle édition par un imprimeur rival qui leur causerait des pertes financières. Ces mises en garde constituent le premier exemple connu de droits réservés et avaient l'avantage d'encourager les imprimeurs à persévérer dans leur tâche. Mais en l'absence de toute autorité religieuse centrale touchant l'ensemble du monde juif, il arriva souvent que, par manque d'information, des *haskamot* (au sens littéral, des accords, c'est-à-dire des autorisations) soient délivrées pour plusieurs éditions du Talmud pratiquement dans le même temps. Cet état de choses conduisit à des conflits entre les rabbins signataires des différentes *haskamot*. Conséquence de cet état de choses et de la concurrence entre imprimeurs, certaines éditions, parfois excellentes, ne purent être totalement achevées. Il arrivait aussi que l'on répartît l'entreprise entre plusieurs villes.

En dépit de leur valeur, les éditions de Slavuta et de Vilna firent également l'objet de contestations. Les imprimeurs de Slavuta avaient fourni une belle édition du Talmud, rapidement épuisée ; ceux de Vilna décidèrent alors de sortir leur propre édition avant la fin de la période d'interdiction d'imprimer. Le statut de l'édition de Slavuta n'étant pas très clair, les gens de cette ville décidèrent de s'adresser aussi à un nombre impressionnant de rabbins de leur région pour obtenir des *haskamot* de leur part. Une querelle à grande échelle s'ensuivit lorsque les faits furent connus. Presque tous les rabbins de Pologne et de Galicie se rangèrent aux côtés des imprimeurs de Slavuta, tandis que les presses de Vilna recevaient le soutien des rabbins lituaniens. Le conflit allait prendre une dimension supplémentaire, d'ordre politique : les imprimeurs de Slavuta se réclamaient du 'hassidisme, tandis que leurs rivaux étaient des Mitnagdim (opposés au 'hassidisme) très proches du mouvement des Lumières. Ces événements connurent une conclusion tragique : dénoncés par des indicateurs de police, les imprimeurs de Slavuta furent condamnés à de lourdes peines de prison et leurs presses fermées. En fait, la sanction frappait plus leurs liens avec le 'hassidisme que leur activité d'imprimeurs elle-même.

La ville de Jitomir en Ukraine tenta de prendre le relais de Slavuta, mais l'initiative était désormais entre les mains des gens de Vilna. La famille Rom, propriétaire de l'imprimerie, fit sortir de nombreuses éditions du Talmud ; certaines sont considérées comme exemplaires. L'usage de ces éditions se heurta pourtant parfois, notamment chez les 'Hassidim polonais, à un refus catégorique, surtout parce qu'elles incluaient des commentaires émanant de savants qui n'avaient pas reçu l'approbation générale. Mais les éditions de Vilna sont en général considérées comme de véritables œuvres d'art, préparées typographiquement avec plus de soin que les autres éditions ; leur exactitude a donné naissance à des anecdotes quelque peu exagérées.

Dans les dernières éditions de Vilna, publiées à la fin du

XIXe et au début du XXe siècle, on a inclus des textes inédits jusqu'alors : commentaires repris de manuscrits anciens, qui élargissent le champ de l'étude en permettant aux étudiants de s'engager dans la voie de l'analyse comparative. L'augmentation du nombre des étudiants, l'amélioration des conditions économiques dans certains pays et la baisse du prix des livres ont permis de nos jours la publication de nombreuses éditions du Talmud. Les moyens d'impression nouveaux ont rendu celle-ci plus aisée et meilleur marché.

En cette seconde moitié du XXe siècle, on a pu reproduire d'abondance, par *fac similé*, des éditions anciennes du Talmud (le plus souvent celles de Vilna), sous des présentations et des formats variés ; complètes ou partielles, les éditions se comptent aujourd'hui par centaines. D'un autre côté, l'usage de l'imprimerie offset fait obstacle au progrès car elle exclut la relecture attentive et le travail de rectification, qui étaient d'usage aux siècles précédents ; du coup, les erreurs (y compris les fautes d'impression) sont maintenant reprises d'une édition sur l'autre. Mais il faut savoir que dans certains pays, en Israël notamment, on tente de parvenir à des versions améliorées et d'ajouter ponctuation, vocalisation et illustrations. C'est là le début d'une nouvelle ère dans la publication du Talmud.

Le Talmud de Jérusalem a de tout temps été considéré comme inférieur à son homologue babylonien. Moins souvent recopié, il a été négligé par les grands commentateurs. Sa première édition imprimée fut l'œuvre de Bomberg en 1524 à Venise, à partir d'un unique manuscrit (celui de Leyde, aujourd'hui conservé à la bibliothèque de cette ville). De nouvelles éditions ont suivi, calquées sur celle de Bomberg qui fait toujours référence aujourd'hui. Une autre édition, apparemment fondée sur plusieurs manuscrits, vit le jour à Amsterdam ; et au siècle dernier, le Talmud de Jérusalem fut également publié à Jitomir et à Vilna (dans cette ville par les soins de la famille Rom). Mais on peut dire que, d'une façon générale, les éditions du Talmud de Jérusalem ont été peu nombreuses parce que peu de savants travaillaient sur ce texte et qu'elles posaient problème. Nous n'en possédons actuellement qu'une trentaine et elles ne peuvent se mesurer à celles du Talmud de Babylone, tant dans leur précision que dans la qualité de leurs commentaires. Le Talmud de Jérusalem attend encore son rédempteur.

XI

PERSÉCUTIONS ET INTERDICTIONS

Les sages avaient la certitude que c'était la loi orale, c'est-à-dire la Michnah et le Talmud, qui donnait au peuple juif son caractère unique. Un *midrach* dit qu'un jour toutes les nations se proclameront juives : « Alors, le Saint Béni Soit-Il dira : celui qui détient Mon mystère entre ses mains, celui-là est Israël. Et ce mystère, c'est la Michnah. » Cette anecdote, qui n'est qu'un exemple parmi tant d'autres, illustre la volonté des sages de souligner l'importance de la loi orale comme clé de la singularité d'Israël, comme définition du judaïsme véritable. La conviction que la loi orale constituait le rempart du judaïsme prévalait également dans le monde non juif et particulièrement chez les chrétiens. Dès le VIIe et le VIIIe siècle, il y eut des tentatives, infructueuses au demeurant, d'interdire l'étude du Talmud. Pendant longtemps, l'Europe occidentale n'avait pas été consciente de la vie intérieure du judaïsme et de son influence spirituelle, directe ou indirecte ; mais lorsque l'Église catholique adopta une attitude plus sévère à l'égard de ses ennemis de l'intérieur, elle commença également à se pencher sur les textes juifs et le Talmud retint une bonne part de son attention.

La responsabilité de cette attitude repose largement sur les convertis d'origine juive, qui voulaient débattre publiquement avec des savants juifs. Bien placés pour connaître l'importance du Talmud pour le judaïsme, c'est sur lui qu'ils concentraient leurs attaques. Certains convertis tentèrent vainement de s'appuyer sur les textes talmudiques eux-mêmes pour démontrer la vérité du christianisme. Rabbi Moché Ben Na'hman, autorisé une fois à s'exprimer librement au cours d'un tel débat, fit ironiquement remarquer que si les thèses de son contradicteur avaient été justes, les sages du Talmud se seraient eux-mêmes convertis au christianisme; le fait qu'ils soient demeurés juifs démontrait à l'envi l'inanité des « preuves » qu'il avançait. Parallèlement, plusieurs souverains européens et dignitaires de l'Église étaient convaincus que le Talmud contenait des textes antichrétiens et, se fondant sur les dénonciations d'indicateurs de police, ils ordonnèrent de retirer du texte toute allusion hostile au christianisme et toute diffamation du Christ. Cette campagne menée contre le Talmud et les divers décrets papaux qui s'ensuivirent atteignirent leur paroxysme en 1240, lorsque, à la suite de querelles internes ayant affecté la communauté juive et sous la pression des convertis, le pape Grégoire IX ordonna que le Talmud fût brûlé à Paris. Des édits analogues furent promulgués à diverses reprises dans le courant du XIIIe siècle, notamment par Clément IV en 1264, et des milliers d'exemplaires du Talmud furent livrés aux flammes. Les juifs ressentirent la destruction du Talmud comme une catastrophe nationale quasiment sans précédent. Elle inspira à Rabbi Meïr de Rothenburg une lamentation qui fait toujours partie des textes lus le 9 Av [1]. Ces édits ne touchèrent pas toute l'Europe; dans la péninsule ibérique, par exemple, le Talmud ne fut pas brûlé, mais l'on censura les passages ressentis comme offensants pour le christianisme.

Les responsables ecclésiastiques n'étaient pas unanimes quant à l'attitude à adopter dans ce domaine. Si un synode réuni à Bâle en 1431 réitère l'interdit rigoureux qui frappe le Talmud, des opinions inverses se font jour. En 1509,

---

1. Jour de deuil anniversaire de la destruction du Temple. (*N.d.T.*)

par exemple, un converti du nom de Johannes Pfefferkorn entreprend d'inciter le clergé à faire brûler le Talmud dans tous les États contrôlés par Charles Quint. C'est un chrétien, Reuchlin, qui s'opposera à ses desseins et défendra la cause du Talmud. Il est vrai que la controverse n'aboutit pas à des conclusions immédiates et que le Talmud fut brûlé, sur ordre des évêques, dans plusieurs villes ; mais les arguments développés par Reuchlin ne restèrent pas sans effet. En 1520, le pape Léon X autorise la publication du Talmud et plusieurs éditions sont réalisées dans les décennies qui suivent. L'accalmie devait cependant être de courte durée ; dans le contexte du renforcement de la Contre-Réforme et à l'instigation de divers convertis, le pape Jules III ordonne une nouvelle fois, en 1553, de livrer l'ouvrage au bûcher. Cette ordonnance papale, appliquée dans tous les États italiens, aboutit à la destruction de plusieurs dizaines de milliers d'exemplaires du Talmud. Pie IV tempère quelque peu cette rigueur lorsqu'il annonce, au cours du synode de Trente (1564), que le Talmud peut à nouveau être diffusé, à condition qu'en soient effacés les passages offensants pour le christianisme. En conséquence de quoi une édition fut réalisée à Bâle sous le contrôle et la censure de moines. C'était là une version cruellement amputée, mais insuffisamment encore aux yeux de l'Église. En 1592, Clément II interdisait définitivement par bulle papale toute étude ou publication du Talmud. Cette interdiction ne couvrait pas l'ensemble du monde chrétien, une large part de l'Europe, pays protestants et régions sous contrôle russe et turc, ne reconnaissant pas l'autorité du pape. Mais elle fut appliquée dans la majeure partie de l'Italie. Les juifs italiens tentèrent de tourner l'interdiction par différents biais, le plus courant étant l'étude du *Ein Yaakov* (dont le titre devint, après qu'il eut été interdit à son tour, *Ein Israel*) qui comportait la partie aggadique du Talmud et l'étude du livre de Rabbi Isaac Alfasi, *Sefer Halakhah*, comprenant une large part de la *halakhah* du Talmud. Mais l'ordonnance frappant le Talmud avait eu des conséquences irréversibles sur la vie culturelle du judaïsme italien qui ne devait jamais s'en remettre. Ce fut là un exemple frappant du fait qu'une communauté juive privée de l'étude du Talmud était vouée à l'étiolement.

Si les autres pays européens furent épargnés par des ordonnances de cette sorte, il n'en reste pas moins qu'il y eut une tendance généralisée à censurer le Talmud. Les années passant, les imprimeurs restituèrent progressivement et en cachette les passages censurés ; mais en dépit de ces efforts, les meilleures éditions demeurent mutilées par les modifications et « corrections » imposées par les censeurs.

L'archétype de ces éditions mutilées est celle de Bâle où les censeurs ont supprimé ou modifié tout ce qui, dans le texte, leur paraissait faire insulte au christianisme ou à différents peuples ou bien refléter des opinions entachées de superstition. C'est ainsi que le censeur bâlois, le père Marco Marino, commença par éliminer le mot *Talmud*, le remplaçant par d'autres termes comme *Guemarah* ou *chass* (acronyme des mots « six ordres » en hébreu). Là où le texte usait du mot *min* (« hérétique », en référence, à l'origine, aux sectes gnostiques et seulement occasionnellement au christianisme), il introduisit Sadducéen, ou Épicurien. Toute allusion à Rome, même s'il s'agissait de façon évidente de l'empire romain païen, fut transformée en *Aram* (Mésopotamie) ou *Paras* (Perse). *Mechoumad* ou *moumar* (qui signifient tous les deux « converti ») furent également interdits et remplacés. Faisait particulièrement problème le mot *goy* (non-juif, gentil) qui fut systématiquement changé (entraînant parmi les sages qui usèrent ultérieurement de cette version une certaine confusion, car ils ignoraient l'intervention du censeur). Au début, on substitua à *goy* le terme *akoum* (initiales de l'expression « adorateurs des astres »). Mais des convertis attirèrent l'attention de l'Église sur le fait que ces mêmes initiales pouvaient être celles de « adorateurs du Christ et de Marie » et étaient donc insultantes. Il fallut alors trouver d'autres substituts ; et on remplaça le plus souvent *goy* par *kouti* (Samaritain). Dans l'édition de Bâle, le censeur exigea pour sa part l'usage de *kouchi* (Africain).

Là où le Talmud émettait un jugement négatif sur Jésus ou le christianisme, on supprima entièrement le commentaire ; le nom de Jésus fut systématiquement enlevé, même lorsqu'il n'apparaissait pas dans un contexte hostile. Le censeur bâlois décida également le retrait de tout ce qui lui apparaissait comme cas d'incarnation de la Divinité, ainsi que les légendes qu'il ne comprenait pas. Il ajouta à l'occasion ses propres commentaires en marge. Ainsi, lorsque le texte affirme que l'homme vient au monde libre de péché, il indique : « Selon la foi chrétienne, tous les hommes naissent avec la tare du péché originel. » Il supprima aussi tous les passages qu'il percevait comme contraires aux bonnes mœurs ou il les modifia ; ainsi, la phrase talmudique « Un homme dépourvu d'épouse ne peut être appelé un homme », qui heurtait sa sensibilité d'homme d'Église tenu à la chasteté, devint-elle : « Un juif dépourvu d'épouse... » Le traité *Avodah Zarah*, qui se penche sur les jours de fêtes des non-juifs et sur les relations entre juifs et non-juifs, fut purement et simplement supprimé.

Les fragments omis ou supprimés furent partiellement rétablis dans les éditions ultérieures ; mais intervinrent toujours de nouveaux censeurs dans d'autres pays, qui imposèrent leurs propres altérations et modifications. Ainsi, les autorités russes décidèrent-elles que le Talmud ne saurait faire mention de la Grèce, car la culture russe était censée s'enraciner dans la culture grecque ; toute allusion à cette civilisation fut donc retouchée. L'expression « langue grecque » apparut offensante à certains censeurs qui la transformèrent en « langue des *akoum* ». L'ignorance de nombreux censeurs engendra des fautes d'orthographe qui se transmirent d'édition en édition. Certaines altérations relevaient de calculs politiques immédiats : pendant la guerre russo-turque, *goy* devint Ismaël, ce qui provoqua plus tard, chez certains lecteurs, une cascade de contresens absurdes.

Le Talmud ne tomba pas seul sous la coupe de la censure ; mais de par sa taille, son volume et le nombre de modifications imposées siècle après siècle (des milliers finalement), il en fut si profondément affecté qu'il ne fut pas possible d'en corriger toutes les mutilations même dans les éditions effectuées dans des pays libres. La reproduction offset moderne contribue à perpétuer nombre de ces altérations ; seules les éditions les plus récentes comportent des tentatives de restituer le texte original.

DEUXIÈME PARTIE

STRUCTURE ET CONTENU

XII

LA STRUCTURE DU TALMUD

Le Talmud de Babylone, comme celui de Jérusalem, reprend la structure de la Michnah, qu'il étend et détaille : six chapitres de base ou *sedarim* (« ordres »). Le terme *chass*, initiales des mots hébraïques signifiant « six ordres », en est d'ailleurs venu à désigner le Talmud lui-même, notamment lorsque, censuré par le christianisme, le mot même de Talmud fut devenu tabou. Chaque ordre est consacré à une catégorie spécifique de problèmes.

Ainsi, le *Seder Zeraïm* (l'ordre des semences) se penche-t-il sur la *halakhah* qui se réfère à l'agriculture et aux récoltes en Palestine, aux offrandes destinées aux prêtres et aux lévites, et aux aumônes pour les pauvres. L'ordre de succession des traités peut varier selon les éditions ; mais, en général, ils sont classés en fonction de leur longueur, ou, plus exactement, du nombre de leurs chapitres. Chaque traité couvre une question particulière : le traité *Chevi'it*, par exemple, est consacré aux lois de la *chemitah* (la période pendant laquelle, tous les sept ans, la terre doit être laissée en jachère) ou aux *bikourin* (les offrandes des prémisses) ; mais il peut également aborder à l'occasion des problèmes connexes. Les soixante-quatorze chapitres du *Seder Zeraïm* sont répartis en onze traités dont le premier, *Berakhot*, sort quelque peu de l'ordinaire : il n'évoque pas les lois s'appliquant à l'agriculture mais les bénédictions et prières. Certaines versions du Talmud l'incluent d'ailleurs dans l'ordre intitulé *Moed.* Mais comme *Seder Zeraïm* est aussi appelé *Seder Emounah* (ordre de la foi, car il est dit : « Un homme croit à la vie éternelle, c'est pourquoi il sème semence »), c'est très judicieusement que le traité *Berakhot* est placé à sa tête.

En second vient *Seder Moed* (ordre des fêtes). Ses douze traités portent essentiellement sur les célébrations qui ponctuent l'année et son contenu va des lois du Chabbath (exposées en détail dans deux traités) à celles réglant les jours de jeûne. Le traité *Chekalim* fait exception dans la mesure où il est consacré à l'impôt d'un demi-chekel levé pour l'entretien du Temple et aux manières de le percevoir et de le répartir. C'est parce que cet impôt était levé à date fixe que l'on a inséré *Chekalim* dans le *Seder Moed.*

Seder Nachim (ordre des femmes), le troisième, traite des règles du mariage, de la cérémonie elle-même aux lois sur l'inceste, le divorce et la propriété. Ces thèmes font l'objet de cinq traités auxquels s'ajoutent deux annexes : *Nedarim* (les vœux), touchant indirectement aux rapports entre époux, et *Nazir* qui examine les lois relatives aux *nezirim* (ascètes liés par des vœux spéciaux). Le traité *Sotah,* qui comporte la *halakhah* sur les femmes soupçonnées d'adultère, couvre également des thèmes plus éloignés, adjoints par associations d'idées.

Le quatrième ordre, *Nezikin* (dommages), est aussi appelé *Yechouot* (secours) car, pour une très large part, il étudie les recours offerts aux victimes contre leurs persécuteurs. Il s'ouvrait à l'origine sur un traité également intitulé *Nezikin,* recueil de jurisprudence civile. Ce traité étant lui-même fort long (trente chapitres), on le divisa en trois grandes parties ou « portes » : *Baba Kama* (première porte), *Baba Metzia* (porte du milieu) et *Baba Batra* (dernière porte). Traitant de procédure pénale et civile, *Nezikin* s'attache aux règles de fonctionnement des tribunaux, aux vœux, châtiments et ainsi de suite. Un chapitre du code pénal est consacré à l'interdiction du paganisme sous toutes ses formes (traité *Avodah Zarah*). Un autre traité, *Horayot* (décisions), précise une question particulièrement grave : celle de la conduite à tenir au cas où une décision erronée émanant du Sanhédrin conduirait la nation tout entière à l'erreur. Le traité *Edouyot* reprend des témoignages sur la *halakhah* ancienne, témoignages qui risquaient de sombrer dans l'oubli, et des aspects inhabituels de la *halakhah* apparemment réunis au cours d'une session spéciale du tribunal de Yavneh. Le traité *Avot* n'a guère sa place dans cet ordre où il se distingue par son caractère non pas juridique mais éthique et philosophique. En raison de son contenu très particulier, il a souvent été inclus dans les rituels de prières et traduit en diverses langues.

L'ordre *Kodachim* (choses saintes) traite des lois relatives au Temple et aux sacrifices. Dix de ses onze traités sont consacrés au détail du rituel du Temple et des différentes sortes de sacrifices. Le onzième, *'Houlin* (traité du profane), également appelé autrefois *Che'hitat 'Houlin* (abattage usuel), est le seul à sortir du domaine des sacrifices ; il y est question de l'abattage rituel pour la nourriture et des aliments cachers ou non ainsi que d'une variété de règles qui n'étaient pas assez nombreuses pour constituer un traité à elles seules.

Le sixième ordre, *Toharot* (pureté), touche à l'un des sujets les plus complexes de la loi halakhique : les règles de pureté et d'impureté rituelles. Ces règles, en cours essentiellement à l'époque du Temple (et, après sa destruction, en Palestine pendant quelque temps), sont une trame de détails infimes et compliqués, tissée à partir de traditions anciennes dont la logique n'apparaît pas toujours très clairement. Seul le traité *Nidah*, discussion des lois sur l'impureté rituelle périodique féminine, était encore, dès l'époque du Talmud, d'application pratique. *Toharot* est considéré comme l'ordre le plus difficile d'accès et les plus grands *amoraïm* eux-mêmes ont eu grand mal à le déchiffrer.

Dans ses versions modernes, le Talmud compte 517 chapitres (encore que l'on puisse enregistrer quelques variantes), répartis en soixante-trois traités. Traditionnellement, ceux-ci n'étaient que soixante ; leur nombre actuel pourrait être le résultat de divisions ultérieures analogues à celles opérées dans le traité *Nezikin.* Leurs titres leur ont été attribués dès l'origine, généralement en fonction du contenu, et ils sont demeurés pratiquement inchangés jusqu'à nos jours. Les chapitres ont également des noms, datant parfois de l'époque du Talmud, tirés, en l'occurrence, non de leur contenu mais de leurs mots d'ouverture. Lorsque plusieurs chapitres commençaient par les mêmes mots, il fallait leur donner des titres différents ; mais ceux-ci n'étaient de toute façon pas d'une importance majeure. Normalement, l'ordre des chapitres d'un traité est immuable, même s'il n'est pas toujours très méthodique ou logique. Quelques traités manifestent une progression logique, du général au particulier ; mais dans d'autres, l'ordre est simplement dicté par celui de la loi étudiée, les parties les plus anciennes apparaissant en premier. Les traités qui comportent des éléments ajoutés commencent en général par l'exposé de leur thématique principale pour en venir ensuite aux questions annexes. On note aussi parfois une tendance à ouvrir le traité sur des questions qui, bien que d'importance mineure, éveillent la curiosité du lecteur.

Les chapitres de la Michnah sont divisés en sous-sections appelées *michnayot* qui traitent en général d'une seule loi ou de plusieurs lois étroitement liées. La division des *michnayot* est loin d'être uniforme et des différences apparaissent selon les traditions. Mais les versions imprimées de la Michnah sont toutes pratiquement identiques. C'est pourquoi les index de la Michnah indiquent le traité, le numéro du chapitre à l'intérieur de celui-ci et le numéro de la *michnah* au sein du chapitre. Ainsi, la sentence « Chacun en Israël a sa part dans l'autre monde » est tirée de *Sanhédrin*, chapitre 10, *michnah* 1. Au Moyen Age on se contentait de donner le numéro du chapitre, sans le nom du traité dans la plupart des cas, car on le supposait *a priori* connu, et sans indiquer la *michnah*, car la division définitive n'en avait pas encore été faite.

Les *amoraïm* étudiaient tous les ordres de la Michnah ; mais, à Babylone du moins, ils s'attachaient plus particulièrement aux quatre ordres qui traitent des questions de la vie quotidienne. Ceux-ci constituent la matière principale du Talmud de Babylone. L'ordre *Zeraïm*, avec ses lois agricoles et sa *halakhah* essentiellement valables pour la Palestine à l'époque du Temple, n'avait que peu de rapport avec la vie à Babylone. Seul le traité *Berakhot* y aborde des problèmes quotidiens, bénédictions et prières. De même, l'ordre *Toharot* ne pouvait guère connaître d'application pratique en Babylonie et seul le traité *Nidah* avec ses lois sur la pureté féminine y fut réellement étudié. La majorité des traités des quatre autres ordres est examinée dans le Talmud de Babylone ; trente-six nous sont parvenus. Tout récemment, des savants ont tenté d'extraire du Talmud du matériau relatif à des traités qui n'avaient pas été étudiés en profondeur pour mettre au point une sorte de « Talmud synthétique ».

La situation en Palestine n'était pas tout à fait la même. Là, les lois sur l'agriculture s'appliquaient à la vie quotidienne ; le Talmud de Jérusalem s'attache donc à tous les traités de l'ordre *Zeraïm*. Au Moyen Age, il existait encore un chapitre du Talmud de Jérusalem consacré à l'ordre *Kodachim* ; mais lorsque vint l'ère de l'imprimerie, cette partie était déjà perdue. Au siècle dernier, un savant prétendit en avoir découvert un manuscrit, mais on estime généralement qu'il s'agit d'une supercherie. Dans le *Taharot*, le Talmud de Jérusalem se borne à sélectionner quelques chapitres de l'utile traité *Nidah*. En tout, il couvre trente-neuf traités.

Les soixante traités de la Michnah et leur examen dans le Talmud constituent un ensemble ; néanmoins, au fil des siècles, on a procédé à des ajouts, que l'on désigne sous le terme générique et passablement imprécis de *massakhot ketanot* (petits traités). Ceux-ci sont très divers. Certains sont anciens et appartenaient, semble-t-il, à des compilations de *michnayot* extérieures ; la plupart sont des résumés élaborés à des périodes plus récentes, notamment celle des *gueonim*, même si certaines de leurs sources sont extrêmement anciennes. Plusieurs traitent d'éthique et de règles de comportement. Pour certains sages, il a pu exister un septième ordre de la Michnah (avant même la mise au point des *michnayot* par Rabbi Yéhouda Ha-Nassi) peut-être intitulé *Seder 'Hokhmah* (ordre de la sagesse). Citons, parmi ces *massakhot ketanot*, le *Avot de Rabbi Nathan*, version très élargie du traité *Avot*, et le traité *Derekh Eretz* (traité du comportement et du savoir-vivre) exposant les conduites à adopter en toutes circonstances. Quelques traités approfondissent les lois qui n'ont pas été interprétées dans le Talmud : celles sur l'écriture des rouleaux de la Torah dans le traité *Sofrim* (scribes) ; les lois sur le deuil, dans *Sema'hot*, etc. Ces traités ne sont pas parties intégrantes du Talmud, mais on les étudie et on les considère comme particulièrement utiles pour la détermination des comportements souhaitables et pour éclaircir certains aspects de la loi halakhique.

XIII

L'OBJET DU TALMUD

Ne serait-ce que par leurs titres, les traités nous donnent une première idée de la thématique couverte par le Talmud, mais ils sont loin d'en épuiser toute la matière. Le Talmud est destiné au *talmud Torah* (littéralement, l'étude de la Torah) au sens le plus large, c'est-à-dire à l'acquisition de la sagesse, de la compréhension et du savoir puisque l'on considère la Torah comme contenant tout ce qui existe au monde. Une allégorie figurant dans le Talmud et dans les commentaires décrit la Torah comme une sorte de schéma préalable à la construction du monde. Ailleurs, le Talmud calcule que la portée de la Torah est plusieurs fois celle de l'univers. C'est pourquoi tout ce qui a trait à la vie représente un intérêt pour le sage et peut entrer dans le champ du Talmud pour y être discuté, longuement ou brièvement. La notion de Torah est infiniment plus large que celle de loi religieuse ; si, dans le judaïsme, la jurisprudence religieuse couvre presque tous les domaines de l'existence, sans pratiquement en négliger aucun, la Torah, elle, est encore plus large. Us, coutumes, indications professionnelles, conseils médicaux, étude de la nature humaine, problèmes linguistiques, questions éthiques : tout cela relève de la Torah et, en tant que tel, est abordé dans le Talmud. Et comme la vie tout entière est imprégnée de la Torah, les sages ne sont pas simplement des professeurs qui dispenseraient un enseignement *ex cathedra* ; leurs vies mêmes sont Torah et tout ce qui s'y rapporte mérite examen.

« Conversations de hasard, plaisanteries ou déclarations fortuites émanant des sages doivent être étudiées », nous disent-ils ; et des *halakhot* importantes ont parfois jailli de remarques fortuites qui avaient été faites sans le moindre propos éducatif. En vertu de quoi, les activités des sages sont investies d'une signification redoublée. Tout ce qu'accomplit un sage, de quelque champ d'activité qu'il s'agisse, doit l'être dans l'esprit de la vérité et être la Torah elle-même. Les disciples étudiaient souvent avec le plus grand soin le comportement de leur maître afin de s'en inspirer pour eux-mêmes. Une illustration extrême nous est fournie par ce disciple qui se serait caché sous le lit de son maître pour découvrir comment il se conduisait avec sa femme. Interrogé sur les motifs de son indiscrétion, le jeune homme répondit : « Cela est Torah et mérite d'être étudié » ; un argument qui fut déclaré recevable par les rabbins comme par les étudiants. Puisque tous les sujets relèvent de la Torah, il n'y a pas lieu d'adopter une attitude de rejet ou de réticence face à des domaines particuliers de l'existence. Il convient de noter que, bien que marqués par une approche presque excessivement pudique de la sexualité et de la nudité et par leur horreur de toute trivialité, les sages du Talmud ne faisaient peser aucun tabou sur les détails les plus infimes relevant de ces thèmes. Pour la discussion, on recourait aux euphémismes et aux termes les plus délicats ; mais les sages se penchaient sur les aspects normaux et pervers aussi longtemps qu'ils les considéraient comme ne sortant pas du propos.

Cette étendue du champ des intérêts caractérise aussi bien la *halakhah* au sens strict que la Torah, dans sa signification la plus large. Le texte du Talmud a conservé à cet égard un échange de vues particulièrement éclairant. Un grand maître demande à son fils, également renommé pour son zèle à l'étude, pourquoi il ne fréquente plus les leçons de l'un des directeurs de l'académie. Son fils lui répond avec rancœur que « toutes les fois où il vient, celui-ci lui donne des sujets mineurs à étudier », et d'ajouter que le célèbre rabbin a fait cours sur les règles de l'hygiène intime. « S'il en est ainsi, lui rétorque son père, tu devrais y aller plus souvent, car il traite d'un sujet d'une importance majeure dans la vie quotidienne. » C'est pourquoi on ne saurait être surpris de trouver dans le Talmud des allusions à la médecine, des remèdes contre les maladies, des explications de proverbes populaires et des centaines d'anecdotes sur des personnalités célèbres. Ces thèmes n'appartiennent pas au cycle normal des études et, si certains sages se cantonnaient strictement au thème traité aussi longtemps qu'ils se trouvaient dans l'académie, cela ne signifiait nullement qu'ils méconnaissaient la valeur d'autres sujets. Rav Zira, un sage connu pour sa sainteté et sa piété, s'apprêtait à partir en Palestine contre l'avis de son rabbin. Avant de s'en aller, il ressentit le besoin de voir son maître une dernière fois sans être vu et se cacha pour l'écouter tandis qu'il enseignait leurs devoirs aux employés de la maison de bains. Il devait noter plus tard quelle joie il avait eue à apprendre quelque chose de nouveau de la bouche de son maître bien-aimé.

Il est néanmoins des sujets absents du Talmud. Quelle que soit la portée de la Torah, les sages ne se sont jamais engagés dans la spéculation scientifique pure et n'ont pas manifesté le moindre intérêt pour la philosophie, sous ses avatars grecs, hellénistiques ou romains. L'étude talmudique de thèmes équivalant à ceux de la philosophie générale se construit de manière radicalement différente. De même, les sages ne s'intéressaient-ils pas à la science en soi, qu'il s'agisse de l'astronomie, de la médecine ou des mathématiques. Dans ces domaines, comme dans tout autre champ de la science ou du savoir, ils ne reconnaissaient que les limites de la Torah et l'étude se bornait à deux plans : pour la science, seulement si elle se rapportait directement à la *halakhah* ; pour les sciences naturelles, seulement si elles avaient une implication éthique ou idéologique. Leur attitude quant à la médecine est caractéristique de ce point de vue. Les lois sur l'impureté rituelle exigeaient de vastes connaissances en anatomie et en physiologie ; les sages développèrent donc ce champ d'investigation et parvinrent, après des recherches qui n'étaient fondées ni sur des connaissances antérieures ni sur des théories scientifiques courantes, à des conclusions remarquablement justes. Dans ce domaine, comme dans bien d'autres, ils ont anticipé les résultats de la science moderne en se cantonnant à une approche empirique et en refusant tout recours à des structures théoriques qui ne découleraient pas directement de faits vérifiés. Ils ne se détournèrent jamais du domaine des faits pour dévier vers la spéculation scientifique pure : à leurs yeux, cela ne présentait pas d'intérêt.

De même pour l'étude de l'homme. Il était nécessaire, dans certains domaines de l'anatomie, d'obtenir des données précises ; dans ces cas, les sages ne se fiaient pas au savoir scientifique de leur époque ; ils menaient leurs propres expériences. Pour les lois de profanation, par exemple, il importait de connaître avec précision le nombre des os du corps humain. C'est pourquoi les disciples de Rabbi Ichmael étudièrent les cadavres de femmes condamnées à mort et exécutées par les autorités civiles. Leurs conclusions étaient remarquablement justes et n'ont rien perdu de leur validité. Par contre, ils ne s'attachèrent pas aux problèmes médicaux et scientifiques liés au corps humain. Leur critère pour déterminer si un certain remède était efficace ou relevait du charlatanisme était la vérification scientifique. En astronomie, on avait également besoin de données précises (la période qui s'écoule entre deux nouvelles lunes, par exemple) ; ils réussirent à obtenir l'information indispensable, mais à aucun moment ne manifestèrent le moindre intérêt pour les théories astronomiques. Leur image du monde, telle qu'elle ressort de diverses sources, est confuse et semble, de prime abord, très primitive. Mais on s'aperçoit, à la lumière des textes, qu'ils ne s'engageaient pas dans une quelconque spéculation cosmologique mais songeaient à un monde spirituel idéal, tout en évitant le recours à un vocabulaire abstrait. Lorsqu'ils écrivaient que la terre repose sur les montagnes, les montagnes sur la mer, et la mer sur une colonne appelée *tsadik* (le Juste), il est bien évident qu'une telle description n'est pas à prendre au premier degré.

Ceux d'entre les sages qui exerçaient la profession de médecin devaient, bien sûr, se familiariser avec les connaissances médicales de leur temps. Et ceux qui étaient géomètres ou mathématiciens étaient experts en leur matière. Mais c'étaient là études professionnelles qui n'avaient pas de lien avec celle du Talmud, à moins d'être nécessaires à la décision halakhique ou aux avis d'ordre éthique.

La méfiance à l'égard des travaux scientifiques était essentiellement méthodologique : les sages du Talmud étaient respectueux des faits et essayaient de limiter leurs recherches à des thèmes factuellement vérifiés. Préoccupés uniquement de leurs modes originaux de pensée, ils ne s'intéressaient ni à la spéculation scientifique ni à la conjecture philosophique.

Cela ne veut pas dire que le monde des sages était fermé à toute influence ou connaissance venue de l'extérieur. « Si l'on te dit qu'il y a de la sagesse parmi les nations, crois-le », disent-ils. Mais parallèlement, ils s'efforcèrent de rester dans les limites de ce qui leur semblait important : étudiant la Torah, ils essayèrent de demeurer, autant que faire se pouvait, à l'intérieur de ses frontières. Certains sages de la Michnah et du Talmud connaissaient les œuvres grecques et classiques ; mais ce savoir ne devait avoir pratiquement aucune influence sur leur propre mode de pensée appliqué à l'étude talmudique. Ils différaient grandement, sur ce point, du judaïsme égyptien qui, lui, tentait de marier judaïsme et culture grecque.

Engagés presque tous dans la vie professionnelle, les sages du Talmud n'étaient pas enfermés dans une tour d'ivoire. Beaucoup maîtrisaient plusieurs langues et, pour être membre du Sanhédrin, il fallait obligatoirement être spécialiste de plusieurs sciences et de diverses langues. Cette érudition est manifeste dans le Talmud, chaque sujet annexe devenant lui-même Torah.

La vision de la Torah comme embrassant le monde dans sa totalité explique une autre caractéristique de la littérature talmudique : le passage continuel d'un sujet à l'autre et d'un domaine à l'autre sans que soit marqué ce qui les différencie. Le débat talmudique, et ses méthodes associatives, ne se limite pas à la *halakhah*. N'importe quel sujet sous le soleil peut être associé à un autre par un lien interne. Parfois, par exemple dans une discussion sur les lois du mariage, on fera appel à du matériel tiré du code pénal ou des règles sur les sacrifices; ces catégories ne seront pas considérées comme différentes dans leur essence. Plus encore, le débat halakhique sur un sujet tout prosaïque peut, imperceptiblement, s'orienter vers les sphères de l'éthique, de l'allégorie ou de la métaphysique. Seul le Talmud peut nous livrer des phrases comme celle-ci : « Sur ce sujet, deux sages de Palestine divergèrent; selon d'aucuns, il s'agissait en réalité de deux anges du Ciel » sans trouver bizarre cette juxtaposition. Après tout, les questions temporelles, les discussions halakhiques abstraites et les problèmes du divin sont tous ensemble contenus dans le concept de Torah et ils agissent tous les uns sur les autres.

XIV

PRIÈRES ET BÉNÉDICTIONS

A l'époque du Premier Temple, la prière était totalement spontanée : quiconque ressentait le besoin d'implorer ou de remercier Dieu, s'adressait à Lui dans ses propres termes et sur le lieu de son choix ; en période de trouble ou dans des circonstances particulières, il se rendait au Temple pour y prononcer ses prières. La formalisation de la prière était entamée et les premiers psaumes déjà composés et chantés par les lévites au Temple à des occasions particulières ; le tout-venant était donc conscient de l'existence de cérémonies officielles qui avaient lieu à des moments précis.

C'est au début du Second Temple que le besoin d'un rituel de prières reconnu se fit réellement sentir. Nombre des exilés revenus de Babylone n'avaient plus qu'une connaissance fragmentaire de la langue hébraïque et des notions de base du judaïsme. Lorsqu'ils voulaient prier, la langue comme le contenu leur manquaient. La Grande Assemblée décida alors de composer une prière type qui exprimerait les vœux et les aspirations du peuple tout entier. Celle-ci comporterait dix-huit bénédictions abordant chacune brièvement un thème. Cette prière, qui a survécu pour l'essentiel jusqu'à nos jours et constitue encore la base de l'office synagogal, se compose de trois bénédictions d'ouverture, trois de clôture et douze intermédiaires exprimant diverses requêtes et implorations. Durant l'ère michnique, les trois premières bénédictions furent respectivement appelées *Avot* (Pères), à la gloire de la foi des ancêtres, *Guevourot* (Puissance), pour célébrer la puissance du Très-Haut, qui culmine dans la résurrection des morts, et *Kedouchah*, exaltant Sa sainteté. Les bénédictions de clôture sont appelées *Avodah* (culte), imploration pour la restauration du culte dans le Temple et le retour de l'esprit divin, *Hoda'ah*, action de grâce pour la vie et tout ce qui est bon, et *Chalom*, requête de paix pour le monde. Les douze bénédictions du milieu expriment des souhaits divers, particuliers et universels, de connaissance, de repentance, de pardon, de rédemption, de guérison des malades, de bonnes récoltes, de rassemblement des exilés, de justice, de punition des méchants, de reconstruction de Jérusalem, de restauration de la Maison de David, et finalement un souhait que tous ces vœux soient réalisés. Cette prière dans son ensemble est appelée *Chemoneh Esreh* (les dix-huit bénédictions) ou tout simplement *Tefilah* (prière). Depuis qu'elle a été composée, elle est devenue le centre de tout livre juif de prières.

On détermina des moments fixes pour la prière, correspondant à ceux des cérémonies publiques de sacrifice au Temple. Une prière était dite à l'aube, à l'heure du *tamid chel cha'har*, le sacrifice matinal, une autre à l'heure de *min'hah*, sacrifice du soir. La prière du soir, prière de *ma'ariv*, se récitait au crépuscule ou la nuit et n'était pas directement liée à une heure de sacrifice. Son statut n'était d'ailleurs pas très clair ; des siècles plus tard, les sages débattaient encore pour savoir si cette prière était obligatoire, à l'exemple des deux autres, ou simplement facultative. La controverse sur ce point, qui n'apparaît pas d'importance vitale, devait provoquer une « révolution » à l'intérieur du Sanhédrin lorsque le *nassi* Rabban Gamaliel, personnalité très obstinée, rompit avec le plus grand savant de sa génération, Rabbi Yéhochoua Ben 'Hananiah, et fut finalement déposé.

Une fois fixées les formules et les heures des prières, vint le temps d'une autre importante institution : la synagogue. Puisque la prière était fondée sur les besoins de la communauté perçue comme un ensemble, on décida que le culte serait célébré publiquement. La standardisation de l'office ne devait cependant pas faire obstacle aux requêtes privées que chacun adressait à Dieu à sa manière et en fonction de ses besoins personnels. La question de savoir combien de personnes sont nécessaires pour que l'office puisse être estimé « public » est fort ancienne, et sa réponse si vieille que nous ne savons pas quand elle fut pour la première fois exprimée ou intégrée aux fondements traditionnels de la loi orale. Quoi qu'il en soit, on décida que dix hommes constituaient une communauté suffisante pour l'exercice public du culte ; d'où le terme *minyan* (nombre) qui désigne le chiffre de dix adultes de sexe masculin indispensable pour conduire un office public. La synagogue était donc le lieu où la communauté locale des villages, villes ou faubourgs se réunissait afin de prier ; elle était également, si nécessaire, lieu de réunion. La plupart des synagogues abritaient aussi des écoles pour les enfants et parfois des *batei midrach* (académies religieuses) pour les adultes. La synagogue est désignée populairement sous l'appellation poétique de *mikdach me'at* (petit temple) mais ne pouvait pas prendre en pratique la place du Temple lui-même ; les buts des deux institutions étaient radicalement différents : pour la synagogue, c'était la prière en commun, l'étude et la réunion. Jérusalem comptait de nombreuses synagogues alors même que le Temple existait encore. Certaines étaient des synagogues de quartier ; d'autres, comme la synagogue des juifs revenus de Babylonie, étaient utilisées par des groupes de personnes de même origine. Il y avait aussi des synagogues fréquentées par certains corps de métier. La relation entre la synagogue et le Temple est ainsi décrite par un sage : « Aux premières heures de la matinée, on se rendra au Temple pour le sacrifice du matin. De là, on ira à la synagogue pour l'office matinal ; on reviendra au Temple pour les autres sacrifices des jours de fête et du Chabbath, et ensuite à nouveau à la synagogue pour la prière de *moussaf.* » Le Temple était donc le lieu du rituel et des sacrifices, où l'individu pouvait s'isoler dans un coin et adresser sa prière personnelle quand il en ressentait le besoin. La synagogue, elle, était le lieu de la prière en commun, où l'individu était un participant bien plus qu'un spectateur.

Dès le départ, on porta l'accent sur le lien entre la synagogue et le Temple ; toutes les synagogues furent orientées vers Jérusalem, et celles de cette ville, vers le Temple. Plus tard, à partir de l'époque du Talmud, l'architecture synagogale prit modèle sur celle du Temple. L'Arche Sainte, qui correspondait au Saint des Saints dans le Temple, était placée tout au fond de l'édifice. On faisait la lecture de la Torah dans la partie centrale, c'est-à-dire à peu près à l'emplacement du grand autel dans le Temple.

C'est à l'époque du Second Temple que l'on ajouta au rituel de prière la récitation du *Chema Israel* (« Écoute Israël, l'Éternel est notre Dieu, l'Éternel est Un »). Ce texte rappelle l'obligation pour tous d'apprendre et de retenir à tout moment les enseignements de la Torah, une obligation soumise, pour les individus, aux contraintes de temps et de circonstances. Pour donner à ce précepte une forme fixe, on tira de la Torah deux extraits qui donnent les principes de base de la foi juive et exhortent les juifs à s'en souvenir (Deutéronome 6:4-9 ; 11:13-21) ; on les récitait matin et soir. Pendant longtemps on y ajouta les Dix Commandements ; un usage interrompu parce que certaines sectes hérétiques prétendaient que ces versets contenaient toute l'essence de la Torah et que tout le reste était d'importance mineure. Pour manifester que les passages récités quotidiennement ne résument pas la Torah, les sages décidèrent de supprimer cette récitation des Dix Commandements. Le *Chema Israel* était généralement dit au cours de la prière publique et l'on mit au point divers modes de récitation. L'office à la synagogue consistait donc en une lecture d'extraits de la Torah accompagnée de suppliques et d'actions de grâce.

Les synagogues existant depuis longtemps et le rituel de la prière ayant été fixé de longue date, la destruction du Temple n'entraîna pas de changement majeur ; il fut cependant nécessaire de modifier la formulation de certaines bénédictions et d'inclure des prières pour la reconstruction du Temple et le rétablissement du culte. Une de ces modifications, introduite peu après la destruction, n'avait pourtant pas trait au Temple ; elle se rapportait aux problèmes posés par les sectes hérétiques, gnostiques et chrétiennes. On assistait en effet à ce moment à une prolifération de sectes qui prônaient un syncrétisme religieux. Certains judéo-chrétiens et certains gnostiques alliaient leurs croyances avec la poursuite d'une pratique religieuse juive. Ces sectes, soit pour se défendre, soit dans un but de harcèlement idéologique, avaient souvent recours à des moyens que le judaïsme avait toujours fermement condamnés, tels que la fourniture de renseignements sur leurs frères ou leur dénonciation aux autorités romaines. Les choses s'envenimèrent au point que les sages de Yavneh décidèrent d'ajouter à la prière de *Chemoneh Esreh* une nouvelle bénédiction (en fait une malédiction) pour les hérétiques et les indicateurs. Lorsqu'ils cherchèrent qui pourrait rédiger cette « bénédiction », ils s'adressèrent à un sage appelé « Samuel le petit », renommé pour sa grande humilité et surtout pour sa grande tolérance envers ses ennemis. Son texte fut intégré à la prière, qui comptait donc désormais dix-neuf sections, mais n'en conserva pas moins sa dénomination première.

Les livres étaient extrêmement précieux en ce temps et l'on tendait à éviter d'écrire ce qui appartenait à la loi orale ; les prières ne furent donc pas écrites mais plutôt mémorisées. Tout le monde, bien entendu, ne les connaissait pas toutes par cœur. Cela notamment au début du Second Temple, lorsque les traditions, la lecture et l'écriture, se transmettaient de père en fils, ainsi que l'exige la Torah. C'est à ce moment que l'on créa la fonction de *chlia'h tsibbour*, émissaire du peuple. Cet « émissaire » connaissait le texte des prières ; il les récitait tout haut afin que la communauté puisse prier à l'unisson. Pendant un certain temps, à l'époque de la Michnah et du Talmud en tout cas, cela ne comportait ni cantilation ni chant. On choisissait généralement un membre respecté de la communauté, capable de conduire les autres dans la prière. Il devint d'usage (et c'est encore le cas aujourd'hui, bien que non obligatoire) de répéter les prières tout haut afin que ceux qui n'en connaissaient pas les paroles pussent les réciter après le *chlia'h.*

Pour diverses raisons, le schéma de base de l'office public ne pouvait conserver sa simplicité primitive. On ressentit en premier lieu le besoin d'ajouter des prières spéciales pour certaines occasions particulières : Chabbath, fêtes, jeûnes, sécheresses ou catastrophes variées. Le texte des prières subit des modifications, dans sa formulation ou dans sa longueur ; le simple *Chemoneh Esreh*, par exemple, évolua dans sa forme ; cette tendance devait s'accentuer avec le temps. On ajouta des *piyyoutim* (poèmes liturgiques) et des implorations ; certains ont survécu ; d'autres, en particulier parmi les *piyyoutim*, correspondaient à un certain lieu et à une certaine période ; seuls des vestiges en ont été conservés dans des compilations ou des manuscrits. Périodiquement, des questions d'ordre pratique se posaient quant à l'agencement de l'office : date et lieu, formulation exacte, modification, abrègement. Ces questions furent étudiées par les sages de la Michnah, qui adoptèrent des positions diverses. Différents modes s'étant développés dans les diverses communautés, les sages durent introduire une certaine uniformité et définir des règles claires.

En plus des prières quotidiennes, plus ou moins longues, il y avait également des bénédictions. La Torah indiquait déjà l'obligation de rendre grâce et de remercier Dieu pour la nourriture ; cette notion fut élargie dans le Talmud : le monde tout entier appartient à Dieu et l'homme ne saurait en jouir sans lui en demander la permission. Les bénédictions dites par ceux qui bénéficient d'un plaisir (*berakhot ha-nehenin*) sont en fait des demandes d'autorisation. Le Talmud insiste sur le fait que celui qui jouit des joies de ce monde sans faire de bénédiction profane la sainteté. C'est ainsi que de nombreuses bénédictions ont été composées pour être prononcées avant de prendre certains plaisirs, essentiellement dans le boire et le manger. Les sages de la Michnah et du Talmud entamèrent la mise au point des formules de bénédiction, composèrent de nouveaux textes pour chaque sorte de nourriture et cherchèrent à définir une hiérarchie des bénédictions, des plus générales aux plus particulières.

A ces bénédictions de la vie quotidienne vinrent s'ajouter celles, nombreuses, relatives à des événements. Il existe un texte à réciter lorsqu'une chose heureuse se produit, et d'autres en cas de chagrin ou de catastrophe. Les sages de la Michnah disent que « l'on doit réciter une bénédiction sur le mauvais comme sur le bon » et que l'on doit s'efforcer d'accepter tout ce qui nous arrive avec reconnaissance. Cette obligation de bénir le mauvais n'est pas un simple détail ; elle est révélatrice de toute une conception de la vie. Là où d'autres croyances font appel au dualisme ou à l'existence de deux divinités, l'une à l'origine du bien, l'autre à celle du mal, le judaïsme a toujours cru à une entité unique. Cette vision s'exprime aussi dans la prière quotidienne et dans les bénédictions prononcées face à une catastrophe, qui reprennent les termes du prophète Isaïe également cités au cours de l'office : « Je forme la lumière et crée les ténèbres, j'établis la paix et je suis l'auteur du mal : moi, l'Éternel, j'accomplis tout cela. » (45-7.) Les bénédictions ne s'appliquaient pas seulement à des généralités ; en vertu de la conviction selon laquelle tout relève d'une foi qui embrasse tout, les plus petites choses du quotidien et de la nature devaient appeler bénédiction. Il y avait donc une bénédiction à prononcer lorsque l'on voit la mer pour la première fois, une autre si l'on rencontre un animal étrange, ou si l'on assiste à un phénomène naturel exceptionnel, ou même pour des événements tout à fait prosaïques : les premiers bourgeons du printemps, la pluie, de belles femmes. De tout cela le Talmud parle longuement, en particulier dans le traité *Berakhot* consacré aux bénédictions.

XV

LE CHABBATH

La notion de Chabbath occupe une place fondamentale dans le judaïsme ; du récit de la Création dans le livre de la Genèse jusqu'au Commandement qui interdit le travail le septième jour, son importance est soulignée. L'injonction : « Tu ne travailleras pas le jour du Chabbath » apparaît à plusieurs reprises dans la Torah et est inlassablement répétée par les prophètes.

Simple en soi, la conception du Chabbath comme jour de repos ne laisse pas de poser des problèmes dans son application pratique. En tout premier lieu, il faut donner une définition à ce que l'on entend par « travail ». On peut dire qu'il s'agit de toute chose qui demande un effort important ou qui appelle salaire ; mais cela n'est nullement exclusif. Chaque définition donne au terme une dimension particulière et modifie la manière dont on respecte le Chabbath. Fondée sur une analyse fouillée des sources bibliques, la tradition orale parvient à une autre conclusion quant à la nature du labeur interdit le Chabbath, une conclusion qui se base, pour une large part, sur le concept d'*imitatio Dei* suggéré par la Torah elle-même. L'interdit n'est pas lié à la définition du travail ni à l'intervention de l'argent ; il s'agit de s'abstenir de toute œuvre délibérée de création dans le monde physique. De même que Dieu a mis un terme à Son travail, la création du monde, le jour du Chabbath, de même les enfants d'Israël sont-ils appelés à s'abstenir de tout labeur créatif en ce jour. Le Talmud ne le dit pas en ces termes : nous savons qu'il répugne aux généralisations abstraites. D'ailleurs, nulle définition univoque ne saurait couvrir toutes les questions complexes susceptibles de se poser. C'est pourquoi le Talmud a recours à un modèle exemplaire pour passer en revue les actions interdites le Chabbath, celui de la construction du Tabernacle dans le désert, explicitement prohibée par la Torah. Une bonne part de la discussion halakhique du Talmud est en fait une élaboration et une extension de ce modèle de base d'où sont tirées des conclusions pratiques.

Il fallait donc commencer par définir les catégories fondamentales des activités déployées pour la construction du Tabernacle : d'où une liste des « trente-neuf travaux de base », ou actes de création, qui étaient réalisés sans nul doute possible à cette époque et sont *avodah*, prototypes des tâches interdites ou autorisées le Chabbath. La *michnah* qui nous donne cette liste classe les travaux en fonction de leur finalité, partant des travaux préparatoires pour l'agriculture jusqu'au travail du cuir, du métal et du tissu. A partir de ces trente-neuf catégories de base, on passe en revue leurs dérivés (*toladot*) respectifs, tâches pour l'essentiel de la même famille mais différentes dans le détail. L'originalité profonde du Talmud transparaît dans la manière dont ces thèmes sont associés les uns aux autres. La traite des vaches, par exemple, sera abordée à la rubrique « battage » (des céréales). Si le classement paraît confus au premier abord, la logique de l'association s'éclaircit dès que l'on se penche sur la structure interne : le battage est une action destinée à extraire le contenu consommable d'un objet qui n'est pas lui-même destiné à la nourriture ; la traite remplit une fonction comparable, dans un domaine différent.

Mais le problème ne se réduit pas à des questions d'ordre typologique ; la notion de quantité intervient également. Dire qu'une certaine tâche est interdite le Chabbath revient à créer un interdit général spécifiant ce qui ne devrait pas être fait. Il reste encore à définir ce qui rend certains actes insignifiants du point de vue pratique ; ainsi lorsqu'il y a mauvaise intention mais absence de passage à l'acte créateur. Il est interdit d'écrire le Chabbath ; mais que définit-on comme acte d'écriture ? Dans ce cas précis, les sages ont décidé que deux lettres constituent une unité significative si bien que l'écriture de plus d'une lettre doit être considéré comme travail au sens plein du terme. La définition de l'acte créateur exige aussi des critères qualitatifs. Abîmer, dégrader, détruire ne sont pas des travaux à moins qu'ils n'entrent dans le cadre d'une série d'actes positifs. Qui abat un bâtiment n'est pas considéré comme ayant travaillé à moins qu'il ne l'ait fait dans le but d'édifier une structure nouvelle tirant parti du matériau abattu ou venant le remplacer.

Vient encore la question de l'intention (*kavanah*). Pour le Talmud, toute *melekhet ma'hchevet* (travail intentionnel) est interdite par la Torah ; ce qui veut dire qu'un travail n'exigeant pas d'effort mental n'est pas créateur. Quelqu'un qui accomplirait une action sans y penser et qui se rend compte ensuite qu'il vient de créer quelque chose n'a pas travaillé, car son effort ne comporte pas l'aspect intentionnel. C'est là une question complexe, car on peut toujours s'interroger sur la nature de l'intention qui transforme une action en œuvre de création. Certains sages offrent une définition restrictive de la notion de *kavanah* ; selon eux, est travail intentionnel une action menée alors que l'on dispose d'une connaissance préalable de ses conséquences. Pour d'autres, l'intention a un sens plus précis : quiconque accomplit une action qu'il n'avait pas au départ l'intention de mener de cette manière ne saurait être considéré comme ayant travaillé le Chabbath. Un exemple extrême de cette seconde école nous est fourni par le *tanna* Rabbi Simeon Ben Yo'haï : un homme qui avait l'intention de cueillir une grappe de raisins et qui en a cueilli une autre n'a pas vraiment travaillé, même si, en fait, il n'y avait aucune différence réelle entre ces deux grappes. La diversité des définitions et la multitude des divergences sont souvent particulièrement subtiles, des distinctions très fines intervenant entre les différents aspects de l'intention, de la connaissance et des conséquences fortuites ou préméditées.

Le réseau des interdits explicitement exprimés dans la Torah ou en découlant directement est immense ; pourtant, très tôt, on allait l'étendre par la création de restrictions diverses, les *seyaguim* (littéralement barrières), destinées à protéger le cadre du Chabbath, et relatives à des activités qui n'avaient pas toujours été explicitement prohibées par la Torah. Ces restrictions sont très anciennes ; certaines datent, sans aucun doute possible, de l'époque de la Torah elle-même. Le Talmud remarque que certaines générations ont adopté une vue très stricte des interdictions du Chabbath, par fervent respect de la sainteté de ce jour, mais aussi parce que le relâchement populaire rendait plus aiguë la nécessité d'une observance littérale de la loi. Progressivement, une importance moindre devait être accordée à certaines de ces restrictions car, la population ayant assimilé l'idée de l'observance du Chabbath, l'introduction de restrictions nouvelles était devenue superflue. On n'en persista pas moins à prêter la plus grande attention aux restrictions appelées *chevout* (repos) à l'époque de la Michnah et qui étaient destinées à souligner le caractère du Chabbath jour de repos. Un exemple classique en est l'interdiction de faire du commerce ce jour-là. Le commerce, en soi, n'est pas œuvre de création car ce qu'il peut produire n'a pas d'existence physique. Nous savons pourtant que cet interdit date au moins des premiers prophètes ; et même dans les périodes où une large part de la population s'adonnait à des cultes païens, toutes les boutiques étaient fermées le Chabbath et il était inconcevable de faire du négoce ce jour-là. A l'époque de Néhémie, au début du Second Temple, les juifs s'abstenaient de faire affaire le Chabbath, y compris avec des non-juifs. Les interdits de *chevout* sont très étendus et constituent un des premiers exemples d'introduction d'interdits supplémentaires à seule fin de protéger le noyau fondamental de la règle. Ils couvrent de nombreux actes qui ne sont pas interdits en eux-mêmes mais qui peuvent, de manière fortuite, conduire à des actions explicitement prohibées. C'est ainsi que la pratique de la médecine était interdite le Chabbath, à moins qu'il n'y eût question de vie ou de mort, de même que celle d'un instrument de musique. On notera pourtant que le Temple jouissait, en matière d'interdits de *chevout*, d'une sorte de privilège d'extraterritorialité : la plupart n'y étaient pas appliqués, les prêtres n'étaient pas soupçonnés d'enfreindre les règles et les besoins du Temple avaient un caractère sacré.

Le *mouktseh* (littéralement, « ce qui est hors des limites ») est un de ces interdits anciens qui firent, pendant des siècles, l'objet de longs débats n'aboutissant pas à des conclusions tranchées. Il s'agissait essentiellement de l'interdiction de prendre en main certains objets ou instruments liés à un travail interdit le Chabbath. On partait de l'idée que quelqu'un tenant ces objets pourrait, soit oubli, soit habitude, se mettre à travailler. Selon la tradition talmudique, cette interdiction fut fidèlement observée sous la Grande Assemblée, au début du Second Temple. Elle devait plus tard être révisée ; les sages tentèrent de définir les objets ne convenant pas au Chabbath et ceux pouvant être utilisés pour un ouvrage permis. Là encore, il y eut les tenants d'opinions plus libérales et ceux qui souhaitaient maintenir l'interdit quasiment dans toute sa rigueur d'origine ; et là encore, on aboutit à de très subtiles distinctions entre différentes sortes d'objets et d'actions.

Mais de par sa nature même, le Chabbath ne saurait être assorti uniquement de prohibitions et d'éléments négatifs. Son sens, dans une certaine mesure (et c'est là ce qui le distingue des imitations adoptées par d'autres peuples), repose dans le fait que ce n'est pas un jour de grisaille, enfermé dans les interdits. La formule « Appelle le Chabbath joie » (Isaïe 58:13) est à l'origine de plusieurs coutumes comprises sous l'appellation générique de *Oneg Chabbath* (joie du Chabbath). Il s'agit, par exemple, des trois repas de fête du Chabbath, ou de l'injonction de porter de beaux vêtements. L'allumage des bougies de Chabbath faisait aussi partie, à l'origine, de l'*Oneg Chabbath* ; c'était un moyen de s'assurer que le dîner chabbatique se déroulerait en pleine lumière. L'appel de la Torah « Souviens-toi du Chabbath pour le sanctifier », qui signifiait au départ que le Chabbath devait être marqué en paroles et en actes, a été formalisé par des bénédictions et prières. On composa le *kiddouch* (sanctification) chabbatique, bénédiction prononcée sur un verre de vin. Les manifestations extérieures de l'*Oneg Chabbath* (ne disait-on pas : « Le sommeil est un délice le Chabbath » ?) comportaient aussi des aspects spirituels. Les sages introduisirent la lecture d'un chapitre de la Torah (ce qui devait être appelé *parachat-ha-chavoua*, la section de la semaine) dans la matinée du Chabbath et au cours de la prière de *min'hah*. A l'époque du Talmud, les sages prêchaient le Chabbath dans l'après-midi. Bref, ils ont fait de ce jour un temps de « sainteté, de repos et de joie ».

Par ailleurs, on mit en place un réseau de limites à l'intérieur desquelles on pouvait agir, marcher, etc. L'opinion selon laquelle le repos du Chabbath implique de rester en un seul lieu figure dans la Torah : « Tu ne laisseras pas un homme sortir de chez lui le septième jour. » (Exode 16:29.) C'est là le tout premier précepte chabbatique, qui vient avant même les Dix Commandements. Cette formule fut prise en son sens le plus littéral par certaines sectes, notamment les Karaïtes, qui s'abstenaient de sortir de chez eux le Chabbath, sous quelque prétexte que ce soit. La tradition orale est plus souple, mais aussi bien plus complexe. La première application de cette théorie fut la création du « territoire du Chabbath » (*te'houm Chabbath*) qui délimite le secteur où l'on est autorisé à marcher en ce jour. Ces limites furent fixées, grossièrement, en fonction des conditions existant à l'époque où les juifs vivaient dans leur propre pays et où certaines villes étaient entourées de toutes parts de deux mille aunes de terrain. Mais de nombreux problèmes devaient se poser avec le passage dans des villes non entourées de murailles ou dans de grandes villes de construction irrégulière ; il fallut donc trouver des règles plus souples. L'interdiction de porter des objets était de portée plus restreinte mais plus riche de sens théorique et d'implications pratiques. Cette interdiction ancienne fit l'objet d'études approfondies à l'époque du Second Temple ; on dut créer un modèle théorique afin d'inclure tous les types de constructions, de rues, de cours dans un seul cadre et d'offrir des solutions aux nombreux cas douteux. Certains interdits étaient indiqués dans la Torah ; on en ajouta d'autres pendant le Second Temple, mais aussi des dispositions permettant de rendre la vie plus facile.

D'une façon générale, on parvint à la définition de « quatre autorités », c'est-à-dire quatre types de secteurs définis par la manière dont ils étaient limités et par l'usage. Ce sont le *mekom petour* (lieu libre), secteur dans lequel on peut porter des fardeaux durant le Chabbath, le *karmelit*, secteurs partiellement construits, champs et mers sur lesquels pèsent quelques restrictions, le *rechout ha-ya'hid*, domaine privé, dont les limites sont claires, enfin le *rechout ha-rabim*, domaine public. La démarcation entre ces secteurs et leurs relations mutuelles est déjà un point particulièrement épineux ; mais les choses se compliquent encore lorsqu'intervient la notion de *irouvin*. Attribuée au roi Salomon, il s'agit d'une extension de la notion de limite marquée. La définition de délimitations permanentes entre lieux est évidemment importante pour établir la nature de ces lieux pour l'application des lois du Chabbath, les droits de propriété, etc. Mais ici, le concept de délimitation est étendu à des formes de démarcations que l'on ne peut aisément visualiser, même si, en fait, elles ne sont souvent pas moins réelles. La notion de *irouvin* marque, d'une certaine manière, le passage d'une démarche simple et concrète à une conception plus abstraite et plus moderne des délimitations entre objets (pays, domaines publics et privés, etc.) qui ne dépendent plus de démarcations physiques mais de symboles ou de modes conceptuels d'identification. Le traité *Irouvin* du Talmud reprend toutes ces questions et présente des débats théoriques et pratiques sur la nature des frontières en tant que telles.

Pour exprimer les choses en termes très généraux, les nombreuses règles du Chabbath constituent une dentelle de détails infimes élaborés à partir de quelques concepts fondamentaux ; ils forment, comme une construction gothique, une structure composée de milliers et de milliers de petits détails travaillés à l'extrême, assemblés sur l'ossature originale.

XVI

LES FÊTES

La majorité des traités regroupés dans l'ordre *Moed* étudie les fêtes et célébrations qui ponctuent toute l'année. Certaines fêtes juives sont explicitement mentionnées dans la Torah ; d'autres, jours particuliers de réjouissance ou de deuil, ont été instituées ultérieurement. A l'exception du Grand Pardon, unique dans sa spécificité, toutes les fêtes prévues par la Torah ont en commun d'être des *mikra'ei kodech*, de saintes convocations, auxquelles s'appliquent des prescriptions particulières. Les sages ont inséré la plupart des thèmes généraux relatifs à la *halakhah* des jours de fête dans un bref traité, intitulé à l'origine *Yom Tov* et devenu depuis *Betsa*, premier mot de son texte.

Comme le Chabbath, le jour de fête est un jour de repos, mais deux aspects le distinguent du septième jour. D'abord, il est moins strictement observé, ce qui, assez paradoxalement, a conduit les sages à durcir les règles relatives aux jours de fête pour éviter toute profanation. Ensuite, si tout travail est interdit le Chabbath, les jours de fête, eux, ne prohibent que le travail physique, *melekhet avodah*, et autorisent les tâches directement liées à la préparation des repas : allumage du feu, cuisine, etc. Une partie des débats sur le caractère sacré des fêtes avait pour objet de clarifier les caractéristiques des jours fériés et de les comparer aux lois du Chabbath.

On fait aussi dans le Talmud une assez large place au

problème du *yom tov cheni chel galouyot*, le second jour de fête des communautés de Diaspora. Toute l'histoire de cette période est marquée par la question de ce second jour et par les débats autour de ce thème. Les fêtes juives, comme en fait presque tout le calendrier, suivent l'année lunaire. Le premier jour du mois, *Roch 'hodech*, est celui où la lune réapparaît dans son premier quartier. Les sages de l'époque de la Michnah possédaient une bonne connaissance de la durée moyenne d'un mois lunaire (à deux secondes près, celle qui a été calculée par les astronomes contemporains), mais ils refusaient par principe de se fier à ces données mathématiques ; il leur fallait, sur ce point comme sur bien d'autres, une vérification empirique. C'est pourquoi on demandait à deux témoins indépendants d'affirmer qu'ils avaient de leurs yeux vu la lune réapparaître. Ceux-ci se présentaient devant le tribunal approprié et si, après enquête approfondie, leur déposition était considérée comme digne de foi, on fixait ce jour-là comme *Roch 'hodech*. Le *bet din* central de Jérusalem était seul habilité à traiter de cette question et à déterminer la date de début du mois, donc les jours de fête ; le Grand Sanhédrin devait prendre la suite, dans ses divers lieux d'exil à l'intérieur de la Palestine. Il n'y eut jamais qu'un seul cas où, la Palestine étant dévastée par la guerre et le tribunal dans l'incapacité de se réunir en raison des réglementations édictées par les autorités romaines, Rabbi Akiba fixa les dates des fêtes à partir de la Diaspora. Lorsqu'un sage éminent, Rav 'Hananiah, neveu de Rabbi Yéhochoua, tenta de fixer ces dates à partir de la Babylonie, il se heurta à une virulente opposition de la part des sages palestiniens qui envoyèrent des émissaires spéciaux chargés de battre son projet en brèche et proclamèrent solennellement que la fixation du calendrier hors de Palestine constituait une négation de la Torah et une tentative d'édifier un Temple semi-idolâtre en Babylonie. Les dirigeants du judaïsme babylonien s'empressèrent de battre en retraite ; mais l'affaire devait demeurer longtemps dans la mémoire collective des sages sous le nom de « péché de 'Hananiah ».

Le grand *bet din* de Palestine étant seul habilité à déterminer les dates de début du mois et celles des fêtes, il était indispensable de faire parvenir l'information aux juifs de Diaspora dès les premiers jours du mois (les fêtes importantes se situant généralement à partir du dix du mois). Tant que les diasporas importantes furent localisées dans des contrées proches de la Palestine, telles l'Égypte ou la Babylonie, on eut recours à une méthode très simple : de grands feux étaient allumés au sommet des plus hautes collines de Palestine ; et en quelques heures, la nouvelle parvenait en Babylonie. Mais on se heurta à des difficultés : les Samaritains, concentrés pour la plupart dans le centre de la Palestine, et avec qui les rapports s'étaient tendus depuis que le monarque hasmonéen Jean Hyrcan s'était emparé de leur territoire et avait détruit leur sanctuaire sur le mont Guerizim, se mirent à saboter la signalisation en allumant eux-mêmes des fanaux à des moments fantaisistes. Il fallut donc trouver d'autres moyens : on envoya des courriers vers la Diaspora. Mais si rapides que ceux-ci aient essayé d'être (ils avaient même le droit de profaner le Chabbath), ils ne pouvaient atteindre leurs destinations à temps, surtout lorsque la dispersion des communautés se fut accentuée à l'extrême. C'est pourquoi les juifs de Diaspora décidèrent de célébrer les fêtes pendant deux jours consécutifs, afin d'éviter le doute : il ne pouvait en effet y avoir plus d'un jour de différence entre un mois de vingt-neuf et un mois de trente jours. On respecta longtemps cette coutume, même lorsque l'information parvenait en Diaspora en temps utile. Pendant ce temps, les émissaires envoyés de Palestine étaient pourchassés par les Romains qui s'étaient rendu compte que tant que les communautés juives diasporiques seraient dépendantes du *bet din* situé en Palestine, elles demeureraient en situation de soumission par rapport au centre palestinien. C'est pourquoi ils retardaient, et parfois emprisonnaient, les courriers.

Au IVᵉ siècle enfin, le *nassi* Hillel II jugea la situation intolérable ; le Sanhédrin décida d'établir des règles contraignantes fixant les jours des fêtes et le calendrier, de les soumettre au grand *bet din* pour approbation afin qu'elles aient valeur légale et de les diffuser en Diaspora. Après publication du calendrier, les communautés juives étaient indépendantes de la Palestine pour la détermination des dates des fêtes.

Mais se posait encore la question de savoir sous quel mode célébrer le deuxième jour de fête en Diaspora dès lors qu'il avait perdu son importance majeure. Interrogés, les sages palestiniens estimèrent qu'il devrait continuer à être célébré en dépit de la disparition de sa justification primitive. Maintenu par tradition, il fut finalement appelé « le second jour de fête en Diaspora ». Il était très semblable au premier jour, à quelques différences près dans la lecture de la Torah, des *haftarot*, puis, plus tard, des poèmes liturgiques. On dut également définir les rapports entre le premier et le deuxième jour de fête ainsi que les activités autorisées le second jour.

On pourrait penser de prime abord que les deux jours de Roch Hachanah (le Nouvel An) relèvent de la catégorie que nous venons de décrire ; mais dans le Talmud, les sages soulignent des différences fondamentales. Si le Nouvel An est célébré pendant deux jours consécutifs, ce n'est pas à cause des difficultés de communication Palestine-Diaspora, mais en raison des questions de procédure soulevées par le constat du début du mois. A l'époque du Second Temple, il pouvait arriver que l'on dût étendre le Nouvel An à deux jours parce que les témoins étaient en retard ; après la destruction du Temple, on commença par ne célébrer Roch Hachana que pendant un seul jour pour en revenir ensuite à l'antique coutume afin de rappeler le souvenir du Temple. Les autres fêtes célébrées sur deux jours demeurent des « fêtes de doute », une seule des deux dates étant réellement fête. Les deux jours de Roch Hachanah, par contre, sont, au regard de la *halakhah*, une seule longue journée étendue à quarante-huit heures à des fins de célébration religieuse.

Dans plusieurs fêtes interviennent les jours de *'hol hamoed*, jours intermédiaires. Les deux grandes fêtes de la Pâque et de Souccot (fête des Tabernacles) durent chacune sept jours, mais seuls le premier et le dernier sont fériés au plein sens du terme et chômés ; ceux du milieu sont jours de fête mais leur caractère n'est pas clairement défini par la Torah. Le Talmud s'arrête longuement sur ce point, et c'est l'un de ceux sur lesquels on tomba d'accord pour estimer que, la Torah ne fournissant pas de règle univoque, l'affaire dépendait de la décision des sages. Ils mirent au point des règles nouvelles pour *'hol ha-moed* : interdiction de se livrer à un travail lié à des activités professionnelles ou au commerce, à moins que cette interruption ne provoque des pertes considérables ou à moins que l'on ne soit obligé de travailler pour assurer sa subsistance. De cette définition globale allaient découler de nombreux détails exposés dans un court traité, le *Moed Katan*.

Aux aspects généraux des jours de fête traités dans leur ensemble, s'ajoutent des *halakhot* spécifiques qui entrent dans le détail de chacune des fêtes. A Roch Hachanah intervient l'obligation de faire retentir le *chofar* (la corne de bélier) ; ce précepte, simple à première vue, appelle en fait une longue clarification du sens que l'on donne au texte : qu'entend-on exactement en termes pratiques par *chofar* ? Que signifie précisément le mot *tekiah* (action de sonner de la corne) ? Et ainsi de suite. Dès la période de la Michnah, il existait, semble-t-il, des traditions très diverses sur ces points ; les savants durent composer plusieurs combinaisons mélodiques pour les concilier. Leurs décisions forment la base des coutumes existant de nos jours, mais des modifications sont intervenues au long des siècles et les communautés ont établi leurs propres traditions quant à la manière de sonner du *chofar.*

Un autre point litigieux fut la fixation du début de l'année. La Torah indique deux dates possibles : l'une au début de l'automne, l'autre au mois de l'Aviv (le printemps). On aboutit finalement à une situation où le calendrier juif correspondait d'assez près au calendrier chrétien : le comput des mois selon leurs anciennes appellations (premier mois, deuxième mois, etc.) commençait avec le mois de Nissan, date de la sortie d'Égypte ; pour la majorité des autres événements, l'année commençait en Tichri (septembre). Ainsi, dans le calendrier juif, l'année commence au septième mois (septembre) et se termine au sixième, exactement comme le calendrier non juif se terminait au dixième mois (décembre), selon l'ancien comput qui partait du mois de mars. Mais il semble bien qu'il y ait eu en fait quatre « jours de l'an ». Le calendrier normal débutait au mois de Tichri (c'est le plus important des quatre) ; mais pour certains billets à ordre, on partait de Nissan ; pour la dîme sur le bétail, on comptait à partir d'Elloul ; et pour les semailles (importantes dans les lois sur l'agriculture), l'année commençait au quinzième jour du mois de Chevat. Ce qui, en fait, revenait à la situation qui prévaut aujourd'hui dans bien des pays où les années civile, fiscale, scolaire, etc., commencent toutes à des dates différentes. Les prières de Roch Hachanah, uniques dans leur forme, retiennent longuement l'attention du Talmud ; en effet, même si les principales prières ont été composées très tôt, il demeurait nécessaire d'en donner une version unifiée à l'usage de l'ensemble de la population ; or, les sages n'étaient pas toujours d'accord entre eux. Là encore, nous trouvons des traditions divergentes, chaque communauté ayant ajouté ses détails spécifiques au fil du temps.

Souccot, la fête des Tabernacles ou des Cabanes, se caractérise par la prescription de demeurer sept jours dans des cabanes et de prononcer une bénédiction solennelle sur quatre espèces végétales. Ce sont là des exemples de prescriptions qui semblent *a priori* suffisamment détaillées et explicites mais qui, en fait, ne pourraient jamais être appliquées en l'absence d'une tradition orale élargie fournissant définitions complémentaires et recommandations pratiques. La question de savoir comment définir un tabernacle est en elle-même fondamentale ; mais d'elle découle aussi toute une série de questionnements annexes. Quelle est la surface d'un tabernacle ? Comment le construire ? En quoi se distingue-t-il d'une maison ? Quels matériaux utiliser ? Tous ces problèmes soulèvent à leur tour celui des frontières et démarcations. Comment décider quand un mur constitue une frontière réelle ou au contraire une démarcation symbolique ? Venait ensuite la question de savoir si une clôture de démarcation considérée comme valable dans un cas spécifique (les lois du Chabbath en l'occurrence) demeurait telle pour la *halakhah* de Souccot. Pour résoudre ces problèmes, les sages ont recours à des méthodes diverses. Ils s'appuient en tout premier lieu sur la tradition ancienne et sur les passages de la Torah qui abordent ces points, directement ou indirectement. Ils analysent ensuite le problème conformément aux formes permanentes du débat talmudique et tentent d'ajuster les définitions générales en ce domaine à celles utilisées en droit religieux et civil. Ils parviennent ainsi à un consensus sur les aspects principaux même s'il reste toujours place pour des divergences d'appréciation sur le détail.

Le problème des *arba'ah minim* (les quatre espèces) fut aussi résolu en gros par le recours à la tradition, car il n'y avait pas d'autre moyen d'identifier les quatre espèces végétales mentionnées par la Torah. Mais là encore, il y avait place pour des discussions plus larges et plus libres, abordant d'autres domaines. Importante entre toutes est la règle relative aux prescriptions religieuses qui veut que celles-ci soient accomplies dans l'esprit du verset : « Voilà mon Dieu, je Lui rends hommage » (Exode 15:2), c'est-à-dire d'une manière qui suggère grâce et beauté. Cette règle trouve une application privilégiée dans le commandement de Souccot qui évoque « le fruit de beaux arbres » (*etz hadar*, Lévitique 23:40). On pouvait s'interroger ici sur la signification du *hidour* (la beauté) de chaque espèce.

Les coutumes de Souccot sont étroitement liées à la tradition. Un vieil usage, par exemple, voulait que l'on verse de l'eau sur l'autel les jours de fête ; habitude liée aux prières pour l'année qui commence et en particulier à celle qui demande que la pluie vienne en sa saison. Adoptée avec enthousiasme par les dirigeants populaires traditionnels, cette coutume est indirectement à l'origine d'un incident violent dont le principal protagoniste fut Alexandre Yannaï, un des rois de la dynastie hasmonéenne. Selon le récit rapporté par le Talmud et corroboré par Flavius Josèphe, Alexandre Yannaï eut l'honneur, en tant que Grand Prêtre, de devoir verser l'eau sur l'autel. Mais comme il partageait les thèses sadducéennes selon lesquelles cet usage était ignoré de la loi écrite, il versa ostensiblement l'eau sur ses pieds ; les assistants, en colère, se mirent à le lapider avec leurs *etroguim* (cédrats). Le roi appela ses mercenaires étrangers à la rescousse et ceux-ci commirent un véritable massacre dans la foule assemblée au Temple. Ce fut là une des causes directes de la guerre civile qui devait opposer le roi et ses sympathisants aux dirigeants du Sanhédrin.

Pessa'h, la Pâque, a également ses prescriptions spécifiques : la consommation de la *matsah*, le pain azyme, et l'interdiction de l'absorption de *'hamets* (levain) pendant toute la fête. Ces règles étaient d'autant mieux respectées que la Torah menaçait tout consommateur de *'hamets* à Pessa'h d'être « retranché d'Israël » (Exode 12:15). Mais les définitions sont litigieuses : qu'est-ce que le *'hamets*, etc. ? Même de nos jours, on n'a pas réussi à donner une définition biologique satisfaisante de l'action du levain ; c'était donc à coup sûr un processus encore plus mystérieux dans l'Antiquité. Les règles sur la manière dont doit se dérouler la recherche du *'hamets* dans la maison sont si anciennes que l'on a trace de discussions au premier siècle de l'ère chrétienne opposant l'école de Hillel et celle de Chammaï autour de la *michnah* qui les expose. Là encore, le Talmud ne se cantonne pas strictement au sujet, mais déborde vers d'autres domaines : que peut-on considérer comme propriété ? Sur quelle distance l'interdit du *'hamets* porte-t-il, etc. ? Selon une tradition très ancienne, un juif n'est pas tenu de détruire le *'hamets* appartenant à un non-juif même s'il se trouve dans sa maison ; mais alors, les propriétés respectives doivent être très soigneusement établies. Toutes ces prescriptions doivent être observées très strictement, mais dans le même temps, le Talmud ménage de larges ouvertures, inutilisées généralement jusqu'à la fin du Moyen Age, par le biais de la vente fictive du *'hamets* à un non-juif qui est considéré comme son propriétaire pour toute la durée de la fête. La procédure légale impliquée par cette action et sa substance théorique font intervenir à la fois droit fiscal et *halakhah* de Pessa'h.

Le Talmud fait également une large place au *séder* de Pessa'h, le repas du soir de la fête qui est l'événement religieux le plus important de l'année dans le cadre familial et qui a conservé sa forme antique jusqu'à nos jours. La description dramatique de la sortie d'Égypte et les commandements de conserver le souvenir de ce jour et de le célébrer font partie d'une tradition qui remonte au Premier Temple. Les coutumes du *séder* ont été partiellement formalisées à l'époque du Second Temple. Les quatre questions posées par les enfants au cours de la cérémonie sont extrêmement anciennes, bien qu'elles aient été légèrement altérées après la destruction du Temple par l'élimination de certains éléments désormais inadéquats. De nombreuses questions devaient émerger au cours des siècles, allant de l'intégration des différentes traditions et coutumes à la composition d'une version unifiée satisfaisant aux exigences rigoureuses de la *halakhah*. Les théoriciens du Talmud devaient adapter des usages datant d'une époque où la population priait et faisait des sacrifices au Temple à des temps où ces rites n'étaient plus qu'un souvenir ; ils devaient aussi apprendre comment perpétuer les traditions du Temple sans avoir recours à des rituels imitatifs vides de sens.

La fête de la Pâque, fondée pour une large part sur la cérémonie publique d'offrande du sacrifice pascal, relève de la catégorie générale des lois sur les sacrifices. La moitié du traité consacré à la *halakhah* de Pessa'h (traité *Pessa'him*) s'attache au sacrifice, un domaine tout à fait autre de la discussion halakhique. Le hiatus entre les deux parties de ce traité (l'une porte uniquement sur le rite, l'autre sur les questions du *'hamets*) provoqua tout naturellement sa division en deux. Les débats sur le rituel du sacrifice pascal sont plus à leur place dans l'ordre *Kodachim* que dans *Moed*.

Des problèmes analogues se posent dans le traité consacré à la *halakhah* de Yom Kippour (le jour du Grand Pardon). La Torah traite très longuement du rituel très particulier et passablement complexe de cette fête, célébrée dans le Temple par le Grand Prêtre quasiment seul. L'exposé détaillé de ce rituel compliqué occupe pratiquement tout le traité *Yoma*, consacré à Yom Kippour. Ces *halakhot* comportent des milliers de détails qui n'ont pu être que le résultat d'une tradition vivante et ininterrompue transmise de génération en génération par les prêtres du Temple. Les Grands Prêtres ont, pendant un certain temps, penché en faveur des thèses sadducéennes ; afin de s'assurer que la cérémonie respectait strictement la tradition, le Grand Prêtre devait prendre, devant un tribunal spécial, l'engagement sous serment que, une fois entré dans le Saint des Saints où il était seul autorisé à pénétrer, il ne trahirait pas la tradition. Les prêtres sadducéens ont, selon toutes apparences, respecté cette tradition, car ils reconnaissaient aussi qu'il s'agissait d'un corps de lois et de règles définies au fil du temps et non d'une série d'innovations introduites par les sages. Même si certains se rangeaient à d'autres interprétations des versets bibliques, ils n'introduisirent pas de changements véritables dans des coutumes fortement enracinées.

Du fait de la grande importance théorique et de la complexité du rite des cérémonies, il restait peu de place pour l'exposé des autres aspects de la fête : interdiction du travail, jeûne, pénitence. Yom Kippour, s'il fait partie du cycle des fêtes, s'en distingue cependant dans la mesure où le travail y est interdit aussi strictement que le Chabbath ; c'est un « jour de repos » absolu. Mais il n'était pas utile de revenir, à ce propos, sur des règles longuement étudiées dans les chapitres sur le Chabbath. Et même si, d'un point de vue purement halakhique, il existe quelques différences de détail entre interdits du Chabbath et de Yom Kippour, ceux du Chabbath étant encore plus stricts, celles-ci n'ont guère d'implications pratiques.

Le jeûne de Yom Kippour a été étudié de près par les sages car la formulation de la Torah : « Vous mortifierez vos personnes » (Nombres 29:7) peut susciter les interprétations les plus diverses. Le texte pouvait suggérer des mortifications physiques. La tradition halakhique, qui spécifiait l'abstinence de nourriture et de boisson (et aussi, mais de façon moins stricte, celle de se laver, d'avoir des relations sexuelles et de porter des chaussures), fixait les limites de ces mortifications. Le débat talmudique portait sur les définitions précises, nécessaires à ce propos non moins qu'ailleurs. Jusqu'à quel degré est-il interdit de manger ? L'obligation du jeûne pèse-t-elle sur la communauté tout entière ? Les Samaritains, par exemple, qui suivent la Torah mais excluent la tradition orale, appliquent le jeûne à tout le monde, nourrissons compris ; la tradition halakhique, elle, exempte les petits enfants tout en recommandant une participation limitée pour des raisons pédagogiques. Plus encore, en vertu de la théorie selon laquelle les commandements ont été donnés comme *Torat 'haïm*, (enseignement de vie) et que l'on « doit vivre et non mourir selon eux », les malades, dont la vie serait mise en danger par le jeûne, en sont dispensés. Divers critères ont été établis pour déterminer l'âge adulte ou le degré de maladie. On décida, par exemple, que si le médecin considérait qu'un malade ne saurait jeûner, celui-ci n'avait pas le droit de le faire même s'il s'en estimait capable. D'autre part, si quelqu'un se sentait trop faible pour jeûner, il était libéré de la prescription même en l'absence de confirmation médicale, car on partait du principe que *lev yodea marat nafcho* (l'âme connaît ses propres peines) et qu'un homme a qualité pour juger de ses sensations subjectives. Mais ces règles faisaient elles-mêmes problème : que faire par exemple si deux médecins émettaient des avis différents ? Chaque cas était étudié individuellement.

Aux fêtes indiquées dans la Torah viennent s'ajouter celles appartenant à une catégorie intitulée *divrei sofrim*, « les dits des scribes », instituées à diverses périodes. La *halakhah* fait entrer dans cette catégorie toutes les fêtes évoquées dans divers livres de la Bible, tel le jeûne commémorant la destruction du Temple (livre de Zacharie), Pourim (livre d'Esther), et celles introduites après la fin de la rédaction de la Bible. Tout ce qui a été accompli et décidé par les sages au cours des siècles trouve sa justification dans le fait que la Torah permet aux juges de chaque génération de légiférer et de rendre justice au peuple d'Israël, depuis les prophètes jusqu'à la fin du Second Temple. Une liste de toutes les fêtes instituées au fil du temps, jours de réjouissance au cours desquels toute lamentation publique et toute mortification sont interdites, comme jours de jeûne et de deuil, apparaissait dans la *Meguilat Taanit*, première section de la loi orale à avoir été transcrite. Cette *meguila* (rouleau de parchemin), rédigée pour l'essentiel à la fin de la période du Second Temple (au début du premier siècle de l'ère chrétienne, semble-t-il), n'a pas été incluse dans le Talmud bien qu'elle y soit souvent citée et puisse être en fait considérée comme une sorte de *baraïta*. Elle fournissait une liste de dates anniversaires, rappelant pour la plupart des événements heureux : victoires militaires (souvent pendant les guerres des Maccabées), salvations, mort de souverains tyranniques. Un siècle plus tard, la vie des juifs en Palestine était devenue si dure que les sages notèrent avec tristesse qu'il n'était plus possible de célébrer ces fêtes : la souffrance était trop grande pour que la population ait le cœur de se souvenir de ces événements. C'est pourquoi ils annulèrent la plupart des anniversaires rappelés dans la *meguila*, ne conservant que les fêtes de 'Hanoukah et de Pourim.

Le livre d'Esther donne un certain nombre de prescriptions pour Pourim, de l'injonction de se souvenir des événements (satisfaite par la lecture publique du rouleau d'Esther) à la tenue d'un repas de fête, l'envoi de douceurs à ses amis et la distribution d'aumônes aux pauvres. Ce sont les sages qui ont fourni la base du caractère carnavalesque pris ultérieurement par cette fête en indiquant que « l'on doit avoir bu au point de ne plus pouvoir distinguer "Haman le maudit" de "Mardochée le béni" ». Le caractère très gai de Pourim s'est maintenu à travers les siècles, et en dépit des périodes de malheur.

'Hanoukah, par contre, ne possède pas de traité spécial dans le Talmud, car les sages ne souhaitaient guère allonger la liste des fêtes chômées, en particulier à une époque où les juifs subvenaient déjà très difficilement à leur subsistance. Les premiers Maccabées auraient sans doute souhaité donner à cette fête plus d'importance qu'il ne lui en a été accordé ; mais, alors que la population était retombée sous le joug de la servitude, il était devenu impossible de célébrer avec pompe les victoires du passé. On mit plutôt l'accent sur un autre aspect de la fête : son caractère de combat idéologique, car la guerre menée par les Maccabées fut moins une lutte de libération nationale qu'un combat pour la liberté spirituelle. La légende de la fiole d'huile, retrouvée dans le Temple profané et qui brûla pendant huit jours, a inspiré le commandement d'allumer des bougies et fondé toute une vision du monde. Une phrase résume l'importance accordée par le Talmud à ces deux fêtes : « Même si toutes les fêtes étaient supprimées, 'Hanoukah et Pourim ne disparaîtraient jamais. »

Le sens crucial accordé à ces deux fêtes n'allait pas s'étendre aux jours de deuil commémorant la destruction du Temple. A l'exemple du prophète Zacharie, les sages pensaient que ces jours n'auraient de validité que tant qu'Israël serait dans une situation difficile. Lorsque le Temple serait reconstruit et la paix enfin retrouvée, les jeûnes seraient supprimés pour être remplacés par des réjouissances. Des quatre jours mentionnés dans la Bible, le plus important est le 9 du mois d'Av. Les autres sont des jeûnes partiels, où manger et boire ne sont interdits que de l'aube au crépuscule ; le 9 Av, par contre, est respecté aussi strictement que Yom Kippour, sur vingt-quatre heures et avec les mêmes restrictions rigoureuses. Mais tandis que Yom Kippour est fondamentalement un jour de joie, de purification spirituelle et de catharsis, le 9 Av est un temps de tristesse et de deuil. Non seulement parce qu'il marque l'anniversaire de la destruction du Premier Temple mais aussi parce que, plus tard, il est devenu un « jour marqué pour le malheur ». C'est à cette date que furent détruits le Second Temple, puis Betar, la citadelle de Bar Kokhba. Curieusement, c'est aussi en ce jour que se placent l'expulsion des juifs d'Angleterre en 1290, celle des juifs d'Espagne en 1492, et d'autres événements du même ordre.

Le traité *Taanit* qui étudie ces jours de jeûne n'était pas exclusivement consacré aux deuils nationaux. Il aborde également les jours de jeûne au cours desquels la population commémorait des malheurs conjoncturels. Ceux-ci étaient souvent liés aux sécheresses qui venaient fréquemment menacer la survie du peuple tout entier. Les jeûnes pour la sécheresse continuèrent d'être respectés en d'autres temps et en d'autres lieux, bien que sur un mode différent du rituel décrit par le Talmud ; ils reflétaient la ferme conviction que lorsque le peuple tout entier s'assemble pour prier, sa prière sera exaucée. Autrefois, la communauté tout entière assistait aux prières ; et l'on trouve dans le Talmud des anecdotes nombreuses sur des gens de peu, ceux-là mêmes parfois que l'on tenait pour des pécheurs, dont les prières furent exaucées en période d'épreuves.

XVII

MARIAGE ET DIVORCE

Les sources du droit juif divisent les questions matrimoniales en deux catégories : d'un côté les lois sur l'inceste et les interdits sexuels, de l'autre les règles du mariage et du divorce. La Torah, si elle s'arrête avec force détails sur le premier sujet, partant du Commandement « Tu ne commettras pas l'adultère » pour arriver à la liste des interdits dressés par le Lévitique et complétée par les Nombres, ne fait par contre pratiquement jamais référence au comportement conjugal licite. Mais, des nombreuses recommandations relatives à la violation des règles matrimoniales, on peut déduire l'existence de fait d'une législation sur le mariage, de nature néanmoins plus implicite qu'explicite. La grande construction halakhique sur le mariage et le divorce s'est fondée sur une tradition élaborée pendant de longs siècles et sur les conclusions que l'on pouvait tirer des points suggérés par la Torah et de leur comparaison avec d'autres sujets abordés par la *halakhah*.

La Michnah et le Talmud nous offrent un tissu de règles matrimoniales complexes, détaillées, mais aussi très structurées. Dans le judaïsme, le mariage se présente sous deux aspects : la relation entre un homme et une femme et le rapport de la société à ce couple. Pour ce qui est du couple, l'acte du mariage est pratiquement dépourvu de tout caractère sacré ; il s'agit essentiellement d'un accord entre deux personnes désireuses de vivre ensemble, de constituer une famille et de s'engager à respecter les clauses d'un contrat de mariage. Le mariage n'étant pas un sacrement, il n'est nul besoin d'une confirmation émanant d'un prêtre. La règle talmudique indique que lorsqu'un homme et une femme décident de se marier, il peut suffire que l'homme dise à la femme, en présence de deux témoins (qui ne légalisent pas l'acte par leur témoignage mais dont la présence est essentielle à la cérémonie), qu'elle est désormais sa femme conformément à une des formes reconnues du mariage : don symbolique d'argent, garantie écrite ou rapport sexuel. Si l'acte s'est déroulé avec le consentement des deux parties, le mariage est conclu. La procédure légale s'accomplit pourtant habituellement en deux temps. D'abord les fiançailles, qui ont la valeur du mariage mais qui ne donnent aucun droit. Ensuite, en présence de dix hommes adultes, l'homme conduit la femme dans sa maison ; pour que la cérémonie puisse se tenir sur le lieu choisi par les époux, on dresse une *'houppah*, dais nuptial, qui symbolise cette maison. C'est à ce moment que la femme devient l'épouse de son mari. Si l'on veut se conformer à la coutume, on récite des bénédictions spéciales au cours des cérémonies des fiançailles et du mariage ; mais, fondamentalement, le mariage est par nature un acte de droit civil. Ce n'est qu'à la fin du Moyen Age que viendra l'usage d'inviter un rabbin pour conduire la cérémonie du mariage, et cela en partie par désir d'imiter le mariage chrétien, mais sans que cela implique pour autant une signification religieuse. C'est pourquoi, bien qu'il y ait condamnation morale (et halakhique, dans une certaine mesure) des relations sexuelles extra-maritales, cette condamnation demeure sans conséquence pour les enfants issus de ces relations, enfants dont le statut juridique n'est pas déterminé par le mariage ou l'absence de mariage des parents. Tant que la relation entre le père et la mère n'enfreint pas l'interdit de l'inceste, l'enfant né hors du mariage jouit d'un statut juridique analogue à celui de n'importe quel autre enfant.

L'autre face du mariage touche aux relations entre le couple et la société. Dès l'instant qu'est établi le lien conjugal, les relations sexuelles avec un parent proche de l'un des conjoints sont considérées comme incestueuses, comme dans le cas d'une femme mariée. Les enfants issus de quelque inceste que ce soit, que leurs parents soient mariés ou non, sont marqués de bâtardise. Bien qu'à certains égards le bâtard soit considéré comme le fils de son père biologique (par les liens du sang, ou du point de vue financier car il n'est pas exclu de l'héritage), il n'a pas le droit de se marier à l'intérieur de la communauté juive *stricto sensu*.

Le mariage étant pour une large part un engagement mutuel passé entre deux personnes, on accorde une grande importance au contrat de mariage, appelé *ketoubah* dans le Talmud. L'idée d'un contrat écrit entre mari et femme est en elle-même très ancienne et apparaît dans le code d'Hammourabi, bien avant la rédaction de la Torah. Mais il varie dans sa forme comme dans son contenu selon les époques et en fonction de la nature de la civilisation dans laquelle il a été rédigé. Pour les sages, le contrat était d'une importance majeure ; ils indiquent que laisser une femme sans contrat ou sans lui garantir explicitement des conditions équitables revient à la prostituer. La *ketoubah* est avant tout une énumération des conditions que le mari s'engage à remplir vis-à-vis de sa femme et de garanties diverses, financières entre autres. Elle comporte certaines conditions obligatoires (ce qui veut dire que même si la *ketoubah* était perdue, ou encore lorsque les juifs n'avaient pas le droit de rédiger de *ketoubot*, certaines garanties minimales types demeuraient respectées) ; mais les conjoints ont tout loisir d'ajouter ou de modifier certains détails en vertu d'un accord mutuel spécifique.

Un des termes de base de la *ketoubah* est l'engagement pris par le mari qu'une certaine somme sera versée à son épouse en cas de divorce ou s'il devait décéder prématurément. Le montant minimal de cette garantie a été fixé conformément aux dispositions prévues par la Torah. Dans l'Antiquité, on mettait préalablement de côté à cette fin une somme d'argent ou un objet précieux d'égale valeur dont le mari n'avait pas le droit de faire usage. Simeon Ben Cheta'h estima qu'une telle coutume encourageait les maris à divorcer sans avoir réellement pesé leur décision, car la *ketoubah* était prête à n'importe quel moment. Il amenda donc la règle pour que l'argent de la *ketoubah* soit désormais calculé proportionnellement aux biens du mari ; ainsi, tout homme souhaitant divorcer devait d'abord produire cette somme et disposait donc d'un délai supplémentaire de réflexion. Cet amendement permettait aussi aux jeunes gens désargentés de prendre femme sans attendre d'avoir pu amasser la somme d'argent nécessaire à la *ketoubah*.

On trouve aussi dans la *ketoubah* des dispositions relatives à l'héritage en cas du décès de l'époux ainsi qu'à l'obligation de prendre en charge jusqu'à l'âge adulte les besoins des filles issues du mariage. De nos jours, les *ketoubot* comportent d'autres règles et d'autres accords dont certains n'apparaissent pas forcément par écrit car ils sont inséparables de la situation matrimoniale et des conditions fixées par les sages pour les mariages régulièrement conclus. Ces conditions fondamentales sont, dans le vocabulaire biblique, *che'er, kessout ve-ona* (nourriture, vêtements et devoir conjugal) ; elles couvrent les obligations de l'époux vis-à-vis de sa femme : la nourrir, la vêtir, et avoir des rapports sexuels avec elle lorsque les deux conjoints le souhaitent. Le détail dépend des circonstances et des parties en cause, mais les exigences minimales demeurent toujours. Une règle générale veut que lorsqu'un homme prend femme, « celle-ci monte avec lui mais ne descende pas avec lui » ; en d'autres termes, s'il choisit une épouse de classe sociale ou de statut économique inférieur, il est tenu de la traiter selon les normes de sa propre classe sociale. Si, au contraire, c'est elle qui est de rang supérieur, il n'a pas le droit d'abaisser son niveau de vie sans son accord formel.

On a tenté, dans les autres domaines relatifs au mariage, d'introduire un certain équilibre dans les devoirs imposés aux deux parties. D'un côté, le mari doit pourvoir aux besoins de sa femme, lui fournir des soins médicaux en cas de maladie, la racheter si elle est prise comme captive et payer les frais de ses funérailles. En retour, il est en droit de jouir des bénéfices produits par les biens qu'elle a apportés avec elle du foyer de ses parents (*nikhsei melog* : usufruit) bien qu'il n'en ait pas la propriété. L'épouse, quant à elle, est tenue de travailler pour aider à subvenir aux besoins de la famille ; mais cette obligation peut varier en fonction du montant de sa dot. Ces aspects du mariage sont pour une très large part affaire d'accord entre mari et femme. Tout homme a le droit d'annoncer qu'il abandonne les droits prévus à son bénéfice par la loi et, dans de nombreux contrats de mariage, on constate que le mari renonce au droit d'administrer les biens et propriétés de son épouse. Dans d'autres cas, c'est la femme qui donne permission à son mari d'administrer et même de vendre ses biens. L'égalité des droits et des devoirs n'est pas parfaite et il faut se souvenir que la juridiction matrimoniale du Talmud est fondée sur le principe qu'un homme est autorisé à prendre plusieurs femmes, tandis qu'une femme ne saurait épouser qu'un seul homme. L'approbation morale de la polygamie s'exprime également dans la reconnaissance du droit du mari à divorcer de sa femme (l'inverse n'est pas prévu), car il peut toujours prendre une autre femme en plus de sa première épouse. Ce point de vue biologique, qui justifie la polygamie, donne également l'initiative aux hommes en matière de mariage. Au Moyen Age, Rabbenou Guerchom de Mayence (surnommé *Meor ha-Golah*, Lumière de la Diaspora) a banni (prononcé un *'herem*) la polygamie, interdisant par la même occasion le divorce effectué sans le consentement de l'épouse. Cette interdiction, adoptée par la majeure partie du peuple juif, a donné fondement légal à la situation actuelle d'autant plus facilement que, même à l'époque du Talmud, il était exceptionnel de prendre deux femmes. Parmi les sages du Talmud et de la Michnah, sur lesquels nous possédons une riche information, un seul avait deux épouses. Quoi qu'il en soit, cela ne change en rien le fait fondamental que les lois du mariage et du divorce reconnaissent le caractère licite de la polygamie.

En ce qui concerne le divorce, il est paradoxal de constater que la *halakhah* formelle le permet assez facilement alors qu'il est considéré comme moralement condamnable (on disait que « l'autel lui-même verse des pleurs sur celui qui répudie la femme de sa jeunesse »). Dans certains cas, la séparation est volontaire, c'est-à-dire que l'homme (puis, plus tard, les deux époux) consent à la séparation ; là, aucune explication ne doit être fournie. Mais il est aussi des cas où le divorce est obligatoire. Un homme est contraint de divorcer de sa femme s'il sait avec certitude qu'elle est adultère, si elle réclame le divorce parce qu'il est impuissant, si lui-même souffre d'une infirmité qui rend la vie conjugale insupportable, ou s'il force sa femme à des actes qu'elle n'est pas tenue d'accepter (comme de déménager vers un lieu très éloigné de son premier foyer de femme mariée).

Dans la pratique, le divorce est consommé lorsque le mari remet un *guet* à sa femme. *Guet* est le terme employé dans la langue de la Michnah pour désigner ce que la Torah appelle *sefer kritout* (acte de divorce) qui est en fait une simple lettre. Après mention de la date et du lieu, il comporte une déclaration indiquant que Monsieur Untel divorce d'avec sa femme qui a désormais le droit de se remarier. Comme la *ketoubah*, le *guet* est rédigé en araméen, la langue vernaculaire à partir de l'époque du Second Temple. Par respect de la tradition, ces documents sont encore aujourd'hui rédigés en araméen bien qu'il n'y ait à cela aucune justification halakhique. Le *guet* pouvait, à l'origine, être rédigé par celui qui le donnait mais qui pouvait aussi confier cette tâche à un scribe. Dès l'Antiquité, on a prêté une attention particulière à la formulation du *guet* ; dans la mesure où il libère la femme de ses liens conjugaux et lui permet de se remarier, son autorité halakhique peut être annulée en cas d'erreur grave. Il est souvent arrivé que des hommes donnent volontairement à leur femme des actes irréguliers pour lui créer des embarras juridiques. C'est pour éviter cela que les rabbins ont décidé que « qui ne connaît pas parfaitement les lois du divorce et du mariage ne devrait rien avoir à faire avec elles » ; d'où l'ordonnance prévalant dans presque toutes les communautés juives selon laquelle un *guet* ne peut être donné que par un tribunal qui garantit sa rédaction claire et sans ambiguïté.

Des problèmes peuvent surgir dans l'acte de divorce le plus banal : orthographe exacte des noms ou indication précise du lieu. Un des principes fondamentaux du divorce est qu'il implique une rupture totale entre les époux ; le *guet* ne saurait donc comporter la moindre disposition soumettant de quelque manière que ce soit la femme à son ex-mari (il est, par exemple, interdit de spécifier que la femme n'a pas le droit de se remarier avec telle ou telle personne). Le problème de la date peut également se poser en termes délicats, en particulier dans le cas où l'époux décide de donner à sa femme un *guet al tenaï*, un acte de divorce sous condition. Un exemple nous en est fourni (la règle sur ce point date du Premier Temple) par le soldat qui donne à sa femme un *guet al tenaï* avant de partir en campagne afin de la protéger des problèmes personnels et juridiques auxquels elle se heurterait s'il venait à être porté disparu sans que l'on puisse prouver sa mort. De telles situations exigent une rédaction particulièrement minutieuse afin de donner au *guet* force légale tout en évitant un usage abusif du document par l'une des deux parties.

La réglementation matrimoniale est un mélange d'accords sociaux et fiscaux et de règles relatives au caractère sacré des liens du mariage ; par sa nature même, c'est là un domaine qui requiert clarification constante sur un nombre considérable de détails. Mariage et divorce étant essentiellement affaires privées, définies et arrangées entre les parties intéressées, de nouvelles questions tendaient à se poser périodiquement pour des cas qui n'avaient pas été prévus. Pendant longtemps, les sages ont tenté de mettre au point des cadres formels pour le mariage, efforts partiellement couronnés de succès. Mais comme la *halakhah* permet mariage et divorce privés, la voie demeure ouverte aux doutes et aux problèmes. Il convient de rappeler que le tribunal juif n'a pas autorité pour intervenir dans les relations conjugales, de même qu'il n'est pas habilité à annuler un mariage à moins que celui-ci ne soit en contradiction flagrante avec la *halakhah*. Seules les lois sur l'inceste limitent dans une certaine mesure la validité d'un mariage et il est très rare que les tribunaux puissent annuler un mariage déjà célébré.

Les lois interdisant certains mariages figurent essentiellement dans la Torah ; les sages qui les ont étudiées ont tenté de les ranger en diverses catégories. Les discussions à ce propos ont été très longues ; et sur certains points, l'accord ne s'est fait qu'à l'apogée de l'époque du Talmud. Tant que demeuraient les divergences d'appréciation, les sages devaient se contenter de faire leur possible pour s'assurer que les couples et leurs descendants ne se heurteraient pas à des difficultés juridiques. Les détails des débats sont particulièrement complexes, mais on a déterminé grossièrement trois catégories types d'interdits. Si un homme épouse une femme qui lui est interdite, le mariage est reconnu légalement et ne peut être dissous que par divorce. C'est le cas par exemple de l'homme qui se remarie avec la femme dont il a divorcé, laquelle, entre-temps, a épousé un autre homme dont elle est veuve ou divorcée. Pour la Torah, une telle union est une « abomination », car elle pouvait encourager la prostitution « légale ». Si un tel mariage était célébré, le tribunal ferait tout ce qui est en son pouvoir pour convaincre l'homme de divorcer ; mais le mariage lui-même est légal et contraignant et, dans la plupart des cas, les enfants nés de telles unions n'en subissent aucune conséquence. Un deuxième type est celui de l'union incestueuse. Là, même si le mariage a été célébré dans les règles, il n'a pas valeur légale ; le couple n'est pas considéré comme marié ; le *guet* n'est donc pas nécessaire pour dissoudre l'union. Les enfants sont considérés comme bâtards mais reconnus comme issus de leurs parents pour ce qui est des droits et des devoirs. Enfin, un troisième mariage est non seulement invalide mais entraîne la non-reconnaissance des droits paternels sur les enfants nés de l'union : il s'agit du mariage avec un conjoint non juif. Qu'il y ait eu ou non cérémonie, ce mariage est considéré comme illégal et tout enfant issu de cette union est tenu pour avoir été conçu par parthénogenèse, c'est-à-dire identifié uniquement en fonction des origines de sa mère. Si celle-ci est juive, il sera juif; si elle ne l'est pas, il ne le sera pas non plus.

Nous avons donné ici un aperçu très général de la législation matrimoniale, mais il existe de nombreux cas d'espèce et des catégories intermédiaires. Des lois particulières s'appliquent aux familles sacerdotales, à celle du Grand Prêtre notamment, qui prévoient diverses dispositions restrictives. Des règles spécifiques concernent les non-juifs et les esclaves affranchis. La majeure partie de la *halakhah* sur ces questions et leurs aspects légaux et fiscaux figure à l'ordre *Nachim* du Talmud.

XVIII

LE STATUT DE LA FEMME

Par des voies très diverses, la loi talmudique exclut les femmes de nombreux domaines importants de l'existence. Elle les dispense, par exemple, des commandements positifs liés pour leur exécution à un moment donné du jour ou de l'année. Ce qui veut dire nombre des rites familiers de la vie juive : port des *tzitzit* (petit châle bordé de franges aux quatre coins), pose des *tefilin* (les phylactères), récitation du *Chema Israel*, sonnerie du *chofar*, construction de la *souccah* et pèlerinage. Les femmes ne peuvent faire partie d'un *minyan* (quorum de dix adultes) constitué pour la prière et il ne leur a pas été attribué de rôle actif dans la communauté. Socialement, elles ne sont pas éligibles à des fonctions administratives ou judiciaires. Et, plus significatif encore, elles sont dispensées de l'importante *mitsvah* d'étudier la Torah, ce qui, inévitablement, les écarte de toute place centrale dans la vie culturelle et spirituelle du judaïsme.

On pourrait penser que toutes ces restrictions et dispenses conduiraient fatalement à la constitution d'une caste inférieure et au confinement des femmes à un rôle totalement marginal dans la société juive. Pourtant, elles ont été actives dans des domaines très divers et ont manifesté leur existence non seulement dans leurs devoirs d'épouses et de mères mais aussi dans ce qui pouvait apparaître comme des fiefs exclusivement masculins. Un tel phénomène pourrait tenir à la nature de la vision talmudique de la vie et de la Torah. La *halakhah* est plus qu'une simple structure intellectuelle et philosophique en quête perpétuelle de justification par une théorisation sans trêve. Elle est vécue, plutôt, comme un réseau de règles pratiques, de lois de la nature, dans un certain sens, par rapport auxquelles on adopte une attitude entièrement pragmatique, donc d'une totale souplesse. Ainsi, si les sages ont dispensé les femmes de l'étude, ce n'est pas parce qu'ils les considéraient comme intellectuellement inaptes à apprendre. Ils pensaient au contraire que « les femmes ont été dotées d'une plus grande *binah* (compréhension, intelligence) que les hommes » et ne barraient pas le chemin aux quelques femmes qui choisissaient d'étudier. Il est vrai que Rabbi Eliézer, connu pour la sévérité de ses opinions, lança à une prosélyte instruite qu'« il n'est pas de sagesse pour les femmes hors de la quenouille ». Mais Ben Azaï était, lui, convaincu que tout homme devrait enseigner la Torah à ses filles. Plus encore, un des plus grands *amoraïm* devait rabrouer en ces termes un étudiant trop arrogant : « Berouryah elle-même, qui a pu apprendre 300 lois de la bouche de 300 *tannaïm* en un seul jour, a passé un long temps sur ce texte. Qu'est-ce qui te fait croire que tu peux étudier plus vite qu'elle ? » La célèbre Berouryah, épouse de Rabbi Meïr, un des plus brillants savants de son temps, et fille d'un sage éminent, prenait souvent part à des discussions halakhiques. Et l'on sait que son opinion a prévalu, à de nombreuses reprises, sur celles de ses contemporains masculins.

Nous connaissons l'existence d'autres femmes lettrées par le contrat de mariage, évidemment inhabituel, passé entre le fils de Rabbi Akiba et sa fiancée, contrat dans lequel elle s'engage « à le nourrir, à l'entretenir et à lui enseigner la Torah ». Mais l'intérêt pour l'étude ne se limitait pas à quelques femmes exceptionnelles ; elles venaient nombreuses à la synagogue écouter les sages exposer *aggadah* et *halakhah*, parfois contre l'avis de leurs époux. Les servantes de Rabbi Yéhoudah Ha-Nassi ont été citées par les sages comme sources d'information sur l'usage de la langue hébraïque.

Bien que, nous l'avons noté, ne jouissant pas de statut social officiel, les femmes n'en exerçaient pas moins une influence considérable en tant qu'épouses ou filles de personnages importants. On rapporte une anecdote particulièrement éclairante à propos de Rabba et de sa seconde épouse, amoureux l'un de l'autre depuis leur plus tendre enfance. La femme de Rabba, « fille de Rav 'Hisda », assistait à une séance du tribunal où une femme était sur le point de prêter serment ; elle dit à son mari qu'elle savait que cette femme mentait ; celui-ci accepta son opinion et émit son jugement en fonction de cet avis. Cela ne causa pas d'émotion particulière parmi les présents où l'on comptait plusieurs élèves de Rabba. Quelque temps plus tard, dans des circonstances analogues, un des disciples les plus doués de Rabba, l'*amora* Rav Pappa, mit en doute l'honnêteté d'un plaideur. Rabba rejeta poliment son opinion : « Vous êtes, Monsieur, le seul témoin, et je ne peux agir sur la foi d'un témoignage unique. » « Serais-je donc moins digne de confiance que votre femme ? » lui demanda Rav Pappa. A quoi Rabba répondit : « Je connais très bien ma femme et je fais confiance à son jugement. Je ne vous connais pas, vous, Monsieur, aussi bien. » On remarquera que Rav Pappa ne s'en formalisa nullement ; il tira au contraire parti de cet incident pour exposer des conclusions générales sur la validité d'une déposition émanant d'un témoin digne de confiance.

Le fait que les femmes n'étaient pas tenues d'accomplir de nombreux commandements positifs était ressenti comme une dispense plutôt que comme une interdiction. Les hommes s'obstinaient à se considérer comme le sexe privilégié, désigné pour remplir un plus grand nombre de commandements ; d'une telle attitude fait foi le texte de la bénédiction récitée le matin, dans laquelle l'homme remercie Dieu de ne l'avoir pas fait femme. Néanmoins, les femmes qui le souhaitaient vraiment étaient admises à accomplir des *mitsvot* supplémentaires. C'est ainsi que l'on raconte que « Mikhal, fille de Saül, mettait les phylactères » ou que « l'épouse de Jonas accomplit un pèlerinage ». Les femmes étaient aussi admises « pour leur faire plaisir » à offrir des sacrifices au Temple. Il n'y a pas de différenciation théorique entre les préceptes dont les femmes sont exemptées et ceux qu'elles doivent remplir. Leur dispense de la récitation du *Chema Israel* ne s'étendait pas à la prière en général qui était obligatoire pour elles, comme pour les hommes, car c'était une « imploration à Dieu ».

Certains sages ont conçu quelque trouble à l'idée que des femmes puissent se consacrer trop complètement à la prière ou à l'ascétisme, notamment dans les cas où leurs motivations n'étaient pas très claires. Dans la liste des *mevalei olam* (paresseux, désœuvrés), on trouve la *betoulah tsalyanit* (la jeune fille qui prie avec dévotion) et la *almanah tsaymanit* (la veuve pratiquant l'ascèse). Ce n'est pas que les sages aient considéré les femmes comme des êtres dénués de valeur ; ils disaient : « la jeune fille nous enseigne à craindre le péché et la veuve que la vertu est à elle-même sa récompense » ; mais ils craignaient qu'un comportement trop pieux ne fût parfois qu'une manifestation ostentatoire. Ils n'appréciaient pas non plus l'idée de ces femmes qui « se prostituaient pour des pommes afin de pouvoir les distribuer aux malades ». Quoi qu'il en soit, en règle générale, la femme pieuse se vouant aux bonnes œuvres était un personnage familier et l'on acceptait volontiers que certaines femmes fussent particulièrement vertueuses, voire des parangons de toutes les vertus. Les activités et le statut des prophétesses de l'Antiquité ne faisaient pas problème et ne paraissaient pas devoir appeler explications. En fait, une maxime très connue disait que « les patriarches avaient été inférieurs aux matriarches en matière de prophétie ».

Le statut d'égalité accordé aux femmes en droit civil et

pénal avait également des conséquences sociales considérables. Le plus restrictif des contrats de mariage lui-même accordait à la femme un degré élevé d'indépendance économique et, comme les femmes, y compris après leur mariage, conservaient un certain contrôle sur leurs biens, de nombreuses femmes mariées faisaient du commerce et s'associaient à des affaires diverses. Dans certaines familles, celles des marchands notamment, les femmes dirigeaient leurs foyers en toute indépendance. Une femme qui apportait une dot importante n'était pas tenue de se consacrer au ménage ; et certaines de ces dames oisives (comme leurs homologues modernes) passaient leurs journées à jouer aux échecs ou en compagnie de leurs chiens. Bien que désapprouvant l'étude de la poésie grecque ou des sophistes, certains sages l'autorisaient aux femmes « comme ornement du beau sexe ».

Les informations que nous possédons sur l'éducation dispensée aux filles à l'époque du Talmud sont très limitées. Mais il semble que, dans les communautés et les familles les plus riches en tout cas, les filles aient appris des rudiments d'études juives. Elles possédaient généralement, selon toute apparence, quelques connaissances de Bible et de *halakhah* ; plus la famille était éduquée, plus grandes étaient les chances de la jeune fille de recevoir elle-même une éducation, soit par des études régulières, soit en assistant aux leçons dispensées à ses frères. C'est une des raisons pour lesquelles les sages considéraient qu'il valait la peine pour un homme de vendre tous ses biens afin d'épouser la fille d'un grand érudit. On supposait (et la justesse de cette opinion trouve mainte et mainte confirmation dans le Talmud) que celle-ci aurait reçu de son père une éducation solide qui lui permettrait, si son mari décédait ou était exilé, d'assumer à son tour l'éducation des enfants dans l'esprit de la Torah. La décision halakhique selon laquelle « l'épouse d'un *'haver* (savant) est pareille à lui » montre le degré de loyauté et de connaissance que l'on attribue aux femmes dans les familles se consacrant à l'étude. Cette décision était d'autant plus significative que, en vertu d'elle, les épouses des sages étaient traitées avec autant de respect que leurs maris et jouissaient d'un statut supérieur à celui du commun.

Pour comprendre les aspects fondamentaux du statut de la femme au regard du droit et dans la vie quotidienne, il importe d'exposer clairement la position des sages du Talmud quant au mariage. Contrairement au christianisme et à nombre de religions orientales, le judaïsme n'a jamais considéré le mariage comme un « mal nécessaire », indispensable pour la perpétuation de l'espèce mais méprisé à tout autre égard. Les sages estimaient que le désir sexuel est un instinct naturel comme les autres et non une chose condamnable. Même si eux-mêmes prônaient une pudeur extrême, la chasteté et la plus grande pureté possible dans les rapports entre époux, ils ne faisaient pas l'impasse sur les implications de l'instinct sexuel pour les hommes et pour les femmes. Rav 'Hisda, qui aimait et admirait ses filles (ne disait-il pas d'elles « à mes yeux, mes filles valent plus que des fils ») leur donna une éducation sexuelle ; ses enseignements sont repris dans le Talmud et complètent les vastes informations données aux hommes. D'une façon générale, les sages avaient conscience de la puissance du désir sexuel et leur conception peut se résumer dans la maxime : *Ein epitropus le-'arayot* (les questions sexuelles ne peuvent être mises sous tutelle). C'est pourquoi les hommes les plus chastes et les plus pieux eux-mêmes, ceux qui étaient au-dessus de tout soupçon, ne pouvaient être entièrement dignes de confiance et ne devaient pas être chargés de garder une femme seule. Caractéristique de ce profond réalisme est cette maxime des sages selon laquelle « celui qui est plus grand que son prochain est aussi plus grand dans son désir » et les récits sont nombreux d'hommes connus pour leur piété qui faillirent succomber à la tentation d'écarts sexuels. Le but de ces récits n'était pas de dénigrer ces saints hommes mais au contraire de souligner l'importance de la chasteté et de la maîtrise de soi.

Pour le judaïsme, prendre femme est un commandement majeur, qui s'applique à tout le monde. Même à un homme qui ne peut plus engendrer il est enjoint d'éviter le célibat. L'instinct sexuel n'est pas seulement vu comme un moyen de perpétuer l'espèce mais aussi comme part de la nature humaine : on disait que « celui qui n'a pas de femme ne saurait être appelé un homme ». Un célibataire n'était, aux yeux des sages, qu'une moitié de corps, qui ne deviendrait complet qu'avec le mariage (la majorité des sages interprétait le récit biblique de la Genèse comme signifiant qu'Adam avait été créé duel et qu'il n'avait été séparé qu'ultérieurement en deux moitiés, féminine et masculine).

Du point de vue social, la famille, c'est-à-dire l'unité homme-femme, est le noyau de la vie et toute discussion doit prendre les deux parties en compte. La relation émotionnelle et spirituelle entre les époux est également prise en considération non seulement du point de vue des enfants mais aussi du point de vue du couple. Le Talmud raconte l'histoire d'une femme qui, mariée à un savant, avait coutume de lui attacher les *tefilin* autour du bras ; à la mort de celui-ci, elle se remaria avec un collecteur d'impôts (une profession que les sages associaient volontiers à l'avarice et au chantage) et nouait désormais chaque matin le brassard de collecteur au bras de son nouvel époux. D'un autre côté, il rapporte l'exemple d'une femme pieuse ayant épousé un homme pieux ; après leur divorce, elle guida les pas de son nouveau mari vers les voies de la droiture, tandis que son premier époux se remariait avec une mauvaise femme qui le corrompait. Ces deux exemples de réciprocité des relations mettent en lumière une vision réaliste du rôle et du statut de la femme dans la famille. Si elles disposaient de peu de possibilités de s'exprimer publiquement, leur influence pratique était considérable et ne suscitait ni réaction négative ni camouflage. Les anecdotes abondent à propos de l'épouse de Rabbi Na'hman, une femme de caractère, descendante de la famille de l'exilarque qui ne masquait pas son influence et son pouvoir et exigeait d'être traitée avec le respect qui lui était dû. Ayant le sentiment d'avoir été offensée par le grand savant palestinien Rav Oulla, elle lui envoya un message en termes particulièrement vifs : « Les vagabonds sont aussi pleins de mots que les chiffons sont infestés de vermine. » Peu de femmes pouvaient se permettre une telle franchise, pour ne pas dire une telle grossièreté, mais l'histoire illustre l'influence universellement reconnue des femmes à l'époque du Talmud.

La *ketoubah* normale ne privait pas les femmes de la propriété de leurs biens, même si leur administration, à moins d'indication contraire, était confiée au mari. Comme une femme mariée ne perdait pas non plus ses droits à apparaître comme plaideur dans les procès civils, le Talmud énumère de nombreux cas où des femmes participent activement à des discussions en matière de fiscalité sur des points ne relevant pas nécessairement du seul droit matrimonial. Le degré de soumission d'une femme à son époux est clairement délimité par une série de règles qui ne mettent pas fondamentalement en cause l'équilibre des droits et des devoirs après le mariage. La Torah permet au mari d'annuler les vœux faits par son épouse mais les sages ont considérablement rétréci le champ d'application de ce droit : le mari peut annuler les vœux liés de quelque manière aux relations conjugales mais n'a pas autorité pour intervenir dans tout autre engagement pris par sa femme dans un autre domaine. De même, si un père peut marier sa fille et annuler ses vœux, ce droit ne s'applique qu'aux filles n'ayant pas atteint l'âge de la maturité sexuelle (douze ans). Une fois la puberté atteinte, celles-ci deviennent totalement indépendantes. Ni son père ni quiconque ne peut faire prévaloir sa volonté sur une fille adulte ou tenter de lui faire contracter un mariage qu'elle ne souhaite pas. Les parents juifs ont toujours été très préoccupés de trouver des conjoints pour leurs enfants ; ce n'était cependant pas parce que le père jouissait de droits particuliers sur ses filles mais plutôt parce que la coutume voulait que les parents se fissent les interprètes des souhaits de leurs fils ou de leurs filles et leurs intermédiaires dans les mariages.

Nous constatons donc que les sages du Talmud ne considéraient pas les femmes comme des êtres inférieurs mais, ainsi que l'a dit l'un d'eux, « comme une nation à part ». Ils supposaient l'existence d'un réseau spécifiquement féminin d'idées, de règles et de modes de comportements différents de ceux des hommes. Même si les femmes étaient dispensées d'accomplir nombre des prescriptions majeures imposées aux hommes, elles n'étaient pas considérées comme moins importantes du point de vue purement religieux. On a même dit que « pour les temps futurs, le Saint, Béni soit-Il, a promis de plus grandes choses aux femmes qu'aux hommes ». La distinction entre les sexes est fondée sur une division fonctionnelle des tâches qui sont vues comme séparées mais égales.

XIX

DROIT CIVIL

Le code civil ou, comme on l'appelle en général dans le Talmud, *dinei memonot*, législation sur les questions d'argent, est un des champs les plus fertiles de la réflexion et de la créativité du Talmud. Voici la définition qu'en donne un sage : « Celui qui veut acquérir la sagesse devrait étudier les *dinei memonot*, car rien dans la Torah ne surpasse ce sujet ; c'est une source jaillissante. » Contrairement à d'autres codes juridiques, issus pour une large part d'une structure assez rigide de statuts et de règles, le code civil, qui précise un domaine important des relations humaines, est souple et en incessante évolution. La *halakhah* relative à des questions figées, d'ordre biologique ou rituel, peut être conservée telle quelle pendant de longues périodes ; il n'en va pas de même en droit civil. Les sages ont souligné la différence qui existe entre les problèmes valables pour un nombre limité de personnes et le domaine du droit civil qui peut, à un moment ou à un autre, concerner tout un chacun.

Un des principes qui sous-tend tous les *dinei memonot*, et qui étend également son influence à la procédure halakhique, est l'idée *a priori* que l'argent peut être offert en cadeau. Ce point, qui peut, de prime abord, paraître dénué d'importance, est le fondement même du code tout entier ; car celui-ci se base sur l'acceptation publique générale de la constitution de structures financières diverses. Les autres types de législations sont perçus comme des faits naturels qui ne procèdent pas de la communauté, et échappent donc à son contrôle. Mais l'argent peut, lui, être possédé par l'individu ; celui-ci peut donc légitimement faire accord avec une tierce partie et renoncer à certains de ses droits légaux fondamentaux ou bien les modifier. Ici, la « coutume du pays », le fait que les membres d'une population donnée acceptent tacitement de conduire leur existence conformément à un certain code, a infiniment plus de poids que dans tout autre domaine juridique. On suppose qu'une personne résidant dans un certain pays acceptera les lois et coutumes locales et renoncera en conséquence à certains droits qui lui sont reconnus par la Torah.

Un deuxième principe rend le code financier plus souple que d'autres règles ; c'est la conscience du fait que l'argent « n'est pas irremplaçable ». Dans d'autres domaines, les erreurs peuvent se révéler irréparables ; en matière financière, un jugement erroné peut être rectifié, de l'argent volé récupéré, etc. Ainsi, au-delà des nombreux appels à l'adoption d'un comportement juste et équitable et de l'interdiction stricte du vol et du brigandage, les législateurs ont pu élaborer des structures juridiques concernant certains actes en surmontant la crainte d'erreurs toujours possibles. De plus, les tribunaux furent dotés, en cette matière, de pouvoirs plus étendus que ceux dont ils jouissaient dans d'autres domaines halakhiques. Théoriquement, le tribunal peut prendre des décisions et rendre des sentences qui ne viennent pas directement de la Torah ; ce droit lui est d'ailleurs expressément reconnu, et de façon très explicite par la Torah elle-même, dans le souci de l'intérêt général. La règle intitulée *hefker bet din hefker* (est en déshérence un bien proclamé tel par un tribunal) est celle dont la portée est la plus grande ; c'est à partir d'elle que l'on a pu instituer que les tribunaux juifs avaient autorité pour faire des lois et décrets nouveaux, pour prendre l'argent d'une personne et l'attribuer à une autre, bien que ce droit ne leur ait pas été expressément donné par la loi.

Pour toutes ces raisons, les lois financières exposées dans la Torah ont fait l'objet d'un travail minutieux et ont été adaptées à des besoins variés et à des situations fluctuantes. Le vieux traité *Nezikin* était divisé en trois « portes », trois entrées, qui correspondaient plus ou moins aux grands types de questions abordées en droit financier. Les lois relatives aux dommages, au sens strict, qui couvrent les préjudices directs ou indirects causés par un individu à un autre, se trouvent essentiellement dans la première « porte », *Baba Kama*. Les contestations financières, les conflits du travail et les emprunts sont abordés dans la deuxième partie, *Baba Metzia* ; enfin, les règles relatives aux associations, ventes et documents légaux sont traitées dans la troisième « porte », *Baba Batra*.

Les diverses sortes de préjudices sont décrites dans une *michnah* ancienne présentant les « quatre *avot* (catégories principales) de dommages » ; on portera ultérieurement ce nombre à vingt-quatre. Les *michnayot* de référence sont très anciennes et leur concision quelque peu énigmatique n'allait pas tarder à susciter des controverses quant au sens exact de certains termes, bien qu'il y eût en fait consensus sur l'essentiel. On tomba d'accord plus tard pour considérer que « les quatre *avot* » ne concernaient pas les torts causés directement par une personne mais seulement les dommages causés par un bien se trouvant sous la responsabilité d'un individu. Les définitions michniques du « bœuf et de la citerne, du pâturage et de l'incendie » sont purement symboliques ; pour reprendre les termes d'un sage : « Qui pense que le bœuf du Talmud est un véritable bœuf n'a pas même commencé à comprendre la *halakhah*. »

Une classification un peu plus récente, qui allait également être utilisée comme modèle, divisait les dommages en fonction de leur cause : corne, dent, sabot, excavation et feu. Les trois premières causes étaient des animaux, les deux autres des objets inanimés. Le *keren* (corne) se rapporte au texte biblique sur le « bœuf qui donne un coup de corne » et qui blesse des humains ou d'autres bœufs, c'est-à-dire aux dommages causés volontairement par un animal. Ainsi le cas d'un chien qui a mordu quelqu'un entre dans la catégorie du *keren*, de même celui du coq qui a tué une autre volaille à coups de bec. Les lois relatives à ces dommages sont d'autant moins simples que l'on y a fait une distinction entre la responsabilité du propriétaire d'un animal qui n'a jamais été violent dans le passé (dans ce cas, il est tenu pour *tam*, innocent) et celle du maître d'un animal qui a déjà blessé (*mouad*). On y fait également la différence entre un animal qui encorne ou inflige une autre blessure fatale entrant dans la catégorie du *keren* et qui est toujours exécuté et les cas de blessures graves ou de mort d'autres animaux. La catégorie de *chen* (dent) est, par contre, relativement simple. Un individu est responsable des dommages causés par son animal lorsque celui-ci mange ou accomplit toute autre action de nature à lui procurer satisfaction. Un exemple classique des applications étendues de la notion de *chen* est celui de l'animal qui se gratte le dos contre un mur et provoque ainsi son effondrement. Les dommages causés par un animal qui piétine entrent dans la catégorie du *reguel* (pied) ; mais celle-ci a été élargie de manière à inclure les dégâts causés par un animal au cours de ses déplacements ou actions habituels, qu'ils lui procurent une satisfaction ou non. Dans ce cas, la responsabilité du propriétaire est presque toujours engagée, sauf invraisemblance ou si la victime est elle-même coupable de négligence impardonnable. La notion générale de *bor* (trou) a été reprise de la description biblique de l'homme qui creuse un trou et cause en conséquence des dommages. Plus abstraitement, le « trou » est l'archétype de toute nuisance en un lieu public, qu'il s'agisse ou non d'un véritable trou. C'est pourquoi il était possible de parler d'un « trou qui roule », c'est-à-dire en fait d'une nuisance sur la voie publique qui n'est pas statique et peut être bougée. Diverses réserves quant à la responsabilité de la personne qui cause des dommages prennent en compte la part de négligence éventuelle de la victime et évaluent dans quelle mesure l'individu à l'origine des dommages avait qualité pour placer l'objet de la manière dont il l'a fait.

Les dommages de *ech* (feu) incluent l'allumage d'un feu sur la propriété d'autrui mais aussi l'allumage d'un feu sans surveillance adéquate y compris à l'intérieur de la propriété du responsable. Une étude plus approfondie des *halakhot* sur *ech* a débordé vers un examen de la nature de la notion de responsabilité. Si l'on considère le feu comme un prolongement indirect de celui qui l'a allumé, cela peut donner corps à la notion d'une responsabilité de l'individu sur ce qui lui appartient. C'est cette opinion qui s'exprime dans la maxime : « Son feu est comme ses flèches » ; en d'autres termes, de même qu'un individu est responsable des flèches qu'il tire, il l'est du feu qu'il a allumé. Mais selon d'autres avis, la responsabilité des conséquences d'un feu ne saurait être si immédiate, en particulier relativement aux actions qu'un individu a directement provoquées sans pourtant avoir eu avec elles de contact direct.

L'éventail des questions liées à ce point particulier et les limitations diverses de la responsabilité relèvent du problème général de l'infliction de dommages. On a créé une distinction entre deux notions très semblables dans leur dénomination comme dans leur nature : d'un côté *grama be-nezikin*, situation dans laquelle un individu est directement cause de dommages (par exemple lorsqu'il envoie son troupeau paître sur les terres de son voisin) ; de l'autre *dina de-garmei*, c'est-à-dire les lois sur les coupables, qui traitent des dommages indirects. Pour illustrer cette dernière législation, on prenait l'exemple d'un individu qui brûle un billet à ordre appartenant à quelqu'un d'autre. Le dommage direct est la perte d'un morceau de papier, perte qui doit indiscutablement être compensée. Mais le propriétaire du billet risque également de perdre une grosse somme d'argent. Cela pose le problème du degré de responsabilité dans des dommages de ce type. Celui qui a brûlé le billet doit-il être considéré comme ayant causé un dommage direct, et donc comme porteur d'une responsabilité directe ? Ou bien est-il simplement la cause du dommage (le débiteur refusant de s'acquitter de sa dette en l'absence du billet), et alors seulement partiellement responsable des conséquences ? On a discuté sur ce point pendant des années ; le Talmud conclut finalement que la responsabilité est engagée dans les deux cas, mais d'une façon atténuée dans le deuxième.

L'opinion exprimée par la minorité était qu'une telle affaire devait être tenue pour *nezek che-eno nikar*, dommage qui n'est pas prouvé et ne peut donc entraîner une responsabilité pénale pleine et entière. On en trouve une illustration dans le cas d'un individu qui souille le sacrifice offert par un autre. Cette souillure peut être provoquée par un simple contact qui ne détériore en rien l'offrande mais la rend néanmoins inconsommable et pratiquement dénuée de valeur. En l'espèce, on peut difficilement supposer, selon les critères habituels, que le délinquant a agi de propos délibéré ; néanmoins, le préjudice peut être considérable. Les sages qui estiment que ce préjudice n'est pas passible de dommages et intérêts considèrent qu'il s'agit là d'un des très nombreux cas où l'auteur du dommage est « exempté du jugement des hommes mais soumis au jugement de Dieu » ; en d'autres termes, il ne porte aucune responsabilité juridique mais a un devoir moral de compensation vis-à-vis de sa victime. Qui veut honorer cette obligation morale dispose d'un réseau finement tissé de règles, bien qu'il n'y ait pas pression légale exercée à son encontre. Là encore des *halakhot* déterminent ce qu'il doit faire pour s'acquitter de sa dette morale même lorsque sa responsabilité n'est plus engagée.

Un autre problème génère des implications dans tout le code civil ; il s'agit de l'attitude à adopter en cas de *mamon ha-moutal be-safek* (argent suscitant un doute), lorsque deux plaignants réclament une même somme d'argent (ou un même objet) et qu'aucun des deux ne parvient à faire la preuve de sa bonne foi. Selon certaines opinions, la somme contestée devait être partagée entre les deux parties. Cette approche (qui fut finalement abandonnée) se trouva contestée pour deux raisons : elle ne sanctionnait pas le faux plaignant et, dans la plupart des cas, elle était tout simplement injuste, l'objet devant appartenir de droit à l'une des parties qui se trouvait du coup lésée. Ces mêmes arguments revenaient dans la bouche des sages qui répugnaient à l'idée de rechercher des solutions de compromis entre parties en procès, car à leurs yeux, transiger apportait peut-être la « paix », mais ne conduisait certainement pas à la « vérité ». D'un autre côté, la *halakhah* veut généralement que « la charge de la preuve incombe au plaignant ». Tant que le plaignant n'a pas été en mesure d'apporter la preuve de sa propriété, les objets litigieux demeurent entre les mains de celui qui les détient. Cette règle fondamentale fut appliquée dans nombre de litiges financiers ; le bien contesté demeurait, dans la pratique, aux mains de son détenteur, la partie adverse devant faire la preuve du bien-fondé de sa réclamation. Mais il est des cas où cette règle est inapplicable : ainsi lorsque les deux parties tiennent toutes deux l'objet ; ou quand aucune des deux ne l'a en sa possession. Dans ces conditions, on applique parfois la règle du doute et l'on opère un partage ; sinon, la décision est laissée à la libre appréciation du juge. Ces problèmes sont traités très longuement et très en profondeur dans le Talmud et dans le vaste corpus de la littérature talmudique.

Le concept de *'hazakah* (littéralement l'action de détenir) s'y rattache également, au moins dans une de ses significations. Ce terme a en fait trois sens dans le Talmud, liés dans une certaine mesure par un lien logique, mais avec des différences de détail. *'Hazakah*, ou possession, est un terme juridique que l'on retrouve, avec des variantes, dans de nombreux codes légaux où l'on aborde le problème de la preuve de la propriété. En droit juif, la *'hazakah* s'applique aux biens pour lesquels il incombe au plaignant de faire la preuve de son bon droit, c'est-à-dire pour lesquels on présume fondé jusqu'à preuve du contraire le droit de la personne qui les détient. Bien que ce soit au plaignant et non au détenteur que revienne la charge d'apporter des preuves, le droit juif n'accorde pas à la *'hazakah* une validité égale à celle de preuves véritables. Il est de règle que « *'hazakah* non justifiée n'est pas *'hazakah* » ; ce qui veut dire que la possession d'un objet ne constitue pas en soi la preuve que cet objet appartient à celui qui le détient. L'argument selon lequel « je possède cet objet depuis des années et personne ne me l'a jamais réclamé » est dépourvu de toute pertinence. La *'hazakah* n'a de valeur qu'accompagnée d'une argumentation étayant la présomption de propriété (achat, héritage, cadeau) ; c'est pourquoi les lois de *'hazakah* ne sauraient avoir le même poids que les règles fondées sur des preuves ; elles sont seulement destinées à libérer les propriétaires de l'obligation de conserver jusqu'à la fin des temps des preuves de leur propriété. Écoulée une certaine période, définie cas par cas en fonction de l'usage, le détenteur n'est plus tenu de produire des preuves, documents ou témoignages de son droit de propriété ; il lui suffit de prouver qu'il est légitimement en possession de l'objet. La *'hazakah* est donc un outil technique fondé sur l'idée que, à l'intérieur d'un certain laps de temps, le propriétaire d'un objet ou d'un terrain ne pourra pas ne pas s'apercevoir que son bien est utilisé frauduleusement et qu'il entamera les démarches juridiques adéquates pour rentrer dans ses droits, et sur l'idée qu'en l'absence de réclamation le détenteur n'a pas besoin de conserver des preuves écrites à perpétuité.

Le problème des dommages causés par un individu est très différent de celui des dégâts dus à un objet ou à un animal appartenant à un particulier. Là, prévaut la règle : *adam mouad le-olam* (un homme est toujours prévenu), c'est-à-dire que l'absence d'intention criminelle ne peut être invoquée à décharge). Personne ne peut échapper à la responsabilité de ses actes, qu'il y ait eu intention malveillante, négligence ou absence de prise en considération des droits d'autrui. Le seul motif qui puisse dégager la responsabilité est le cas de *oness* (coercition) où l'accusé doit prouver qu'il a été obligé de commettre un acte, soit à cause d'un facteur extérieur qu'il ne pouvait maîtriser, soit parce qu'il n'était pas en état de comprendre ce qu'il faisait (ainsi un enfant ou un malade mental). La *halakhah* divise les dommages causés à autrui en cinq catégories : *chevet, ripouï, bochet, tsa'ar* et *pegam* (perte de temps, guérison, humiliation, douleur et préjudice physique). Il est extrêmement rare qu'un inculpé tombe sous le coup d'une accusation reprenant toutes ces catégories ; en général, on ne retient qu'un ou deux de ces chefs d'accusation. Un homme qui en blesse un autre doit payer des dommages qui couvrent la perte de valeur, sur le marché du travail, subie par la victime. S'il a causé l'amputation d'un bras, il doit payer une certaine somme, périodiquement réajustée, pour la privation d'un membre. De même, si une femme est défigurée, elle a droit à une indemnité compensatoire pour la dévalorisation qui l'affecte, bien que sa capacité de travail n'ait pas été diminuée. Une autre sorte d'indemnité paye pour la douleur causée par la blessure. Il est, bien entendu, des cas où c'est là la seule indemnité réclamée, si l'agression n'a pas eu d'autre conséquence qu'une douleur. *Chevet* est l'indemnité due pour la période d'inactivité nécessaire à la convalescence et *ripouï* couvre les frais médicaux. Si, en raison du préjudice subi, la victime a été humiliée, une indemnité spécifique peut être réclamée qui sera fixée en fonction de critères divers (lieu, heure, etc.).

Toutes ces indemnités, comme la plupart des dommages énumérés dans le domaine des torts, signifient que la victime doit recevoir compensation pour le préjudice subi. La Torah prévoit aussi des *dinei kenassot* selon lesquels le coupable doit non seulement verser des indemnités à sa victime mais également payer une amende. La *halakhah* talmudique indique que dans tous les cas où la Torah exige un paiement qui ne correspond pas au dommage réellement subi, cette somme doit être considérée comme une amende, même si elle représente moins que le coût réel du dommage. On compte, parmi ces sanctions par amendes, la loi de la Torah qui veut que les voleurs rendent à leurs victimes le double de ce qu'ils ont dérobé ou remboursent un mouton ou un bœuf volé à raison de quatre ou cinq fois sa valeur. Il y a des différences nombreuses entre les lois relatives aux plaintes et celles relatives aux amendes. Les demandes d'indemnités financières étant exigence que justice soit rendue, elles sont indispensables à l'équilibre de la société et tout tribunal légalement constitué a donc compétence pour en traiter ; par contre, seuls des juges spécialement autorisés peuvent décider des cas passibles d'amendes. L'ordination spéciale ayant été supprimée au début du Moyen Age, ces lois ne sont plus appliquées que très exceptionnellement.

La responsabilité civile est étudiée dans un autre contexte, appelé, dans la terminologie du Talmud, lois sur les *chomrim* (gardiens) ; elles précisent la responsabilité de l'individu à qui l'on a confié un bien en garde. Les *chomrim* peuvent relever de quatre catégories, toutes implicitement indiquées dans la Torah : *chomer binam* (le gardien qui n'est pas payé) qui supporte la responsabilité la plus limitée ; *chomer sakhar* (le gardien payé) ; *sokher* (le preneur à bail) ; et *choel* (l'emprunteur), dont la responsabilité est plus étendue. Le Talmud donne une définition précise de la responsabilité de chacun, d'autant que le texte biblique n'est pas toujours très explicite. Ainsi il n'est fait référence qu'une fois, et en termes obscurs, au preneur à bail : « Si la bête était louée, il l'a eue sous le bénéfice de cette location[1]. » (Exode 22 : 15.)

1. « Douteux et diversement expliqué », indique en note la Bible du Rabbinat à propos de ce verset, dont la restitution en anglais est effecti vement sensiblement différente. (*N.d.T.*)

Le Talmud s'engage aussi dans un examen très détaillé de la question de savoir où et quand les lois sur les *chomrim* doivent être appliquées dans la vie quotidienne ; en effet, la distinction théorique manquant parfois de clarté, il n'est pas toujours facile de déterminer le statut d'un individu qui a un objet en garde et son degré de responsabilité par rapport à l'objet et à son propriétaire. Le cas de la personne ayant trouvé un objet perdu a suscité une controverse fameuse : sa responsabilité est-elle analogue à celle du gardien bénévole ou bien à celle du gardien salarié ?

Dans la Torah, les lois sur les *chomrim* sont liées à celles sur les serments dans les cas où un gardien perd l'objet qui lui avait été confié et nie qu'il lui ait jamais été confié, ou propose une autre interprétation de sa responsabilité, ou encore prétend que l'objet lui a échappé dans des circonstances où sa responsabilité ne saurait être invoquée (vol à main armée, par exemple, qui annule pratiquement toute responsabilité), ou bien lorsque les parties divergent sur l'évaluation de la valeur de l'objet disparu. Il peut arriver que l'on puisse clarifier les faits grâce à des témoignages ou à des preuves écrites. Mais bien souvent, on se trouve face à deux discours qui ne peuvent être vérifiés dans leur entier ; c'est pourquoi la loi ordonne à l'accusé de déclarer sous serment qu'« il n'a pas porté la main sur le travail de son voisin ». Après avoir prêté serment, il bénéficiera d'un non-lieu. Mais le recours au serment a été limité ; l'accusé en était dispensé à l'exception de deux cas : si le tribunal avait entendu un témoignage contre lui (la Torah indique que deux témoignages concordants sont nécessaires pour constituer une preuve) ou bien si lui-même a fait un « aveu partiel », c'est-à-dire accepté le bien-fondé de principe de la réclamation de son adversaire, mais en conteste les détails. La prestation de ce serment, désigné plus tard sous le vocable de « serment de la Torah » pour le distinguer d'autres serments institués par les sages, donnait lieu à une cérémonie solennelle au cours de laquelle la personne prêtant serment tenait entre ses mains un objet sacré.

A l'époque du Talmud, un individu poursuivi devant un tribunal civil pouvait avoir recours à un autre serment, la *chevou'at 'heset* (serment d'exemption) dont on attribue la paternité à un *amora*, Rav Na'hman. L'accusé était en droit de le prêter même lorsqu'il ne reconnaissait nul bien-fondé à la plainte de la partie civile. Ce serment fut apparemment créé afin de redresser des rapports sociaux perturbés par l'habitude prise par les accusés de tout nier en bloc afin de ne pas être forcés à une déclaration sous serment. Il convient de remarquer que l'accent porté sur le poids de la responsabilité que l'on prenait et la crainte de faire involontairement un faux serment renforçèrent la tendance existante à éviter les serments en toutes circonstances et à leur préférer des déclarations solennelles.

Les *halakhot* relatives aux objets perdus sont également liées aux lois sur les *chomrim*. La Torah enjoint à quiconque trouve un objet de le restituer à son propriétaire et interdit non seulement de le garder pour soi mais aussi de le laisser sur place. Cette règle ne pose pas de problème d'application tant que l'on peut identifier l'objet et que l'on connaît son propriétaire; mais elle soulève généralement des difficultés telles qu'elle n'est pas opérante. La *halakhah* tente d'établir quels objets perdus sont identifiables et doivent être rendus à leur propriétaire et lesquels ne le sont pas. L'argent, par exemple, bien qu'il puisse être clairement marqué, n'a pas à être rendu car, par nature, il circule de main en main. Même si un individu peut prouver qu'un billet ou une pièce de monnaie lui a appartenu, il ne peut généralement pas faire la preuve qu'il en est le dernier propriétaire en date. La clé pour comprendre nombre de ces *halakhot* est la notion de *ye'ouch*, c'est-à-dire la renonciation *de facto* à la propriété d'un objet fondée sur la certitude qu'il est irrémédiablement perdu. Cet objet devient alors *hefker* (non réclamé, en deshérence) et peut être pris par quiconque le trouve.

Le problème du *ye'ouch be'alim* (« désespoir », c'est-à-dire renonciation, des propriétaires) a des conséquences sur les lois en matière de vol ou de brigandage. Le vol est interdit par la loi religieuse ; mais en droit juif, il est néanmoins plutôt matière de droit civil que délit passible d'un châtiment corporel. Le voleur est obligé de rendre l'objet volé et, dans certains cas, il doit également payer une amende au propriétaire (d'un montant égal à deux fois ou plus la valeur de l'objet) ; mais son châtiment s'arrête là. Pourtant, un examen de l'objet volé lui-même s'avère nécessaire : jusqu'à quand est-il considéré comme appartenant à son propriétaire et à partir de quel moment devient-il propriété du voleur, qui alors est tenu de rembourser sa valeur mais non de le restituer ? Sur ce point, la *halakhah* fournit deux réponses dont l'une est liée à la notion de *ye'ouch*. Quand un certain laps de temps s'est écoulé ou quand il y a déclaration (qui n'est pas forcément formelle) de la part du propriétaire indiquant qu'il ne pense pas que l'objet lui sera jamais rendu, l'objet devient propriété du voleur. Si le voleur modifie la nature de l'objet volé d'une manière irréversible ou marquante (si par exemple il vole du bois et en fait un meuble), le propriétaire primitif renonce à ses droits sur le bois mais il est en droit d'exiger une compensation de la part du voleur. Ce problème a de nombreuses implications pratiques. Ainsi, quand l'objet acquiert une valeur ajoutée, le voleur doit-il payer une somme équivalant à sa valeur au moment du vol ou bien à sa valeur au moment de l'indemnisation ? Qu'advient-il si le voleur vend cet objet à des tiers ? Le premier propriétaire peut-il se retourner contre le nouveau propriétaire ou doit-il limiter ses exigences au voleur ?

On notera avec intérêt que la *halakhah* opère une différenciation assez inhabituelle entre vol et brigandage. Le voleur paie quelquefois une amende ; par contre, le brigand, qui agit ouvertement et use de la force, est simplement tenu de restituer l'objet volé ou de payer à sa victime l'équivalent de sa valeur. L'explication donnée par le Talmud est assez frappante : le brigand est préférable au voleur, car il agit ouvertement et prouve, par son comportement, qu'il craint Dieu, dont il transgresse les commandements, aussi peu que les hommes, qu'il détrousse au grand jour, sans peur et sans honte. Le voleur, par contre, montre qu'il craint les hommes beaucoup plus que Dieu, car il se cache des humains, mais non du Seigneur ; c'est pourquoi il mérite d'être puni plus lourdement.

Propriétés et modes d'acquisition sont des questions très importantes pour la *halakhah* sur le vol ; il s'agit en fait d'un problème clé de tout le droit civil. On s'y heurte dans tous les cas de transfert de propriété légale : à quel moment exactement considère-t-on qu'un objet a changé de mains et est devenu possession de son acquéreur ? Cette question elle-même en soulève d'autres. Jusqu'à quel moment peut-on se rétracter et dénoncer un marché conclu ? Quand l'affaire est-elle considérée comme définitivement faite ? Si l'objet qui change de mains est endommagé ou perdu, ou, au contraire, gagne en valeur, qui en bénéficie ou en supporte les conséquences ? Selon la *halakhah*, le transfert de propriété doit s'opérer selon un des divers modes qu'elle définit, en fonction de la nature de l'objet de la transaction. En général, le don d'une somme d'argent par l'acquéreur ne suffit pas à s'assurer que le marché est conclu ; le transfert n'est légalement effectué que lorsque l'acheteur prend en mains l'objet acquis. Les sages étaient divisés sur la question de savoir si le concept de *mechikhah* (action de saisir en tirant), comme mode élémentaire d'achat de biens mobiliers, se trouvait réellement à l'origine dans le corps des lois sur la propriété ou bien s'il s'agissait d'un ajout ultérieur destiné à protéger l'acheteur contre une exploitation malhonnête des possibilités légales par le vendeur (qui pouvait prétendre que l'objet avait été brûlé ou endommagé après la vente, alors qu'en réalité, le dommage aurait été antérieur).

Quoi qu'il en soit, l'action de transfert est, dans la pratique, considérée comme accomplie lorsque l'acquéreur a saisi, tiré ou déplacé l'objet acquis. Il en va de même pour les biens incorporels. C'est pourquoi les lois sur les ventes et le troc indiquent que si l'une des parties a « saisi » un des objets, la vente est tenue pour ayant eu lieu. La *halakhah* a inventé la notion de *kinyan agav soudar* afin de garantir le respect des engagements pris. La partie qui s'engage saisit un objet symbolique, un *soudar* (couvre-chef), par exemple, et le prend des mains de son partenaire ; cet acte marque que l'affaire est légalement conclue et ne peut plus être reconsidérée. Cet acte de prise de possession symbolique existe dans de nombreux domaines où il doit manifester la validité de diverses dispositions légales : garanties incluses dans un contrat de mariage, transfert gratuit de propriété, acceptation d'un arbitrage par les deux parties, etc.

Au détour de ces questions, le Talmud touche également celle du bi-métallisme. Faut-il adopter l'or ou l'argent comme fondement du système monétaire ? L'argent est-il la monnaie de référence et l'or un « produit », ou bien l'inverse ? Les sages du Talmud ne sont jamais parvenus à un accord total sur ce point.

Les lois de vente et de troc abordent aussi les questions d'honnêteté du commerce et de définition d'une marge d'erreur admissible. Bien que, là encore, il n'y ait jamais eu accord absolu, on admettait généralement une marge d'erreur équivalant à un sixième de la valeur des marchandises. Si l'une des parties avait sous-évalué la valeur de son produit en-deçà de ce taux, sa réclamation était considérée comme nulle ; mais au-delà, c'était le marché qui était annulé. Un sixième de la valeur était également la marge bénéficiaire licite pour les articles de première nécessité ; le commerçant qui fixait une marge plus élevée était un spéculateur, donc un individu immoral dont l'activité tombait sous le coup de la loi. Mais le droit commercial entretient une certaine ambiguïté dans la mesure où certains actes peuvent très bien être formellement légaux tout en étant répréhensibles d'un point de vue moral. Ainsi, un individu qui a donné ou reçu de l'argent en échange de marchandises est parfaitement en droit, juridiquement, de changer d'avis à tout moment et de dénoncer le marché ; il n'en est pas moins considéré comme malhonnête ; et l'on dit même, à son propos : « Celui qui a châtié les habitants de Sodome saura punir l'homme qui ne tient pas parole. »

Les règles de vente portaient également sur l'interprétation des accords ou contrats de vente. On avait pris acte du fait que ceux-ci pouvaient varier en fonction du lieu ou du moment ; mais on tenta de formuler des définitions globales sur certains points. Par exemple, qu'implique le fait de vendre ou de louer une maison ? Que transfère exactement le vendeur dans ce cas ? Qu'est-ce qui est inclus dans la vente d'un champ ?

Les modifications de l'environnement sont un élément important en matière de droit du travail dont les règles se préoccupent des ouvriers payés à l'heure ou à la journée, des artisans, des entrepreneurs, des preneurs à bail ou des locataires. Ces rapports sont régis par la loi du pays, mais on n'en a pas moins élaboré des règlements détaillés destinés à servir de repères et qui doivent être appliqués en cas de vide juridique ou lorsque la loi manque de clarté. Le droit du travail se fonde sur les énoncés de quelques principes généraux ; un des plus importants est celui du droit des travailleurs à cesser leur travail, droit fondé au départ sur une formule théologique reprise dans d'autres domaines. La Torah dit : « Car c'est à moi que les Israélites appartiennent comme esclaves » (Lévitique, 25:55) ; à partir de là, on déduisit qu'Israël ne peut être « l'esclave d'un esclave ». Dans ces conditions, un travailleur peut légitimement s'arrêter de travailler quand bon lui semble et son employeur ne peut le forcer à terminer l'ouvrage commencé. Mais, dans le même temps, nous constatons l'existence d'un équilibre intéressant entre cette notion et celle plus générale de justice. Un travailleur peut abandonner sa tâche, mais son employeur est en droit de lui réclamer des dommages. Et réciproquement, l'employeur qui embauche un ouvrier et ne lui fournit pas de travail est également tenu de lui verser des indemnités. Ce faisceau juridique qui donne à l'ouvrier le droit de grève mais l'empêche en fait d'y avoir recours crée une situation dans laquelle employeurs et employés n'ont d'autre choix que de négocier toutes les fois où conditions de travail ou de salaire sont modifiées ; si bien que les grèves « sauvages » ont peu de chances d'éclater.

Une autre loi du travail, également fondée sur les préceptes de la Torah, interdit le retard dans le règlement des salaires. L'employeur est tenu de payer son dû dans les heures qui suivent la réalisation de l'ouvrage. De plus, il est indiqué que c'est là un des rares cas dans lesquels le plaignant (c'est-à-dire l'ouvrier) peut prêter serment et recevoir la somme qu'il réclame si le moindre doute plane sur la question de savoir s'il a été payé.

Les contrats de travail à court terme ou le placement d'apprentis chez les artisans s'effectuaient généralement par simple accord verbal, sans grandes spécifications des conditions car l'on supposait que, dans ce cas, tout se faisait « conformément à l'usage du pays ». Nous ne trouvons à cette règle qu'une exception : celle du sage qui conseillait à son fils de prévoir avec ses employés lesquels des repas qu'il leur fournirait seraient considérés comme part de leur salaire ; car, en les nourrissant à des heures qu'il fixerait lui-même, il ne s'acquitterait pas de l'obligation d'hospitalité qu'il avait à leur égard en tant que « fils d'Abraham, d'Isaac et de Jacob ». Mais c'était là avis exceptionnel. Selon la *halakhah*, « la coutume du pays » prévaut toujours.

Pour les contrats de travail de longue durée et les locations de terrains à long terme, l'accord se faisait par écrit. Les lois sur les actes notariés soulevaient de nombreux problèmes halakhiques : entre autres la validité de l'engagement souscrit de payer une amende en cas de rupture du contrat. Dans certains accords, on prévoyait des sommes très importantes à payer si le contrat n'était pas honoré ; mais la valeur juridique d'un tel document était entachée de doute. Cette question nous ramène à la controverse talmudique fondamentale sur la *asmakhta*, engagement pris ou accord passé de payer une amende pour non respect du contrat lorsqu'il est évident que celui qui s'engage n'envisage pas du tout qu'il puisse devoir en arriver là. Les premiers sages pensaient, en général, qu'une telle garantie était dépourvue de toute valeur juridique et quiconque s'obstinait à extorquer le paiement de l'amende était considéré comme un voleur. La *asmakhta* est généralement citée dans les cas d'exigences financières exagérées portées dans des documents, dans la mesure où le signataire n'a pas l'intention de payer et est, au départ, convaincu qu'il n'aura jamais à le faire. Bref, les sages pensaient qu'une garantie non fondée sur une intention réelle n'était pas valide. Une amende indemnisant un individu pour le montant d'une perte réelle n'était pas considérée comme une *asmakhta* ; mais là encore, nous nous trouvons devant une riche variété d'opinions. A la lumière de la *asmakhta*, nous pouvons aussi comprendre pourquoi les sages considéraient toute forme de pari comme une sorte de brigandage, car le perdant dans un jeu de hasard part de la conviction qu'il va gagner et n'a pas sérieusement l'intention de payer.

La question des conditions particulières spécifiées dans un contrat n'est pas simplement un élément de la trame du droit civil ; elle entre aussi en compte dans la législation matrimoniale (mariage ou divorce soumis à certaines conditions) et dans d'autres lois. A la question de savoir quelles conditions sont illégales (selon certaines écoles, ce sont les amendes, ou bien la disposition particulière interdisant à une femme de se remarier après son divorce) vient s'ajouter le problème du lien entre ces conditions particulières et la teneur du contrat. Dans quel cas l'annulation des conditions rend-elle tout le contrat caduc ? Quelles conditions sont contraignantes sans être pour autant partie inséparable du contrat ? Certains contrats n'indiquent pas clairement à quel moment les conditions entrent en vigueur. Est-ce à l'application du contrat ou à sa signature ?

D'autres discussions portaient sur les dates de certains documents et contrats et sur la manière dont ils devraient être authentifiés par des témoins. Ainsi les sages opéraient-ils une distinction entre prêts consentis verbalement et prêts régis par un document paraphé par des témoins. Ces derniers sont un engagement public ; et, comme dans la plupart de ces documents figurait une *a'hrayout nekhassim*, (responsabilité par la propriété, c'est-à-dire que l'emprunteur hypothéquait tous ses biens), le prêteur était en droit, en cas de non remboursement, de prélever sur les biens de son débiteur une somme équivalente à l'impayé. Dans ce cas, l'hypothèque prenait effet à la rédaction du document et, si l'emprunteur vendait ses biens, le prêteur pouvait extorquer (*litrof*, littéralement déchirer une proie) le paiement à l'acheteur qui, à son tour, pouvait se retourner contre le vendeur. Toutes ces conditions valent pour les contrats écrits paraphés par des témoins. Les accords verbaux ou les documents non authentifiés par des témoins (écrits, par exemple, de la main de l'emprunteur) sont contraignants pour l'emprunteur mais ne sont pas tenus pour documents publics et l'acheteur ne peut alors être obligé de rembourser la dette.

Tout le monde est amené à prendre divers engagements dans le cours de son existence, tel le contrat de mariage ; se posait donc toujours la question de savoir comment diviser la propriété restante. Il y avait aussi des cas où l'on retrouvait des documents contradictoires rédigés le même jour. A Jérusalem, on avait coutume d'indiquer l'heure de la rédaction de l'acte ; mais cela n'était pas pratiqué ailleurs et des complications s'ensuivaient. Les sages se sont aussi penchés sur le problème des documents antédatés, lorsqu'il est clair qu'ils avaient été établis après la date indiquée ; dans ce cas, ils étaient automatiquement invalidés pour éviter que les deux parties ne se mettent d'accord en vue de gruger de futurs acquéreurs. Les documents postdatés étaient, par contre, acceptés, en dépit de l'irrégularité.

Les documents se divisaient en deux grandes catégories : les contrats simples, paraphés par les témoins et pour lesquels deux témoins suffisaient ; et un document spécial qui était tenu pour plus sûr, car il était plié de façon particulière, chaque témoin en signant chaque page. La *halakhah* relative aux documents juridiques est très étendue et complexe, avec des discussions sur la fiabilité des témoins, la probabilité des faux, etc. Les *gueonim* ont rédigé plusieurs ouvrages consacrés exclusivement à cette législation talmudique.

Les lois sur l'héritage relèvent du code civil. Ici encore, la législation trouve son inspiration dans la Torah et son élaboration dans le Talmud. Fondamentalement, les sages du Talmud jugeaient qu'un individu ne peut être autorisé à décider arbitrairement du partage de ses biens après sa mort ; la loi a toujours le pas sur la volonté du défunt. On pouvait échapper aux lois sur l'héritage en prenant des dispositions de son vivant et il existait plusieurs formules légales particulières qui le facilitaient. Mais les sages n'en pensaient pas moins qu'il était erroné de déshériter un fils au profit de l'autre, même si l'un était mauvais et l'autre bon. Les lois sur l'héritage donnent priorité aux descendants du défunt, les fils du mort et leur progéniture (y compris féminine) prenant rang avant ses filles. Si le défunt n'avait pas de descendance, ses biens devaient revenir à son père ou à son grand-père ; en l'absence de frères ou d'oncles, et selon la règle qui veut que « le père précède tous ses enfants », on remontait dans l'histoire familiale pour retrouver un homme auquel ses enfants survivaient. Dans la pratique cependant, les choses étaient loin d'être simples, car la *ketoubah* prévoyait certaines dispositions en faveur de l'épouse et de sa descendance.

Le code civil est bien plus détaillé et complet que ne le suggère ce bref survol ; et ses discussions sont, dans l'esprit général du Talmud, un mélange de solutions répondant à des problèmes pratiques, d'éclaircissements et de conjectures.

XX

LE CODE PÉNAL

Le Talmud n'opère pas de coupure nette entre droit pénal et droit civil, pas plus qu'il n'existe de distinction précise entre délit commis par un individu à l'encontre d'un autre et transgressions religieuses qui sont affaire « entre l'homme et Dieu ». Tous les domaines de l'activité juridique sont exclusivement perçus comme des aspects différents d'un même corpus d'enseignement. Néanmoins, on distingue les lois relatives aux conflits financiers de celles concernant les crimes et châtiments corporels. Dans la pratique, la vision de la nature du système juridique comme formant un tout ne s'applique pour ainsi dire qu'aux *halakhot* prescrivant des châtiments corporels.

Le système juridique ne constituait déjà plus un ensemble unitaire à l'époque de la Michnah et du Talmud ; et déjà à celle du Second Temple, il n'était pas en vigueur dans toutes les générations. Cette situation particulière était, dans une large mesure, une conséquence de l'autonomie interne dont jouissait le peuple juif, autonomie qui permettait même d'intenter des procédures particulièrement sévères à l'encontre de ceux qui violaient les lois mosaïques. De nombreuses communautés juives dans le monde bénéficiaient d'une autonomie comparable ; mais cette situation allait changer avec la suppression de la *semikhah* ; la loi juive ne pouvait plus primer. La *semikhah* était une cérémonie très ancienne au cours de laquelle un rabbin transmettait à son disciple son autorité judiciaire. La chaîne, commencée avec l'ordination de Josué par Moïse, s'est prolongée de génération en génération jusqu'au début du Moyen Age. A l'époque de la Michnah, nous connaissons au moins un cas où, dernier sage encore vivant à avoir reçu l'ordination, un vieillard vénérable défia l'interdiction romaine et ordonna, au prix de sa vie, cinq disciples afin de perpétuer la tradition juridique du judaïsme. Mais à partir de là, comme, selon la Torah, l'ordination ne pouvait être donnée qu'en Palestine et que les maîtres byzantins de la Palestine étaient devenus de plus en plus sévères dans leurs interdictions, la *semikhah* allait doucement disparaître. Une tentative ultérieure de la ressusciter fut un échec. Le fait que ce système juridique qui constituait un ensemble cohérent disparut assez tôt ne signifie nullement cependant que le peuple juif y renonça facilement ; les juifs s'efforcèrent de s'adapter à une situation dans laquelle il était provisoirement impossible de régler son existence en fonction d'un code juridique complet.

En droit civil, trois grandes institutions judiciaires fonctionnaient, dans une certaine mesure, côte à côte. Au sommet on trouvait un tribunal formé de trois juges ayant reçu l'ordination et compétents pour juger de cas de dommages et intérêts et autres litiges financiers. Au-dessous, un tribunal composé de trois laïcs (*hedyotot*), parfois choisis d'un commun accord par les deux adversaires, ceux-ci pouvant également choisir un juge chacun, le troisième étant appelé ensuite par les deux premiers. Les tribunaux laïcs étaient quelquefois des institutions d'arbitrage qui exigeaient des parties en conflit un engagement préalable d'accepter le compromis qui leur serait proposé. Mais il arrivait aussi que ce tribunal prenne ses décisions sans cet accord préalable ; et, même si les juges avaient été choisis par les adversaires, ceux-ci n'avaient pas le droit de récuser leur jugement. De plus, le système judiciaire juif n'étant pas hiérarchisé, il n'existait pas de cour d'appel. Si le tribunal des *hedyotot* avait commis une erreur, parce que ses membres n'étaient pas suffisamment familiarisés avec les *halakhot*, l'affaire était rejugée par le même tribunal ou par un autre. Si le jugement avait causé des dommages irréversibles, les juges étaient tenus d'indemniser la partie lésée ; ce qui n'était pas le cas pour le tribunal des experts juridiques, dispensés de tout dédommagement, même en cas d'erreur. Égale au tribunal des trois laïcs était la cour constituée d'un seul juge ayant reçu l'ordination et qui, dans certains cas, était habilité à juger seul. Cependant, une règle, morale plutôt que juridique, voulait que les juges ne siègent jamais seuls. Ainsi, même si le *dayan* expérimenté était de fait l'arbitre unique, il était d'usage de nommer deux autres juges, également expérimentés si possible, pour partager avec lui le fardeau de la responsabilité de la décision judiciaire. Le tribunal composé de trois experts était celui qui disposait de l'autorité la plus grande car, selon la *halakhah*, il était habilité à prononcer des sentences entraînant des châtiments corporels, mais il n'avait pas pouvoir de décider de l'exécution de ces peines.

Les crimes majeurs étaient du ressort d'un tribunal exceptionnel constitué de vingt-trois juges, le *Sanhedrei Ketana*, le Petit Sanhédrin. Tous ses membres devaient avoir reçu l'ordination ; d'autres dispositions respectives devaient être également respectées. Ainsi, comme les tribunaux avaient instruction de s'abstenir, dans toute la mesure du possible, de prononcer la peine capitale, on avait coutume de demander à tout juge dont on pensait qu'il ne pourrait adopter une attitude de stricte impartialité envers l'accusé de se retirer. Si, par exemple, des membres du tribunal avaient été témoins oculaires du crime, il leur était interdit de siéger à ce procès, car l'on partait du principe que leur colère porterait atteinte à leur capacité de rendre un jugement impartial. Les hommes sans enfants et les vieillards ne pouvaient pas non plus y siéger car, selon le Talmud, « ils n'ont pas le souci d'élever des enfants » et risquaient donc d'être plus portés à une application stricte de la loi plutôt que réceptifs aux motifs et aux sentiments de l'accusé.

Le tribunal des vingt-trois était habilité, dans la plupart des cas, à prononcer la peine de mort. Certains domaines pourtant lui échappaient en raison de leurs implications nationales. Dans ces cas, c'était le grand Sanhédrin qui s'érigeait en tribunal, formant une sorte de Cour suprême de soixante et onze membres siégeant en permanence dans la salle de la Pierre Taillée, dans l'enceinte du Temple. Seul ce tribunal pouvait juger un homme accusé d'être un faux prophète ou un sage accusé d'avoir transgressé la loi et d'avoir incité la population à agir en violation de la *halakhah*. Le Grand Sanhédrin jugeait des cas de crimes majeurs (passibles de la peine capitale) à l'encontre du Grand Prêtre et du roi. Contrairement au Petit Sanhédrin, le Grand Sanhédrin n'était pas uniquement une simple institution judiciaire, mais l'héritier du *bet din* de soixante-dix sages institué par Moïse lui-même. Ce grand tribunal était le lieu de l'autorité religieuse suprême ; il avait autorité pour déclarer la guerre, pour juger de la légalité des ordonnances émanant d'autres tribunaux ou institutions juridiques, et pour promulguer des actes nouveaux s'appliquant à toute la population. Il faut aussi se souvenir que le domaine de juridiction du Grand Sanhédrin dépassait les frontières de l'État juif. Son influence s'étendait sur le peuple juif dans son entier et c'était lui qui nommait les membres des tribunaux de vingt-trois juges siégeant dans toutes les grandes communautés juives.

Les règles de procédure des tribunaux juifs, telles qu'elles apparaissent dans le Talmud, sont très différentes des usages modernes. Les tribunaux traitant de justice civile étaient beaucoup plus souples qu'aujourd'hui, tant dans leurs modes de délibération que dans leur approche des dossiers ; mais ils étaient comme aujourd'hui régis par un système judiciaire précis. La plupart des sages du Talmud considéraient que tous les sujets abordés dans la Torah devaient être traités avec un souci égal d'exactitude et de minutie ; mais un respect total de cette règle aurait débouché sur des difficultés pratiques extrêmes et un temps précieux aurait été perdu pour de minces résultats. C'est pourquoi les tribunaux étaient habilités à procéder à des expropriations s'ils le jugeaient nécessaire à l'intérêt général et à traiter avec une certaine souplesse des lois en matière financière. Ces considérations valaient aussi, généralement, pour le châtiment du fouet (dont étaient passibles les individus ayant violé les interdits) et pour les crimes majeurs.

La première condition requise de la part des tribunaux s'appliquait aux preuves. Selon la Torah, un témoignage, pour être valide, doit être corroboré par deux témoins au moins. Ceux-ci doivent être des hommes majeurs, qui n'ont jamais été accusés dans le passé d'un délit criminel d'aucune sorte et qui ne sont ni parents ni alliés des parties en cause, des juges ou entre eux. Les tribunaux refusaient les témoignages écrits, tous les témoins devant, par principe, pouvoir être soumis à un contre-interrogatoire. Il est vrai qu'en matière de litiges financiers civils, il était possible de faire état de documents et que « des témoins ayant signé un document sont censés avoir vu leur témoignage accepté par le tribunal » ; mais cela ne valait pas en matière criminelle. Les restrictions s'appliquaient plus aux catégories de témoignages recevables par le tribunal qu'aux témoins eux-mêmes. Ces derniers devaient subir interrogatoire et contre-interrogatoire ; si des contradictions majeures apparaissaient dans leurs dépositions ou entre les divers témoignages, les dépositions dans leur ensemble étaient récusées. Dans certains cas, l'interrogatoire était si poussé que les témoins ne pouvaient y résister qu'en collant strictement aux faits et en admettant qu'ils pouvaient avoir oublié certains détails.

Une autre restriction importante tenait au degré de confiance que l'on pouvait accorder aux aveux d'un accusé. En justice civile, ceux-ci étaient acceptés comme tels sans supplément d'enquête et la sentence prononcée en conséquence. Cette attitude ne se fondait pas sur la conviction que l'accusé a dit la vérité mais que tout le monde a le droit de faire cadeau de son argent. Dans ces conditions, si l'accusé décide que l'accusation portée à son encontre est justifiée, il n'est pas du ressort du tribunal d'aller plus loin. Il n'en va pas de même en matière criminelle. L'idée halakhique de base est qu'un individu ne s'appartient pas seulement à lui-même ; de même qu'il lui est interdit d'infliger des dégradations physiques à autrui, il n'est pas en droit de s'en infliger à lui-même. C'est pourquoi il a été décidé que les aveux d'un accusé n'ont pas valeur légale et ne devraient pas être pris en compte. Cette règle, qui trouve en elle-même sa justification formelle, a permis aux tribunaux pendant des siècles et de façon très efficace de faire obstacle aux tentatives d'extorquer des aveux par la force ou la persuasion. Non seulement un individu ne peut être forcé de s'accuser par son propre témoignage, mais l'auto-accusation est dépourvue de sens et inacceptable par le tribunal.

L'étude du droit pénal approfondit notre compréhension du besoin incoercible d'atteindre la vérité absolue qui soustend tout le travail talmudique. Tout d'abord, les tribunaux récusent toute présomption circonstancielle même si aucune autre interprétation des faits n'est possible. Un exemple extrême de ce parti-pris de prudence nous est donné dans le Talmud : si des témoins voient un homme, épée à la main, poursuivre quelqu'un, et les deux individus entrer dans un immeuble, et si le poursuivant ressort de la maison avec une arme tachée de sang et que l'on trouve l'autre mort à l'intérieur, le poursuivant ne peut être condamné sur la foi des dépositions des témoins oculaires. Les témoins ne peuvent en effet attester que de ce qu'ils ont vu de leurs yeux ; et ni la logique, ni la théorie, ni la rumeur ne seront déclarées recevables par le tribunal. Les preuves concernant un crime ne sont valides que si les témoins ont réellement vu le crime se perpétrer.

La clarification des intentions de l'accusé joue également un rôle important. Selon la Torah, nul ne peut être condamné à une punition corporelle (fouet ou exécution) à moins d'avoir commis son délit avec préméditation. Comment prouver l'existence de celle-ci ? Dans la plupart des pays, le droit établit la préméditation en se fondant sur les actes et sur les préparatifs de l'accusé ; la loi juive récuse cette méthode et exige une preuve véritable de l'intention délictueuse. C'est là le but de la semonce (*hatra'ah*). Un homme ne saurait être condamné à mort si des témoins ne viennent non seulement attester les faits mais aussi déclarer que l'accusé avait été mis en garde, qu'il avait été prévenu avant de commettre son crime que l'acte qu'il allait perpétrer était interdit par la loi et qu'il encourrait la peine de mort. De plus, il ne suffisait pas que la semonce ait été faite oralement ; il fallait également vérifier que l'accusé l'avait enregistrée et acceptée en disant : « Je le sais et je le prends sur moi. » En l'absence de ces éléments, il était impossible de prouver l'intention maligne et donc de punir le criminel.

Un autre facteur contribuait à faire pencher la balance en faveur de l'accusé : c'était la pratique des tribunaux de prendre parti pour lui autant que faire se pouvait. Il fallait, pour déclarer l'accusé coupable, une majorité renforcée (treize voix contre dix), alors qu'une majorité simple suffisait à l'acquitter ; l'accusé était également acquitté si le tribunal ne parvenait pas à se prononcer. De plus, tout le monde avait le droit de plaider pour l'accusé devant le tribunal, mais seuls les membres du tribunal avaient le droit de citer l'accusé à comparaître. Un juge qui avait exprimé un avis favorable à l'accusé n'avait pas le droit de se rétracter, alors que le contraire était toujours possible. Il était, bien entendu, très difficile de satisfaire à toutes ces exigences restrictives. Et l'on disait, non sans justification, qu'un tribunal qui prononçait une peine capitale tous les sept ans était un « tribunal d'assassins ».

Ces restrictions très rigides ont amené les sages à se demander comment le respect de la loi pouvait être obtenu dans un pays où il était difficile d'infliger des peines sévères. Comment l'État pouvait-il empêcher l'exploitation de cette prudence excessive par divers criminels ? Cette question fut discutée dès la période du Second Temple et l'on trouva deux solutions pratiques. La première s'appuyait sur le pouvoir du roi. Selon la *halakhah*, le roi pouvait créer ses propres tribunaux destinés principalement à maintenir l'ordre public ; ces tribunaux n'étaient pas tenus à des restrictions aussi vigoureuses en matière de témoignages. Dotés de prérogatives plus larges, ils pouvaient garantir que des actes criminels ne seraient pas commis contre les citoyens et, dans le cas contraire, appliquer les châtiments adéquats. La seconde solution reposait sur le fait que les tribunaux religieux n'étaient pas des cours de justice au sens strict. Dans une certaine mesure, le *bet din* est une institution qui garantit que les affaires de l'État, de la ville ou de la région qui sont sous sa juridiction, fonctionnent normalement. C'est pourquoi les tribunaux pouvaient prendre des initiatives s'ils étaient convaincus que l'ordre public, la loi religieuse ou la morale étaient menacés. Siégeant en tant qu'institutions administratives plutôt qu'en tant que cours de justice, ils disposaient d'une autorité très large. Ils étaient habilités à percevoir des amendes mais aussi à prononcer de lourdes peines de prison, y compris la perpétuité (l'emprisonnement ne figure pas parmi les sanctions prévues à l'origine par le code mosaïque), ou la peine du fouet, selon leur appréciation. Le fouet, *makot mardout* (coups pour rébellion), était appliqué à ceux qui se rebellaient contre la Torah ou la violaient. Le tribunal était également habilité à appliquer la sanction la plus lourde, la peine de mort. Le *bet din* examinait donc certains problèmes non seulement sous l'angle de la culpabilité de l'accusé face à la loi mais aussi à la lumière de la maxime « Et tu chasseras le mal de ton entourage » appliquée à l'accusé. Dans le cadre de ces pouvoirs, les tribunaux pouvaient prononcer de lourdes sentences (qui « ne sont pas dans la Torah mais [qui] ne vont pas contre la Torah ») fixées non par le code mais en fonction des exigences de la situation. Ces pouvoirs ne se sont pas seulement exercés lorsque le Grand Sanhédrin existait mais aussi plus tard (en Espagne jusqu'au XIVe siècle selon toute apparence). La cour disposait aussi de l'arme du *'herem*, excommunication, à divers degrés (du *nidouï*, sanction relativement légère, à l'excommunication totale), qui a été utilisée jusqu'à l'époque contemporaine.

Les tribunaux, tels qu'ils nous sont décrits par le Talmud, avaient également leurs propres règles de procédure interne. Les membres du *bet din* des vingt-trois étaient assis en demi-cercle pour pouvoir se voir les uns les autres. A chacune des deux extrémités se tenaient les deux scribes du tribunal, enregistrant les déclarations des juges. Face à la Cour, trois rangées de sages répartis selon leur savoir ; lorsqu'il fallait ordonner un juge pour compléter le tribunal, celui-ci était choisi dans le premier rang des sages. Il pouvait arriver que ceux-ci fussent autorisés à prendre part aux débats et à exprimer leurs opinions personnelles ; mais jamais leurs votes n'étaient comptés dans le dernier pointage. Dans tous les tribunaux, l'interrogatoire des témoins se déroulait en public ; mais lorsque les juges délibéraient, il semble que l'on faisait sortir public, témoins et parties. Les disciples qui assistaient aux délibérations étaient prévenus qu'ils ne devraient pas, comme dans les séances fermées des académies, révéler quoi que ce soit de ce qu'ils auraient entendu. Même dans les procès civils, on ne révélait pas les avis des différents juges bien que les jugements pris à l'unanimité aient différé dans leur formulation de ceux rendus à la majorité. Des mesures disciplinaires graves étaient prises à l'encontre de ceux qui trahissaient le secret des sessions fermées. Le Talmud rapporte à ce propos que quelqu'un qui avait divulgué un événement qui s'était déroulé dans son académie vingt-deux ans auparavant en avait été banni pour toujours.

Les parties qui se présentaient devant les tribunaux religieux juifs n'avaient pas recours à des avocats pour plaider leur cause ; la notion de conseil légal, qui existait dans la loi grecque et romaine de cette époque, était mal vue car l'on partait du principe que les avocats déformaient la vérité en donnant des conseils malhonnêtes à leurs clients. Il arrivait parfois que l'on permette à un accusé de se faire représenter devant la Cour ; et quelquefois, un tuteur pouvait plaider la cause d'un orphelin. Mais, dans les affaires criminelles, personne n'était habilité à parler au nom d'une des parties. Le dossier d'accusation était fondé sur les dépositions des témoins du crime, qui n'avaient pas le droit de s'exprimer pour ou contre l'accusé et dont le rôle se limitait à une simple description de ce qu'ils avaient vu. Après la clarification des dépositions et le contre-interrogatoire des témoins par les membres du tribunal, il appartenait aux juges de peser l'importance et le degré de crédibilité des preuves apportées et d'examiner les aspects juridiques du cas. A ce moment, ils se séparaient et se prononçaient sur la condamnation ou l'acquittement selon leur vision personnelle de l'affaire. Dans les procès criminels en particulier, il incombait aux juges de rechercher ce qui pourrait jouer en faveur de l'accusé et d'accepter tout témoignage sérieux en sa faveur.

Les lois pénales et l'arsenal des châtiments étaient très vastes, même si l'on exclut les sanctions particulières qui n'étaient pas part intégrante du code mosaïque. Les suspects qui devaient attendre que la Cour ait statué sur leur cas restaient détenus pendant un certain laps de temps. Les tribunaux étaient mis en garde non seulement contre les erreurs judiciaires mais aussi contre tout *inouï din* (retard de justice), c'est-à-dire contre le fait de laisser un accusé attendre d'être fixé sur son sort. On demandait aux juges de rendre très rapidement leur sentence, en particulier lorsque l'accusé encourait la peine capitale. Par ailleurs, un individu qui avait provoqué des dommages physiques importants restait en prison jusqu'à ce que l'on sût si les blessures avaient entraîné la mort, auquel cas il était inculpé pour meurtre.

La sanction la plus courante était le fouet. La Torah prévoyait un nombre précis de coups de fouet (trente-neuf) pour toute personne ayant transgressé un commandement négatif (« Tu ne... pas »). Échappaient à cette disposition les délits financiers (vol, brigandage, etc.) ou les délits « qui n'impliquent pas d'action », c'est-à-dire dans lesquels une démarche physique n'est pas nécessaire : non seulement actes commis uniquement en pensée (comme la haine, qui est une faute grave, mais ne peut être jugée), mais aussi imprécations. Les crimes plus graves étaient plus sévèrement punis. Le fouet était appliqué par les huissiers du tribunal sous le contrôle de médecins qui indiquaient si le condamné pouvait supporter sa peine. Les sanctions pour les actes de rébellion étaient laissées à la discrétion du tribunal ; c'étaient parfois des coups de fouet, pour différents actes non prévus par la Torah, ou bien on obligeait l'accusé à exécuter la décision du tribunal : ainsi lorsqu'un homme refusait de divorcer de sa femme en dépit des injonctions explicites du *bet din*.

La *kipa* (prison à vie) était le lot des récidivistes et des accusés qui tentaient de tirer avantage de lacunes dans les lois en vigueur. Ainsi, lorsque le tribunal était convaincu qu'un homme avait commis un meurtre mais qu'il n'avait pas été suffisamment mis en garde quant aux conséquences éventuelles de son acte, il le condamnait à l'emprisonnement à perpétuité.

La Torah prévoyait une sanction particulière pour le meurtrier accidentel, le *rotsea'h bi-chegagah*. La définition juridique de la *chegagah* dans ce cas est la négligence ou le manque de précautions sans intention maligne. Le meurtrier était alors condamné à l'exil dans une des villes-refuges prévues à cet effet. Il ne pouvait rentrer chez lui qu'à la mort du Grand Prêtre.

Lorsqu'une peine de mort avait été prononcée, quatre modalités d'application étaient prévues, en fonction de la gravité du crime. La plus cruelle, la lapidation, était appliquée aux accusés reconnus coupables d'idolâtrie, de profanation du Chabbath et dans les cas les plus graves d'inceste, y compris le viol d'une fiancée. Les témoins qui avaient déposé contre l'accusé étaient chargés d'exécuter la sentence. Le condamné était jeté du haut d'une falaise et une lourde pierre précipitée sur lui. Dans ces conditions, il était rare que les témoins s'empressent de fournir au tribunal des preuves suffisantes. Les cas d'inceste moins graves étaient passibles du bûcher; les adultères étaient étranglés et les meurtriers décapités.

A cette législation pénale, il convient d'ajouter les lois particulières relatives à la légitime défense. La Torah exprime le principe fondamental que « celui qui vient pour te tuer, tue-le d'abord » ; de plus, tout individu a le droit de tuer quelqu'un qui est sur le point de commettre un crime (meurtre ou viol). L'obligation de mettre en garde ne joue pas en cas de légitime défense et aucune méthode particulière n'est préconisée. Mais on indique avec force qu'en cas de légitime défense, la violence utilisée ne doit pas excéder le minimum indispensable dicté par les circonstances. Quiconque tue son poursuivant alors qu'il aurait pu se sauver par un autre moyen peut être inculpé de meurtre. Les lois spécifiques relatives aux indicateurs de police sont une extension de la notion de légitime défense. Quiconque dénonce son prochain aux autorités étrangères, même si son témoignage se situe dans un litige civil, mais plus encore s'il s'agit d'une affaire pénale, se met lui-même hors la loi de ce fait et les membres de la communauté ont le droit, et même le devoir, de le tuer. Lorsque la peine de mort eut été abolie dans certaines communautés, elle demeura en vigueur dans le cas particulier des indicateurs.

Il est intéressant de noter que, dans l'Espagne médiévale, les tribunaux juifs jugeaient les délateurs juifs mais que la sentence était exécutée par les autorités espagnoles pour lesquelles l'indicateur avait pourtant travaillé. Les tribunaux maintinrent cette sévérité à l'encontre des délateurs tout au long des siècles ; récemment encore, des indicateurs ont été, en vertu de cette coutume, condamnés à mort par des tribunaux juifs clandestins en Russie soviétique et dans les pays occupés par les nazis.

XXI

LES SACRIFICES

Les lois sur les sacrifices occupent une large place dans la loi orale comme dans la loi écrite. La tradition prophétique condamne vigoureusement ceux pour qui l'offrande de sacrifices tient lieu de pénitence véritable; mais dans le même temps, les prophètes ne se sont jamais opposés aux sacrifices en soi et dénonçaient ceux qui gâchaient les sacrifices en choisissant des animaux imparfaits. A l'époque du Second Temple, les sages affirmaient que le monde reposait sur trois éléments : la Torah, le culte au Temple et la charité. Le rapport profondément émotif au rituel du Temple ne déclina pas avec sa destruction. Non seulement les juifs continuèrent de prier pour sa reconstruction et pour la restauration du culte et des sacrifices (dans la prière de *Chemoneh Esreh* et dans un passage de la prière de *Moussaf* prononcée les jours de fête) mais ils continuèrent aussi à discuter et à amender les règles de sacrifice. Malgré la grande distance géographique et historique, les sages de Babylone consacrèrent une très grande attention à ces règles, justifiant leur intérêt en ces termes : « celui qui s'adonne à l'étude des règles de sacrifice, c'est comme s'il avait lui-même offert un sacrifice ». Logiquement, le Talmud de Babylone consacre à ce sujet tout un ordre, l'ordre *Kodachim*.

Conformément à la règle générale du Talmud, nous n'y trouvons pas de tentative systématique d'expliquer le fondement idéologique du commandement d'offrir des sacrifices ; la question ne peut être comprise qu'à travers les allusions éparses dans le texte et les divers commentaires rédigés au fil des siècles. Il semble que les sacrifices reposent sur trois éléments fondamentaux : l'offrande, la substitution et le rapprochement. La notion d'offrande implique la renonciation par le fidèle à quelque chose qui lui appartient, qu'il offre au Créateur. A partir de là, « l'un peut donner beaucoup et l'autre moins, tant que leur cœur se dirige vers le Ciel ». Puisque ce n'est pas la qualité du sacrifice qui compte mais l'effort accompli par celui qui l'offre, la maigre offrande du pauvre peut avoir plus grande valeur que le somptueux sacrifice apporté par le riche. Autre notion fondamentale : la substitution, où l'animal sacrifié prend la place du donateur pour le sacrifice ou la mort. Le pécheur mériterait de mourir pour ses péchés, mais la Torah lui accorde la possibilité d'offrir un sacrifice à condition qu'il soit conscient que celui-ci représente symboliquement son propre sacrifice. Tout ce qui est fait à l'animal immolé aurait dû lui être infligé. Cette conception, implicite dans les *midrachim*, trouve son expression dans le récit du sacrifice d'Isaac où un bélier est placé sur l'autel et sacrifié à sa place. Les sages du Talmud parlent souvent de la « poussière d'Isaac » qui est la fondation de l'autel, en référence au bélier égorgé à la place du fils d'Abraham. Il est toujours souligné, à ce propos, que le sacrifice seul ne peut expier les péchés et ne peut être offert qu'après que le pécheur s'est repenti, soit en exprimant ses regrets et en s'engageant à ne plus pécher, dans le cas des offenses à la divinité, soit par la restitution des biens volés dans le cas d'offenses à son prochain. Un sacrifice expiatoire offert *après* l'acte de pénitence était tenu pour le plus profond et le plus fondamental des sacrements rituels. Offrir l'animal, verser son sang sur l'autel et brûler sa chair sont des cérémonies de communion avec Dieu, donnée encore plus évidente lorsque le sacrificateur mange une partie de la viande. A cet instant, le sacrificateur communie et ne fait qu'un avec Dieu. Les prêtres et ceux qui offraient des sacrifices participaient symboliquement à ce repas.

Les règles de sacrifice telles qu'elles apparaissent dans la Torah, et notamment dans le Lévitique, sont très détaillées et complexes, bien que non exhaustives. Il y avait sans nul doute une tradition sacerdotale extrêmement précise sur la manière de conduire chaque type de sacrifice, tant en ce qui concerne la cérémonie elle-même, que les défauts qui pourraient être trouvés sur l'animal offert. Les sacrifices étaient refusés lorsque l'animal était défectueux mais aussi lorsque la pensée ou l'intention étaient indignes et invalidaient l'offrande. Même à l'époque du Talmud, les lois sur les sacrifices étaient considérées comme complexes par excellence ; un sage dit à un de ses disciples : « Un problème aussi difficile appartient, par sa gravité, aux lois sur les sacrifices. » La complexité résulte non seulement des détails abondants et passablement contournés, mais aussi des théories intellectuelles qui sous-tendent fondamentalement ce type de règles. Contrairement au code civil, par exemple, qui est régi par une rationalité, les lois sur les sacrifices se fondent sur des traditions et des coutumes très anciennes qui n'ont pas d'explication *a priori*. A l'époque du Talmud, on soulignait que, contrairement à d'autres *halakhot*, les règles de sacrifice devraient être étudiées et analysées avec un grand luxe de précautions et que les modes d'études convenant à d'autres domaines ne s'appliquaient pas toujours à celui-là. Les sages faisaient référence à des exemples nombreux qui démontrent que des méthodes halakhiques qui s'étaient révélées opératoires et efficaces dans d'autres contextes ne pouvaient être reprises dans les discussions sur les lois de sacrifice car celles-ci constituent un monde en soi. Néanmoins, celui qui acquiert une certaine connaissance dans ce domaine commence à pouvoir discerner une logique particulière pouvant servir de base à un examen plus approfondi.

Les différents types de sacrifices, qui sont nombreux, sont classés par la *halakhah* en fonction de critères variés. Il y a une distinction tranchée entre sacrifices publics, offerts à des moments fixes (tel le sacrifice de *tamid* offert quotidiennement ou celui de *moussaf* offert seulement le Chabbath et les jours de fête), et sacrifices privés, qu'ils soient obligatoires, offerts par des individus en expiation de leurs péchés ou en signe de purification, ou qu'ils résultent de la libre initiative des uns ou des autres. Une autre distinction porte sur l'offrande de *zeva'h* (bœufs, moutons ou volaille) et celle de *min'hah* (céréales : farine, froment ou orge). De plus, les sacrifices sont classés en fonction de leur degré de sainteté qui est fixé par d'autres critères. C'est ainsi qu'on opère une distinction entre offrandes pour les péchés (comme le jour de Kippour) dont le sang était porté au Saint des Saints et autres sacrifices appelés « les plus saints des saints » qui étaient particulièrement sacrés et n'étaient consommés que dans la mesure où ils étaient permis aux prêtres du Temple, et les sacrifices de « sainteté moindre », qui formaient le gros du lot, et pouvaient être consommés par l'individu qui les offrait.

L'ordre *Kodachim* n'est pas exclusivement consacré aux sacrifices et à l'étude des imperfections des animaux sacrifiés ; il se préoccupe aussi des principes explicitant la nature des péchés qui exigent des victimes expiatoires. Il est une règle fondamentale qui ne connaît que peu d'exceptions et selon laquelle on ne saurait offrir un sacrifice pour un délit commis dans une intention maligne. Un tel acte doit être puni par l'homme, c'est-à-dire par un tribunal ; et c'est seulement si le tribunal est impuissant par manque de preuves que le pécheur est puni par le Tout-Puissant. Les sacrifices sont offerts uniquement pour racheter des délits involontaires ; les délits commis délibérément ne peuvent être expiés par la simple offrande d'un sacrifice. D'un autre côté, si un homme pèche par *oness* (c'est-à-dire parce qu'on l'y force ou par manque d'information), il n'est pas considéré comme responsable de son acte. Quand il pèche parce qu'il a transgressé un interdit par oubli, il doit un sacrifice. On suppose, dans ce cas, que, bien que personne ne porte la responsabilité d'erreurs d'inattention et que l'on ne puisse être jugé pour elles, l'oubli provient d'une déficience intérieure et exige expiation.

En plus des sacrifices, on apportait au Temple et aux prêtres de nombreux cadeaux. Certains de ces présents venaient des champs et n'ont presque pas de rapport avec le Temple lui-même ; ils sont relatifs, par le sujet et par la classification talmudique, à l'ordre *Zeraïm*. D'autres dons étaient apportés pour des raisons précises. A l'époque de Moïse, existait une contribution d'un demi-chekel pour l'entretien du Temple. Elle était expressément destinée à financer la construction du Tabernacle ; mais lorsque les exilés de Babylone revinrent en Palestine et bâtirent le Second Temple, on ressentit à nouveau le besoin d'une participation populaire régulière pour l'entretien du Temple ; on décida alors que chacun verserait une contribution fixe. Cette somme, que l'on continua d'appeler le demi-chekel bien que sa valeur ait varié, devint la source principale de financement des frais du Temple, couvrant les dépenses des sacrifices publics, la restauration des bâtiments ou l'achat des ustensiles et instruments utilisés dans le Temple. Finalement, donner son demi-chekel devint l'expression de la participation nationale au culte du Temple. Ces contributions étaient levées en Palestine mais aussi en Diaspora. Après la destruction du Temple, les autorités romaines forcèrent tous les juifs se trouvant dans leur aire de juridiction à continuer de payer cette somme transformée en impôt destiné à alimenter le trésor de Rome.

La participation au culte du Temple ne se limitait pas au domaine financier ; des aménagements furent prévus pour permettre au peuple d'y prendre une part convenable. En règle générale, tous les prêtres de Palestine n'étaient pas tenus d'assister aux cérémonies du Temple ; c'est pourquoi, dès l'époque du roi David, prêtres et lévites étaient divisés en vingt-quatre *michmarot* (tours de garde). Chaque garde passait une semaine tous les six mois à servir au Temple ; par ailleurs, tous les prêtres se rendaient au Temple pour les trois grandes fêtes de pèlerinage, occasions de grands rassemblements et de sacrifices massifs. Aux tours de garde sacerdotaux, les sages ajoutèrent des *ma'amadot* (positions), une division analogue des fidèles. Lorsque venait le tour d'une garde de monter vers Jérusalem, quelques membres de la « position » correspondante s'y rendaient également pour assister aux rites en tant que représentants de la population. Les membres de la « position », qui étaient restés chez eux consacraient cette semaine à des prières spéciales, à des jeûnes et à des réunions. Le culte devint ainsi l'affaire de la nation tout entière et la population avait le sentiment d'avoir envoyé ses propres représentants au Temple.

L'utilisation des sommes arrivant au Temple, soit par le biais des contributions obligatoires soit par celui de l'argent donné à la suite d'un vœu ou pour un autre motif, devait être surveillée ; il fallait pour cela non seulement des aménagements financiers solides mais aussi un comportement spécial à l'égard des fonds du Temple. Les *halakhot* de base sur ce point se trouvent dans la Torah où une amende (représentant un cinquième de plus que la valeur de base) et des sacrifices supplémentaires d'expiation sont exigés de la part de ceux qui tirent bénéfice de façon non intentionnelle des objets ou de l'argent affectés à des fins sacrées. Un traité entier du Talmud, *Me'ilah'* est consacré à la clarification des *halakhot* sur ce point : détermination du moment précis où les contributions financières prennent un caractère sacré, de celui où leur usage devient détournement, etc. Les fonds du Temple étant considérés comme sacrés (jusqu'à leur emploi pour le but qui leur avait été fixé), il n'y avait, normalement, aucune crainte de vol ou de pillage. D'ailleurs, certaines personnes marquaient quelquefois leurs cassettes personnelles de la marque du Temple afin de dissuader les voleurs.

Les fonds du Temple n'étaient pas destinés uniquement à des fins sacrificielles ; à l'époque du Premier Temple (et, dans une moindre mesure, à celle du Second), le trésor du Temple faisait office de trésor public. L'argent était généralement dépensé pour le culte quotidien dans le Temple et pour couvrir le salaire des fonctionnaires. Normalement, ceux-ci n'étaient pas payés sur les fonds publics, mais s'ils consacraient tout leur temps à leur tâche, ils recevaient une indemnité spéciale puisée dans le trésor du Temple. Les travaux de restauration du bâtiment étaient également financés par les contributions des fidèles et une certaine somme était dévolue à la construction de Jérusalem qui, ville sainte, était également considérée dans une certaine mesure comme sacrée. En temps de crise, lorsque l'on ne pouvait faire autrement, le trésor du Temple constituait aussi un fonds d'urgence, en particulier en l'absence de roi, lorsque le Grand Prêtre faisait également fonction de dirigeant politique.

Nous possédons des renseignements assez précis sur l'architecture du Temple, son fonctionnement et son rituel. Une partie de cette information nous est donnée par Flavius Josèphe, prêtre lui-même, qui décrit les aspects de la vie du Temple qui lui étaient familiers. Mais les sages de la Michnah ressentirent aussi le besoin de perpétuer des détails du culte dans le Temple ; ils ont consacré un court traité à la description du rituel et un autre à celle du bâtiment. Le Second Temple avait été construit à partir de deux modèles : d'un côté il rappelait la structure du Premier ; mais nombre de détails venaient du plan du Troisième Temple tel qu'Ezéchiel l'avait imaginé pour les jours où viendra la Rédemption. Le Second Temple fut construit à une période de très grande instabilité financière et politique ; et même lorsqu'il eut été réaménagé et agrandi par le roi Hérode qui en fit un des bâtiments les plus fameux de la région, on sentait que le temps n'était pas mûr pour construire le Temple selon les plans d'Ezéchiel.

Le schéma de base des trois modèles est assez similaire et reprend, dans une certaine mesure, la forme du Tabernacle construit par Moïse dans le désert. Le Mont Moryah, sur lequel se dressait le Temple, était généralement appelé *Har ha-Bayit*, Mont du Temple. Entouré d'un rempart, c'était une aire sacrée séparée, à l'image du « camp des Lévites » dans le Sinaï. A l'intérieur de ce rempart, se dressait une autre muraille enserrant une surface plus réduite, celle du Temple à proprement parler, qui comportait pour l'essentiel une grande cour et de nombreuses pièces utilisées à des fins diverses. C'étaient souvent des hangars ; certaines étaient réservées aux prêtres ou destinées à diverses tâches de préparation (par exemple celle de l'encens ou du pain consacré) ; d'autres encore abritaient les différents tribunaux qui siégeaient régulièrement au Temple, à commencer par le Grand Sanhédrin. La plus grande partie de la cour, appelée *azarah*, était réservée à la foule des fidèles qui venaient prier ou assister à la cérémonie de sacrifice. On l'appelait aussi *ezrat nachim* (cour des femmes) car hommes et femmes s'y tenaient ensemble. Une petite surface sur le devant était appelée *ezrat Israel* et était réservée à ceux qui apportaient des sacrifices. A l'intérieur se dressait le grand autel de sacrifice auquel les prêtres accédaient par une rampe. Sur le côté de l'autel étaient placés tous les instruments et ustensiles nécessaires aux cérémonies. A la limite ouest du Temple se trouvait un bâtiment de cinquante mètres de haut où étaient le *kodech* et le Saint des Saints. Dans le *kodech* étaient placés les ustensiles intérieurs du Temple : la table d'or pour le pain consacré, la *menorah* (chandelier à sept branches) et l'autel de l'encens. Sur le devant se trouvait le Saint des Saints. A l'époque du Premier Temple, on y avait placé l'Arche d'Alliance ; à celle du Second Temple, cette pièce était vide. Seul le Grand Prêtre était autorisé à pénétrer dans le Saint des

Saints le jour de Kippour, au point culminant de la cérémonie de ce jour solennel. Le Temple était orienté vers l'ouest, la direction la plus sainte, si bien que le Saint des Saints était à l'extrême limite occidentale du bâtiment. Le mur connu aujourd'hui sous le nom de Mur des Lamentations (ou Mur occidental) était alors le rempart ouest du Mont du Temple, celui qui se trouvait le plus près du Saint des Saints. L'orientation actuelle des synagogues ne correspond pas à ce modèle primitif; elle est déterminée par la direction de Jérusalem par rapport au lieu où elles sont construites.

Les tâches les plus importantes et les plus sacrées à l'intérieur du Temple étaient accomplies par le Grand Prêtre. Dans l'Antiquité, c'était une charge transmise de père en fils dans un nombre limité de familles sacerdotales, bien qu'aucune loi n'ait prévu un tel fonctionnement; des efforts furent entrepris ultérieurement pour garantir que la fonction reviendrait au prêtre le plus remarquable de son époque. Cette tradition fut partiellement remise en cause par les Hasmonéens qui, prêtres eux-mêmes, s'approprièrent cette position de prestige. Avec l'arrivée de la dynastie hérodienne et celle des procurateurs romains, la corruption s'infiltra dans le mode de choix des prêtres et la grande prêtrise fut parfois attribuée à des individus qui payaient des sommes considérables pour accéder à cet honneur. Le Grand Prêtre avait un double rôle : d'une part, il accomplissait les tâches les plus sacrées à l'intérieur du Temple; d'autre part, il était tenu de respecter les lois rituelles de pureté et d'ascétisme plus strictement que les autres prêtres. Mais surtout, son rôle majeur apparaissait le jour de Kippour lorsqu'il était seul responsable des rituels du Temple décrits avec une très grande précision dans le traité *Yoma* et dans d'autres textes. Comme il n'était pas possible de conduire les cérémonies de Kippour en l'absence du Grand Prêtre, on avait créé une fonction spéciale, celle d'adjoint au Grand Prêtre, qui était prêt à prendre sa place si celui-ci, pour une raison ou une autre, n'était pas en mesure de remplir sa charge. En plus de ses obligations rituelles, le Grand Prêtre était également le responsable suprême du Temple ; tous les fonctionnaires du Temple dépendaient de lui et étaient, semble-t-il, nommés par lui. Pendant l'occupation persane et à l'époque des Hasmonéens, le Grand Prêtre assuma, pour toutes sortes de raisons pratiques, la direction du pays.

Les activités ordinaires du Temple étaient supervisées par l'adjoint au Grand Prêtre qui était également responsable de l'ordre et de la discipline. Des fonctionnaires spéciaux choisis parmi les prêtres régissaient les détails des affaires du Temple ; chacun était responsable d'un domaine spécifique, dans un éventail qui allait des sacrifices aux soins médicaux. Les questions fiscales étaient du ressort d'un réseau complexe d'officiels dont la tâche était d'éviter les prévarications. C'étaient les *katoliki* (surveillants), les sept *amarkalim* (administrateurs) et les treize *guizbarim* (trésoriers), qui détenaient tous personnellement les clés du trésor (lequel ne pouvait être ouvert, cependant, qu'en présence de tous les treize). Une attention très stricte était portée au comportement des employés du Temple desquels on attendait une honnêteté scrupuleuse et une conduite irréprochable.

Il existait une certaine hiérarchie entre les prêtres : les chefs des tours de garde contrôlaient une garde entière ; les *rachei bet av*, chargés chacun de la fraction (un sixième) de la garde responsable d'un certain jour de la semaine ; les anciens, qui servaient aussi dans les tribunaux sacerdotaux spéciaux ; et les plus jeunes prêtres, qui faisaient leur apprentissage, et qui, avec les Lévites, constituaient la garde d'honneur permanente du Temple.

XXII

LES LOIS ALIMENTAIRES

Les lois alimentaires spécifiant nourritures interdites et licites relèvent de domaines extrêmement diversifiés. Un mets peut être interdit parce que la dîme n'a pas été prélevée sur lui, ou parce qu'il sert, directement ou indirectement, à des fins idolâtres ou bien parce qu'il a été volé. Il peut être prohibé parce qu'il est *'hamets* pendant la Pâque, parce qu'il appartient à une espèce considérée comme impure, parce qu'il n'a pas été préparé conformément aux prescriptions halakhiques et pour bien d'autres motifs encore.

A tous ces interdits, des caractéristiques halakhiques communes ; et il a fallu, pour la codification des lois alimentaires (*kachrout*), associer des éléments très divers pour parvenir à un ensemble cohérent. Pour résumer les choses en termes très généraux, on peut dire que les interdits se divisent en deux grandes catégories, normalement (mais pas obligatoirement) liées de près ou de loin à une prohibition première. Il y a des interdits généraux de consommation selon lesquels il n'est pas permis de consommer ou de tirer plaisir d'une certaine nourriture, d'en user de quelque manière que ce soit ou même de la vendre à un non-juif. Ces aliments sont irrécupérables et doivent être détruits. Il s'agit, par exemple, de tout ce qui est utilisé dans les cultes idolâtres ou du *'hamets* pendant la Pâque ; ils ne sont autorisés en aucune circonstance. Dans d'autres cas, l'interdit ne porte pas sur la jouissance, ce qui veut dire qu'il est permis de les toucher, mais non de les manger : sang, graisse abdominale, volailles cuisinées dans du lait. On peut les manipuler et même les vendre.

Dans leur nature et leur application, les interdits peuvent être divisés en trois catégories. Certains aliments sont interdits parce que la Torah a prohibé leur consommation et la jouissance que l'on peut en tirer : ainsi le porc ou le fruit d'un arbre qui n'a pas trois ans d'âge. D'autres le sont parce qu'ils n'ont pas été correctement préparés en vue de leur consommation : fruits sur lesquels on n'a pas prélevé la dîme ou bétail qui n'a pas été abattu conformément à la *halakhah*. Dans la troisième catégorie entrent les aliments interdits parce qu'ils conduisent à une transgression ou à une abomination, selon les termes du verset : « Tu ne mangeras d'aucune chose abominable. » (Deutéronome 14:3.)

La majorité des interdits de consommation, hormis ceux qui découlent de la nature même de l'aliment, n'ont pas de justification rationnelle ; et les sages n'ont pas essayé d'en fournir une. On a périodiquement avancé, au fil des siècles, des explications nombreuses et aussi peu vraisemblables les unes que les autres, notamment pseudo-médicales ; mais aucune ne se trouve dans la Michnah ou dans le Talmud. Les prohibitions s'appliquent aux animaux et aux végétaux, jamais aux minéraux, sauf celle de jouir des idoles. La plupart des interdits sur les végétaux sont liés aux lois de la Torah sur la Palestine, et leur étude est principalement regroupée dans l'ordre *Zeraïm* qui se préoccupe surtout d'agriculture ; ils ont rarement été appliqués en dehors de la Palestine. Il s'agissait d'interdictions sévères de consommer des fruits d'arbres n'ayant pas atteint leur quatrième année (*orlah*) et de certains types de *kilayim*, diverses sortes de graines semées ensemble. D'autres interdictions relèvent des lois de *chemitah* (année sabbatique) où la terre doit rester en friche et ses fruits laissés aux animaux des champs, ou de celles sur la dîme. En général, un produit dont le dixième n'avait pas été donné aux prêtres, aux Lévites ou aux pauvres, était strictement prohibé tant que la dîme n'avait pas été acquittée.

Les produits d'origine animale font l'objet d'un réseau serré d'interdits. Les invertébrés, à la seule exception de certaines sauterelles décrites dans la Torah, sont impropres à la consommation. Une seule communauté juive a maintenu cette tradition et mange parfois des sauterelles. Tous les reptiles sont, eux aussi, strictement prohibés.

La Torah fournit une énumération des moyens de distinguer poissons autorisés et poissons impurs : seul un poisson possédant à la fois nageoires et écailles est propre à la consommation ; les autres sont interdits. Cette division correspond en gros à la grande classification biologique en poissons osseux et cartilagineux ; l'interdit porte sur ces derniers. De nombreux poissons peuvent, d'un point de vue biologique, entrer dans les deux catégories, ce qui souleva des problèmes ardus. Le Talmud tenta de parvenir à des définitions plus précises et d'indiquer quelles écailles peuvent être prises en compte, où elles doivent être placées, etc. Mais certaines espèces de poissons ont fait, pendant des années, l'objet de controverses opposant entre elles diverses écoles de pensée ; et quand la communauté juive de Turquie se mit à débattre de cette question, la discussion déborda vers bien d'autres domaines, plus personnels.

Si la Torah offre une définition claire pour les poissons, les choses se compliquent avec les oiseaux. Elle donne une liste de plus d'une vingtaine d'espèces d'oiseaux impurs ; mais, à l'époque du Talmud, on ne savait plus comment les identifier. Pour plusieurs de ces espèces, les traditions vivantes s'étaient éteintes. Les sages tentèrent donc de mettre en lumière les caractéristiques biologiques susceptibles de les guider sur ce terrain en recherchant le commun dénominateur des espèces autorisées et en quoi elles se différenciaient des espèces interdites. Ils trouvèrent diverses caractéristiques extérieures, des différences anatomiques, des variations de comportement qui leur permirent d'élaborer quelques classifications biologiques naturelles. Mais il n'en restait pas moins beaucoup de cas particuliers et les sages avaient clairement conscience du fait qu'une solution parfaite était hors de leur portée. Dans ces conditions, ils interdirent la consommation des oiseaux qui ne figurent pas au nombre des volatiles reconnus comme purs par la tradition ; de cette manière, la consommation autorisée se limitait aux volailles domestiques et aux espèces très voisines.

La classification des mammifères est claire et sans équivoque. Selon la Torah, ne sont consommables que les animaux ruminants et dotés d'un sabot fendu ; ceux-ci constituent un groupe très différencié du point de vue biologique, comprenant bœufs, moutons, gazelles et béliers, mais aussi girafes et okapis. On remarque, dans les textes talmudiques, une émotion particulière quant à la consommation de porc. L'interdit du porc ne diffère en rien, dans sa nature, de celui qui frappe la consommation de la viande de cheval ou de chameau ; pourtant, le Talmud dit : « Maudit soit celui qui élève des porcs. » Cet accent particulier trouve vraisemblablement sa source dans un fait historique que nous ignorons. Il est possible que cette réaction très profonde soit le produit des tentatives faites par les Séleucides d'obliger les juifs à manger et à sacrifier des porcs ; il pourrait être aussi dû au fait que l'un des emblèmes courants des légions romaines, et notamment de celles qui se battirent en Palestine, était l'image d'un porc.

Aux lois générales interdisant de consommer certains animaux viennent s'ajouter les règles particulières qui définissent, chez les animaux autorisés, les morceaux impropres à la nourriture. Le sang fait l'objet d'une prohibition très importante. La Torah insiste sur le fait que « le sang c'est la vie, et tu ne dois pas absorber la vie avec la chair » (Deutéronome 12:23). Dans le cas des animaux à sang chaud, le sang est enlevé avant la consommation et la viande est rendue propre à la cuisson (« cachérisée », un terme qui, soit dit en passant, n'apparaît pas dans les textes) par la *meli'hah*, le salage, le sel faisant office de produit hygroscopique. On peut obtenir un résultat analogue en faisant griller la viande. Également interdit à la consommation est le *'helev* (lard ou suif de mouton ou de bœuf). De nombreux sages du Talmud se sont attardés sur ce point et ont cherché à opérer une distinction claire entre graisse permise et graisse interdite sur la base de différences anatomiques et physiologiques. Ces deux interdits se réfèrent indirectement aux règles de sacrifice : offerts sur l'autel dans tous les sacrifices, le sang et le *'helev* étaient donc mis de côté et interdits à la consommation. D'autres sages ne se sont pas satisfaits de cette explication et ont fourni la leur, sans rapport avec les sacrifices.

Un autre type d'interdit, s'appliquant également aux animaux à sang chaud, était celui de la consommation de chair animale qui avait été déchirée par les bêtes sauvages (*terefot*). Cet interdit est brièvement mentionné dans la Torah, mais, pour des raisons pratiques, les sages élargirent son champ d'application et discutèrent de ses aspects divers. L'interdiction de manger des charognes s'applique aux mammifères ou volatiles qui n'ont pas été égorgés selon les rites rendant leur viande propre à la consommation. Les lois de la *che'hitah* (abattage rituel) ne sont pas détaillées dans la Torah, mais leur existence est implicite dans le verset : « Tu pourras tuer, de la manière que je t'ai prescrite... » (Deutéronome 12:21.) Ces règles semblent être très anciennes, au point que les sages du Talmud ne parvenaient pas à tomber d'accord sur le sens de certains mots de base. Selon son sens originel et le plus communément admis, *terefah* désignait un animal qui avait été mutilé par des bêtes sauvages mais qui n'en était pas mort immédiatement. Les sages prirent le terme en son acception la plus large pour y inclure tous les animaux qui sont si malades ou qui ont été blessés si gravement, par d'autres animaux ou par l'homme, qu'ils ne s'en remettront pas. La Michnah et le commentaire talmudique sur ce sujet s'étendent longuement sur des cas spécifiques et posent plusieurs règles fondamentales de définition des catégories de *terefah*. La règle de base est que *kol che-ein kamoha 'hayah - terefah* (tout animal dont le semblable ne peut survivre est *terefah*). Ce qui obligea les sages à examiner, sous de nombreux aspects, l'anatomie et la physiologie des mammifères et des oiseaux afin de déterminer quelles tares rendaient l'animal *terefah*. Et l'on constate, à ce propos, que plusieurs sages ont effectué des expériences scientifiques sur les animaux douteux et que certains, pour les besoins de leur enseignement, se sont constitué des collections personnelles de *terefot*.

C'est la multiplication des problèmes soulevés par les lois de *terefot* qui a conduit à l'institution, au Moyen Age, de la fonction de *cho'het* (abatteur rituel). Celui-ci, pour pouvoir pratiquer sa profession, subit une formation très sérieuse : préparation des instruments, études des différents types de *terefah* et moyens de distinguer les déviances par rapport à la norme, qui rendent une viande impropre à la consommation ou celles qui, au contraire, peuvent être tenues pour négligeables. Ainsi, tandis qu'à l'époque du Talmud n'importe qui pouvait abattre les animaux, cette tâche devint plus tard l'apanage exclusif de spécialistes formés à cette fin ; dans de nombreuses communautés, le *cho'het* venait immédiatement après le rabbin en ordre d'importance. D'où aussi la coutume de donner aux sacrificateurs rituels des certificats spéciaux (*kabbalah*) attestant de leur savoir et de leur expertise. Dans certaines communautés, des femmes pouvaient remplir cette fonction.

Une autre interdiction touchant mammifères et oiseaux est celle de mélanger sang et lait. Le passage de la Bible où il est dit « tu ne feras point cuire un chevreau dans le lait de sa mère » (Exode 23:19) a été interprété très tôt, et en tout cas dès le milieu de l'époque du Second Temple, comme une interdiction de cuire toute chair animale dans du lait. Son champ d'application devait, au fil des siècles, s'élargir pour inclure, dès le temps des écoles d'Hillel et de Chammaï, les oiseaux. La crainte de violer cet interdit allait conduire à l'élaboration de diverses règles et coutumes destinées à distinguer plats de viande et de lait ; au point qu'on en vint à ne plus les servir au cours d'un même repas et qu'un certain laps de temps devait s'écouler entre l'absorption de lait et la consommation de viande et vice-versa. Les lois alimentaires ont fait naître des coutumes variées et un sage devait remarquer : « Je suis le fils indigne d'un père vertueux (littéralement : vinaigre fils de vin) : après avoir mangé de la viande, mon père n'aurait pas pris de lait avant vingt-quatre heures tandis que je m'en abstiens seulement d'un repas à l'autre. » La crainte de voir lait et viande cuire ensemble devait également amener l'introduction de vaisselles séparées pour les deux types d'aliments.

Les prohibitions relatives à l'alimentation sont en elles-mêmes si détaillées qu'elles rendent nécessaires interprétations en profondeur et études de ces détails ; dans bien des cas, celles-ci ne peuvent se faire dans l'abstrait et nécessitent expériences et démonstrations empiriques. Tout savant spécialisé dans les lois sur l'alimentation devait obligatoirement travailler pendant un certain temps dans un abattoir afin d'apprendre comment traiter les cas particuliers. Aux aspects techniques, viennent s'ajouter les problèmes de portée théorique. Ceux-ci apparaissent en cas de doute ou de mélanges de matières et débordent largement du champ limité de l'alimentation ; on les retrouve dans tout domaine halakhique traitant d'interdits. La question de départ est simple : nous savons qu'un certain objet est interdit pour une raison quelconque ; mais on ne sait pas bien quoi faire en cas de doute. Que décider face à un morceau de viande dont on ne connaît ni l'origine ni l'état exact ? Question qui peut être soulevée sous une autre forme plus complexe : que faire si un produit prohibé est mêlé à des produits licites ? Ici, le Talmud s'appuie sur une analogie avec le traitement à appliquer à un objet dangereux. Du point de vue halakhique, il est interdit de consommer un produit ou d'accomplir une action qui risquerait de mettre la vie en danger ; et le Talmud met en garde contre ces objets et ces actions. Lorsque l'on soupçonne l'existence d'un risque, les sages adoptent en général une attitude de rigueur et conseillent à leur lecteur d'éviter toute situation douteuse. Mais là interviennent des questionnements pratiques et les sages doivent prendre en compte le fait qu'un certain produit sera interdit ou dangereux selon certaines probabilités ou circonstances. Si un produit est mélangé à d'autres, la prohibition (ou le risque) doit-elle être considérée comme annulée à partir d'une certaine proportion, en prenant en compte le fait qu'une petite quantité ne peut être nocive ?

Ces questions ont amené les sages à élaborer une approche personnelle de la théorie des probabilités et à mettre au point une série de règles apportant une réponse aux différents types de problèmes. En discutant de la *halakhah* applicable en cas de doute, ils ont eu recours à diverses méthodes pour poser les questions. Le principe de base était que la majorité domine et c'est à cette théorie que l'on fait appel dans la plupart des cas. Mais il arrivait que la règle dût être plus détaillée ; dans certains domaines, une simple majorité, même petite, suffisait ; dans d'autres, en particulier sur des points d'importance grave, on exigeait une large majorité. Une autre question se posait que l'on retrouve aujourd'hui sous une autre forme en matière d'études statistiques. Si nous parlons de majorité et de minorité, en fonction de quel modèle, choisi selon quels critères, le faisons-nous ? Sur la base de quel échantillon allons-nous déterminer notre position ? Dès l'époque de la Michnah, on choisit comme modèle de solution applicable à tous les cas le traitement d'un problème classique. Supposons que dans un certain lieu plusieurs boutiques vendent de la viande ; la minorité vend du *terefah*, la majorité, de la viande rituellement pure ; si l'on trouve un quartier de viande dans les environs, doit-il être considéré comme cacher ou comme *terefah* ? Plusieurs paramètres doivent être pris en considération, telle la question de *rov o-karov* (majorité ou proximité). L'objet doit-il être examiné en fonction de ce qui se trouve le plus près de lui ou bien en fonction de l'état de la majorité des boutiques (ou des acheteurs) ? Également liée à la problématique du caractère hasardeux de l'échantillon, est la question du *kavou'a* : dans quelle mesure la majorité doit-elle prévaloir lorsque les éléments ne sont pas totalement indépendants les uns des autres et qu'un certain facteur peut remettre en cause l'homogénéité globale ? Sur ce point, les sages indiquent que lorsque l'on est sûr que l'échantillon n'est pas le fruit du simple hasard, la majorité statistique n'est plus digne de confiance et que le doute doit revenir à la sphère logique primaire de l'incertitude ou de la probabilité d'une chance sur deux.

Le problème des hybrides relève de la même catégorie. Si un objet interdit est mêlé à des objets autorisés, que faut-il prendre en compte ? Là encore, le principe général est que la majorité prévaut et que la minorité doit être considérée comme inexistante. Mais même dans ce cas, il convient de vérifier avec soin que le mélange est tel que l'on soit assuré que toutes ses parties révéleront la même majorité. C'est pourquoi l'on ne traite pas de la même manière mélanges liquides et solides. Parfois, on choisit le goût comme critère décisif et, toutes les fois où cela était possible, on se livrait à un examen pour savoir si le goût de l'objet défendu était ou non perceptible dans le mélange incriminé. Dans la pratique, les sages préconisaient de poser la question à un cuisinier spécialiste non juif. Dans certains cas, une majorité simple suffisait ; dans d'autres, il fallait que l'objet interdit fût réduit à néant dans une majorité bien plus grande, la proportion habituellement exigée étant de un pour soixante. Mais il arrivait que l'on exigeât un pourcentage encore plus réduit, de un pour cent ou moins encore. S'agissant d'un interdit particulièrement rigoureux, les sages n'acceptaient même pas la possibilité de la disparition dans la masse et disaient que « même à raison de un pour mille, il ne disparaît pas ». Ils étaient particulièrement sévères en matière d'interdits impliquant une limite de temps, interdits pour lesquels les règles de réduction à néant n'étaient pas fiables dans la mesure où intervenait un degré élevé d'incertitude.

C'est en raison de ces problèmes, et d'autres qui se sont posés, qu'une *halakhah* fondamentalement simple comme celle sur les lois alimentaires est devenue un inépuisable sujet d'étude. Dans la pratique, même des questions relativement aisées, telle la purification d'ustensiles dans lesquels des mets interdits ont été préparés, peuvent entraîner le sage dans une masse de questions, qui vont des problèmes halakhiques pratiques posés par la pénétration de proportions infinitésimales du produit interdit dans le matériau dont est fait l'ustensile en question (sujet pour lequel il était fait appel à des notions de physique et de chimie et où l'on introduisait des distinctions fondées sur la nature du matériau utilisé pour la fabrication de l'ustensile) jusqu'à la question de savoir pendant combien de temps un objet reste impur. S'il a subi une transformation par des processus divers, ne peut-on admettre qu'il a suffisamment changé de nature pour que l'on puisse dire qu'il n'est plus interdit ? Les sages s'appuient sur une longue suite de « raisonnements par défaut » où l'on peut supposer que l'objet interdit, non seulement n'est plus utile pour le *heter* (permis), mais a été si abîmé que la prohibition perd sa validité. Viennent alors les questions de la proportion des produits interdits et autorisés à l'intérieur d'un mélange, celle de la nature de l'objet interdit et la probabilité d'obtenir un mélange parfait ou non.

La *halakhah* des problèmes soulevés par les lois alimentaires est longuement exposée au traité *'Houlin* du Talmud, mais ses aspects théoriques plus larges, qui touchent de nombreux domaines halakhiques, apparaissent dans presque tous les traités et constituent un sujet d'étude complexe mais passionnant.

XXIII

PURETÉ ET IMPURETÉ RITUELLES

Les lois sur la pureté et l'impureté rituelles occupent un traité entier de la Michnah et, plus encore que les règles de sacrifice, elles constituent un ensemble autonome qui est peut-être le chapitre le plus obscur du Talmud. Bien que ces *halakhot* soient discutées dans divers passages du Talmud de Jérusalem et de celui de Babylone, il est à peu près certain qu'aucun commentaire entier n'a été rédigé à leur propos, traité *Nidah* mis à part, mais ce dernier répondait à un grand besoin pratique. Ce manque d'intérêt apparent s'explique par le fait que ces lois valaient essentiellement pour la Palestine et pour les époques où le Temple avait existé. En l'absence du Temple et des sacrifices, il n'y avait plus de raison d'observer les règles de pureté rituelle, et en un temps où les sacrifices n'étaient plus offerts, il était de toute façon impossible de respecter l'ensemble de ces *halakhot*.

Les lois sur la pureté sont, dans leur essence, un réseau complexe et unifié de règles liées les unes aux autres à l'intérieur d'une structure logique spécifique. Bien que la Torah leur ait consacré un très vaste espace, elle n'en donnait aucune explication. A l'époque de la Michnah, on racontait que Rabban Yo'hanan Ben Zakkaï était parvenu, par ses réponses empreintes de sagesse, à convaincre un non-juif de la valeur de ces lois ; mais ses disciples l'interpellèrent alors en ces termes : « Lui, tu l'as convaincu à peu de frais, mais à nous, que vas-tu dire ? » A cela Rabban Yo'hanan répondit que ces dispositions ne dérivaient pas de considérations rationnelles et qu'elles appartenaient à un de ces domaines dont le Saint, Béni soit-Il, avait dit : « J'ai promulgué des lois, décrété des décrets, et vous n'avez pas le droit d'y réfléchir. » En fait, cette législation est particulièrement compliquée et contient une pléthore de détails qui semblent avoir été déterminés par le hasard sans grand dessein logique.

Pourtant, la structure générale de ces *halakhot* peut être dégagée en s'appuyant sur quelques principes fondamentaux. Il convient de rappeler en premier lieu que les notions de pureté et d'impureté n'ont rien à voir avec la propreté ou l'hygiène. L'observance des lois de pureté peut, à certains égards, contribuer à l'hygiène ; mais celle-ci n'en est ni la raison d'être ni l'explication. Dans la conception générale, il semble que l'on puisse dessiner deux domaines : d'un côté, la vie, dont l'expression la plus complète se trouve dans toute chose relative à la sainteté (perçue comme étant la source de vie primordiale) ; et de l'autre, la mort et le vide, perçus comme l'opposé de la vie et de la sainteté. On peut dire, en termes très généraux, que ce qui est vivant et sain ne comporte pas d'impureté et que l'impureté augmente au fur et à mesure qu'un objet se rapproche de la mort. Donc, la chose la plus impure, « la cause suprême d'impureté » (*avi avot ha-touma*), pour reprendre la terminologie du Talmud, est un cadavre ; viennent ensuite les victimes de la lèpre, les *zavim* (atteints de gonorrhée), les charognes d'animaux et les reptiles. L'objet impur est habituellement impur non seulement par lui-même mais aussi parce qu'il transmet sa souillure aux objets qui entrent en contact avec lui. Plus grand est le degré de souillure, et plus grande la capacité à polluer d'autres objets de diverses manières. Le cadavre, par exemple, contamine tout ce qui entre en contact avec lui, et qui, à son tour, est lui-même si corrompu qu'il devient source de pollution. La souillure se transmet généralement par contact avec l'objet impur, mais il suffit parfois de demeurer sous le même toit ou de le transporter sans même le toucher.

Tous les objets ne sont pas susceptibles de contamination : plus est sensible la personne ou l'objet touchant la source polluante, et plus facilement ils risquent d'être infectés. Certaines nourritures ou boissons sont très facilement souillées ; les objets de bois ou de tissu sont légèrement moins perméables ; ceux en métal sont sensibles à certains types de pollution seulement ; et les êtres humains ne sont souillés que par un certain degré de pollution. Les animaux vivants, les plantes en train de pousser et les objets non terminés ne peuvent être souillés. Selon la *halakhah* qui a été légèrement modifiée par des décisions plus récentes, les lois sur l'impureté ne valent que pour les juifs. Les non-juifs ne sont pas sensibles à la pollution et ne peuvent la transmettre.

Il existe des formes variées de purification selon la nature de l'agent pollueur et celle de l'objet souillé. La céramique, par exemple, ne peut être nettoyée et doit être brisée tandis que d'autres ustensiles peuvent être purifiés selon des procédés analogues à ceux dont on use pour les êtres humains. Tous les types de purification ont un point commun : l'immersion dans l'eau.

Celle-ci doit se faire, selon la Torah, dans une source ou toute autre arrivée d'eau (*mikveh mayim*). Plus tard, cette expression fut raccourcie en *mikveh* et en vint à désigner un lieu où de l'eau avait été recueillie en quantité suffisante pour faire face aux besoins de la purification. L'individu souillé entre dans le *mikveh* et s'y immerge complètement, se lavant ainsi dans une certaine mesure de son impureté. L'immersion dans le *mikveh* n'est pas obligatoirement affaire de propreté ; la source de purification étant simplement une citerne naturelle, il était parfois nécessaire, dans l'Antiquité, d'utiliser l'eau stagnante se trouvant dans des grottes qui n'était pas toujours très salubre.

A partir de l'époque de la Michnah, on se mit à édifier des structures particulières, et des installations plus confortables furent mises à la disposition des baigneurs.

Même lorsque la plupart des lois de purification ne furent plus appliquées, le *mikveh* conserva son importance. Il était utilisé par les femmes pour se purifier de l'impureté rituelle de la menstruation ou de l'accouchement, et les hommes s'y purifiaient avant l'étude ou la prière. L'obligation de s'immerger n'était déjà plus contraignante pour les hommes à l'époque du Talmud. Bien que l'on attribue le décret d'immersion à Ezra, la pratique en fut abolie dans les faits. Plus tard, et surtout après le renforcement du courant cabbaliste dans le judaïsme, l'immersion reprit un certain sens en tant que moyen de purification spirituelle et elle demeure largement pratiquée aujourd'hui par les 'Hassidim.

En plus de l'immersion dans l'eau, qui est une composante de tous les rites de purification, il y avait des cérémonies particulières pour certains types de pollution. Le *zav*, le lépreux et la femme relevant de couches ne peuvent être totalement purifiés sans un sacrifice, non d'expiation mais de purification. La souillure par un mort (la plus grave, mais aussi la plus courante) ne pouvait être lavée que par une aspersion d'eau mêlée aux cendres d'une génisse rousse. Cette cérémonie de purification est décrite en grand détail dans la Torah, mais, s'agissant d'un acte d'une importance majeure et compte tenu de la difficulté de trouver une génisse rousse, la cérémonie d'holocauste de la dépouille de la génisse n'a été accomplie, selon la Michnah, que huit fois dans tout le cours de l'histoire juive. Cette cérémonie fut assortie, au fil des siècles, de restrictions et de conditions particulières destinées à mettre l'accent sur la profondeur exceptionnelle de sa signification. A l'époque du Temple, la dépouille de la génisse était brûlée sur le mont des Oliviers en face du Temple ; c'est là une des raisons pour lesquelles ce lieu est tenu pour sacré ; un pont spécial reliait le mont du Temple au mont des Oliviers pour éviter toute pollution possible en chemin. Les cendres de la génisse rousse (ou plutôt les cendres de toutes les génisses, car, selon ce que rapporte la tradition, il restait encore à la fin du Second Temple des cendres très anciennes) étaient soigneusement conservées et utilisées pour la purification de ceux qui avaient été souillés par le contact avec un mort. Longtemps après la destruction du Temple — trois cents ans, selon certains — ces cendres existaient encore et étaient employées pour cette cérémonie. Lorsqu'il n'en resta plus, il devint impossible de purifier ceux qui avaient été souillés ; il n'y avait donc plus de raison logique de continuer à observer les lois sur la purification. A partir du Moyen Age, on considéra que « nous sommes tous souillés par les morts », directement ou indirectement, si bien qu'il n'était plus possible de respecter les lois.

Normalement, les règles de purification rituelle s'appliquent uniquement en relation directe avec les sacrifices et les objets sacrés. La loi religieuse n'exige pas de quelqu'un qu'il soit pur, à l'exception des *kohanim* (membre de la tribu sacerdotale) à qui le contact avec des cadavres est interdit. Cette prohibition est toujours en vigueur et les descendants des clans sacerdotaux n'ont pas le droit de manipuler un cadavre à moins — ainsi que l'indique la Torah — qu'il ne s'agisse d'un proche parent ou encore d'un *met mitsvah* (un homme trouvé mort au bord d'une route et qui n'a personne pour l'enterrer). Aucun individu souillé ne pouvait pénétrer dans l'enceinte du Temple ou participer au culte ; celui qui violait cette règle était passible de sanctions graves. Les prêtres ne pouvaient consommer aucun des dons faits au Temple s'il n'était pas parfaitement pur. Il est donc évident qu'à l'époque du Temple, tout individu apportant un sacrifice ou entrant dans le Temple en pèlerinage était tenu de se purifier préalablement. Les prêtres et les membres de leurs familles devaient également se purifier pour avoir le droit de consommer les offrandes. L'heure à laquelle les prêtres mangeaient leurs offrandes après s'être immergés et purifiés était si régulière qu'elle servait de repère dans la journée.

Bien que la majorité des membres de la communauté n'ait pas été tenue de se maintenir en état de pureté, il en était parmi eux qui observaient néanmoins les règles de purification rituelle dans la perspective de vivre des vies plus pleines, car la purification était perçue comme un état de perfection. On retrouvait parmi eux quelques individus qui respectaient si strictement les lois qu'ils ne mangeaient que des aliments reconnus suffisamment purs pour être consommés par les prêtres ; nombreux aussi étaient ceux qui « mangeaient des *'houlin* (nourritures ordinaires) conformément aux règles de pureté ». Ils étaient apparemment assez nombreux et créèrent leur propre mouvement socio-religieux, celui des *'haverim* (les camarades). Les groupes de *'haverim*, qui élaborèrent des cérémonies spécifiques d'initiation, étaient très divers dans leur composition ; la plupart des disciples des sages en faisaient apparemment partie, à un moment ou à un autre, bien que seuls les directeurs d'académie aient pu en être membres sans passer par une cérémonie spéciale. Les femmes étaient également admises, et l'on avait spécifié que « l'épouse d'un *'haver* était elle-même *'haver* ». Les sectes esséniennes étaient, semble-t-il, très liées aux *'haverim* mais tendaient vers l'ascétisme, ce qui n'était pas le cas de la majorité des *'haverim*.

Après la disparition des cendres de la génisse rousse, il ne fut plus possible d'obéir pleinement aux commandements de purification et ceux-ci furent abolis pour des raisons pratiques. Pourtant, deux règles demeurèrent applicables : celles liées à la pollution féminine par la *nidah* (menstruation et accouchement) et les lois relatives à la souillure et à la purification des prêtres. L'impureté de la *nidah* a des conséquences sur les relations conjugales, car les rapports sexuels sont interdits tant que la femme reste impure. A partir de l'époque de la Michnah, la plupart des *mikvaot* ont été consacrées à ce type de purification. On ne sera donc pas surpris que *Nidah* soit le seul traité de l'ordre *Toharot* auquel le Talmud de Jérusalem et celui de Babylone consacrent des commentaires.

L'interdit sur la souillure des prêtres par le contact avec les morts a survécu lui aussi. Et là encore, c'est pour une raison spécifique. Aujourd'hui comme hier, les *kohanim* sont souillés, comme le reste d'Israël, par le contact avec les morts, directement ou par l'intermédiaire d'autres personnes. Mais l'interdit de la Torah porte non sur la personne du prêtre, mais sur ses actions ; c'est pourquoi la loi continua d'être respectée y compris après la disparition, dans la pratique, des lois de purification.

XXIV

ÉTHIQUE ET *HALAKHAH*

La *halakhah* est de nature juridique ; mais, par sa structure, elle comporte des éléments d'éthique et une certaine conception du monde et de la vie. Par sa composition générale et son caractère inflexible, elle se rapproche d'autres codes juridiques qui ne peuvent être adaptés à toute éventualité ou circonstance nouvelle.

S'interrogeant sur le point de savoir pourquoi le Second Temple a été détruit alors que la population de cette époque vivait une vie irréprochable et étudiait la Torah, le Talmud note avec amertume que « Jérusalem fut détruite uniquement parce qu'on y suivait scrupuleusement la loi de la Torah ». Cette formule embarrassante est complexe : le peuple de Jérusalem a été puni parce qu'il ne jugeait qu'en stricte conformité avec les lois de la Torah et ne prônait pas l'indulgence. Ce qui veut dire que, bien que les lois existantes pèsent sur tout un chacun, il y a des raisons d'atténuer, dans certains cas, leur rigueur par l'application de la miséricorde. Si ceux qui ont pouvoir de prononcer des jugements n'agissent pas avec mesure, leur comportement annonce l'approche de la destruction. Ainsi, la loi — et particulièrement les mesures réglant les rapports de l'individu avec son prochain — n'est rien d'autre qu'un cadre extérieur contenant d'autres cadres qui, eux aussi, doivent être pris en considération. La notion de justice, si importante dans le judaïsme, ne perd pas de sa force ; mais d'autres facteurs entrent en compte qui allègent la dureté de la loi.

Le droit juif est aussi fondé sur l'injonction de la Torah : « Tu ne favoriseras pas la cause du pauvre » qui interdit la perversion de la justice, même s'il s'agit d'aider un pauvre. Le fait même qu'une telle injonction, unique dans les annales du droit, existe prouve que la tendance à s'incliner devant les pauvres était si prononcée qu'il convenait de mettre la population en garde. La Torah indique au juge intègre quelle conduite adopter lorsqu'il se trouve devant le cas d'un pauvre face à un riche. Il doit juger conformément à la loi et parfois obliger le pauvre à régler sa dette ; mais il doit alors dédommager le pauvre sur sa propre bourse. Cette règle de clémence — *li-fnim mi-chourat ha-din*, littéralement « à l'intérieur de la limite de la loi » — n'est pas universellement applicable ; mais c'est une sorte de code interne, respecté par tous ceux qui aspirent à accéder à des degrés spirituels supérieurs. Il convient de souligner que ce code ne sous-entend pas que la frontière entre le bien et le mal doive être ignorée ou effacée, mais simplement que la miséricorde et l'oubli de soi-même doivent être exercés. D'une façon générale, il semble que ce domaine de la *halakhah* éthique ait été appelé *michnat 'hassidim* ; dans l'ordre *Nezikin*, le traité *Avot* (Éthique des Pères) est parfois désigné sous cette appellation. *Avot* est l'illustration vivante d'un enseignement éthique qui dépasse la simple moralisation et qui se trouve dans l'ouvrage juridique par excellence, la Michnah elle-même. Les commandements exposés dans cet ouvrage ne s'appliquent pas à tout le monde, contrairement au code juridique général, mais elles ont valeur pour ceux qui souhaitent accéder, au-delà de la *halakhah*, au cercle intérieur, au domaine qui est « à l'intérieur de la loi ».

Pour le Talmud, un *'hassid* est un homme qui agit et se comporte « à l'intérieur de la loi ». On peut illustrer cela par un récit rapporté par le Talmud à la suite d'une discussion portant sur la *halakhah* qui traite de la responsabilité des ouvriers et des artisans par rapport à un bien sur lequel ils ont travaillé. Le débat est résumé par une déclaration selon laquelle dans tous les cas de négligence dommageable imputable à des ouvriers, ceux-ci doivent indemniser le propriétaire. C'est à ce moment que l'on raconte qu'un sage avait engagé des manutentionnaires pour transporter des amphores de vin d'un lieu à un autre. Les ouvriers firent montre de négligence et brisèrent les amphores ; le propriétaire agit conformément à la loi en s'emparant de leurs vêtements pour s'assurer qu'ils régleraient les dommages. Les ouvriers vinrent se plaindre auprès du grand *amora* Rav lequel ordonna au sage, qui était son disciple et membre de sa famille, de rendre les vêtements. Le sage se soumit au jugement mais demanda à Rav : « Est-ce là la loi ? » A quoi Rav répondit : « Oui, car il est dit : "tu marcheras dans le sentier de la vertu". » Les ouvriers se plaignirent alors à Rav de ce qu'ils étaient de pauvres gens, de ce qu'ils avaient travaillé tout le jour et de ce qu'ils n'étaient pas payés de leur peine. Rav ordonna alors à son disciple de leur régler leurs gages ; à nouveau le disciple lui demanda si c'était là la loi. « Oui », lui répondit Rav, « car il est dit : "Il protégera les chemins du juste". » Ce dialogue doit évidemment être interprété comme une indication du rabbin à son disciple mettant en évidence que pour un homme de son envergure, qui peut se permettre un manque à gagner et qui aspire à faire plus que ce qui est dicté par un code légal inflexible, la *michnat 'hassidim* n'est pas seulement un libre choix, mais un devoir.

Certaines lois du code civil sont relatives à la question de la responsabilité morale dans les cas où un individu « est exempté des lois terrestres mais soumis au jugement de Dieu », c'est-à-dire lorsque l'auteur d'un préjudice ne porte pas de responsabilité légale qui puisse être appliquée par un tribunal mais est moralement tenu d'indemniser sa victime. Les lois sur les dommages comportent tant d'injonctions morales qu'un sage dit un jour que quiconque voulait se comporter avec piété pouvait le faire simplement en se bornant à appliquer les règles exposées à ce propos.

Les tensions qui jouent à l'intérieur et au-delà du domaine du droit trouvent une expression profonde dans la vision fondamentale des lois de priorité et de préséance. Dans de nombreux domaines, il est fixé que lorsqu'il y a conflit entre deux obligations comparables, certaines personnes doivent avoir la préférence par rapport à d'autres. La norme légale est la suivante : « Ce qui est à toi a la priorité sur ce qui est à quiconque » ; en d'autres termes, personne n'est tenu de subir un préjudice pour aider un ami. Si la restitution d'un objet perdu implique perte de temps et d'argent de la part de celui qui l'a trouvé, il n'est pas tenu d'accomplir ce devoir. Ce qu'implique plus largement cette règle, c'est que, lorsqu'il y a conflit d'intérêt, c'est « ta propre vie qui a préséance ». Là encore, le lecteur est mis en garde contre une application trop stricte de la règle et des avis divers s'expriment quant aux obligations de différentes catégories de gens. Un comportement considéré comme légal et juste de la part d'un homme du commun n'est pas acceptable chez un homme d'un niveau plus élevé. Une maxime talmudique reflétant cet état d'esprit juge les hommes en fonction de leur rapport à la propriété : « Celui qui dit : "ce qui est à toi est à moi et ce qui est à moi est à moi" est un méchant ; celui qui dit "ce qui est à toi est à toi et ce qui est à moi est à toi" est un homme pieux ; celui qui dit : "ce qui est à moi est à moi et ce qui est à toi est à toi" est dans la moyenne ; mais selon certains c'est là une règle digne de Sodome (= cruelle). » Il y a donc une tension entre l'opinion conforme à la loi (« ce qui est à moi est à moi et ce qui est à toi est à toi ») et une adhésion aveugle à la lettre de la loi en toutes circonstances qui est alors une « loi de Sodome ».

Selon une tradition aggadique, Sodome n'était pas forcément le centre d'une corruption sauvage et totale, mais un lieu où la législation était mauvaise parce qu'elle était un mélange de cruauté et de respect excessif de la lettre du droit. Si un homme rétracte une garantie orale et reprend sa parole, aucun tribunal ne peut le forcer à remplir sa promesse ; mais alors il est maudit : « Celui qui a châtié les habitants de Sodome saura punir l'homme qui ne tient pas parole. » Et, d'une façon générale, quiconque insiste sur son droit légal pour priver quelqu'un d'autre d'une jouissance alors que lui-même ne perd rien est accusé de *midat Sdom* (comportement digne de Sodome).

Les tribunaux étaient même connus pour intervenir et aider ceux qui se trouvaient privés d'un avantage, alors que celui qui tenait à toute force à exercer ses droits légaux n'y gagnait pas forcément quelque chose. Parfois, le tribunal imposait le paiement ; dans d'autres cas, il humiliait publiquement l'homme qui agissait avec une telle dureté. Il pouvait aussi arriver que le tribunal fût plus sévère envers des personnes contre lesquelles des plaintes d'ordre moral étaient portées ; quelqu'un qui s'était mal conduit envers autrui en se fondant sur des exigences légales recevait souvent la monnaie de sa pièce de la part du tribunal qui exerçait la plénitude de ses prérogatives et le punissait en vertu de certaines lois rigoureuses qui n'étaient normalement pas en vigueur.

La conduite à adopter par une personne qui se trouvait dans une situation telle qu'elle ne pouvait elle-même se tirer d'un danger sans abandonner quelqu'un d'autre à son sort posait un dilemme difficile et moralement douloureux. Un des exemples cités à ce propos était celui d'un groupe menacé d'exécution collective si ses membres ne dénonçaient pas quelqu'un se trouvant parmi eux. Dans une telle situation, la *halakhah* considère que le groupe tout entier doit se sacrifier pour ne pas abandonner un des siens. Le seul cas dans lequel la dénonciation est permise est celui où la personne réclamée est bien identifiée et est effectivement un criminel recherché. Mais même là, les choses ne sont pas tranchées, et la décision morale n'est pas toujours univoque. Les sages font état d'un cas où un homme, accusé d'avoir tué une princesse romaine, s'échappa et se cacha dans une communauté. Lorsque les autorités connurent sa présence dans ce groupe, elles menacèrent de mettre toute la population à mort si le criminel recherché ne leur était pas livré. Lorsqu'il fut évident que la communauté était réellement menacée, le sage local alla voir le fugitif et le persuada de se rendre. Mais, nous dit-on, le prophète Élie, qui avait coutume d'apparaître quotidiennement à ce sage, cessa de venir à lui. Lorsque le sage pria et jeûna dans l'espoir qu'Élie reviendrait, le prophète lui parla et lui dit qu'il ne reviendrait jamais, car il était responsable de la mort du fugitif. Le sage protesta : « Mais c'est ton enseignement » (c'est-à-dire cela est permis par les règles de la Michnah) ; à quoi Élie rétorqua : « Mais est-ce là *Michnat 'hassidim* ? » En d'autres termes, un grand homme a des obligations plus hautes que celles qui pèsent sur le commun des mortels.

Un problème analogue se pose dans un autre exemple fameux cité par les sages. Deux hommes voyagent dans le désert ; l'un a suffisamment d'eau pour pouvoir atteindre une contrée habitée. S'ils se partagent l'eau, ils mourront tous les deux. Que faire ? Les sages de la Michnah ont longuement discuté cette question ; la conclusion qui fut acceptée en tant que *halakhah* était que celui qui avait de l'eau devait la garder pour lui et sauver sa vie, conformément au principe selon lequel « sa propre vie a préséance ». On soulignait toutefois que cette conclusion halakhique n'était valable que pour le commun du peuple. Des sages devraient partager l'eau, tout en étant conscients du fait qu'un tel choix signifiait la mort.

Ces questions fondamentales, dont on a quelquefois dit qu'elles portaient sur le rapport entre « vérité » et « justice », n'étaient jamais résolues facilement. Devait-on préférer la justice (qui est la vérité) au compromis (qui apporte la paix), ou bien la vérité absolue est-elle toujours hors de portée ? Quelques sages considéraient que la notion de compromis était opposée à l'idée de justice et qu'aucun juge ne devrait même proposer de compromis aux adversaires qui se présentaient à lui ; d'autres pensaient qu'un compromis valait mieux qu'une décision, aussi juste soit-elle, qui aurait été désavantageuse pour l'une des parties. La conclusion halakhique sur ce point est à peu près la suivante : le juge devrait proposer un compromis avant d'entendre les arguments des adversaires ou lorsqu'il ne parvenait pas à se faire une idée claire de la justesse de leurs arguments ; mais il ne devait pas proposer de compromis lorsqu'il lui apparaissait clairement que l'une des parties avait entièrement tort. La question de « justice » face à « paix » se pose aussi dans la contradiction qui oppose stricte interdiction du mensonge d'un côté, au commandement d'éviter de faire de la peine de l'autre. C'est là un problème de portée métaphysique. Les sages disent que « la vérité est le sceau du Saint Béni-soit-Il » mais ils déclarent également que « le nom de Dieu est paix ». Et de fait, ils permettent explicitement de « travestir pour le bien de la paix », c'est-à-dire de proférer un mensonge s'il apparaît que de cette manière les adversaires peuvent être réconciliés ou une souffrance évitée.

La solution globale du conflit entre loi et considérations morales personnelles s'exprime de la façon suivante : un homme peut aller aussi loin que *chourat ha-din* (la limite de la loi) dans ses exigences vis-à-vis des autres ; dans son comportement à l'égard d'autrui, il doit agir « à l'intérieur de la loi ». A ces dispositions halakhiques, il faut ajouter une notion bien connue en droit civil et dans les relations interpersonnelles : celle de l'homme qui se conduit avec indulgence. Il est dit d'un tel homme que Dieu lui pardonnera tous ses péchés en récompense de sa conduite. L'homme idéal est ainsi dépeint : « Ceux qui sont insultés mais n'insultent pas, à qui l'on fait honte mais ne répliquent pas, qui agissent par amour et se réjouissent dans la souffrance, c'est pour eux qu'il est écrit : "Et ceux qui L'aiment seront comme le soleil dans sa splendeur." »

XXV

DEREKH ERETZ (SAVOIR-VIVRE ET BONNE CONDUITE)

L'expression *derekh eretz* est utilisée par le Talmud sous des sens divers. Il s'agit, en premier lieu et littéralement, de « la manière du monde », c'est-à-dire de la manière dont les gens se conduisent, du comportement tenu pour convenable. Cette notion ne figure pas dans un code halakhique déterminé et, bien que décrites dans le détail dans le Talmud, les *halakhot* relatives à ce sujet ne sont pas contraignantes. Plutôt que comme une loi, le *derekh eretz* est considéré comme le fondement de tout progrès possible. Les règles peuvent changer selon les lieux et selon les époques, mais un individu est généralement censé calquer son comportement sur la coutume dominante. Le *derekh eretz* est exigé de tous les individus. Bien que les sages déplorent l'existence d'ignorants, ils acceptent l'idée qu'un ignorant puisse savoir bien se conduire même s'il est dépourvu d'éducation formelle ; par contre, « qui ne connaît ni la Michnah, ni la Bible, ni le *derekh eretz* n'est pas un homme civilisé ». En d'autres termes, ceux qui ne se conforment pas aux bonnes manières se mettent eux-mêmes à l'index. On allait jusqu'à dire qu'ils devaient être récusés comme témoins.

L'exigence de *derekh eretz* imposée à chaque individu s'exprimait encore plus nettement dans le cas des sages ; et cela pour deux raisons. La première, d'ordre extérieur : le sage doit être « aimé du Ciel et agréable sur la terre », c'est-à-dire respecté par ses semblables. S'il n'observe pas les règles de la courtoisie, il abaisse la Torah en se montrant sous un jour défavorable ; il doit donc se conduire de manière que l'on dise « qu'un homme qui a étudié la Torah se conduit bien et que son comportement est correct ». La deuxième raison découle du fait qu'une conduite bienséante fait partie de l'ensemble infini d'actions et de pensées désigné sous le vocable de *da'at* (connaissance, sagesse). Il ne s'agit pas là seulement d'une somme de savoir, mais aussi de compréhension pratique, de bon sens et de courtoisie. La *da'at* indique comment il faut se comporter envers sa famille et envers autrui ; elle détermine la façon de parler ; elle est la capacité de savoir quand il faut s'obstiner et quand il est préférable de céder. Et bien qu'il ne s'agisse pas ici véritablement de loi écrite, quiconque a un lien avec la Torah est censé posséder une dose raisonnable de *da'at*. Pendant des siècles, la tradition scolastique a fait référence au « cinquième *choulkhan aroukh* », au chapitre supplémentaire de ce fameux ouvrage qui traiterait des relations humaines non halakhiques. Les sages considéraient que la *da'at* était un bien d'une importance capitale et ils disaient : « Si tu as acquis la connaissance, que te manque-t-il ? Si tu n'as pas la connaissance, qu'as-tu acquis ? » Les savants étaient fortement incités à acquérir la *da'at* et le Talmud dit sans ambages qu'« un savant dépourvu de *da'at* vaut encore moins qu'une charogne ».

Dans une large mesure, la *da'at* est une qualité innée : certaines personnes sauront toujours d'instinct comment réagir adéquatement dans des situations données, sans formation ni instruction préalables. Mais même ceux qui n'ont pas reçu ce don naturel en partage se doivent de l'acquérir, de l'apprendre auprès d'autrui, afin d'être dignes de porter le noble titre de sages. La maxime selon laquelle « servir la Torah vaut mieux que l'étudier » sous-entend que celui qui avait le privilège de servir un grand sage, même dans des domaines simples et prosaïques, apprenait plus auprès de lui que les disciples qui se bornaient à fréquenter ses cours. Et parfois, l'acquisition la plus importante était justement la *da'at*, la capacité de savoir comment se comporter dans diverses situations et face à différents types de personnes. On trouve des centaines d'anecdotes dans le Talmud racontant comment des disciples prenaient note de détails du comportement de leur maître, et cela dans des domaines qui ne relevaient pas nécessairement des études formelles.

Les règles de savoir-vivre et les usages en vigueur à l'époque du Talmud ont été recueillis dans un court traité intitulé *derekh eretz*, qui est un trésor d'informations sur la morale et le comportement de cette époque. La *halakhah* relative au *derekh eretz* couvre bien des domaines de l'existence. Ainsi, de nombreuses lois sont consacrées aux règles de bienséance respectées pendant les repas officiels. C'était là chose d'importance en un temps où il était de coutume de tenir des banquets prolongés (où les convives étaient allongés sur des banquettes), marqués par un formalisme profond. Ces règles comportent quelques maximes frappées au coin du bon sens telles : « Il est interdit de parler pendant le repas, car on risque d'avaler la nourriture de travers », ainsi que des indications sur la manière de consommer différents plats. Le traité raconte aussi, non sans une certaine malice, comment Rabbi Akiba invita deux de ses disciples chez lui pour vérifier leur connaissance de la politesse et des bonnes manières. Il leur présenta de la viande qui n'avait pas été assez cuite ; le premier, qui était bien élevé, goûta la viande, constata qu'elle était immangeable et la laissa sur son assiette ; tandis que le second s'efforçait de déchiqueter le morceau posé devant lui. Rabbi Akiba lui dit en se moquant : « Pas comme ça, mon fils. Mets ton pied sur l'assiette et tire. »

Un grand nombre des règles de savoir-vivre étaient simplement dictées par des exigences esthétiques : manières de mettre la table, façon de consommer certains plats. Mais d'autres règles portaient un sens plus profond, ainsi l'interdiction de souiller certaines nourritures. Elle relève, dans une certaine mesure, de l'interdit général prohibant toute destruction ou dégradation volontaire, fort important du point de vue halakhique, car il se fonde sur une loi de la Torah dont les sages ont considérablement étendu le champ d'application. Il se base aussi sur une attitude de respect pour la nourriture, subsistance de l'homme. On raconte que quelqu'un vint voir un sage et posa son assiette sur une tranche de pain. Le sage prit le pain de dessous le plat et le mangea. Son convive ne saisissant pas l'allusion, le sage lui dit : « Je pensais que tu serais échaudé par de l'eau tiède, mais je vois que même l'eau bouillante ne te fait ni chaud ni froid », l'admonestant ainsi parce qu'il n'avait pas compris qu'une nourriture n'est pas consommée si elle a été gâchée ou traitée avec désinvolture.

Un autre aspect de l'étiquette ressort des maximes des sages selon lesquelles lorsque le Temple existait encore, les péchés s'expiaient sur l'autel ; tandis que depuis sa destruction, c'est la table de chaque individu qui est devenu autel d'expiation. Cette notion était destinée à encourager les gens à inviter des hôtes démunis dans leurs foyers, car le partage du repas avec les pauvres compenserait ses aspects matérialistes et égoïstes et lui donnerait une dimension sacrée. La représentation de la table comme autel a aussi influencé les règles de bienséance à table : manger n'était pas seulement ressenti comme la satisfaction d'un besoin mais comme une part d'un mode de vie et du culte rendu au Créateur. C'est dans ce sens que de nombreuses communautés devaient plus tard prendre l'habitude de toujours placer du sel sur la table, en rappel du sel qui se trouvait sur l'autel, et d'enlever les couteaux du couvert au moment de la récitation des grâces après le repas. On ne posait pas de fer sur l'autel, car, utilisé comme arme, il pouvait raccourcir la vie d'un être humain et ne devait donc pas se trouver à proximité du Temple qui rallonge la vie de l'homme.

Les règles de *derekh eretz* possédaient encore une autre dimension : l'obligation citée dans la Torah de respecter certaines personnes et de les traiter d'une manière particulière. Il y avait une exhortation générale à respecter les parents (« Tu honoreras ton père et ta mère »), les sages et le roi. Des distinctions avaient été tracées entre les manières respectives de se comporter avec chacun, mais une attitude de respect envers les aînés et envers ceux qui possédaient la sagesse était enjointe par la loi biblique qui fut développée pour trouver son expression dans les règles de courtoisie. En présence de qui doit-on se lever ? Qui doit entrer ou sortir le premier d'une pièce ? A qui doit-on faire l'honneur d'accomplir une action en premier ? Tous ces sujets, qui sont largement facultatifs mais qui n'en ont pas moins été intégrés à la tradition halakhique formelle, sont abordés dans le code de *derekh eretz*. La règle de base est que lorsqu'un honneur doit être fait, c'est à la personne qui en est la plus digne qu'il revient ; s'il s'agit au contraire d'une basse besogne, c'est au membre le moins important du groupe de commencer. Ainsi, c'est le personnage le plus important qui pénètre le premier dans une pièce, mais c'est le moins important qui sort en tête.

Les *halakhot* relatives au respect dû au père ou à l'enseignant sont très nombreuses et soulignent que les supérieurs doivent être honorés. Dans la vie familiale au quotidien, il n'est, bien sûr, pas possible, et notamment pour les enfants, d'observer toutes les subtilités des bonnes manières et des usages ; et pour certains sages, le père ou le rabbin qui accepte de renoncer aux honneurs qui lui sont dus est honoré de toute façon. Par contre, le monarque ne pouvait agir de même, car l'honneur fait au roi, contrairement à celui qui revient au rabbin et au père, ne porte pas seulement sur sa personne ; il est rendu à l'institution monarchique. Le rabbin, ou le père, dont la sagesse vient d'un effort personnel, peut se permettre de renoncer aux honneurs et aux cérémonies. C'est pourquoi, bien qu'il soit dit que le fils n'a pas le droit de s'asseoir sur le siège de son père, de le contredire, ou de parler en sa présence sans son autorisation préalable, surtout si ses paroles risquent d'être entachées d'irrespect, ces règles ne s'appliquaient pas scrupuleusement et n'entraient généralement en vigueur que lorsque les fils avaient atteint l'âge adulte et souhaitaient d'eux-mêmes honorer leurs parents. Le Talmud nous en donne une illustration amusante. Dans son testament, un père indiquait qu'il laissait tous ses biens à son fils à condition que celui-ci devienne sot. Les sages ne parvenaient pas à trouver une explication logique à cette étrange disposition et firent appel à Rabbi Yéhochoua Ben 'Hananiah, renommé pour ses connaissances et pour sa perspicacité. Lorsqu'ils arrivèrent chez lui, ils le trouvèrent à quatre pattes, son plus jeune fils sur le dos. Les sages attendirent respectueusement qu'il ait fini de jouer. Lorsqu'ils purent enfin lui demander son avis sur le testament, il répondit : « Vous avez compris tout seuls. Le père voulait dire que son fils n'aurait l'héritage que lorsqu'il aurait lui-même des enfants. »

Bonnes manières et respect des convenances faisaient partie de cette *da'at* que chacun se devait d'acquérir ; mais, ainsi que les sages l'ont inlassablement souligné, cela voulait aussi dire capacité de juger quand il était acceptable de s'écarter de la *halakhah* et des règles régissant le comportement.

XXVI
LE MONDE DE LA MYSTIQUE

Le Talmud rend compte, en général, des problèmes étudiés au cours des siècles par les diverses académies ; mais il contient également des *halakhot* et des légendes qui, sans nul doute, ne sont pas issues des discussions publiques qui s'y tenaient. Certaines sont des épisodes de la vie des grands hommes ; d'autres les sermons ou les apologues des sages ; pourtant, malgré ces exceptions, le Talmud est fondamentalement le compte rendu public des délibérations dans les académies, des leçons enseignées par les sages à leurs disciples et considérées comme suffisamment fiables par la qualité de leur niveau scolastique. Le fait que le Talmud contienne des détails très intimes de la vie des sages n'altère pas ce caractère fondamental, car la vie privée d'un maître était aussi source d'inspiration et d'étude, même si, au départ, elle n'était pas destinée à être divulguée.

Mais à côté des exposés publics faits devant l'ensemble des étudiants de l'académie, certains sujets n'étaient abordés qu'en sessions fermées. Nous savons, par exemple, que la discussion sur le lignage de certaines familles était généralement conduite à huis clos. Nous découvrons aussi que les listes de familles déclarées inéligibles parce qu'elles s'étaient mariées illégalement dans la communauté ou celles de familles injustement frappées d'incapacité n'étaient pas non plus livrées au public mais transmises de maître à disciple à intervalles réguliers (environ une fois tous les sept ans) de peur qu'elles ne soient oubliées. Le *midrach* sur le Livre des Chroniques, qui selon toute apparence comportait une discussion extrêmement détaillée de la généalogie des familles, était transmis de manière semi-clandestine, et l'on prétendait que certaines personnes n'étaient pas dignes de l'étudier. En fait, cet ouvrage disparut à l'époque du Talmud.

Aux détails de cet ordre, cependant, il faut ajouter tout un monde de mystique et de mystère, qui était dissimulé aux yeux du commun et transmis uniquement à quelques élus. C'est ainsi qu'il est écrit : « On ne doit pas enseigner l'Acte de Création à deux personnes, ni le Char divin à une, à moins qu'elles ne soient assez sages pour comprendre d'elles-mêmes ». Ces sujets ésotériques n'étaient donc enseignés par les maîtres qu'à un seul disciple soigneusement sélectionné et, dans certains cas, le maître se cantonnait à l'exposé des lignes générales du sujet sans entrer dans le détail. Nous savons très peu de choses sur cette mystique ; les quelques éléments que nous possédons nous sont indiqués indirectement par certains traités du Talmud se référant à des sages et aux thèmes qu'ils étudiaient sans fournir pour autant d'explication satisfaisante sur la nature de ces études. Dans ces domaines, suppositions et conjectures tiennent lieu de faits avérés et de certitudes et, parfois, on ne peut même pas fournir de réponse véritable. Dès l'Antiquité, des livres traitent de mystique ; quelques-uns sont attribués à des sages de la Michnah et du Talmud. Mais il est impossible de dire avec certitude lesquels sont réellement l'œuvre de leur auteur supposé. Les restrictions rigoureuses pesant sur l'interprétation ésotérique se sont progressivement relâchées au Moyen Age et, à partir de l'époque des *gueonim*, nous possédons des textes plus clairs. A l'aube des temps modernes, la Kabbale (littéralement : tradition, transmission) fut un élément important, voire central, de la pensée juive. Une bonne part de ce que nous pouvons présumer du monde ésotérique des sages du Talmud se fonde sur cette littérature et sur l'éclairage qu'elle projette sur les allusions contenues dans le Talmud.

L'ésotérisme commença, selon toute apparence, à être enseigné dans l'Antiquité. Les écoles fondées par les prophètes (« les fils des prophètes ») disputaient vraisemblablement des manières de préparer les individus à recevoir le don de prophétie et traitaient des manières d'inculquer des techniques intellectuelles spécifiques, permettant de comprendre ces sujets. Ces groupes secrets poursuivirent leurs activités à l'époque du Second Temple et les diverses sectes esséniennes ont été, semble-t-il, influencées par leur enseignement secret, ainsi qu'on peut le vérifier par des sources extérieures au Talmud (Philon d'Alexandrie, Flavius Josèphe, etc.). Les sages de la Michnah et du Talmud qui s'engageaient dans des études ésotériques étaient les héritiers de cette antique tradition enracinée dans l'époque des prophètes et qui s'est maintenue jusqu'à nos jours.

Selon les sources, *torat ha-sod* (la mystique) était divisée en deux partie : *Ma'asseh Berechit* (l'Acte de Création) et *Ma'asseh Merkavah* (le Char Divin). Le premier était d'ordre plutôt théorique et traitait de la création du monde et des premières révélations divines. Le deuxième, qui partait de la description par le prophète Ezéchiel du Char Céleste, était une étude des rapports entre Dieu et le monde et contenait apparemment en germe ce qui allait devenir plus tard la *Kabbalah ma'assit*, la Kabbale pratique. Ainsi que nous l'avons souligné, tous ces thèmes baignent dans le mystère. Tout ce que nous savons, c'est que de grands sages juifs se sont adonnés à l'étude ésotérique, certains de manière très intensive, d'autres en l'abordant comme une part essentielle des études religieuses prises dans leur ensemble. Certains sages ne se jugeaient pas dignes de ce savoir et ne faisaient donc que l'effleurer.

Parmi les thèmes dont nous savons qu'ils étaient abordés dans les études ésotériques, figure celui des noms de Dieu. A partir de l'ère de la Michnah, le nom explicite de

Dieu n'était jamais prononcé sauf dans le Temple, et nous apprenons par les Septante que c'était là déjà tradition ancienne. Mais même le nom qui était prononcé dans le Temple au moment de la prière n'était pas le « Nom explicite », lequel n'était connu que de quelques élus. Un sage, qui avait servi comme prêtre du Temple dans sa jeunesse, raconte que le nom était prononcé pendant la bénédiction sacerdotale mais qu'il était intentionnellement couvert par le chant des Lévites si bien que les jeunes prêtres eux-mêmes ne pouvaient jamais l'entendre. Il n'y a donc pas de tradition connue (sauf dans la Kabbale) sur les manières de prononcer le Nom Divin. (En fait, il y avait apparemment plusieurs manières, exposées plus tard dans des ouvrages cabbalistiques, et les tentatives contemporaines d'en découvrir des transcriptions ne constituent même pas des hypothèses défendables.) De plus, nous savons que le tétragramme, en dépit de son caractère sacré, n'était pas le nom explicite et qu'il existait un nom de douze lettres et même un nom de soixante-douze lettres. Ceux-ci sont évoqués à plusieurs reprises dans le Talmud, mais sans explication, et même les commentateurs talmudiques classiques ne comprenaient pas toujours l'allusion. Le Grand Prêtre prononçait apparemment le nom explicite le jour de Kippour, mais, en raison de sa longueur et de sa complexité, il était pratiquement impossible de le saisir. Le nom suscitait un grand effroi mêlé de respect ; la Michnah raconte : « Quand les prêtres et le peuple entendaient le nom prononcé par le Grand Prêtre, ils s'agenouillaient et se prosternaient en disant : “Béni soit le nom de Son règne glorieux pour l'éternité.” » Le Talmud explique que seuls quelques disciples remarqués pour leurs qualités spirituelles et la profondeur de leurs exigences morales apprenaient le nom de la bouche de leur maître.

Le monde de la mystique et de l'ésotérisme était gardé secret pour des raisons diverses. La première était que l'on pensait que ce qui relève de la grandeur de Dieu doit être réservé à ceux qui en sont dignes. Mais on craignait également un usage dévoyé de la connaissance des noms et des secrets qui avaient créé le monde. Les sages considéraient la connaissance « des lettres par lesquelles le Ciel et la terre avaient été créés » comme un instrument donnant aux mortels le pouvoir de se lancer dans des œuvres de création. Ils disaient même : « Si les justes le souhaitaient, ils pourraient créer un monde » ; et nous apprenons parfois que des sages ont étudié un « livre de création » et créé eux-mêmes divers objets. On raconte qu'un savant parvint, par la récitation des noms, à créer un être humain ; c'est là la première allusion à la légende du *golem* qui apparaît dans la littérature ésotérique médiévale. Ce pouvoir de créer — et aussi de détruire — possédé par le *Baal Chem* (le possesseur du nom) était sans aucun doute un motif déterminant de la décision de ne pas livrer ces sujets à la connaissance d'individus susceptibles d'abuser dans des buts maléfiques des pouvoirs qui leur auraient été conférés.

Un autre élément entrait en compte : l'étude des enseignements ésotériques n'était pas seulement théorique ; elle semble avoir été accompagnée d'expériences mystiques profondes apparemment dangereuses pour ceux qui y auraient été imparfaitement préparés. Ces expériences étaient connues, pensons-nous, sous le nom de *pardess* (entrée dans le verger) ; une légende talmudique bien connue évoque les quatre sages qui ont pénétré dans le *pardess* : Rabbi Akiba, Simeon Ben Zoma, Simeon Ben Azaï et Élicha Ben Abouya. Ils étaient guidés par le plus sage et le plus expérimenté d'entre eux, Rabbi Akiba, et l'on raconte que celui-ci les avait prévenus des dangers auxquels ils s'exposaient en des termes incompréhensibles pour ceux qui n'avaient pas voyagé dans ces sphères. Malgré ces conseils, le groupe ne put surmonter les épreuves : Ben Azaï mourut, Ben Zoma perdit la raison et Ben Abouya « détruisit les plantations », c'est-à-dire aboutit à des opinions hérétiques, influencées, semble-t-il, par les gnostiques. Seul Rabbi Akiba « entra en paix et sortit en paix ». Ce récit est la plus détaillée mais aussi l'unique description qui nous soit parvenue ; elle était destinée à souligner les dangers guettant ceux qui s'aventuraient dans ce domaine.

L'enseignement du *Ma'asseh Berechit* ne se faisait donc jamais en public et s'adressait toujours à un seul disciple, dont les aptitudes avaient été soigneusement jaugées. Il ne recevait donc pas une instruction détaillée ; le sujet ne lui était livré que dans ses grandes lignes. De cette manière, s'il ne révélait pas en chemin des capacités personnelles et ne parvenait pas de lui-même à l'expérience mystique, il ne serait pas fâcheusement atteint par le savoir qui lui avait été divulgué. Nous lisons, par exemple, que Rabbi Élazar Ben Arokh fit un exposé sur ce thème à son maître, Rabban Yo'hanan Ben Zakkaï, qui fut profondément étonné de la compréhension qu'il révélait. D'autres disciples firent part à Yo'hanan de leurs découvertes dans ce domaine et celui-ci répondit : « Ces mots ont été dits à Moïse sur le Sinaï. » Mais, ainsi que nous l'avons indiqué, seuls les faits sont connus et nous n'avons pas d'explication de leur contenu, sinon par quelques vagues allusions.

Il ne faudrait cependant pas en conclure qu'il existait deux domaines de savoir entièrement séparés : celui de la connaissance « révélée » et celui de la connaissance « cachée ». Ils étaient ressentis, dans une certaine mesure, comme deux éléments de la Torah qui, elle, couvre l'ensemble. Un élève attentif, qui s'imprégnait des enseignements de son maître, apprenait aussi la sagesse ésotérique. On raconte à propos de Rabban Yo'hanan Ben Zakkaï qu'il n'avait rien laissé de côté et avait appris de ses maîtres « les grandes comme les petites choses ». L'explication était : « les grandes choses, ce sont *Ma'asseh Merkavah*, les mystères du Char Céleste ; les petites, ce sont les questions dont avaient discuté Abbayé et Rava », mais toutes étaient contenues dans la Torah. De plus, la conception talmudique voit tous les mondes, celui de la nature matérielle et celui de la métaphysique, comme une entité unique qui n'est pas divisée par des barrières. La discussion talmudique sur des problèmes du quotidien déborde souvent vers des questions métaphysiques. Prenons comme exemple l'anecdote racontée par Rabbi Yossi, disciple de Rabbi Akiba. Il vint un jour prier dans une des ruines de Jérusalem et, en sortant, il vit le prophète Élie qui l'attendait dans l'entrée. Élie lui demanda s'il avait entendu une voix dans les ruines et Yossi répondit : « J'ai entendu une voix divine gémir comme une colombe : "Malheur à moi, car j'ai détruit ma maison et incendié mon palais." » Élie lui répondit : « Ce n'est pas seulement maintenant que cette voix s'exprime ainsi ; mais c'est trois fois par jour que Dieu lui-même pleure la destruction du Temple. » Rabbi Yossi se hâta d'aller exposer à ses disciples quelles conclusions halakhiques il tirait de cet entretien avec Élie. La voix divine et la révélation d'Élie sont partie intégrante de l'histoire tout à fait terre à terre d'un sage qui avait décidé de prier en un lieu désert. Les deux mondes ne sont pas non plus éloignés l'un de l'autre ; l'homme qui le mérite vit sans effort dans les deux. Les récits sur la manière dont Élie est apparu à divers sages, discutant avec eux *halakhah* ou questions ésotériques, sont très courants dans le Talmud et naissent souvent d'associations halakhiques, parfois profondes, parfois parfaitement insignifiantes.

Cette relation très proche entre questions prosaïques et ésotériques est l'une des caractéristiques frappantes de la littérature ésotérique juive en général. La mystique juive n'est pas détachée de la *halakhah* et des questions pratiques ; au contraire, le spécialiste de *halakhah* est souvent également un mystique et les cabbalistes étudient avec la même passion sujets juridiques et mystiques. En fait, la littérature ésotérique est, d'une certaine manière, une interprétation et une représentation ésotérique des détails quotidiens de la *halakhah*.

Dans cette conception, il n'y a pas de frontière entre le

monde « rationnel » et celui de la mystique, qui font partie d'un tout unique. Les lettres à partir desquelles furent créés le Ciel et la terre, ces lettres qui contiennent un pouvoir infini de création et de destruction, sont aussi celles qui écrivent la Torah, qui enregistrent et racontent les petits et les grands problèmes dont se préoccupe la *halakhah* talmudique.

On insiste souvent sur la place de l'homme dans ce monde, car l'homme est considéré comme le continuateur de l'œuvre de création. La littérature ésotérique sous-entend que la notion selon laquelle l'homme a été créé à l'image de Dieu est une structure fondamentale et que l'homme est lui aussi capable de créer tout seul. Un des récits les plus imaginatifs de la littérature talmudique illustre plusieurs des problèmes élémentaires qui se posent dans ce domaine. Il s'agit de la description de la controverse qui opposa le grand Rabbi Éliézer à la majorité de ses disciples, menés par Rabbi Yéhochoua, sur les questions de pureté rituelle et de souillure. Le débat était né d'une question apparemment sans grande importance, à savoir si un ustensile en terre pouvait être considéré comme vaisselle cassée, donc à l'abri de toute souillure. Lorsque les sages refusèrent de se ranger à l'opinion de Rabbi Éliézer, celui-ci invoqua les forces de la nature pour qu'elles viennent à son aide et prouvent la justesse de sa théorie, s'écriant : « Que le caroubier soit déraciné de sa place, que l'eau change la direction de son courant. » Rabbi Yéhochoua lui répliqua : « Tu ne peux pas prendre le caroubier à témoin. » Alors Rabbi Éliézer invoqua le Ciel pour prouver que son jugement devait être accepté et l'on entendit une voix divine disant : « Que voulez-vous de mon fils Éliézer dont les jugements sont universellement acceptés ? » Mais Rabbi Yéhochoua demeurait ferme sur ses positions : « La Torah n'est plus dans le Ciel. Dieu l'a donnée aux hommes et c'est à eux de trancher sur ce point. » La majorité des disciples se prononça alors contre Rabbi Éliézer. Ce récit, qui illustre la vision talmudique de l'homme en tant que créateur, ne trouva sa conclusion que des décennies plus tard, lorsque l'on raconta qu'un sage demanda au prophète Élie ce que Dieu avait dit à cette occasion. Élie répondit : « Dieu a souri et a dit : "Mes fils m'ont vaincu. Oui, mes fils m'ont vaincu." »

TROISIÈME PARTIE

LA MÉTHODE

XXVII

LE *MIDRACH* (EXÉGÈSE HALAKHIQUE)

Le *midrach halakhah* (de la racine *darach* qui signifie rechercher, enquêter) est le corpus littéraire qui interprète la loi mosaïque en cherchant dans le texte les éléments permettant d'accéder à une compréhension plus profonde. Le *midrach* ne représente qu'une petite partie de la Michnah, mais c'est à lui que, dans son entreprise d'élucidation des sources michniques, le Talmud fait souvent appel. Il cite longuement les compilations midrachiques (dont certaines nous sont parvenues), ainsi que d'autres recueils de *baraïtot* (commentaires extérieurs) qui, eux, n'ont été conservés que par son intermédiaire.

Le problème fondamental posé par le *midrach* est la question de savoir si l'examen et les diverses méthodes logiques d'interprétation du texte biblique constituent véritablement la source des conclusions juridiques qui en ont été tirées. Quelques sages d'importance, à commencer par Maïmonide, ont estimé que le *midrach*, pour une large part du moins, ne constituait pas une source authentique de *halakhah*. Ils considéraient que les principaux traits généraux de la *halakhah* se trouvaient, de longue tradition, dans la loi orale qui avait transmis la *halakhah* michnique dans tous ses détails. A leurs yeux, le *midrach* n'était rien d'autre qu'une technique, transmise de génération en génération, permettant de faire le lien entre le texte biblique et la *halakhah* au moyen d'associations et d'indications implicites de cette relation. Le *midrach* halakhique, selon cette théorie, est un puissant outil mnémotechnique, mais il ne saurait être tenu pour matériau probant. Comme nombre de conclusions de Maïmonide, cette théorie se distingue par la clarté de sa pensée, par son éclat intellectuel et par le fait qu'elle résout des problèmes nombreux. Mais elle ne laisse pas non plus d'en créer de nouveaux : car l'analyse des *midrachim* ne confirme pas toujours ce mode d'explication.

Une autre théorie, avancée par les commentateurs classiques du Talmud (Rachi, les tossafistes et la plupart des commentateurs espagnols) opère une distinction entre véritables *midrachim* halakhiques et *asmakhtot* (supports). Si l'on se réfère à cette distinction fondamentale, qui apparaît déjà dans le Talmud, certains *midrachim* sont de véritables sources de *halakhah* tandis que les *asmakhtot*, simples aide-mémoire ou outils permettant de faire le lien entre la législation rabbinique et les Écritures, ne sont pas probantes. Les sages eux-mêmes disaient parfois des versets bibliques qu'ils citaient à l'appui de leurs opinions : « ... bien qu'il n'y en ait pas preuve dans la Bible ». La différence entre les deux types de *midrachim* n'apparaît pas toujours à l'évidence, car les mécanismes peuvent être pratiquement identiques, ce que sages et commentateurs ne se sont pas fait faute de relever.

L'interprétation du texte biblique est soumise à des règles herméneutiques habituellement énumérées dans l'ordre établi par Rabbi Ichmaël, auteur d'une liste de treize principes d'interprétation. Cette liste n'est pas exhaustive car elle ne comprend pas toutes les techniques possibles ; il existe aussi une liste de trente-deux règles d'interprétation aggadique, lesquelles, pour la plupart, peuvent s'appliquer à la *halakhah*. Mais cette liste élargie elle-même ne couvre pas le détail de toutes les méthodes interprétatives du Talmud qui, selon des évaluations récentes, se compteraient en fait par centaines. Les règles énoncées par Rabbi Ichmaël reprennent néanmoins les techniques fondamentales dont certaines ont été très largement utilisées.

Les principes exégétiques les plus importants sont les suivants : *kal va-homer*, *guezerah chavah*, *binyan av*, *kelal ou-ferat*, *davar ha-lamed me-inyano* et *chnei ketouvim mak'hichim*. *Kal va-homer* est une technique déductive simple que l'on retrouve dans tous les systèmes de logique et qui permet de passer du particulier au général et de déduire le grand à partir du petit ou le plus grave à partir du bénin. Le Talmud donne un exemple qui, d'ailleurs, pour diverses raisons, n'est pas considéré comme totalement satisfaisant : selon la loi de la Torah, un homme n'a pas le droit d'épouser la fille de sa fille. A partir de là, on peut déduire, en vertu du *kal va-homer*, qu'il lui est indéniablement interdit d'épouser sa fille. En raison de sa simplicité, cette méthode est parfois désignée sous le nom de *din*, simple considération logique ; et l'on pense que tout un chacun peut y avoir recours et énoncer grâce à elle une *halakhah* nouvelle. Il est de nombreux moyens de contrer le *kal va-homer*, en fournissant des preuves solides de défauts dans la structure logique de départ, ou bien en démontrant que les conclusions sont invraisemblables. Pour la plupart des sages, la portée du *kal va-homer* est également limitée par une clause restrictive appelée *dayo* selon laquelle la déduction ne peut dépasser en portée le cas d'où elle est issue : il est impossible d'aboutir à une position plus sévère ou plus indulgente. Le texte biblique, dans lequel les sages ont retrouvé dix références explicites au *kal va-homer*, fournit une preuve claire de l'existence de cette règle qui aide à sauvegarder un certain degré d'ordre et de logique.

Guezerah chavah, qui peut se définir comme une démarche philologique, est un deuxième principe herméneutique fondamental. Là où le sens d'un mot ou d'une *halakhah* n'apparaît pas clairement, on peut l'inférer par une analogie de vocabulaire avec un autre passage dont la signification ne prête pas à confusion. Théoriquement simple, la *guezerah chavah* est très complexe dans le contexte du *midrach* halakhique où un terme peut faire office de clé pour passer par déduction à d'autres sujets. Sa structure logique ressemble à celle du déchiffrage de textes, où des mots clés fournissent la base de l'interprétation d'une phrase entière. Règle exégétique importante, la *guezerah chavah* peut se révéler pleine de dangers si elle est utilisée sans discernement : des mots apparaissent souvent dans des phrases différentes et l'on risque de parvenir non à la vérité mais à la conclusion que l'on souhaitait atteindre. D'où un certain nombre de conditions mises à son usage. Tout d'abord, personne ne peut avoir recours à la *guezerah chavah* avant de l'avoir étudiée auprès d'un maître. La méthode est donc affaire de connaissance traditionnelle de certains mots clés et elle n'est nécessaire que pour éclaircir le sens de la comparaison de deux textes liés par leur contenu. Il y a par ailleurs une autre restriction : la *guezerah chavah* n'est acceptée que si l'on peut apporter la preuve que le mot clé relevé dans les deux passages a bien été placé là intentionnellement et n'est pas indispensable au texte. Cette technique est donc utilisée d'une manière analogue aux appels de notes, qui indiquent typographiquement le lien entre un texte et une note qui apparaît ailleurs.

Binyan av ressemble à *guezerah chavah* dans son principe mais diffère d'elle dans sa structure logique. C'est un mode de preuve par induction où l'on tente de démontrer qu'un certain *av* (cas) sert de base à la compréhension de toute une série d'autres passages analogues construits de manière comparable. Ici encore, il y a divers modes d'utilisation et des conditions restrictives.

Kelal ou-ferat emprunte des formes diverses ; mais pour l'essentiel, son principe est qu'il est possible de tirer des conclusions à partir de la manière dont un passage du texte est rédigé, en tout cas là où il y a une généralisation. Quand le principe général précède le particulier, on dit qu'« il n'y a rien dans le principe général qui ne soit contenu dans le particulier » ; autrement dit, le principe général n'ajoute rien mais apporte simplement la structure logique. Dans le cas contraire, par exemple quand il est dit dans une loi sur les pertes : « De cette manière tu te comporteras avec son âne et avec ses vêtements et avec toute chose perdue par ton frère », quand donc l'on expose le général à la suite du particulier, il faut comprendre que les détails cités ne le sont qu'à simple titre d'exemples et que le précepte s'applique à toutes les pertes, sans exception.

Davar ha-lamed me-inyano est une technique relativement simple de déduction à partir du texte. Si l'on prend par exemple le commandement : « Tu ne voleras pas », on constate qu'il apparaît deux fois. La première, dans le contexte très solennel des dix Commandements (près des lois relatives au meurtre et à l'adultère) ; on en conclut qu'il s'agit ici du crime de rapt qui est puni de mort. La deuxième citation de ce commandement se situe dans le contexte des diverses lois relatives à l'honnêteté du commerce, etc. ; on l'interprète alors comme l'interdiction de voler des biens. Une autre règle herméneutique fondamentale s'applique au cas où l'on trouve deux passages contradictoires, que la contradiction soit apparente ou cachée. Dans ce cas, on doit rechercher un troisième passage qui permette de trancher et d'expliciter les deux extraits de manière que chacun soit considéré comme traitant d'un sujet spécifique et la contradiction levée.

Les *midrachim* halakhiques usent d'une approche exégétique d'une précision extrême découlant de l'idée que toute loi ou tout acte rapportés dans la Torah ont été formulés adéquatement et avec concision, ce qui implique que le moindre détail est porteur de sens. Tout mot qui semble superflu, qu'il soit manifestement surajouté ou simplement inutile à la compréhension, est une source pour l'étude ; ce qui est superflu est perçu comme le signe d'une volonté d'attirer l'attention. Quand deux sujets sont traités très près l'un de l'autre, on peut tirer des déductions du texte de l'un pour éclairer l'autre, au moins dans une certaine mesure, même s'ils traitent de questions radicalement différentes. Les lettres superflues elles-mêmes ont une signification ; ainsi, si une phrase commence par la lettre conjonctive *vav*, ce fait peut être pris pour une allusion à un lien essentiel avec la phrase qui précède.

Il y avait des méthodes d'interprétation diverses : l'académie de Rabbi Ichmaël avait mis au point ses techniques particulières tandis que celle de Rabbi Akiba avait élaboré pour son propre usage des règles détaillées et très complètes ; les divergences entre sages ou entre écoles de pensée se retrouvaient dans leurs méthodes respectives. Nous constatons par exemple que le Talmud de Babylone ne tire ses preuves halakhiques que de la Torah, car il considère que c'est là le seul texte faisant autorité à cet égard. Les sages qui s'appuient sur d'autres livres de la Bible ne le font qu'au prix de nombreuses conditions restrictives et normalement seulement pour étayer une autre preuve, telle une *asmakhta*. Le Talmud de Jérusalem, par contre, tend plus à se fonder sur les autres livres de la Bible et offre ainsi des explications simples à nombre de théories complexes du Talmud de Babylone.

Les règles de base de l'interprétation exégétique avaient beau être simples, le mécanisme du *midrach* et les relations entre les diverses règles, de même que leur définition et leur application exactes (dans certains cas, deux règles sont applicables) sont un sujet que le Talmud développe longuement ; les commentateurs du Talmud et du *midrach* lui ont également consacré grande attention et réflexion approfondie.

XXVIII

LE MODE DE PENSÉE TALMUDIQUE

Le Talmud n'est pas unique seulement par son sujet mais aussi, et peut-être surtout, par la manière dont il aborde les thèmes qu'il traite. L'approche de problèmes analogues est différente dans des ouvrages halakhiques ou cabbalistiques plus récents. Nombre de savants se sont demandé si le Talmud fonctionnait selon une logique qui lui est spécifique et s'il aurait été possible d'aboutir à des conclusions différentes à partir des mêmes prémisses et des mêmes principes en ayant recours à une autre méthode logique. Sur certains points, dans les *midrachim* halakhiques, on peut déceler des modèles particuliers d'analyse, des règles exégétiques ne correspondant pas toujours aux théories d'autres systèmes logiques. Mais la question est de savoir si l'étude talmudique a créé une structure logique unique en son genre ou si c'est simplement à des méthodes originales de démonstration qu'elle a fait appel. Des sujets différents exigent parfois l'utilisation de techniques variables; et des systèmes opérants dans un certain domaine ne le sont pas forcément dans d'autres. En réalité, il est possible de mettre à jour, y compris dans le Talmud lui-même, une classification thématique établie à partir des techniques d'analyse et de discussion utilisées. Ainsi, les règles de sacrifice constituent une aire spécifique tant par le sujet que par le matériau sur lequel s'appuie la *halakhah* en ce domaine. A propos d'une autre catégorie d'enseignements, présentés par la tradition comme « la *halakhah* énoncée par Moïse dans le Sinaï », on disait que le sujet ne pouvait être discuté sur la base d'aucune des méthodes normales d'étude du *midrach* halakhique, quelle que soit la valeur, pourtant réelle, de leur logique. De plus, dans différents domaines, les manipulations logiques ne pouvaient être utilisées comme source de *halakhah* (*ein lemedim min ha-din*), mais on pouvait faire appel à d'autres méthodes, approuvées par la tradition.

En dépit de toutes ces barrières, mode de pensée et discours talmudiques peuvent être considérés comme une structure originale qui peut être comprise en partant de points de vue différents mais ne peut être étudiée par des méthodes autres que celles qui lui sont propres. La position adoptée par rapport à l'abstraction en est un élément fondamental. Dans le Talmud, comme dans la plupart des domaines de la pensée juive à son origine, il y a refus délibéré d'une pensée abstraite fondée sur des concepts abstraits. Des sujets qui pourraient facilement être traités dans l'abstrait sont analysés, parfois de façon alambiquée, par d'autres méthodes, fondées le plus souvent sur des systèmes logiques uniques en leur genre qui se réfèrent à des modèles. Au lieu de concepts abstraits, c'est à des modèles exemplaires que le Talmud a recours. Nous avons déjà indiqué ceux utilisés dans les lois sur les dommages : « corne », « pied », qui ne sont ni des exemples ni des paraboles, mais qui fonctionnent comme les modèles mathématiques ou scientifiques modernes. Le modèle est utilisé suivant une série d'étapes clairement définies, approuvées par la tradition. *Kal va-homer*, par exemple, est une technique appliquée à un certain modèle pour pouvoir l'adapter à un autre. Il y a donc là un degré élevé de pensée mécanique et l'on ne tente à aucun moment de résoudre des problèmes pratiques ou logiques *per se* ; ceux-ci sont au contraire perçus comme des entités complètes, et leurs conclusions ont une portée pratique ou logique, même s'il n'est pas toujours possible de saisir les techniques compliquées intervenant dans l'opération elle-même.

C'est sur la base de ces principes que l'on peut appréhender la méthode du *damin efchar mi-che-i-efchar* (déduire le possible en partant de l'impossible). Selon cette technique, on choisit un passage et on en tire des conclusions valables pour un autre problème halakhique, en employant une des méthodes autorisées dans ce contexte. Quiconque se penche sur le texte remarquera immédiatement que la déduction de base est « impossible » puisque le premier passage, qui sert de modèle, semble être fondé sur des considérations de nature différente de celles du deuxième passage. Un exemple de l'application de cette méthode nous est offert par le traitement de la question de savoir si une conversion est valable en l'absence de circoncision. Un sage, qui souhaitait démontrer la validité de cette proposition, s'appuya sur le fait que les femmes pouvaient être converties sans être soumises à la circoncision. On lui rétorqua qu'il était biologiquement impossible de circoncire une femme. Mais cela, pour le sage, ne remettait nullement en cause la valeur de sa *halakhah*, car il dit : « Bien que ce soit impossible, c'est là un argument de poids. » En d'autres termes, l'argumentation est fondée sur un certain modèle et opère en fonction de ce modèle, sans prendre en compte les autres aspects.

On fait appel, en notre siècle et dans différents domaines, à des méthodes démonstratives analogues, mais on y a rarement recours dans la vie de tous les jours. Les sages du Talmud, par contre, soumettaient tous les sujets possibles et imaginables à l'analyse en fonction de systèmes astreignants. La manière dont opérait leur mode de pensée explique la structure de leur monde, un monde de modèles dans lequel les concepts abstraits étaient remplacés par des exemples illustratifs nombreux (dont aucun ne peut être pris au pied de la lettre), travaillés de diverses manières. Contrairement aux concepts abstraits, ces modèles offrent, entre autres, le grand avantage de permettre une vérification constante de la validité des méthodes de démonstration. Un modèle élémentaire relativement simple sert de base pour l'examen et permet de tirer des déductions ou de vérifier si l'on ne s'est pas éloigné de la question fondamentale en s'égarant, par une abstraction de la réflexion, vers des problèmes obscurs. La faiblesse de toute pensée abstraite repose sur le fait qu'elle crée constamment de nouveaux mots et de nouveaux concepts ; comme ceux-ci ne peuvent être définis qu'en faisant appel à des termes également abstraits, on ne peut jamais savoir s'ils sont totalement éloignés du sujet ou s'ils ont encore un sens concernant le problème traité. C'est pourquoi nous ne trouverons presque jamais de termes abstraits dans le Talmud, même lorsqu'ils pourraient paraître indispensables à la discussion et quand tout autre système juridique les aurait introduits. Des mots tels que *autorité*, *discipline*, *cadre* et *spiritualité* n'ont été traduits en hébreu qu'à une date récente, à partir d'autres langues et d'autres philosophies. Le Talmud a très rarement recours à ce vocabulaire ; s'il aborde fréquemment les questions qui sont définies par ces mots, il le fait d'une manière très différente de celle adoptée par d'autres systèmes philosophiques ou juridiques.

Un autre aspect spécifique de la discussion talmudique est sa position face aux questions essentielles. L'opinion talmudique de départ est que le sujet discuté n'est pas « loi » au sens socio-juridique, mais clarification de faits et de situations réelles ayant leur importance intrinsèque. Cette attitude a des conséquences qui apparaissent à l'évidence dans le Talmud. En premier lieu, l'absence de discrimination entre questions importantes et problèmes mineurs, entre utile et inutile. On n'attribue aucune valeur à la signification pratique ou fondamentale d'un problème. Le but poursuivi est d'atteindre la vérité, laquelle ne peut se diviser en éléments classables par ordre d'importance. Lorsqu'il faut trouver une solution à des problèmes pratiques, on fait appel à des mesures restrictives qui fixent la forme de la discussion halakhique pure. Mais le Talmud n'a pas pour unique objet la définition de solutions juridiques qui peuvent être concrètement appliquées ; tout problème qui exige clarification et implique recherche de la vérité mérite analyse. On a déjà remarqué que le Talmud se penche souvent sur des situations qui, non seulement sont à la limite du vraisemblable mais dont on sait aussi qu'elles n'auront jamais d'implications pratiques car elles n'ont plus qu'une signification purement historique. L'étude d'un sujet éloigné et inutile peut parfois produire des conclusions de portée pratique, mais celles-ci n'ont qu'une importance relative ; l'objectif principal est la vérité. Ainsi, le champ du discours est encore plus large que celui de la « science pure », car l'on examine à fond non seulement les problèmes purement théoriques mais aussi des systèmes dont on a déjà irréfutablement démontré le caractère erroné. Comme une méthode incorrecte elle-même peut se révéler intéressante pour parvenir à la vérité, sa valeur intrinsèque et sa véracité doivent être scrupuleusement examinées. On raconte qu'un sage fit un jour une remarque qui révélait du mépris pour une méthode halakhique totalement rejetée. Après qu'on eut exposé la logique interne de la méthode, il se rendit sur les tombes de ses auteurs pour leur demander de lui pardonner de les avoir offensés.

La technique utilisée pour la démonstration révèle encore une autre facette de cette ardente recherche de la vérité. On tente souvent de parvenir à des degrés de certitude, qui ne peuvent en général être atteints qu'en mathématiques. Les sages ne se bornent pas à prouver, à partir de la méthode la plus simple, qu'une explication est raisonnable ou hautement probable. Cela peut paraître suffisant en sciences naturelles, ou dans le domaine de la législation pratique, mais l'approche intellectuelle du Talmud ne saurait se satisfaire de tels résultats. Elle s'efforce de prouver la validité de ses conclusions sans que puisse planer l'ombre d'un doute et sans que puisse subsister aucune autre possibilité d'explication. C'est pourquoi le Talmud comporte tant de méthodes de réfutation. Lorsqu'un rabbin a proposé une preuve raisonnable, un autre sage (voire ce rabbin lui-même) va se mettre à rechercher une autre solution possible au même problème. Ce second système, si fragile et invraisemblable soit-il, peut conduire au rejet de la première explication et à une nouvelle tentative de trouver une nouvelle preuve irréfutable. Ce mode d'argumentation est désigné dans le Talmud sous le vocable de *chinouya* et, bien que le contre-argument soit souvent hautement improbable et fondé sur une logique tortueuse, le Talmud n'acceptera pas l'argument initial aussi longtemps qu'il est imparfait ou incomplet.

L'aspect le plus frappant du *pilpoul*, du raisonnement dialectique talmudique, est son incapacité à accepter une preuve simple et satisfaisante en apparence, et sa recherche inlassable d'une vérité irrécusable. Cette exigence d'une explication sans défaut mène parfois à des conclusions ténues qui peuvent restreindre la *halakhah* à une aire très limitée. Cette méthode n'est pas délibérément encouragée et des tentatives sont toujours faites pour parvenir à des explications intellectuellement satisfaisantes qui ne s'éloignent pas des textes originaux. Nous tombons fréquemment sur un commentaire sous-entendant que si un *tanna* a pris la peine de formuler une *halakhah* détaillée, ce n'était pas pour qu'on l'applique à un seul cas particulier. Mais un tel commentaire n'apparaît que lorsque le sujet lui-même force le savant à arriver à une conclusion surprenante. Dans le Talmud, comme dans différents domaines des sciences exactes et du savoir, il y a peu de place pour le « bon sens », qui, dans ces cas, signifierait une compréhension superficielle inapte à pénétrer les profondeurs de la question.

Également spécifique à la pensée talmudique, et à elle seule, est le principe implicitement présent dans nombre de débats : la volonté permanente d'essayer d'adapter les unes aux autres méthodes et opinions. On tendra toujours à éviter la controverse, à réduire au minimum les divergences entre méthodes et points de vue. Les sages feront tout ce qui est en leur pouvoir pour trouver le commun dénominateur. Ainsi, il est souvent possible d'interpréter une *michnah* conformément aux vues de l'un des *tannaïm* qui conviennent à la formulation et à la logique interne du texte. Mais les sages tentent habituellement de trouver, pour toute *michnah* et pour toute maxime halakhique, des explications auxquelles toutes les méthodes soient applicables, même si parfois cela les contraint à adopter l'interprétation qui semble la moins vraisemblable à d'autres égards. La logique interne qui sous-entend cette approche semble être opératoire dans d'autres domaines ; il faut l'entendre comme indiquant que la *halakhah* n'est pas une juxtaposition de conclusions lointaines et détachées du réel, mais qu'elle est fondée sur l'expérience, sur les faits de l'existence, non sur des conjectures.

La science moderne, comme le Talmud, a pour principe de base que ceux qui se lancent dans la recherche devraient être considérés comme des gens qui recherchent honnêtement la vérité. Ainsi, si des expériences donnent des résultats contradictoires, il faut essayer de trouver une théorie généralement applicable qui prendra en compte les résultats de toutes les expériences. Il peut toujours arriver qu'un savant se trompe dans ses techniques logiques ou pratiques ; mais il est souhaitable d'éviter le conflit avec l'une des méthodes même si cette tentative de trouver un consensus ou un compromis entraîne parfois la construction d'un édifice intellectuel particulièrement complexe. C'est cette approche qui est adoptée dans les méthodes des sages. On tient pour acquis que chacun, dans sa recherche d'une réponse vraie, a essayé d'explorer tous les processus intellectuels possibles et a pris en compte, dans la mesure du possible, les conclusions et décisions des autres sages. Dans ces conditions, même s'il est évident qu'il y a des divergences d'opinion, les sages tentent de concilier les méthodes et de réduire les différences au minimum. Il était d'usage de choisir deux méthodes apparemment incompatibles et de demander à leurs auteurs de les défendre l'un devant l'autre afin de démontrer qu'ils étaient en fait d'accord sur la plupart des détails. Si l'expérience se révélait positive, il était possible de montrer que la contradiction dans leurs conclusions n'était pas le résultat d'approches largement divergentes, mais le produit d'une différence subtile entre leurs théories de base, voire même tenait à la spécificité de leurs goûts personnels respectifs.

Ces modes d'interprétation ne prétendent pas à l'historicité car ils ne tentent pas de reconstituer le fonctionnement mental des sages antérieurs. Mais ce n'est pas là que se situe véritablement la question. Chaque décision étant considérée comme une expérience scientifique, chaque *halakhah* comme la solution d'un fait empirique, il s'ensuit que l'on doit s'efforcer d'expliquer les choses le plus complètement possible et atteindre la vérité.

XXIX

ÉTRANGETÉS ET BIZARRERIES

La connaissance des méthodes de base du Talmud nous aide à comprendre un phénomène à première vue surprenant : les questions bizarres et étranges qui y sont parfois débattues. Les problèmes sur lesquels on se penche scrupuleusement et avec grand sérieux sont, pour une large part, d'ordre pratique et d'intérêt quotidien ; et, souvent, leur solution comporte des implications concrètes immédiates. Mais le Talmud traite aussi de questions dont il est fort peu probable qu'elles soient soulevées dans la vie de tous les jours et de problèmes qui, s'ils ne sont pas totalement irréalistes, n'en semblent pas moins absurdes dans la mesure où l'on discute de détails minuscules avec un sérieux qui paraît totalement disproportionné eu égard à la relativité de leur importance.

Quiconque s'est familiarisé avec les modes de pensée du Talmud est conscient de ce que l'élucidation hypothétique d'un problème élémentaire n'est jamais dépourvue de sens. Certaines questions posées dans le texte talmudique peuvent être insolubles, mais en recherchant une réponse, le sage présente un cas, un modèle, à l'aide duquel il essaye de clarifier la nature du problème. Un autre argument plaide en faveur de ces discussions. Le Talmud, pris globalement, n'ayant pas pour objet premier une application pratique, presque tous les problèmes sont d'importance comparable. Ce n'est pas le besoin immédiat d'une solution qui compte, mais l'intérêt intrinsèque de la question. Dans ces conditions, prétendre qu'un problème est coupé du réel serait un argument de peu de poids dans les cercles rabbiniques. Nous nous trouvons parfois confrontés à des constructions si denses et si complexes qu'il est presque impossible d'imaginer leur réalisation concrète. Et alors ? « C'est cela la Torah, et cela mérite donc d'être étudié. »

Les sages ont indiqué que plusieurs *halakhot* « n'ont jamais existé et n'existeront jamais » en raison des nombreuses limitations posées à leur application. « Pourquoi ont-elles été écrites ? Étudie et tu seras récompensé. » Cette approche sous-entend que les lois de la Torah elles-mêmes peuvent être comprises de telle manière que la possibilité de les réaliser sera extrêmement difficile. Pourtant, aucune restriction ne vient freiner l'examen détaillé de ces lois et de leurs implications, non seulement comme simple exercice intellectuel mais comme une étude véritable qui comporte sa propre récompense. Le Talmud, par exemple, rend compte d'une discussion particulièrement complexe sur le cas d'une souris qui apporterait des miettes de pain dans une maison qui vient d'être débarrassée de son *'hamets* pour la Pâque. Les sages se lancent dans une analyse de la souris, du nombre de miettes dans la maison avant et après son passage, de la possibilité qu'un rat pénètre dans la maison après la souris, et autres développements possibles. Ce discours sur les rongeurs occupe presque une page entière du Talmud et il est riche de théories intéressantes et de matériaux de référence, tous destinés à l'origine à résoudre le problème des miettes déposées par la souris. Il y a également un débat compliqué sur l'accouchement, en relation avec la question des droits de naissance, au cours duquel les sages examinent le problème du fœtus transféré d'un utérus à un autre. Un texte un peu plus récent s'interroge sur le personnage mythique du *golem* et se demande si un être de cette nature peut faire partie d'un *minyan*.

Nombre de ces questions étranges et pleines d'imagination ont un sens, y compris dans la sphère de la *halakhah* pratique, car les principes et règles issus de la discussion sont applicables ailleurs. Le discours sur les souris ou le *golem* étant aussi complet et précis que l'analyse de problèmes plus directement concrets, ses conclusions pourront toujours être reprises, au moins dans une certaine mesure, dans d'autres cas. Les problèmes les plus prosaïques peuvent quelquefois être résolus de cette manière. La position talmudique n'est pas sans rappeler la recherche théorique pure où les solutions de problèmes marginaux ou peu probables trouvent également leur application dans des questions pratiques. Les savants et les étudiants talmudistes ont longtemps su qu'il était impossible de prévoir les conséquences d'une étude, même si elle ne semblait d'aucune manière liée à une réalité.

D'autres conséquences pratiques de l'examen de ces questions étranges et lointaines ne sont pas toujours immédiatement perceptibles. Un problème peut paraître absurde et dépourvu de signification à une certaine époque pour acquérir brusquement une importance majeure plus tard, lorsque la technologie a franchi un stade nouveau. A cet égard, le Talmud étant ouvert à tout type et à tout niveau d'interrogation, il n'est pas surprenant que nombre de discussions perçues autrefois comme théoriques et irréalistes semblent aujourd'hui des prévisions incroyablement sensibles de problèmes désormais d'actualité. Un des sujets du débat talmudique, « la tour qui flotte en l'air », a été cité pendant des siècles comme un exemple des extravagances de l'imagination humaine. Les sages n'avaient à coup sûr jamais songé que naîtraient un jour des moyens mécaniques de construire des tours et des forteresses volantes ; ils n'étaient d'ailleurs pas particulièrement intéressés par cette question. Mais comme l'un d'entre eux avait par hasard posé le problème de savoir ce qui se passerait si une tour flottait dans l'air, ils se mirent avec enthousiasme à examiner tous les aspects possibles de la question. Ces visions n'apparaissent plus aujourd'hui si tirées par les cheveux ni si absurdes et, de fait, leur discussion nous permet maintenant de résoudre des problèmes très réels.

De même, les savants et les codificateurs du Talmud ont consacré une attention considérable à la question de l'insémination artificielle des femmes et aux complications qui s'ensuivraient quant au statut juridique et moral de la mère et de l'enfant. Il a fallu près de deux millénaires pour que cette question acquière un sens pratique ; et nombre de discours qui nous semblent aujourd'hui parfaitement dénués de consistance pourraient bien demain fournir les réponses à d'importantes interrogations. Le débat sur le *golem*, pour ne prendre que cet exemple, n'est qu'une des nombreuses références au problème de la définition de la nature humaine et de ses limites, et certaines discussions abordent des questions particulièrement bizarres. Ainsi, le Talmud de Jérusalem se penche sur le cas d'un homme qui aurait une tête d'animal et sur celui d'un animal qui aurait tête humaine et évoque, en partie pour le plaisir de l'exercice intellectuel, les complications qui pourraient advenir à la suite d'un tel « dédoublement de la personnalité ». Ce problème particulier n'a pas encore d'application (sauf de façon très limitée dans le cas d'une *halakhah* relative aux enfants malformés que le Talmud discute très longuement), mais on ne saurait exclure que l'on y fasse un jour appel pour une question tout à fait moderne.

Mais les sages ne se préoccupaient pas des aspects pragmatiques, car leur objectif n'était pas la solution de problèmes humains mais l'étude pour elle-même. Ils avaient toujours recours à des modèles fondés sur le monde qui les entourait, même si ces constructions passaient, de leur temps, pour irréelles. Une des interrogations les plus fréquentes dans le Talmud est *hikhi dami* ? (comment exactement la situation peut-elle être décrite ?). La question est posée lorsque les sages souhaitent éclaircir un sujet avec plus de précision et de profondeur parce que la décision d'où part la discussion est trop abstraite ou trop générale et que seule la construction d'un modèle peut permettre d'atteindre la vérité. Ces modèles montrent souvent qu'une décision qui paraissait simple et efficace dans l'abstrait est en fait totalement invraisemblable ou anormale et exige rectification.

L'avantage du recours aux modèles devient encore plus clair dans le cours de l'élucidation. Même lorsque les modèles sont construits par la combinaison de deux systèmes (conformément à la théorie selon laquelle les divergences d'opinions doivent être conciliées dans toute la mesure du possible), ou bien par la tentative inlassable de résoudre des problèmes abstraits en les ramenant à des termes concrets, le résultat, pour alambiqué ou étrange qu'il puisse être parfois, est plus efficace que n'importe quelle analyse abstraite. La construction d'un modèle permet d'examiner tous les éléments de la question et les interactions entre ses différents facteurs.

Il n'y a donc rien de surprenant dans l'étrangeté de certaines des explications les plus irréalistes. Dans le contexte de la pensée talmudique, elles sont d'une importance majeure et produisent quelquefois les solutions les plus satisfaisantes. Leurs conséquences concrètes nombreuses et, pour certaines, étonnamment utiles à la postérité, doivent être considérées comme le produit de cette manière de penser, d'une originalité totale.

XXX

L'ÉTUDE DU TALMUD

Ouvrage aux facettes multiples, objet principal de l'étude juive pendant des siècles, le Talmud a été étudié suivant des systèmes très divers, adaptés aux particularités respectives des lieux et des époques. Le contraste entre la méthode exégétique séfarade et nord-africaine d'un côté, avec sa tendance à considérer les problèmes dans leur globalité, et la méthode achkénaze et française de l'autre, et son intérêt pour le Talmud dans ses détails les plus infimes, illustre des différences fondamentales dans le mode comme dans le but de l'étude. Pour une large part, le système séfarade se concentrait sur la *halakhah* et les décisions halakhiques. Ce souci d'aboutir à des conclusions halakhiques exigeait une approche spécifique de l'interprétation des différents problèmes et de leurs corrélations. Même lorsqu'elle n'était pas directement destinée à trouver des réponses juridiques pratiques, l'approche séfarade se préoccupait toujours d'étudier toutes les conclusions qui pourraient éventuellement dériver des diverses opinions et des divers systèmes. C'est pourquoi, sans jamais éluder les points de divergence les plus délicats, elle essayait néanmoins de dégager un commun dénominateur, c'est-à-dire une conclusion pratique. Dans la tradition séfarade, les commentateurs du Talmud poseront toujours, après examen minutieux de chaque théorie ou opinion, la question : « Quelle conclusion devons-nous tirer de cette conjecture ? » Le sage en quête d'une solution à un problème donné appliquera souvent à sa sphère d'intérêt immédiat des éléments tirés de discussions antérieures sur d'autres sujets. Les sages espagnols et ceux qui ont suivi leurs traces ont ainsi souvent découvert des implications pratiques ou des conclusions décisives jusque dans les chapitres aggadiques du Talmud.

Cette méthode d'étude halakhique allait connaître un déclin certain après l'expulsion des juifs d'Espagne en 1492. Les codificateurs n'eurent, au cours des âges, d'autre choix que de s'y référer pour ordonner leur matériau, mais ce type de littérature (dans les grands travaux de codification ou de *responsa*) n'est plus guère étudié. Nombre de sages achkénazes, pourtant, avaient une prédilection pour la méthode séfarade et tentèrent d'en promouvoir un usage plus étendu au sein de leurs communautés. Parmi eux, se détache le célèbre Maharal de Prague ; et ses élèves rédigèrent plusieurs ouvrages inspirés par cette méthode dont ils considéraient qu'elle incitait à une pensée directe et concluante. Mais, malgré leurs efforts, elle n'allait jamais prendre racine dans le monde achkénaze.

La méthode franco-achkénaze était fondamentalement différente. On peut dire, dans une certaine mesure, qu'elle se situe dans la continuité des modes de pensée talmudiques, le but étant de créer, en quelque sorte, un Talmud du Talmud. Autrement dit, le Talmud devenait un texte de référence ; ses sources et opinions étaient comparées et analysées par les sages qui tentaient d'atteindre un niveau élevé de compatibilité et d'uniformité. Les tossafistes, représentants classiques de cette méthode, l'amenèrent à un degré proche de la perfection et leurs élèves poursuivirent sur la voie ainsi tracée. Au cours des deux derniers siècles du Moyen Age, cette méthode s'étendit jusqu'à s'appliquer aux œuvres des commentateurs classiques eux-mêmes. Il y avait déjà eu, au Moyen Age, des études portant non seulement sur le texte talmudique mais aussi sur le commentaire rédigé par Rachi, résultats d'une tentative systématique de comprendre et d'interpréter les méthodes de ce dernier.

Les techniques variaient d'une académie à l'autre et l'on retrouve mention de celles d'Augsburg ou de Nuremberg (du nom de leurs villes d'origine); elles se distinguaient les unes des autres par les questions clés posées au cours de l'étude. Elles suivaient toutes un même schéma directeur et furent à l'origine de ce que l'on a appelé *'hiloukim* ou *pilpoul* (casuistique dialectique). Le rabbin Yaakov Polak, qui vécut en Allemagne au XVIe siècle, fut le père de la méthode des *'hiloukim*. Exigeant une grande agilité d'esprit, ce système essaie de générer une harmonie entre des questions incompatibles et d'expliquer les problèmes en usant de principes respectivement inflexibles et non toujours liés directement à la compréhension du texte talmudique en soi. On trouve une illustration de l'une de ces méthodes dans l'analogie avec le système talmudique du *makchan* (questionneur) et du *tartzan* (répondeur) : le Talmud expose souvent deux points de vue, un sage exprimant son opinion, un autre, le *makchan*, l'attaquant et fondant son argumentation sur d'autres sources, et le premier, le *tartzan*, défendant sa théorie de départ.

Selon une des méthodes des *'hiloukim*, on donnait aux controverses l'explication suivante : après la première interrogation, l'exposant déclare : « Vous n'avez pas bien compris ma méthode, car je me réfère à quelque chose d'autre. Mais vous avez tort même du point de vue de *votre* propre méthode et de votre façon de comprendre. » Le questionneur le presse alors : « J'ai très bien compris votre théorie, et mon interrogation, malgré ce que vous prétendez, est en rapport direct avec la question. Mais même si j'accepte l'idée que je ne vous ai pas bien compris, ma question n'en est pas moins, selon votre propre approche, parfaitement justifiée. » Et ainsi de suite à l'infini, selon le nombre d'interrogations et d'explications figurant dans le Talmud. Il est évident qu'une telle méthode exige une intelligence particulièrement incisive. On remarquera, cependant, qu'elle n'est pas un pur produit du Moyen Age mais qu'elle apparaît déjà dans le Talmud où l'on prétend parfois qu'un sage n'a pas correctement compris les arguments de son collègue et l'a attaqué à tort. Une discussion prolongée, selon les règles de cette méthode, est parfois considérée, bien qu'elle exige un effort intellectuel impressionnant, comme un passe-temps dénué d'importance théorique majeure.

La méthode des *'hiloukim* trouva un terreau fertile où s'épanouir, car elle offrait aux protagonistes des occasions de faire montre d'agilité mentale et d'éclat intellectuel. Elle était souvent utilisée pour découvrir des différences infinitésimales, presque imperceptibles, entre des systèmes ou des maximes identiques et pour élaborer des structures logiques compliquées qui n'étaient pas toujours destinées à être prises au sérieux. Dans les siècles qui suivirent, elle suscita de nombreuses anecdotes. Une parodie célèbre met en scène un rabbin qui demande à son disciple pourquoi la lettre *peh* (p) est nécessaire dans le mot *kora'h*. Lorsque le disciple lui répond que cette lettre n'apparaît pas dans ce mot, le rabbin insiste : « Supposons un instant qu'elle y soit. » « Mais pourquoi devrait-elle donc y être ? » demande le disciple ; « C'est exactement ce que je viens de te demander », lui répond le rabbin. Cette satire révèle un autre aspect de la méthode, qui est un certain manque d'attention pour le texte talmudique : de telles théorisations pouvaient conduire à des conclusions qui, confrontées aux sources textuelles, n'auraient pas tenu un instant.

La méthode des *'hiloukim* souleva l'opposition de nombreux sages et le Maharal ne fut pas seul à juger qu'elle encourageait un éclat intellectuel fallacieux et que, si c'était là le but recherché, il aurait mieux valu, plutôt que de déformer la Torah, se plonger dans les subtilités du jeu d'échecs. D'autres sages exprimèrent leur opposition vigoureuse au *pilpoul* lorsque celui-ci versait dans l'extravagance. A la suite du rabbin Samuel Edels, le Maharcha, les grands commentateurs du Talmud réintroduisirent une méthode plus systématique qui incluait l'étude des *tossafot* en tant qu'objet d'examen et de comparaison. Ils suivirent néanmoins la démarche des tossafistes en s'attachant à puiser dans le Talmud tout ce qu'il était possible d'en extraire et de conserver un minimum de modération dans les conclusions et dans l'exposé des problèmes. *Pilpoul* et *'hilouk* étaient encore pratiqués il y a quelques dizaines d'années, principalement en Pologne, où, périodiquement, les plus grands sages faisaient montre de leurs talents dans ces techniques encore qu'ils les aient souvent considérées comme des jeux intellectuels plutôt que comme des méthodes d'étude sérieuses.

La *halakhah* connut un regain de faveur aux XVIe et XVIIe siècles chez les sages les plus importants ; bien que leurs méthodes d'études talmudiques n'aient pas été rigoureusement halakhiques, cet intérêt contribua à réduire les tendances « pilpouliques » et à introduire des modes d'analyse plus rigoureux. Les méthodes critiques du Maharcha, puis du Gaon de Vilna au XVIIIe siècle, furent à l'origine d'une école de pensée originale mais qui ne parvint pas à son plein développement. Ces savants commencèrent à manifester de l'intérêt pour la nature des textes qu'ils examinaient et prouvèrent qu'il était souvent possible de débrouiller les problèmes les plus inextricables non pas en cherchant des solutions « pilpouliques » dépourvues de toute vraisemblance mais en dégageant de meilleures formulations. Le Gaon de Vilna, qui poursuivit l'œuvre des tossafistes dans un domaine précis, réussit à établir des distinctions subtiles entre diverses strates et approches du Talmud lui-même. On peut parfois appréhender plus clairement certains sujets en abandonnant la recherche de l'harmonie pour tenter d'analyser les problèmes *per se*, en reprenant les opinions de ceux qui les avaient exposés à l'origine. Bien que cette technique n'ait jamais été poussée jusqu'à sa perfection, elle constitue le noyau de la plupart des études modernes du Talmud, où l'on se préoccupe plus des formulations et des rapports entre sources primitives et commentateurs plus récents. Si cette méthode ne fut pas poussée jusqu'au bout, c'est essentiellement parce qu'on la rejeta au profit d'approches moins austères. Des sages éminents penchaient pour la méthode critique, fondée sur l'analyse des textes eux-mêmes, en particulier pour les discussions de base sur des questions essentielles. Le recours à cette méthode fut favorisé par la découverte et la publication de plusieurs manuscrits anciens du Talmud (tels les fameux manuscrits de Munich) ainsi que par la publication et la diffusion des œuvres des premiers commentateurs, et notamment des grands savants espagnols. La découverte de ces commentaires ouvrit la voie à une compréhension renouvelée de textes que l'on avait interprétés jusque-là suivant des techniques spécifiques et vint également enrichir la critique de l'exégèse talmudique.

Les communautés séfarades et achkénazes avaient toutes tenté de comprendre le Talmud à la lumière des méthodes qui s'y trouvaient contenues. Au fil des temps, s'était constitué un corpus de travail qui traitait des « règles du Talmud », c'est-à-dire de ses manières d'attaquer les problèmes. Cette littérature, en partie très technique, a été utilisée tant par les grands commentateurs que par les codificateurs ; mais elle peut aussi servir à analyser le Talmud selon ses propres méthodes, ainsi qu'à classer et à définir ces méthodes. Un grand nombre de sages importants ont repris les méthodes talmudiques tout en les adaptant ; mais ce système ne devait jamais se répandre véritablement.

La recherche sur les travaux halakhiques de Maïmonide encourageait l'enseignement en profondeur de techniques d'étude diverses. Contrairement à la plupart des savants qui l'ont précédé ou suivi, Maïmonide, dans ses écrits sur le Talmud ou sur les commentaires, ne mentionnait pas les sources textuelles, même si toutes ses décisions sont fondées sur le Talmud. Ses travaux eux-mêmes devinrent donc très vite sujets de recherche, et les savants s'efforçaient de retrouver ses sources et les critères de ses choix parmi elles.

Chaque génération a usé pour cette étude des méthodes exégétiques en cours à son époque. Au départ, il s'agissait de retrouver les sources évidentes et certains commentateurs ne tentèrent pas de défendre le point de vue de Maïmonide face aux critiques de ses contemporains. Plus tard, certains savants ne se bornèrent pas à essayer de déchiffrer ses textes mais tentèrent aussi de les justifier. Il ne leur suffisait pas de découvrir les origines des décisions de Maïmonide ; ils se fixaient également pour but de synchroniser les diverses sources talmudiques, voire de faire disparaître les anomalies. Le développement de ces méthodes, dans une tentative d'établir les intentions spécifiques de Maïmonide, est devenu une part essentielle des études talmudiques contemporaines.

Dans certaines communautés, notamment en Hongrie, on mit au point la méthode du *lechitato*. C'était une tentative d'expliquer l'enseignement des sages de la Michnah et du Talmud en compilant les opinions exprimées par une personnalité unique, à partir de sources diverses et en faisant appel, pour faire le lien entre elles, à une certaine dose de *pilpoul*. La méthode est ancienne et le Talmud s'engage souvent lui-même dans ce genre de clarifications essentielles afin de dégager le dénominateur commun contenu dans les théories exposées par un même sage sur des problèmes très différents.

Le XIXe siècle a vu s'épanouir la méthode lituanienne, fruit, en grande partie, du travail intellectuel de Rabbi'Haïm de Brisk dont les nombreux disciples reprirent la méthode, la poussant parfois à l'extrême. Il s'agit, pour une large part, d'une tentative logique de préciser les différents problèmes talmudiques par des définitions abstraites plus générales en recourant à diverses distinctions juridiques (citées pour quelques-unes dans le Talmud), afin d'expliquer des problèmes ou de concilier des positions contradictoires. Parmi les outils techniques utilisés par cette méthode, on trouve des définitions aussi fondamentales que la distinction entre *'haftza* et *gavra*, c'est-à-dire entre les obligations imposées à un objet et celles pesant sur un être humain, ou que les « deux *dinim* », tentative de distinguer entre les deux composantes théoriques d'un acte ou d'une obligation donnés, ses aspects positif et négatif, par exemple. Plusieurs académies reprirent ces méthodes scolastiques en y introduisant chacune ses innovations et classifications propres. Cela n'était pas sans rappeler quelque peu les méthodes de recherche en droit théorique, mais leur application au Talmud fut extrêmement stimulante pour les étudiants et leur permit de projeter sur bien des concepts une lumière radicalement nouvelle. Ces méthodes, qui ont acquis une grande popularité dans les *yechivot* contemporaines, se sont aussi attiré leur part de critique car elles violent la discipline de la référence aux méthodes propres et aux modes de pensée internes du Talmud. Plusieurs très grands talmudistes de notre époque ont choisi de se tourner vers d'autres systèmes, élaborés de plus longue date et moins spéculatifs.

XXXI

TALMUD ET *HALAKHAH*

Contrairement à la Michnah, le Talmud n'est pas dans son essence un ouvrage de *halakhah*, même s'il est, sans l'ombre d'un doute, le texte halakhique le plus important jamais composé et celui qui fait le plus autorité. En dernière analyse, toute *halakhah* repose sur le Talmud et, chaque fois qu'il y a doute c'est à lui que l'on se reporte. Autrement dit, la source primordiale du corps de la loi juive n'est pas en soi un ouvrage juridique. Lorsque l'on utilise le Talmud comme guide de procédure légale, il ne suffit pas d'en extraire les chapitres qui se rapportent à des questions pratiques ; il est aussi indispensable de faire appel aux appareils critiques élaborés par les *savoraïm* et par les *gueonim*. Les méthodes de dérivation de la *halakhah* à partir du Talmud sont, dans une certaine mesure, inhérentes au Talmud lui-même et les *gueonim* n'ont fait que les étendre, créant règles et méthodes complémentaires. Les plus grands codificateurs juifs ne se sont pas seulement efforcés de faire apparaître de nouvelles lois ou de nouveaux aspects halakhiques, ils ont aussi continué à chercher des principes complémentaires.

Le Talmud comporte un nombre considérable de décisions sur des sujets très divers et un nombre plus considérable encore de débats et de controverses. Le Talmud de Jérusalem exprime clairement les modalités pratiques d'une décision juridique : « On ne peut s'appuyer ni sur les *mich-*

nayot, ni sur les *tossafot*, ni sur les *aggadot*, ni sur les *midrachot*, mais sur la *halakhah* pratique. » En d'autres termes, les textes, à l'intérieur et à l'extérieur du Talmud, ne peuvent servir de référence à une *halakhah* contraignante, car il n'est pas suffisant de poser qu'un fait a été définitivement réglé sur la base d'un certain texte. Il faut beaucoup plus que cela : il faut connaître la place occupée par cette décision dans l'ensemble du corpus juridique. Un énoncé peut apparaître dans une certaine *michnah* et se révéler ultérieurement en contradiction avec une autre *michnah* ; ou encore un consensus général se faire autour d'une troisième *michnah*. C'est pourquoi seule une décision qui peut être mise en pratique, où le savant décide (ou agit) et explique qu'il le fait en vertu d'une *halakhah*, peut avoir valeur contraignante.

Le Talmud ne fait pas souvent explicitement référence à de telles décisions ; et il n'est pas toujours facile de trouver des énoncés univoques. Mais c'est dans cette perspective que les *amoraïm* entreprirent d'élaborer certaines règles de décision halakhique pour la Michnah. Ils fixèrent par exemple des règles sur la manière d'évaluer diverses formes d'expressions rencontrées dans la Michnah. De nombreux sages éminents ont repris à leur compte le précepte « *halakhah ki-stam michnah* », selon lequel toute décision michnique anonymement enregistrée devait être acceptée comme *halakhah*. Cela ne résolvait pas tous les problèmes, mais facilitait la tâche d'élaboration des approches fondamentales. De nombreuses règles auxiliaires, relatives aux relations particulières entre *stam* (*michnah* anonyme) et controverses, furent ajoutées et les sages réfléchirent également aux moyens de régler les divergences entre *tannaïm*.

Dans certains cas, on établit des règles fixes : « quand Rabbi Yossi et Rabbi Yéhouda ne sont pas d'accord, l'opinion du premier prévaut ; quand Rabbi Meïr et Rabbi Yéhouda ne sont pas d'accord, c'est l'opinion de ce dernier qui est acceptée », etc. On adopta plus tard la même méthode pour trancher les controverses entre sages du Talmud. Sur plusieurs questions fondamentales, des normes plus ou moins fixes furent mises au point, par les *savoraïm*, semble-t-il. Ainsi, quand Rav et Samuel divergent, l'opinion du premier l'emporte pour les questions relatives aux lois rituelles et celle du second en matière de droit civil. Dans les controverses entre Abbayé et Rava, ce sont les décisions de Rava qui sont acceptées, à quelques exceptions près. Ces règles, bien que limitées en nombre, constituent le fondement de décisions de grande portée. D'autres règles fondamentales ont été établies : par exemple, pendant un certain temps, l'opinion d'un étudiant ne peut prévaloir sur celle de son maître ; mais, une fois écoulée une certaine période, la décision est toujours prise conformément à l'avis du « savant le plus récent » dont on suppose qu'il avait de bonnes raisons de contester les énoncés de ses prédécesseurs. La combinaison de toutes ces règles constituent finalement un vaste code applicable à une immense proportion des débats rapportés dans le Talmud et permettant aux savants de déduire une *halakhah* là où le Talmud s'en abstient.

A ces principes simples viennent s'ajouter d'autres règles fondées sur des considérations de style et sur le fait que le Talmud accorde une attention scrupuleuse au détail. S'il arrivait qu'un certain problème ne fût pas résolu dans le Talmud et que les noms des sages exprimant des vues opposées fussent inconnus, empêchant ainsi l'application des règles, les principes établis par les *gueonim* ou par les sages de la première génération pouvaient être appliqués. Chaque *teko* (problème n'ayant pas trouvé de solution satisfaisante) dans le Talmud est classé comme cas douteux et traité en conséquence. Si le doute implique un précepte de la Torah, la loi se range à une opinion sévère ; s'il s'agit d'une question rabbinique, elle est plus clémente. Elle est généralement stricte pour ce qui relève des interdits, mais, dans les procès civils, la charge de la preuve incombe au plaignant. Compte tenu des méthodes éditoriales du Talmud, la plupart des codificateurs ont considéré que, lorsque le Talmud propose deux solutions pour un même problème, c'est la seconde qu'il faut retenir en tant que *halakhah* contraignante. Ce guide offre donc des éclaircissements même lorsque, d'un point de vue purement théorique, il y aurait place pour une différenciation entre plusieurs solutions possibles. Se posait aussi la question de savoir que faire lorsque des sources talmudiques se contredisaient mutuellement. La règle dans ce cas était que la priorité halakhique devait être donnée à l'énoncé apparaissant dans la *souguiya* se rapportant réellement au sujet spécifiquement concerné.

Au-dessus et au-delà de toutes ces règles détaillées et largement mécaniques, il est un principe que le Talmud lui-même considère comme le test le plus important de la validité d'une décision : c'est la clarification de la conclusion talmudique globale sur un certain problème. Cela n'est pas toujours explicite dans le texte, et seule l'étude des diverses *souguiyot* peut révéler que le Talmud accepte certaines idées comme fondamentales tandis que d'autres, qui ne sont pourtant jamais explicitement rejetées, ne sont pas appliquées.

Des méthodes mécaniques simples ne sauraient suffire pour discerner ces distinctions subtiles ; elles doivent être combinées avec un niveau de connaissance élevé afin que l'on puisse déduire des conclusions valides. Il peut arriver qu'une source semble indiquer une certaine direction tandis qu'une autre conduit à une conclusion contraire. La grande majorité des débats entre les sages à propos de décisions halakhiques est une extension de ces problèmes. Il est quelquefois possible d'interpréter un chapitre de deux manières différentes ou d'appliquer une *halakhah* à plusieurs cas, et il n'existe pas toujours de voies clairement tracées pour déterminer la vérité. Au long des siècles, la littérature halakhique s'est concentrée sur une tentative de découvrir la *halakhah* contraignante figurant au milieu de théories possibles fort nombreuses. Bien des controverses qui ont opposé les codificateurs entre eux trouvent leur origine dans des réponses divergentes à la question de savoir quelles sont les *halakhot* contraignantes et comment les interpréter.

Un problème grave se posa, par exemple, lorsque l'on voulut établir un ordre de priorité clair, non seulement à l'intérieur du Talmud mais aussi pour les autres textes traitant du même sujet. Les *gueonim* ont soulevé la question de savoir dans quelle mesure on pouvait faire confiance au Talmud de Jérusalem lorsqu'il contredit ou complète le Talmud de Babylone. Ils se prononçaient habituellement en faveur de ce dernier parce qu'il jouissait du double avantage d'être plus récent et d'avoir bénéficié d'une mise au point plus précise et plus responsable. Mais l'une des questions les plus courantes en matière halakhique est celle de la position à adopter lorsque le Talmud de Babylone, en raison d'un doute, n'a rien prévu concernant un problème donné, tandis que celui de Jérusalem a enregistré une décision. De nombreux sages, y compris Maïmonide, tendaient, dans de pareils cas, à accepter le jugement du Talmud de Jérusalem, mais ce n'était pas là opinion unanime. Il n'y avait pas non plus consensus quant au statut halakhique et au degré d'importance des *midrachim* sur la *halakhah* et sur la *aggadah*. Tout au long des âges, ces questions ont suscité des débats halakhiques et pratiques.

D'une façon générale, l'étude et l'analyse du Talmud et sa vision en tant que corpus détaillé en matière juridique d'où l'on peut tirer des déductions demeurent encore aujourd'hui les outils fondamentaux de l'étude halakhique. Par l'examen approfondi d'une certaine *halakhah* et de toutes les tentatives de résoudre les problèmes qui ne sont pas explicitement discutés dans la loi, les compilations ramènent le savant vers la source, le Talmud lui-même. De plus, des conclusions peuvent être tirées à partir des décisions citées, par la comparaison de textes divers et par la reprise de débats anciens. Pour toutes ces raisons, le Talmud, sans être lui-même une œuvre de *halakhah*, a pu constituer la source halakhique primordiale.

XXXII

LA *AGGADAH* DANS LE TALMUD

Pour un quart environ de son volume, le Talmud de Babylone peut être considéré comme traitant de *aggadah*; dans le Talmud de Jérusalem, la proportion est plus faible, mais demeure importante. Comme il est extrêmement difficile de donner une définition satisfaisante de ce que couvre le vocable de *aggadah*, on a coutume de commencer par une définition négative : tout ce qui dans le Talmud ne relève ni de *halakhah* ni de discussion halakhique appartient au domaine de la *aggadah*. Si la *aggadah* est si difficile à définir, c'est, entre autres raisons, parce que le matériau aggadique n'est pas tout d'une pièce; il s'agit d'une série de structures divisées en plusieurs catégories.

Une partie de la *aggadah* est midrachique et consacrée à l'interprétation des versets bibliques qui ne sont pas sources de conclusions halakhiques pratiques. Une autre partie est tournée vers les enseignements éthiques et homilétiques sur des thèmes divers. Les sages ne se cantonnaient pas à l'expression d'opinions en matière de *halakhah*; ils donnaient aussi des conseils d'éthique et de comportement. Le traité *Avot* de la Michnah est l'exemple d'une compilation d'enseignements de ce type, mais tous les traités comportent en fait des allusions à ces sujets. La *aggadah* talmudique relate aussi des anecdotes sur les grands hommes et il faut ici faire une différence entre les légendes sur des personnages bibliques et leurs actions (parfois étayées par des citations de versets appropriés) et les anecdotes ou récits plus longs concernant les sages de la Michnah ou du Talmud. A cela il convient d'ajouter le matériel aggadique sur des questions religieuses et théologiques qu'on ne peut inclure dans le domaine de la *halakhah*, les relations entre Dieu et l'homme par exemple, ou bien la venue du Messie. On trouve encore dans la *aggadah* des contes populaires, des proverbes, des dictons et, comme les sages prêtaient attention à presque tous les sujets possibles et imaginables, c'est un pot pourri de récits de voyages, de questions philologiques, de conseils commerciaux, d'allusions médicales et d'histoire.

Bien que tous ces thèmes puissent difficilement être réunis sous un vocable unique précis, les sages distinguaient entre *halakhah* et *aggadah* ; mais leurs définitions étaient plus personnelles que catégoriques. Certains sages se vouaient presque exclusivement à la *halakhah* et ne portaient qu'un intérêt limité à la *aggadah* ; d'autres, par contre, étaient connus comme *rabban de-aggadata* (sages de la *aggadah*) en raison de leur prédilection pour les diverses sortes de *midrach aggadah*. La division était essentiellement affaire de goût et d'aptitude personnels. La majorité des grands savants étaient érudits dans les deux domaines ; Rav à Babylone et Rabbi Yo'hanan en Palestine, Abbayé et Rava, Ravina et Rav Achi avaient étudié les deux sujets et leurs études de la *aggadah* étaient aussi approfondies que leurs conclusions sur la *halakhah*. Mais certains sages ne pénétraient pas très avant dans la *aggadah* et se considéraient comme ignorants en la matière. Un sage à qui l'on demandait d'expliquer pourquoi la lettre *tet* n'apparaissait pas dans les Dix Commandements sur les premières tables de la Loi répondit : « Puisque vous me demandez pourquoi la lettre *tet* n'apparaît pas là, vous devriez me demander s'il est vrai que cette lettre n'y apparaît pas. Il vaudrait mieux que vous vous adressiez à un autre savant expert en la matière. » En fait, les sages aggadiques possédaient, sur ce point précis, plusieurs explications. Mais même les sages qui ne consacraient guère d'attention à la *aggadah* ou à l'interprétation scripturale parce qu'ils ne se sentaient pas suffisamment armés (exactement comme d'autres sages se sentaient incapables de résoudre des problèmes halakhiques) ne la considéraient pas moins comme un domaine important.

Il y avait, bien sûr, des savants totalement engagés dans l'étude de la *aggadah*. Parmi eux, Abahou de Césarée qui prit en ces termes la défense d'un de ses collègues : « J'ai dit qu'il était un grand homme par sa connaissance de la *halakhah* ; mais je n'entendais pas par là qu'il fût savant en matière de *aggadah*. » Interrogé sur les raisons pour lesquelles il était si compétent en interprétation scripturale, Abahou expliqua que, obligé de débattre avec des chrétiens et des incroyants, il avait ressenti le besoin d'étudier le sujet de plus près que ses collègues. On raconte qu'il arriva à Césarée avec un collègue qui fit un profond sermon sur la *halakhah* tandis que Rabbi Abahou devait parler de *aggadah*. La plupart des gens choisirent d'écouter Abahou, seule une minorité se rendant au sermon halakhique. Pour apaiser son collègue, Rabbi Abahou lui raconta la parabole suivante : « Si deux marchands arrivent dans une ville, l'un apportant des lingots d'or et l'autre de la mercerie, c'est vers ce dernier que se précipiteront la plupart des clients. » En d'autres termes, la *halakhah* ressemble à des lingots, lourds et précieux, que tout un chacun n'est pas susceptible de payer et d'apprécier, tandis que la *aggadah* est aisément accessible et, par conséquent, bien plus populaire. On a dit plus tard qu'avec les pressions économiques et les craintes politiques, le peuple préférait écouter la *aggadah* consolatrice plutôt que de consacrer une attention soutenue à une *halakhah* compliquée.

Cela ne signifie pas que l'on attribuait à la *aggadah* une valeur moindre. *Aggadah* et *halakhah* étaient toutes deux Torah, elles reflétaient, chacune à sa manière, un aspect différent de la vérité. Dans un texte, les sages comparent la *halakhah* à la viande et la *aggadah* au vin, soulignant la différence entre l'aliment qui nourrit et la boisson qui réjouit. En fait, la *aggadah* était souvent considérée comme une porte vers l'élévation spirituelle et l'on disait : « Si tu veux connaître Celui qui a parlé et a créé le monde, étudie la *aggadah.* » La *aggadah* tirait une inspiration constante de l'ésotérisme, mais contrairement à l'Acte de Création et au Char Divin dont l'étude était réservée aux savants les plus remarquables, la *aggadah* pouvait être définie comme une vulgarisation des enseignements ésotériques. Nous y trouvons souvent des sujets et des idées dont le développement tient effectivement de l'ésotérisme. Mais, exposés allégoriquement ou d'une manière simple, ils ne dévoilaient aucun mystère et pouvaient aussi satisfaire les besoins spirituels.

Les sermons prononcés par les sages dans les synagogues portaient généralement sur la *halakhah* et sur la *aggadah.* Quelques sages se rangèrent à l'avis du *tanna* Rabbi Meïr, dont le sermon habituel était composé d'un tiers de *halakhah,* d'un tiers de *aggadah* et d'un tiers de fables. Le sermon s'ouvrait quelquefois sur un enseignement aggadique pour attirer les fidèles et se poursuivait avec la *halakhah* ; d'autres fois, on y étudiait un problème halakhique en le truffant de *aggadah,* de légendes et d'enseignements homilétiques. Et même dans des contextes plus formels, lorsque le rabbin exposait des questions halakhiques aux étudiants de son académie, l'usage voulait qu'il commençât avec des choses plus légères — y compris des mots d'esprit — pour ne passer aux problèmes halakhiques plus difficiles que lorsque régnait une atmosphère détendue.

Les rabbins traitaient la *aggadah* avec autant de sérieux que tout autre domaine de la Torah. Cela ne veut pas dire qu'ils étaient incapables d'humour ou fermés à la joie ; mais même lorsqu'ils racontaient des histoires amusantes, des fables ou des dictons, ils n'avaient pas le sentiment de sortir des limites de la Torah et d'entrer dans le profane. Les

« conversations quotidiennes des savants » elles-mêmes étaient tenues pour dignes d'être étudiées et, dans bien des cas, les sages faisaient ressortir que des conclusions (parfois d'une grande portée halakhique) pouvaient être déduites des conversations apparemment sans conséquence des grands savants. On soulignait que les plaisanteries étaient interdites (sauf celles aux dépens de l'idolâtrie qui, elles, n'étaient pas seulement licites mais encouragées), mais cela n'empêchait pas les sages de faire des remarques empreintes d'humour sur des sujets généraux, ou parfois lorsqu'ils se critiquaient mutuellement. Mais on insistait sur le fait que cet humour ne devait pas être entaché de malveillance ou d'esprit profane et que les conversations de tous les jours ne devaient pas être licencieuses ; même des remarques ne relevant pas de la *halakhah* devaient être porteuses de sens.

Ainsi, la légèreté est le signe d'une attitude positive face à la vie dans son ensemble et sous-entend qu'il n'y a rien au monde qui soit totalement négatif ni aucun sujet indigne d'intérêt. On prête attention à des questions sans importance et la gravité rabbinique signifie qu'un sujet mérite d'être discuté, mais ne veut pas dire absence d'humour. Lorsqu'ils citent un dicton populaire, les sages s'y arrêtent souvent et trouvent qu'il correspond à quelque chose qui a été dit dans la Bible ou ailleurs, démontrant par là que le peuple possède sa propre sagesse et n'est pas inférieur aux plus grands sages. Lorsque l'on demande à un sage : « Pourquoi toutes les créatures dominent-elles les souris ? », celui-ci n'écartera pas la question d'un sourire, même si sa réponse peut éventuellement être teintée d'humour. Les sages ont considéré que l'injonction biblique « Ne réponds pas au fou dans sa folie », qui interdit de prêter attention aux remarques dénuées de sens, ne vaut qu'en matière de coutumes et de savoir-vivre, lorsqu'il vaut mieux garder le silence. Mais s'agissant de Torah, on juge souhaitable de répondre au fou. Toute question mérite réponse, même si la réponse à une question stupide peut être de la même eau.

Cette attitude d'équilibre vis-à-vis de toute chose et de tout phénomène, qui était également adoptée par les auditeurs, permettait aux sages de discuter de tout sujet de leur choix, même lorsque ce sujet n'était pas toujours inclus dans la discussion générale. Rabbi Yo'hanan a fait un discours public sur la manière de préparer un remède contre le scorbut, en partant du principe que tout thème d'intérêt public devrait être discuté publiquement. Des remarques allégoriques en apparence étaient parfois déguisées en devinettes ou en fables dont on était certain qu'elles seraient comprises des assistants les plus simples. Aussi longtemps que les maîtres pensaient que leurs remarques ne pouvaient blesser personne, ils n'hésitaient pas à les transmettre à leur guise. C'est pourquoi nous trouvons une quantité considérable de matériel aggadique qui ne peut être compris que métaphoriquement, bien que la morale n'en soit pas toujours exposée, soit parce que les sages répugnaient à pénétrer dans les sphères de l'ésotérisme, soit parce qu'ils ne voulaient pas diffuser une connaissance qui pourrait se révéler dommageable à l'auditeur non éduqué. C'est presque certainement le caractère pittoresque du style talmudique qui a amené les sages à composer des légendes dans lesquelles le Tout-Puissant et Ses anges sont dépeints comme des personnages vivants et humains. Il est très probable qu'une partie de l'auditoire ne comprenait pas tout ce qu'il entendait mais du moins pouvait-il prendre plaisir aux leçons et aux sermons, le contenu plus profond n'étant accessible qu'aux sages éminents.

Parmi les plus célèbres des récits talmudiques se trouvent les récits de voyage de Raba Bar Bar 'Hana qui décrit les merveilles de ses périples au-delà des mers et des déserts. Ils étaient, pour la plupart, à juste titre compris comme étant des allégories sur la foi, la politique ou d'autres domaines ; prenons par exemple l'histoire suivante : « J'ai vu une fois une grenouille qui était aussi grande que la tour d'une ville. Vint un crocodile qui avala la grenouille ; vint un corbeau qui avala le crocodile. Alors le corbeau se percha sur un arbre. Ah, combien grande était la force de cet arbre. » Un autre sage écrit à propos de cette narration : « Si je n'avais pas été présent, je ne l'aurais pas crue. » On l'interprétait fort justement comme une allégorie des divers royaumes qui se sont succédé dans l'histoire, chacun dévorant le précédent. Le peuple juif est symbolisé par l'arbre, et le fait que cet arbre ne casse pas est considéré comme une grande merveille. Le commentaire du second sage peut être vu sous un jour différent : la remarque tristement ironique d'un homme qui se penche sur l'histoire de son peuple.

La *aggadah* offre de nombreux exemples d'une approche anachronique des héros du passé. Les personnages bibliques sont souvent dépeints sous les traits de sages juifs de l'époque de la Michnah et du Talmud. Ces descriptions ne prétendaient pas à la dimension historique ; elles étaient plutôt des tentatives d'éclairer personnages et événements sous une forme accessible au plus grand nombre. Au lieu d'essayer de transporter le public vers une autre ère historique, les sages du Talmud pensaient qu'il valait mieux donner à des personnages historiques les dimensions de personnes vivantes, permettant ainsi aux auditeurs de s'identifier avec eux, de comprendre leurs problèmes et de prendre exemple sur eux. Comme dans d'autres cas, on considérait qu'une meilleure compréhension avait le pas sur l'exactitude historique.

Même s'ils paraissent parfois plus abstraits encore que les *midrachei halakhah* dans leur interprétation des textes, les commentaires de la *aggadah* sont également confinés dans certains cadres préétablis. Ceux-ci ne sont pas seulement des règles d'interprétation codifiées, mais des itinéraires pour découvrir le contenu éthique et spirituel des textes. Dans certains cas, le mécanisme du *midrach* ne cherche même pas à coller au *pechat* (interprétation en fonction du sens littéral) et pourtant il sert bien de *asmakhta*, outil mnémotechnique. Les auditeurs des *midrachim* avaient une bonne connaissance de la Bible et pouvaient ainsi associer les textes qu'ils étudiaient avec les enseignements éthiques, diverses idées abstraites, etc.

Il va de soi que les *midrachei aggadah* ne cherchent pas à générer des décisions halakhiques ou des conclusions univoquement contraignantes. Si nous nous rappelons que, même en matière halakhique, le but primordial n'est pas la conclusion mais l'étude perçue comme fin en soi, il est tout à fait évident que les domaines moins bien définis de l'éthique et de la spiritualité ne peuvent produire de conclusions pratiques. Ce qui ne veut nullement dire que la *aggadah* n'est rien d'autre qu'une série de sermons librement agencés. Mais puisqu'il existe des moyens de tirer des conclusions halakhiques pratiques, il en va de même en matière de *aggadah* et de *midrachei aggadah* dans le Talmud. Les exhortations morales n'y ont pas été placées pour susciter un sermon efficace, mais pour apprendre aux auditeurs comment conduire leur existence. Les enseignements éthiques du traité *Avot*, par exemple, peuvent varier dans leur ton mais il y a indiscutablement consensus en ce qui concerne les principes directeurs de comportement. Il y avait certes des questions qui soulevaient des débats ; mais, comme pour la *halakhah*, on essayait toujours de concilier les différences de méthode, en particulier parce qu'elles n'étaient pas bien grandes. Les sages se divisent, par exemple, sur l'importance de l'orgueil. Pour certains, un sage doit porter l'accent sur lui, ce qui lui permettra de protéger son statut en tant que chef de la communauté. Mais d'autres affirment avec vigueur qu'il ne devrait pas en posséder une once, car on considère généralement l'orgueil comme un défaut. Ces divergences sur des points éthiques pratiques pouvaient être discutées et interprétées en profondeur (ce que ne manquèrent pas de faire les sages de l'époque post-talmudique), mais le degré d'accord sur les points fondamentaux apparaît à l'évidence. Il y a aussi, bien entendu, des *midrachim* contradictoires sur divers problèmes, de l'interprétation du texte biblique en soi à de lourdes questions théologiques (du style : « La rédemption messianique relève-t-elle de la nature ou lui est-elle extérieure ? ») ; l'attitude adoptée par rapport au sujet, cependant, est toujours sérieuse, les tentatives de persuader le contradicteur sont équilibrées et modérées, et l'on accepte l'idée que certains problèmes n'ont pas de solution.

Après l'âge des *amoraïm*, nous constatons que les sages ont continué de travailler à l'élucidation de la *aggadah*, et la plupart des commentateurs ont également fait montre d'un intérêt considérable pour ce domaine. Plus tard, il y eut toujours des sages au génie universel qui se préoccupaient à part égale de problèmes éthiques et halakhiques, tandis que d'autres se concentraient sur des aspects plus précis de la *halakhah* et de la *aggadah*. Mais les sages les plus grands ont toujours étudié les deux domaines, les considérant comme faisant partie d'un même ensemble, la Torah, qui offrait indications théoriques et pratiques.

XXXIII

QU'EST-CE QU'UN « SAGE » ?

Toute culture sécrète une élite, des hommes qui incarnent un idéal et que l'on s'efforce d'imiter ou de rejoindre. Dans la culture juive, cette aristocratie est indéniablement constituée par les sages, les *talmidei 'hakhamim*, les « élèves des sages » pour traduire littéralement. Tout juif rêve de réaliser cet idéal, et si lui-même ne peut y parvenir, il transmet son ambition à ses enfants. Aristocrates privilégiés dans tous les domaines, les sages ont toujours joui d'un statut éminent dans la société juive. Celle-ci a été la plupart du temps régie par ceux qui possédaient le savoir, les dirigeants de toutes les communautés étant choisis parmi les sages les plus remarquables. S'il est arrivé que d'autres couches sociales exercent une influence considérable, leurs membres demeuraient pourtant toujours, au moins partiellement, sous l'empire des sages.

Ceux-ci constituaient une aristocratie au sens étymologique : ils étaient « les meilleurs ». Ils n'ont cependant jamais constitué une caste hermétiquement fermée ; ils encourageaient au contraire la population à rejoindre leurs rangs en s'engageant dans l'étude ; car le seul critère d'entrée dans le groupe était le talent d'étudier. Les sages n'ont jamais revendiqué d'exclusivité et, tout au long des siècles, leurs rangs se sont enrichis des descendants doués de parents incultes. Plusieurs sages ont relevé tristement dans le Talmud qu'« il n'y a pas de sage qui ait donné naissance à des sages » ; à cette constatation, ils donnaient une explication métaphysique : le peuple savait que « l'on ne peut recevoir le savoir en héritage », car les descendants de sages n'avaient souvent rien d'autre à offrir que leur milieu familial ; alors que les enfants de pauvres sans éducation ne pouvaient être méprisés « car la connaissance émane d'eux ». Il n'en faudrait pas conclure à l'inexistence, dans les faits, de grandes familles où l'érudition se transmettait de père en fils (ce fut le cas des fils de patriarches dans la maison de Hillel) ou dans lesquelles le don des études se maintint pendant des générations (la famille de Rachi en est le meilleur exemple). Néanmoins, le statut de ces descendants ne dérivait pas de leur position sociale mais des dons intellectuels reçus en héritage. D'autres familles, même socialement inférieures, subissaient le même examen qui ne portait que sur le niveau d'érudition pure. Il est vrai que les cas analogues à celui de Rabbi Akiba, qui entama ses études à un âge déjà avancé pour atteindre finalement les échelons les plus élevés du savoir, étaient rares ; mais cela parce que les enfants qui faisaient montre de dons pour l'étude étaient encouragés par la société et n'étaient pas obligés de repousser leur apprentissage jusqu'à l'âge adulte. La majorité des sages du Talmud ont atteint leur position grâce à leur effort personnel et ne venaient pas de milieux sociaux particulièrement favorisés. L'ouverture de cette élite était en elle-même un instrument puissant qui permettait à ceux qui le méritaient d'étudier et de développer leurs dons. On attendait de chacun qu'il étudie au mieux de ses capacités et tous ceux qui parvenaient à des résultats probants trouvaient leur place au sein de la classe sociale la plus élevée ; il s'agissait donc bien d'une aristocratie, au sens propre du terme.

Comment définir un sage ? Le critère premier et le plus important est la capacité à étudier et à comprendre la Torah, une condition qui exige les plus hautes aptitudes intellectuelles possibles. Mais ce n'est là qu'un des traits du profil général du sage. Il ne suffit pas qu'il soit érudit et perspicace; il doit aussi avoir de la noblesse, avoir reçu en partage des qualités spirituelles et humaines. Celui qui ne traduit pas ses théories en actes, soit qu'il ait un comportement moralement discutable, soit qu'il n'observe pas strictement les préceptes religieux, ne peut être considéré comme un véritable sage et est donc pire qu'un ignorant. Les sages disent : « Les erreurs délibérées de ceux qui n'ont pas étudié sont tenues pour non intentionnelles; mais les fautes non intentionnelles des sages sont tenues pour délibérées. » Il ne suffit pas à un sage de prêcher; il doit aussi pratiquer ce qu'il prêche, et lorsque théorie et pratique cessent d'être en harmonie, il n'est plus regardé comme un sage. De plus, on attend d'un individu éduqué qu'il vive à la lumière de ses connaissances afin que tout ce qu'il dit et fait devienne lui-même Torah. A propos du sage qui commet une transgression, on dit : « Sa Torah n'était que paroles » car la véritable Torah doit se refléter dans le comportement personnel autant que dans l'étude. Il ne s'agissait pas seulement, en la matière, de règles morales abstraites, mais de préceptes halakhiques très concrets. Les codificateurs les considéraient comme tels et jugeaient que quiconque, quelle que soit son érudition, dont la conduite était indigne, ne pouvait être respecté pour son savoir mais méritait au contraire condamnation et mépris. Le Talmud rapporte à maintes reprises comment des individus instruits mais à la personnalité douteuse ont été punis, battus ou excommuniés.

L'érudition n'est donc pas seulement une norme intellectuelle; elle implique la personnalité dans son ensemble, l'homme et sa nature devenant symboles et synonymes de Torah. Compte tenu du principe selon lequel toute chose faite ou dite par le sage peut servir d'exemple pour autrui, on peut mieux comprendre dans ce contexte l'avidité des disciples à étudier les actions et les conversations des sages et leur désir de s'en inspirer. Il n'est pas de meilleure description des qualités exigées du sage que celle qui nous est offerte dans la *baraïta* suivante :

« La Torah est supérieure au sacerdoce ou à la monarchie, car la monarchie exige trente qualités et le sacerdoce vingt-quatre, tandis que la Torah demande quarante-huit attributs : — étudier intelligiblement, — prononcer distinctement, — comprendre et discerner les cœurs, — respecter, — vénérer, — être humble, — être affable, — se dévouer au soin des sages, — être attaché à ses collègues, — discuter avec les disciples, — être pondéré, — connaître la Bible et la Michnah, — être modéré en affaires, — dans ses rapports avec le monde, — dans le plaisir, — dans le sommeil, — dans la conversation, — dans le rire, — faire montre de tolérance, — avoir bon cœur, — avoir confiance dans son maître, — accepter le châtiment, — savoir demeurer à sa place, — se contenter de son sort, — être mesuré dans son langage, — faire preuve de modestie, — savoir se faire aimer, — aimer le Seigneur, — aimer les hommes, — aimer la justice, — la rectitude, — accepter le reproche mérité, — mépriser les honneurs, — refuser de se vanter de ses connaissances, — refuser de se complaire à juger autrui, — accepter de partager le fardeau des autres, — juger son prochain avec indulgence, — vouloir lui montrer la vérité, — le mener dans les voies de la paix, — s'engager totalement dans l'étude, — être apte à interroger, — à répondre, — à écouter et à enrichir l'étude, — savoir se consacrer à l'étude du sujet et à sa mise en pratique, — souhaiter rendre son maître plus sage, — savoir fixer son attention sur le discours du maître, — avoir le souci d'attribuer les citations utilisées à leurs auteurs. »

Cette longue énumération fait ressortir avec éloquence combien multiples sont les qualités dont le sage doit pouvoir faire preuve.

Conscients de la rigueur des exigences auxquelles ils doivent répondre, nous sommes mieux à même de percevoir quelles qualités les sages attribuaient à leurs pairs. Le sage n'était pas seulement un individu qui avait étudié ; il était aussi l'incarnation de la Torah. L'honorer, c'est honorer la Torah, et l'on enjoint au sage de « craindre son rabbin comme il craint le Seigneur » ; ou, sous une forme positive, le sage mérite une mesure égale de respect et d'amour. Il est dit : « Celui qui veut apporter les prémices doit faire un présent à un sage. » Ceux-ci s'opposaient pourtant souvent aux cadeaux, pour des raisons diverses, et ceux qui voulaient bien les accepter indiquaient bien qu'il devait s'agir de présents d'une valeur symbolique.

Cet éventail de vertus morales exigées du sage ne diminuait nullement les exigences intellectuelles qui formaient la base de son érudition. Il devait avant tout être versé dans la Torah, mais, là encore, les choses étaient très précisément délimitées. Quiconque avait une bonne connaissance de la Bible, voire de la Bible et de la Michnah, n'en était pas pour autant d'emblée un sage. Pour parvenir à ce titre, il lui faut aussi connaître le Talmud. Et l'étudiant qui avait acquis une connaissance approfondie des textes ne devenait un véritable sage qu'après avoir « servi des sages » et appris les divers modes d'accès à la connaissance, principalement fondés sur l'étude de la Guemarah.

Le Talmud, pour sa part, reconnaît l'existence de différentes catégories de sages, classés selon leurs personnalités et leurs techniques d'étude. Certains sont avant tout des érudits ; d'autres sont particulièrement perspicaces ; les troisièmes sont spécialistes de *pilpoul* ou de déduction logique ; d'autres encore excellent dans la discussion, mais sont incapables de parvenir à des conclusions concrètes ; quelques-uns se distinguent par la profondeur de leurs jugements, mais sont plus faibles dans d'autres domaines. Quoi qu'il en soit, certaines qualifications sont demandées à tous, quelle que soit leur méthode d'étude. Un individu possédant une excellente connaissance orale de tout le Talmud dispose indéniablement d'un auxiliaire d'étude particulièrement conséquent ; mais il n'est pas pour autant un sage remarquable. De même, une finesse et une perspicacité extraordinaires pour sentir les problèmes ne sont pas non plus automatiquement des traits qui font les sages éminents. Dans la combinaison idéale des dons entrait obligatoirement une très bonne connaissance d'une certaine quantité de textes de référence, car sans elle il est impossible d'attaquer des problèmes plus profonds et il ne reste d'autre issue que de se cantonner dans la spéculation vide. Mais l'étudiant talmudiste doit aussi pouvoir analyser toutes les techniques d'étude afin de parvenir à une compréhension totale. De plus, il doit avoir le don d'aborder les problèmes talmudiques et de les comprendre dans leur contexte. Ce talent particulier est indéniablement lié à des capacités intellectuelles générales, mais il ne s'agit pas du même type d'agilité mentale. Quelqu'un peut être parfaitement capable de comprendre des problèmes qui lui sont exposés par d'autres sans parvenir pour autant à un niveau très élevé d'érudition indépendante. Le véritable sage est capable de s'identifier aux sages du Talmud et à leurs méthodes et de s'immerger dans leur monde particulier.

Il est un point qui fait la différence entre un homme qui ne dépassera pas un niveau moyen d'érudition et celui qui peut espérer devenir un grand sage. Toute personne normalement douée peut comprendre le texte du Talmud et, après avoir investi un certain effort, comportant étude quantitative et qualitative, étudier seul. Mais c'est ici précisément que se situe la ligne de partage. Le talent pour l'étude du Talmud ressemble d'une certaine manière aux dons artistiques : tout homme qui a du goût pour un certain sujet peut devenir un savant passif et, s'il est plus compétent, devenir créatif; mais la grandeur tient à un talent particulier que, dans d'autres domaines, on appellerait le génie artistique. Les plus hauts degrés de l'érudition talmudique ne peuvent être atteints par l'assiduité et l'effort seuls; le résultat dépend de la qualité de l'homme. Il y a toujours quelques étudiants remarquables qui sont capables non seulement d'une appréhension passive de la beauté de la structure intellectuelle du Talmud, mais aussi d'une participation véritable à son façonnage. Le Talmud est unique en ce sens qu'aucun étudiant ne peut le maîtriser totalement sans prendre une part active à son processus de création. Il doit réagir aux questions et aux réponses, être à même de percevoir instinctivement comment un sujet va évoluer, et prêt à tout moment à réorienter la discussion vers une autre direction.

Un véritable sage est donc toujours part du Talmud, créateur par son étude et ses innovations personnelles. L'exigence imposée à tout sage de ne pas se contenter d'étudier mais d'introduire de nouvelles interprétations se justifiait pleinement, car, en créant quelque chose de neuf, il augmentait son degré de compréhension du texte et devenait capable de donner une suite à l'œuvre. Tout le monde n'a pas la capacité de se livrer à une interprétation indépendante. Le savant solitaire qui fait ses propres découvertes constatera souvent que ses opinions ont déjà été enregistrées par les savants de générations précédentes. Mais, contrairement à ce qui se passe dans d'autres domaines du savoir, l'étude talmudique n'exige pas que les interprétations soient forcément originales et novatrices. Dans une certaine mesure, on peut même dire que tous les sages tentent de prouver que leurs découvertes ne sont pas totalement neuves mais sont sous-entendues dans les remarques de leurs prédécesseurs. Il n'est pas de plus grande gloire pour un maître que de constater que la pensée qu'il a élaborée de son côté a déjà été formulée par d'autres avant lui, car cela lui donne une preuve irréfutable que ses méthodes d'étude n'ont pas dépassé les limites de la connaissance véritable et qu'elles se situent dans la continuité de la réflexion talmudique. La maxime du Talmud qui dit que « tout ce que le grand sage recrée a déjà été dit à Moïse sur le Sinaï » n'est pas destinée à décourager, mais au contraire à souligner que toutes les innovations sont dans la Torah et qu'elles doivent seulement être découvertes. Là encore, l'analogie entre étude de la Torah et méthodes scientifiques est parfaitement adéquate. Celui qui étudie la nature du monde matériel sait qu'il ne cherche pas des faits nouveaux, mais qu'il tente de dévoiler une réalité existante. Cela est aussi vrai du sage talmudique qui cherche à découvrir, à développer et à souligner des traits déjà existants dans le Talmud. La maxime : « Béni soit-Il car j'ai exprimé la même opinion que les grands maîtres » illustre le désir, présent à toutes les époques, des meilleurs sages de rechercher des points communs entre leurs théories et celles exprimées par leurs prédécesseurs. Innovation et justification sont donc plus complémentaires que contradictoires et tous les sages essayent, chacun à sa manière, de parvenir à la « Torah du Sinaï ».

XXXIV

LE TALMUD, INSPIRATION DE LA CRÉATIVITÉ D'UN PEUPLE

Le Talmud est historiquement la clé de voûte de la culture juive dont les multiples facettes sont toutes, d'une manière ou d'une autre, liées au Talmud. Ceci est vrai non seulement des œuvres directement consacrées à l'interprétation ou à la continuation du Talmud, mais aussi de tous les autres aspects de la créativité juive. La littérature halakhique est d'évidence entièrement fondée sur le Talmud ; mais la philosophie juive la plus originale a aussi puisé, sous les modes les plus divers, son inspiration dans le Talmud. Il n'est pas possible de faire quoi que ce soit en exégèse biblique, en philosophie juive ou ésotérique sans une certaine connaissance du Talmud. Des travaux qui n'ont pas de lien apparent avec la littérature talmudique, comme la poésie ou les prières, s'en inspirent sous différentes formes. L'étudiant qui prétend comprendre le sens et l'intention du texte saura, après lecture attentive, combien vaines sont les tentatives de s'imprégner de connaissances juives en en ignorant les textes fondamentaux.

La culture juive a été, au long des siècles, l'œuvre de sages qui étaient incapables de s'aventurer hors de l'aire d'influence du Talmud. La plupart d'entre eux ne le souhaitaient même pas. Et ceux qui ont rédigé des travaux en apparence indépendants avaient leurs idées, leurs principes, leurs modes d'expression imprégnés de littérature talmudique. Un maître médiéval a dit : « Quand j'ai étudié les travaux halakhiques de Maïmonide, il m'a semblé que je comprenais tout sans discrimination. Mais lorsque je m'y suis penché à nouveau, j'ai vu que je n'avais réellement compris que les chapitres auxquels je pouvais appliquer ma connaissance de base du Talmud et qu'ailleurs je n'avais rien saisi. » Ce fait, particulièrement évident en littérature halakhique, est tout aussi vrai pour d'autres genres littéraires juifs : ceux qui connaissent mal les textes fondamentaux qui sont en arrière-plan n'ont même pas conscience des limites de leur compréhension du texte.

L'importance du Talmud ne s'arrête pas simplement au plan littéraire et intellectuel ; elle recèle aussi des implications socio-historiques de très grande portée. Il est à peu près certain qu'aucune communauté juive ne pourrait survivre longtemps sans la possibilité d'étudier le Talmud. Certaines communautés n'ont pas pu produire de sages en leur sein : pauvreté matérielle, absence de candidats valables (conséquence des interdictions officielles), ou indifférence ; quel que soit le motif, le fait est qu'aucune n'a survécu très longtemps. Tout au long de l'histoire juive, diverses communautés ethniques ont tenté de préserver leur judaïsme, parfois même sur une base très traditionnelle, en excluant l'étude du Talmud. Dans tous les cas, on a vu se reproduire le même processus : les composantes de leur judaïsme s'affaiblirent, et commencèrent à se désintégrer, le sens profond des problèmes ne fut plus parfaitement compris, des interprétations erronées se firent jour, tant et si bien qu'en dépit d'une volonté très sincère de préserver la tradition, ces communautés perdirent leur vitalité et disparurent. C'était parfois un processus très long dans le temps, où la tradition devenait de plus en plus affaire de manifestations de façade en raison de l'absence de sages capables de lui insuffler une vie nouvelle, et où l'assimilation s'ensuivait inéluctablement. Parfois, la catastrophe survenait brutalement ; des pressions extérieures très fortes s'exerçaient sur les juifs, et nombre d'entre eux, incapables d'y faire face, abandonnaient le judaïsme.

La force du Talmud tient à deux facteurs. Le premier, que nous avons déjà indiqué, est le fait que le Talmud constitue l'épine dorsale du savoir juif sous tous ses aspects ; une fois supprimé le Talmud (par volonté de nuire ou sous la pression des événements), les autres composantes ne sont plus liées entre elles autrement que mécaniquement, et vient alors un phénomène de désagrégation progressive, chaque individu choisissant de ne plus retenir que les aspects qui lui agréent. L'autre facteur est lié aux techniques particulières d'étude du Talmud. Ainsi que nous l'avons dit, l'étude du Talmud ne saurait se réduire à un simple exercice mécanique de mémorisation ; elle implique renouvellement et innovations perpétuels qui exigent une participation active et un engagement émotionnel et intellectuel de la part des étudiants. On peut observer sans réfléchir toutes les règles de la *halakhah*, par simple routine, sans que cela nuise à l'observance des *mitsvot* ; on peut étudier en toute passivité d'autres domaines du judaïsme. Mais cette étude passive déplace le centre de gravité de l'expérience vers d'autres domaines et ouvre la voie à toutes les interprétations que l'on veut. On peut étudier intensivement la Bible et la Kabbale et y introduire, sciemment ou non, des notions appartenant à sa propre époque et à son propre lieu. Mais au bout d'un certain temps, on s'apercevra que, bien que l'aspect extérieur n'ait pas bougé, le contenu est devenu méconnaissable. Cela n'est pas vrai du Talmud. Même si, en apparence, il réclame infiniment moins de respect ou de foi, il exige un degré beaucoup plus élevé de participation active. Il n'existe pas de possibilité réelle d'étudier le Talmud de l'extérieur, comme s'il s'agissait d'un objet étranger, car l'étudiant sincère s'intègre à l'essence du Talmud et devient ainsi un participant actif de la vie créative du judaïsme.

A certaines époques, les sages ont mis en garde contre

les excès d'une étude uniquement centrée sur la Bible, de la même manière qu'ils mettaient en garde contre l'étude de la philosophie (même juive) ou qu'ils craignaient une étude non contrôlée de la Kabbale. Dans tous ces domaines, ils tenaient à ce que l'étudiant, avant de plonger dans ces profondeurs, « ait rempli son ventre de Talmud et de codificateurs ». Ce sont ces fondations qui lui permettront d'aborder plus tard d'autres domaines sans courir le risque de se laisser égarer par des idées préconçues ou par des opinions perverties. Et, puisque le Talmud est d'une importance si fondamentale pour le peuple juif, étudié à fond par tout savant juif, il est évident que non seulement il a été créé par le peuple juif mais que lui-même, en retour, a modelé ce peuple.

Il n'y a pas de moyen efficace de faire ressortir l'influence du Talmud sur le peuple juif ni de faire le tri par rapport à toutes les autres influences qui ont laissé leur marque ; mais on peut relever des faits. L'érudition talmudique est, dans une certaine mesure, le lieu d'une contradiction interne, une sorte d'« intellectualisme sacré ». Elle porte un accent inégalé ailleurs sur les aspects théoriques, analytiques et critiques de la pensée. Personne ne peut étudier le Talmud sans être ou sans devenir un éternel sceptique ; la forme de l'étude elle-même est fondée sur une série de questions, et on attend de l'étudiant qu'il exprime ses propres questionnements et qu'il dise ses doutes et ses problèmes. Mais dans le même temps, l'étude talmudique n'est pas perçue comme un exercice profane destiné à développer l'intelligence ou les capacités réflexives abstraites ; c'est un sujet d'une sainteté intrinsèque. L'individu sceptique, qui questionne, qui cherche, n'évolue pas en dehors du cercle des croyants ; il devient, au contraire, le porte-parole de l'œuvre centrale de la religion juive, source primordiale de *halakhah* et de comportement quotidien. C'est ce processus qui crée le mélange unique de foi profonde et de scepticisme interrogateur qui a de tout temps caractérisé le peuple juif. L'autocritique incessante associée à une conscience permanente du fait qu'au-delà de la vision critique existe une réalité dont on ne peut se détacher est une caractéristique permanente de l'existence juive. Une anecdote révélatrice raconte qu'à la suite d'une série de malheurs personnels, un sage sentit sa foi faiblir et demanda conseil à l'un des grands maîtres de son temps. Celui-ci lui posa une question difficile extraite des *tossafot*, à laquelle le sage répondit correctement. Le maître lui posa alors une autre question que son interlocuteur résolut également. Ils continuèrent ainsi pendant un certain temps jusqu'à ce que le maître déclare : « Tu vois, les *tossafot* sont la vérité, en dépit des problèmes qu'elles soulèvent ; et le Saint, Béni soit-Il, est aussi la vérité, en dépit de nos doutes et de nos problèmes. » Cette conclusion n'est pas simple casuistique ; elle reflète l'éducation humaniste dont le Talmud imprègne ceux qui l'étudient : mélange de capacité et de droit à questionner avec la possibilité de créer l'harmonie et de marier des éléments différents.

L'étude talmudique a donc guidé ses étudiants, c'est-à-dire tous les juifs qui manifestaient une aptitude à l'étude, vers la recherche de la vérité, vers les voies d'une réflexion qui refuse de se laisser entraver par les obstacles, vers une tentative incessante de découvrir des techniques plus efficaces pour résoudre les problèmes pendants. La recherche de la vérité se reflète indéniablement, non seulement dans le Talmud, mais aussi dans tous les domaines de la vie sur lesquels se penchaient les talmudistes.

Cette attitude explique aussi la recherche inlassable d'une dimension supplémentaire à toute chose. Le refus de se contenter de solutions simplistes engendre le désir de voir les questions sous un angle différent. Les formules talmudiques *ve-dilma ipkha ?* (et peut-être le contraire est-il vrai) *ipkha mistbra* (l'inverse est également valable) influent sur la démarche globale. Ce sens critique passe ultérieurement à la perception des problèmes sociaux, scientifiques et économiques et a pu susciter quelquefois cet éclair de génie qui parvient à découvrir « l'autre possibilité », le contraire de l'ordre existant.

Le Talmud est enfin une arme puissante de maintien d'un équilibre. Le monde spirituel du judaïsme a toujours été exposé à un degré élevé de tensions sociales, économiques et intellectuelles ; cette pression favorisait inévitablement l'extrémisme, qui pouvait aller d'une concentration absolue sur les aspects matériels de l'existence jusqu'à des tentatives de s'en échapper pour voguer vers des sphères mystiques aussi éloignées que possible de la vie quotidienne. Le Talmud a constitué un facteur de stabilité, il a été la voix de la raison dans un monde discordant et divisé. Ses objets, les modèles à partir desquels il fonctionne, sont toujours empruntés à l'environnement existant ; les objets de réflexion sont toujours réels, ne s'éloignent jamais du domaine concret et terrestre. Mais, parallèlement, leur existence n'est pas uniquement limitée à la réalité pragmatique ; en arrière-plan, l'on sent en permanence le grand mystère de la Torah et la nécessité d'agir et de penser d'une manière qui ne soit pas liée seulement à l'expérience journalière et au simple bon sens. Cet alliage a permis au peuple juif dans son ensemble, et aux juifs en tant qu'individus, d'échapper au double piège du matérialisme comme du mysticisme détaché du réel. Cette capacité d'équilibre ne vient pas du fait que le Talmud se situerait allègrement entre ces deux pôles, mais de ce que, dans une certaine mesure, il en est la synthèse, mariant les deux éléments d'une manière unique en son genre.

XXXV

UNE ŒUVRE INACHEVÉE

D'un point de vue strictement historique, le Talmud n'a jamais été terminé, il n'a jamais été officiellement déclaré achevé, ne nécessitant plus d'apport nouveau. A titre de comparaison, la Bible est passée par divers stades de compilation et de rédaction, mais, à un certain moment, on lui a mis un point final et l'on a énoncé sans ambiguïté qu'aucun ajout ne pourrait plus être fait. Il en est allé de même pour la Michnah en son temps. Mais, bien qu'une certaine édition du Talmud ait été tenue pour définitive, cela n'a pas été entériné par une déclaration officielle et publique indiquant que l'ouvrage était parvenu à sa fin et qu'une ère nouvelle commençait.

On peut comparer l'édition finale du Talmud aux étapes de la maturité d'un organisme vivant : tel un arbre, il est parvenu à une forme qui, selon toute vraisemblance, ne devrait pas subir de changement radical mais il continue à vivre, à pousser et à proliférer. L'organisme a atteint sa forme achevée, mais il continue à produire de nouvelles pousses qui tirent leur subsistance de ses racines et continuent de pousser. Ce fait est plus important pour notre approche du Talmud que pour l'histoire. Le principe selon lequel le Talmud n'est pas terminé représente un appel constant à poursuivre l'œuvre de création. Tout sage a le devoir d'ajouter au Talmud, d'apporter sa contribution à l'œuvre, bien qu'elle ne puisse jamais être entièrement finie.

Le Talmud a été mis au point par Rav Achi ; et pourtant, celui-ci n'en est pas l'auteur ; le Talmud est au contraire le produit de l'effort commun du peuple juif tout entier. De la même manière qu'il n'a pas un protagoniste unique, qu'il n'a pas de personnage central qui résume toutes les discussions et tous les sujets, il est demeuré tout au long des âges part d'un processus créatif ininterrompu. Le Maharcha, un des grands commentateurs du Talmud, avait coutume de conclure ses commentaires sur le mot *vadok* (continue de vérifier la question). Cet appel est un aveu explicite du fait que le sujet n'a pas été épuisé et qu'il y a encore place pour des ajouts et des arguments. On peut dire dans une certaine mesure que c'est le Talmud tout entier qui se conclut sur le *vadok*, cette injonction à poursuivre la réflexion, à interroger, à rechercher les aspects nouveaux de problèmes familiers.

Pour une part, cette caractéristique est aussi à l'origine des difficultés inhérentes à l'étude du Talmud, une étude qui ne peut jamais être totalement passive. Mais c'est aussi la source de l'attrait irrésistible qu'exerce le Talmud et de sa capacité à captiver l'étudiant et à l'intégrer à lui-même. Par-dessus tout, il exige de celui qui l'étudie, sans pourtant insister sur une foi ardente, un sens de la résonance intérieure et une capacité à l'identification. Très peu de textes sacrés évitent de réclamer à ceux qui les scrutent une adhésion préalable à certains principes. Le talmudiste, par contre, n'est pas tenu d'accepter tout ce qu'il lit et, s'il choisit d'interroger ou de contester, il y est autorisé ; c'est en fait ce que l'on attend de lui.

Par contre, aucun autre ouvrage n'exige de la part de l'étudiant une quantité comparable d'érudition. Les sages considèrent *a priori* que l'étudiant possède un bagage de connaissances extrêmement étendu, car ils citent abondamment des extraits d'autres textes sans tenir compte du fait que l'étudiant puisse ne pas en être familier. On a déjà noté que le Talmud n'est pas un manuel schématique mais, dans son essence, une tranche de vie. En conséquence, il ne commence pour personne à partir du début. Lorsque quelqu'un se lance dans l'étude du Talmud, il se retrouve toujours au cœur des choses, quel que soit l'endroit où il commence. Ce n'est que par l'étude et par la combinaison des faits qu'il peut parvenir à la capacité de comprendre et, en général, plus il étudie et mieux il comprend ce qu'il a déjà étudié; sa compréhension se fait plus profonde au fur et à mesure qu'il examine et réexamine le texte. Deux sages qui ont étudié un traité particulièrement complexe, il y a une trentaine d'années, se sont penchés sur lui quarante fois; ils ont raconté que ce n'est qu'au quarante-et-unième examen qu'ils eurent le sentiment de commencer à l'appréhender. Cet aveu n'est pas le reflet d'une humilité excessive, et il n'est pas lié non plus à la complexité du sujet; il est fondé sur la croyance que toutes les fois où un sujet est étudié, il prend pour celui qui l'étudie une dimension nouvelle. Dès les premiers examens, l'étudiant aura résolu la majorité des problèmes centraux; mais d'autres problèmes surgiront toujours. Si l'on veut user d'une image, on peut dire que l'étude talmudique ne se limite pas à un aspect d'un sujet et que ce n'est pas non plus un cercle fermé; c'est au contraire une spirale qui continue de se dérouler et de se développer périodiquement. A chaque fois, il faut passer par le même point pour atteindre un point légèrement plus élevé.

Au cours des deux millénaires d'existence du Talmud, des milliers de sages se sont consacrés à la littérature talmudique et les meilleures forces intellectuelles du peuple juif ont, avec une immense persévérance, voué leurs vies à l'érudition talmudique. On ne sera donc pas surpris si l'étudiant a parfois le sentiment qu'il ne peut rien ajouter de neuf, car chaque sujet, chaque problème, chaque phrase a été passé au crible par des maîtres et des sages et a été discuté sous tous les angles possibles. Pourtant, le Talmud n'est toujours pas achevé. Tous les jours, à chaque heure, des hommes y découvrent de nouveaux sujets d'étude et des points de vue originaux. Tous les étudiants n'ont pas la capacité d'élaborer leur propre système, mais l'individu, de son point de vue particulier et personnel, est encore susceptible de percevoir un détail, si petit soit-il, sous un jour nouveau.

L'œuvre, compilation des efforts de nombreuses générations, éditée avec une précision extrême et déjà étudiée par des dizaines de milliers de personnes, n'en continue pas moins de constituer un défi. A propos du verset « J'ai vu la fin de toute chose », les sages disaient : « Tout a ses limites ; le Ciel et la terre eux-mêmes ont leurs limites. Seule la Torah est infinie. »

ANNEXE

Ordres et traités de la Michnah et du Talmud

	Nombre de chapitres dans la Michnah	Nombre de pages dans le Talmud de Babylone	Nombre de pages dans le Talmud de Jérusalem	Contenu
ORDRE ZERAIM				
Berakhot	9	64	68	Prières, bénédictions
Pe'ah	8		37	Glanage et charité
Demai	7		34	Doutes sur le paiement de la dîme
Kilayim	9		44	Semences, arbres et animaux divers
Chevi'it	10		31	Année sabbatique
Teroumot	11		59	Dons aux prêtres

Ma'asserot	5		26	Dîmes pour les prêtres et les pauvres
Ma'asser Cheni	5		33	Deuxième dîme et son transport à Jérusalem
'Halah	4		28	Pâte offerte aux prêtres
Orlah	3		20	Interdit de cueillette sur les arbres de moins de quatre ans
Bikourin	3		13	Offrande des prémisses au Temple
ORDRE MOED Chabbath	24	157	92	Lois du Chabbath
Irouvin	10	105	65	Limites territoriales du Chabbath
Pessa'him	10	121	71	*'Hamets, matsah*, sacrifice pascal

Chekalim	8		33	Impôt du chekel pour le Temple et les cérémonies
Yoma	8	88	42	Yom Kippour : jeûne et sacrifices
Souccah	5	56	26	Construction de la *Souccah*, les quatre espèces, la célébration au Temple
Betza	5	40	22	Règles générales pour les fêtes
Roch Hachanah	4	35	22	Fixation du calendrier, *chofar*, prières de Roch Hachanah
Taanit	4	31	26	Jours de jeûne
Meguillah	4	32	24	Pourim
Moed Katan	3	29	19	Règles pour les jours de fêtes intermédiaires

'Haguigah	3	27	22	*Halakhot* des fêtes de pèlerinage
ORDRE NACHIM Yebamot	16	122	85	Lévirat, mariages prohibés, attestation de la mort du mari
Ketoubot	13	112	72	Le contrat de mariage, accords particuliers
Nedarim	11	91	40	Vœux divers
Nazir	9	66	47	Lois sur la *nezirout*
Sotah	9	49	47	Lois sur l'adultère, les meurtres dont l'auteur est inconnu, la guerre
Guittin	9	90	54	Divorce, rédaction et remise du *guet*
Kiddouchin	4	82	48	L'acte de mariage, les règles de la généalogie

ORDRE NEZIKIN Baba Kama	10	119	44	Préjudices directs et indirects
Baba Metzia	10	119	37	Pertes, prêts, travail et contrats salariaux
Baba Batra	10	176	34	Associations, ventes, billets à ordre, héritage
Sanhédrin	11	113	57	Tribunaux, droit pénal, principes de la foi
Makot	3	24	9	Châtiment du fouet
Chevouot	8	49	44	Serments
Edouyot	8			Recueil de témoignages sur des sujets divers
Avodah Zarah	5	76	37	Éloignement de l'idolâtrie et des idolâtres
Avot	5			Éthique et *Derekh eretz*

Horayot	3	14	19	Décisions erronées des tribunaux et leur rectification
ORDRE KODACHIM Zeva'him	14	120		Lois sur les sacrifices
Mena'hot	13	110		Offrandes de repas, *tzitzit, tefilin*
'Houlin	12	142		Règles de l'abattage rituel et lois alimentaires
Bekhorot	9	61		Enfants et animaux premiers-nés, animaux présentant une tare
Arakhin	9	34		Estimation des offrandes au Temple et du sol
Temourah	7	34		Remplacement d'une offrande animale

Keritot	6	28	Péchés exigeant un sacrifice
Me'ilah	6	22	Profanation de biens appartenant au Temple et expiation
Tamid	6	8	Sacrifices quotidiens au Temple
Midot	5		Dimensions du Temple
Kinim	3		Que faire lorsque des sacrifices différents ont été mélangés
ORDRE TOHAROT Kelim	30		Les ustensiles et leur perméabilité à la souillure
Oholot	18		Lois sur l'impureté des morts

Negaim	14			Lois sur les lépreux
Parah	12			Préparation des cendres de la génisse rousse et purification après contact avec un mort
Toharot	10			Règles diverses de purification
Mikvaot	10			Règles de purification dans les *mikvaot*
Nidah	10	73	13	Impureté rituelle des femmes

Makhchirin	6		Manières dont la nourriture devient rituellement impure
Zavim	5		Gonorrhée et purification de cette maladie
Tevoul Yom	4		Discussion de cas divers d'impureté rituelle
Yadaïm	4		Impureté rituelle des mains
Outzkin	3		Typologie des objets susceptibles d'impureté rituelle

GLOSSAIRE

Remarque préliminaire : on l'aura constaté à la lecture, l'auteur a tenu, quasiment toutes les fois où se présente un mot ou une expression hébraïque, à en éclairer immédiatement le sens, entre parenthèses ou par une incise. C'est pourquoi ne sont repris, dans ce glossaire, que les très rares termes non explicités dans le corps même du texte et ceux qui, définis une fois, réapparaissent plus tard sans nouvelle explication de leur signification. Il s'agit donc ici d'un aide-mémoire pour le lecteur, plutôt que d'un glossaire à proprement parler *(N.d.T.)*.

Aggadah : partie halakhique du Talmud, anecdotes, maximes de portée philosophique ou éthique.

Amoraïm (sing. amora) : nom sous lequel sont collectivement désignés les sages qui ont élaboré la *Guemarah*.

Asmakhta : « soutien », texte de l'Écriture sur lequel on s'appuie pour fonder une loi orale.

Baraïtot (sing. *Baraïta*) : commentaires « extérieurs », « annexes » ; textes contemporains de la Michnah qui n'ont pas été inclus dans celle-ci.

Bet-din : tribunal rabbinique.

Choulkhan Aroukh : titre d'un ouvrage rédigé par R. Joseph Caro (première édition : 1567), recueil fondamental de la loi juive.

Golem : objet de forme humaine auquel on insuffle vie par des pratiques magiques, notamment l'usage des noms divins. Mentionné dans le Talmud, le Golem est devenu une figure du légendaire juif.

Guemarah : commentaire de la Michnah. *Michnah* et *Guemarah* réunies forment le Talmud.

Gueonim (sing. *Gaon*) : dirigeants spirituels des grandes académies talmudiques de Babylonie, dont l'influence s'est étendue très au-delà de ce pays.

Haftarah : « conclusion » ; chapitre tiré des Prophètes, lu le Chabbath après le passage hebdomadaire de la Torah.

La Halakhah : partie législative du Talmud.

Une halakhah (plur. *halakhot*) : une loi, une règle.

'Hamets : levain, produit fermenté interdit pendant la fête de Pessa'h.

Karaïtes : membres d'une secte dissidente du judaïsme ne reconnaissant d'autorité qu'à la loi écrite et refusant la tradition de la loi orale (donc le Talmud).

Mezouzah : petit rouleau de parchemin sur lequel sont écrits des passages de la Torah, enfermé dans un étui que l'on fixe au montant droit des portes.

La Michnah : première partie du Talmud ; première compilation de la loi orale réalisée par Rabbi Yéhouda Ha-Nassi.

Une michnah (plur. *michnayot*) : sous-section ou paragraphe d'un chapitre de la Michnah traitant généralement d'une seule loi ou de plusieurs lois étroitement liées.

Midrach : explication, interprétation d'un verset biblique destinée à définir une *halakhah* (*midrach* halakhique) ou à tirer un enseignement éthique ou mystique (*midrach* aggadique).

Mitsvah : prescription énoncée dans la Torah.

Moussaf : office « supplémentaire » du Chabbath ou des jours de fête.

Nassi : président (du Sanhédrin, du tribunal rabbinique).

Rabban, Rabbi, Rav : « maître ». *Rabbenou* : « notre maître ».

Sanhédrin : institution religieuse et juridique suprême en Palestine pendant la période romaine et jusqu'au début du Ve siècle. Le Sanhédrin comptait 71 membres.

Semikhah : ordination rabbinique.

Souguiyah : problème, sujet de débat.

Tannaïm (sing. *Tanna*) : appellation collective des sages ayant élaboré la Michnah.

Tefilin : phylactères, boîtes cubiques renfermant des parchemins sur lesquels sont reproduits des passages de la Torah et que le fidèle fixe par des lanières sur son front et sur son bras gauche pour certaines prières.

Torah : « enseignement » ; désigne au sens restreint le Pentateuque et, au sens large, l'ensemble de la loi juive.

Yechivah : école talmudique.

Les acronymes : il arrive fréquemment que des rabbins soient désignés, non par leur nom complet, mais par un nouveau nom forgé à partir des initiales des différentes parties de celui-ci. Ainsi, nous retrouvons dans cet ouvrage :

— le *Rambam* : *R*abbi *M*oché *B*en *M*aïmon (Rabbi Moché fils de Maïmon) (1135-1204), devenu, sur le modèle grec, Maïmonide ;

— le *Ramban* : *R*abbi *M*oché *B*en *N*a'hman (1194-1270), devenu, de façon analogue, Nahmanide ;

— le *Rachba* : *R*abbi *Ch*lomo *B*en *A*braham Adret (env. 1235-1310);
— *Rachi* : *R*abbi *Ch*lomo Ben Itshak ou *I*tshaki (1040-1105);
— le *Rachbam* : *R*abbi *Ch*lomo *B*en *M*eïr (env. 1080-1174);
— le *Maharchal* : *M*orenou *HaR*av *Ch*lomo *L*uria (notre maître le rabbin Chlomo Luria) (env. 1510-1574);
— le *Maharcha* : *M*orenou *HaR*av *Ch*mouel *É*liézer Edels (1555-1631).

TABLE

I. LA ROSE AUX TREIZE PÉTALES

II. INTRODUCTION AU TALMUD

DANS LA MÊME COLLECTION

1. *Le Coran, essai de traduction,* Jacques Berque.
2. *Fonctionnaires de Dieu,* Eugen Drewermann.
3. *Alliance de feu* (vol. I), Annick de Souzenelle.
4. *Mystique et Zen* suivi de *Journal d'Asie,* Thomas Merton.
5. *La Divine Comédie,* Dante.
6. *Alliance de feu* (vol. II), Annick de Souzenelle.
7. *L'Interprétation des contes de fées,* suivi de *L'Ombre et le Mal dans les contes de fées,* Marie-Louise von Franz.
8. *Les Soufis d'Andalousie* suivi de *La Vie merveilleuse de Dhû-l-Nûn l'Égyptien,* Ibn 'Arabi.
9. *La Rose aux treize pétales, introduction à la Cabbale,* suivi de *Introduction au Talmud,* Adin Steinsaltz.
10. *Approche de la mystique,* Carl A. Keller.

Aubin Imprimeur
LIGUGÉ, POITIERS

Achevé d'imprimer en septembre 1996
N° d'édition 15612 / N° d'impression L 51315
Dépôt légal septembre 1996

Imprimé en France